HENRY BRADSHAW SOCIETY

Founded in the Year of Our Lord 1890
for the editing of Rare Liturgical Texts

VOLUME CXI

ISSUED TO MEMBERS FOR THE YEAR 1996
AND
PUBLISHED FOR THE SOCIETY
BY
THE BOYDELL PRESS

HENRY BRADSHAW SOCIETY

for the editing of rare liturgical texts

PRESIDENT

Miss Barbara Harvey, CBE, FSA, FBA

VICE-PRESIDENTS

The Very Revd Professor Henry Chadwick, KBE, DD, FBA
Professor Dr Helmut Gneuss, FBA
M. Michel Huglo
Professor Aimé-Georges Martimort
The Revd Professor Richard W. Pfaff, DD, FSA
Professor Achille Triacca

OFFICERS OF THE COUNCIL

The Revd H. E. J. Cowdrey, FBA (Chairman)
D. F. L.Chadd Esq. (General Secretary)
Professor M. Lapidge, LittD, FSA, FBA (Publications Secretary)
Dr M. B. Moreton (Treasurer)

Enquiries concerning membership of the Society should be addressed to the Hon. General Secretary, D. F. L. Chadd, School of Art History & Music, University of East Anglia, Norwich NR4 7TJ.

THE ORDINAL OF
THE ABBEY OF THE HOLY TRINITY
FÉCAMP

(Fécamp, Musée de la Bénédictine, Ms 186)

Edited by
David Chadd

PART I

LONDON
1999

© Henry Bradshaw Society 2000

All Rights Reserved. Except as permitted under current legislation no part of this work may be photocopied, stored in a retrieval system, published, performed in public, adapted, broadcast, transmitted, recorded or reproduced in any form or by any means, without the prior permission of the copyright owner

First published for the Henry Bradshaw Society 2000
Transferred to paperback and digital printing
by The Boydell Press 2018
an imprint of Boydell & Brewer Ltd
PO Box 9, Woodbridge, Suffolk IP12 3DF, UK
and of Boydell & Brewer Inc,
668 Mt. Hope Avenue, Rochester, NY 14620-2731, USA
website: www.boydellandbrewer.com

ISBN 978-1-78327-345-4

ISSN 0144-0241

A CIP catalogue record for this book is available
from the British Library

This publication is printed on acid-free paper

TABLE OF CONTENTS

PUBLICATION SECRETARY'S PREFACE	vii
PREFACE	ix
PLATE	xi
INTRODUCTION	1
The manuscript of the Fécamp Ordinal	1
The Fécamp Ordinal as a liturgical book	5
The abbey of Fécamp, its liturgy and its ritual	12
The present edition, and secondary manuscripts	24
BIBLIOGRAPHY	31
EDITORIAL PROCEDURE	37
TABLE OF CONTENTS OF THE TEMPORAL	39
THE FÉCAMP ORDINAL: THE TEXT	
Part I: Temporal	47
APPENDICES	
1 The ritual for Ash Wednesday and the following Friday	347
2 The ritual for Palm Sunday	349
3 The ritual for the Triduum Sacrum	353
4 The ritual for Easter Day	363
5 The ritual for Rogations and Ascension	365
6 The *Seruicium de Eucharista*	369
7 The *Litania Cotidiana*	371

PUBLICATION SECRETARY'S PREFACE

The ordinal (or, as it is sometimes called, the ordinary) is a type of liturgical book which is a sort of directory, in that it contains descriptions (by means of rubrics and of incipits rather than complete texts) of all the liturgical services of a particular house, including both Office and Mass, for an entire liturgical year. It is thus usually a very substantial book. The ordinal was the book used by the precentor (and often compiled by him) or in any case by the person who was in effect master of ceremonies of a church's liturgy, for it allowed him to exercise overall control of the liturgy of his house, whether it was a monastery, cathedral or canonry. Ordinals first began to be compiled in the twelfth century, and reached their apogee during the thirteenth. They are exceptionally valuable to historians of liturgy, and to historians in general, because they provide a complete description of the liturgy of one religious house. During the past century the Henry Bradshaw Society has published a number of ordinals which illustrate the liturgy of the principal English uses: the ordinals of Sarum (2 vols.; HBS XX, XXII), Exeter (4 vols.; HBS XXXVII, XXXVIII, LXIII, LXXIX), Barking (2 vols.; HBS LXV–LXVI), and St Mary's, York (3 vols.; HBS LXXIII, LXXV, LXXXIV); in addition, it has published an edition of the ordinal of Saint-Vaast in Arras (2 vols.; HBS LXXXVI–LXXXVII), one of the earliest continental ordinals to appear in print.

The present edition of the Ordinal of Fécamp, edited in masterly fashion by the Society's General Secretary, David Chadd, makes available the ordinal of an extremely important Norman abbey, for Fécamp was the resting place of the early Norman dukes, up to Robert I (d.1035), and the site of the ducal castle which served as the power-base for the Norman dukes. The Ordinal itself was compiled in the early thirteenth century by several liturgical scholars during the abbacy of Raoul d'Argences (d.1219). But although it was compiled some two centuries after the heyday of these Norman dukes, there are many ways in which the Ordinal looks back to that time, and pays homage to the Norman ducal line. Furthermore, Fécamp was an important focal point for the reforming activities of William of Volpiano, abbot of Saint-Bénigne at Dijon, who was at

Fécamp in the early eleventh century; and it is possible that many of the idiosyncrasies of the present Ordinal may be traced to William's time. The Ordinal, in short, is a document of exceptional importance for our understanding of this important Norman house.

Because of the size of the Ordinal, it has been necessary to issue it to members in two volumes. The present volume, which contains the Temporal, is issued as vol. CXI for 1998; it is expected that the second volume, containing the Sanctoral and exhaustive indices, will be issued a year hence as vol. CXII for 1999.

M.L.
January 2000

PREFACE

Within the Henry Bradshaw Society, an edition of the Ordinal of the abbey of Fécamp has a history of over forty years. It was the last project of J.B.L.Tolhurst, and was curtailed by his death in December 1960. The existence of Tolhurst's work was unknown to me when I began in the early 1990s to transcribe the Ordinal and tabulate the contents of other Fécamp books, a job which I undertook as part of an investigation of the surviving evidence for the activities of William of Volpiano as a liturgical reformer within the Norman houses. At a late stage of my own work, when I had decided that the publication of a full edition could contribute to further understanding of William's monastic reforms and had put my transcriptions into shape, I became aware that Tolhurst's Fécamp papers survive as part of his literary bequest to Downside Abbey. Although his notes are not sufficiently extensive to offer guidance as to how he would have dealt with an introduction or editorial commentary, they are nonetheless full of interest, and the present work has benefited in many ways by my being able to consult them. The edition remains my own, though I have been influenced by some of Tolhurst's approaches to the problems it poses, and in particular have been encouraged by his example to quote from supporting manuscripts more extensively and in greater detail than I had originally intended – in considerably more detail than it would appear he himself had planned.

At the head of any list of acknowledgements it must therefore be said that the present work should be seen as a tribute to the memory of a distinguished liturgical historian, an outstanding authority on monastic Uses, and one of the Henry Bradshaw Society's most devoted servants. I have been constantly aware that the edition which Tolhurst had hoped to supervise could hardly have failed to display at every turn a sharper and more complete sense of medieval monastic liturgy than that prepared by almost any other editor. I am grateful to the Abbot and Community of Downside, and in particular to the Archivist, Dom Philip Jebb, for giving me access to Tolhurst's papers, and for allowing some of them to be deposited for a period in the Library of the University of East Anglia at Norwich.

I was not fortunate enough to meet Tolhurst, but I have the sad duty to record my gratitude to two scholars whom I was honoured to know personally and who died during the preparation of this edition. Christopher Hohler and Lilli Gjerløw were both renowned for the generosity and enthusiasm with which they shared their knowledge, and in common with many other students of medieval liturgy I was over many years the beneficiary of that generosity. The influence and example of their learning have been fundamental for me. Both Christopher and Lilli had shown great interest in the progress of this edition, and the finished article will be the poorer for being deprived of their response to it. *Requiescant in pace.*

I have incurred many specific debts during this work. The staff of the Bibliothèque municipale at Rouen and of the Palais Bénédictine at Fécamp have been unfailingly helpful during my visits to work on the manuscripts, and I would mention especially Paul Deschamps at Fécamp. Extended work in those institutions was made possible by the generous award of a research grant from the British Academy. The good offices of the Institut de Recherche et d'Histoire des Textes at Orleans have taken much of the trouble out of the business of acquiring microfilms, and I owe a special debt here to Eric Palazzo. For help and advice, both general and over particular points, I am deeply indebted to David Ganz, Jane Martindale, Susan Rankin, and Tessa Webber. Michael Lapidge has been the most helpful of editorial supervisors, and I am grateful for the detailed scrutiny that he and Rosalind Love have given at various times to parts of my text. This particular gratitude is one I share with all recent editors of the Society's volumes, as is that to the production staff of Boydell & Brewer, who have been the model of a publisher's tolerance of editorial demands. On a personal note I must acknowledge the support of my family, who have lost me to medieval liturgy too frequently and for too many years. Their forbearance never fails to recall to me the best of monastic ideals. I would finally add my general thanks to the many friends and colleagues who have stirred my conscience by persistently enquiring about the progress of this work, and who have thereby rescued it from the oblivion into which it might otherwise so easily have fallen.

David Chadd
March 1999

Fécamp, Musée de la Bénédictine, Ms 186, fol. 48r
(see Capp. LIX–LX)

INTRODUCTION

THE MANUSCRIPT OF THE FÉCAMP ORDINAL

The book here edited is Ms 186 of the Palais 'Bénédictine' at Fécamp, where it forms part of a notable collection of religious artefacts assembled in the nineteenth century by Alexandre le Grand.[1] The catalogue of this collection published in 1888 attributed the book to the sixteenth century.[2] More recently it has been given, with greater realism, to the early thirteenth, although there has also been a proposal, based apparently on palaeographical evidence, that this dating was about a century too early.[3] The palaeographical evidence would in fact suggest that the early thirteenth-century dating was correct. On these grounds the book seems to have been written in the main by two scribes working in the early years of the century, one (who wrote the bulk) having a rather old-fashioned hand, the other (who alternates with the first man, rather than simply taking over from him) using a more modern hand.[4]

---

[1] For the collection in general, and its history, see R.-E. Engel, 'Le musée de la Société Bénédictine et ses souvenirs abbatiaux', in *L'abbaye bénédictine de Fécamp: ouvrage scientifique du XIIIe centenaire 658–1958*, 2, 4 vols. (Fécamp, 1959), pp.297–321.
[2] [A. Le Grand,] *Distillerie de la Bénédictine, Musée, catalogue* (Fécamp, 1888), pp.45–46 – 'Manuscrit sur vélin en lettres rouges et noires du XVIe siècle, contenant les offices journaliers en usage à l'Abbaye de Fécamp'.
[3] The early thirteenth century was proposed in G. Lecroq, *Les manuscrits liturgiques de Fécamp*, offprint from *Bulletin de l'Association des Amis du Vieux Fécamp* (Fécamp, 1934), apparently following Dom G. Beyssac. The attribution to the fourteenth is in A.-G. Martimort, *La documentation liturgique de Dom Edmond Martène: étude codicologique*, Studi e Testi (Città del Vaticano, 1978), p.107.
[4] These palaeographical observations I owe to Dr Tessa Webber, to whom I am most grateful for discussing the book with me. Professor David Ganz has suggested to me an analagous hand in Rouen, Bibliothèque municipale Ms 74 (A.183), one of a series of glossed biblical texts given by Luc, bishop of Évreux to the abbey of Ste-Marie at Lyre and datable to 1203–1220: C. Samaran, and R. Marichal, *Catalogue des manuscrits en écriture latine portant des indications de date, de lieu ou de copiste, 7, Ouest de la France et pays de Loire* (Paris, 1984), p.265 and pl.LIII. See also the glossing hand of Rouen, Bibliothèque municipale 188 (A.39), a Jumièges manuscript written shortly after 1198 (*ibid.* p.269 and pl.LII).

To this evidence of the hands one may add some internal evidence from the text. The section headed *De procuratione domus Fiscanni* lists occasions for pittances, which in addition to specified liturgical feasts and 'anniuersaria fundatorum' includes the obits of five abbots, the latest being that of Henri de Sully, who died in 1188.[5] The sixth abbot, Raoul d'Argences, who died in 1219, is not mentioned. Taken together, these various indications would suggest that our manuscript was compiled within Raoul's abbacy, with the palaeographical evidence indicating its later years.

Unlike some other examples of medieval liturgical ordinals, the Fécamp book shows evidence of having been planned and executed with attention to its appearance and long-term utility.[6] The hands are elegant and characterful. The scribes have provided running titles throughout, written with a red ink rather more crimson in tone than the orange-red used for the rubrics within the text. Blue and green are used for occasional initials, together with the red of the running titles. There are also about two dozen large and decorated initials in the book, normally bi-coloured and occasionally using gold with blue, the vast majority of them within the first ninety folios and associated with the work of the first scribe.[7] Neither the compilation nor the execution of a liturgical ordinal was an inconsiderable task, and the essentially discontinuous nature of the material, alternating as it does between texts in black and rubrics in red, must have imposed constraints on the speed of writing not experienced with less disjointed texts. Our scribes seem very occasionally to have attempted to speed the process by leaving spaces to which they could return with their other pen, and sometimes they slightly misjudge. This however, together with a small number of minor orthographical errors, is the only evidence of their slipping from very high standards of presentation.

A striking element of design in the Fécamp Ordinal is the use of a page-layout reminiscent of that employed for texts which would receive glosses. The provision of a ruled blank column in the outer margins of the main text is itself a testimony to the expectation of its original creators that it would have a long-term utility, requiring the amplification and

---

[5] fols.191v–192.

[6] The Ms has 199 folios, throughout in eights, with page sizes now 200×144mm. It is ruled for 25 lines of main text within a written space *circa* 122×83mm, writing above top line. The outer edges of the leaves are ruled for a column of additional material 19/23mm wide, with the horizontal ruling continuing across from the main text-area.

[7] The incidence of such initials is recorded in the Critical Commentary to this edition.

occasional emendation of its contents. In this they may be reflecting an intention that the book was to be used within the house itself, rather than acting as an exemplar of Fécamp Use to be employed elsewhere. They would not have been unaware of the fact that the ordering of liturgical services is a subject which sometimes involves the reconciliation of conflict and the accommodation of change. Indeed, there are passages in the book in which they acknowledge such conflict and attempt its resolution,[8] and the collation of the specifications in the Ordinal with the earlier surviving Fécamp service-books occasionally reveals points of disagreement which suggest that, in detail at least, Fécamp liturgy was not static.[9] These were matters that it was the business of an ordinal to sort out.

An individual ordinal such as the present book may thus be seen to have two broad functions: the codification of current practice, where that was found to be satisfactory; and the incorporation into a main text of elements which had been introduced as additions or modifications to a previous edition. The latter would often – perhaps normally – have been found as marginalia in a predecessor book. There is at least one indication in the present manuscript of a pre-existent book which must have been of the ordinal type. The passage on the responds of Pentecost week already cited is in fact a note on a discrepancy between the arrangement in all the office books of the monastery which the author of the Ordinal has seen and that which is transmitted by 'the book which they call "The Use" ', and he faithfully transmits this arrangement (though he clearly does not approve of it) 'lest we appear to forge new things'.[10] It may however be that the undertaking of such a considerable task as the compilation and writing of a new ordinal required more stimulation than just the desire to tidy up existing texts. In this context we may note that the abbey church of Fécamp had been devastated by

---

[8] See for example the note on the choice of responds for the week after Pentecost on fols.78v–79r.
[9] The Lauds antiphons for the Sunday after Epiphany (fol.32r of the Ordinal) in the breviary here collated with siglum B1 are a case in point.
[10] fols.78v–79r: 'Suprascriptam Responsorium . . . distinctionem. in libello quem usus uocant inuenimus. et ideo eam huic opusculo nostro ne noua cudere uideamus apponendum duximus. Sed mirum. si liber ille est autenticus.· qua ratione in omnibus ecclesie nostre antiphonariis seu breuariis non illa sed alia ordinatio eorumdem responsoriorum habetur . . . Habita igitur sub oculis utraque dispositionem.· que magis approbanda uidebitur obseruetur.' The references to an 'antiqua consuetudo' in the mass of St Mary Magdalen (fol.125r) and to a 'prisca consuetudo' in the mass of St Eusebius (fols.133r–v) would seem to be to a 'custom' rather than to a 'consuetudinary'.

fire in 1168. Its rebuilding seems to have proceeded in two phases, the first, under abbot Henry de Sully (1140–1189), involving the east end of the church and the transepts and extending no further than the easternmost bay of the nave. The second phase took place under abbot Raoul d'Argences, during whose abbacy we have suggested our manuscript was written, and dealt with the remainder of the church. The imminent conclusion of this rebuilding programme seems a likely context for the preparation of a new edition of the Ordinal, particularly if redisposition of the altars was involved.[11]

The physical provision of space for emendation within our manuscript was one that seems to have become practically useful very shortly after the book was made. Two hands at least, writing very neatly within the ruled space, may be distinguished as particularly early, and it is possible that one of them may be that of one of the main text-scribes. They make very occasional comments which are generally matters of amplification or precision rather than alteration or correction. Within the Critical Commentary to the present edition, they have been designated 'contemporary'. Their contribution is however only a small part of the additions to the original manuscript, for one of the remarkable features of this ordinal is the evidence it gives of fairly continuous use up to the seventeenth century. Later emenders were not so neat as their earliest predecessors, and their additions can sprawl untidily across the page. Nor has time dealt so kindly with them, for their ink has tended to fade to illegibility. For the most part, the original reading of the text which they emend can be recaptured, though there are instances of original text so completely effaced that it is now lost.[12] In date, these additions seem to span the period from the fourteenth to the seventeenth centuries, and in the present edition they have together been designated 'later'. Two of the later annotations make reference to specific persons, and thereby tie the use of this book to phases of the reforms of Fécamp which took place in the later sixteenth and early seventeenth centuries. The first folio names

---

[11] The fabric of the abbey church is dealt with further below, pp.16f. For a general guide to the building as it now stands see J. Vallery-Radot, *L'église de la Trinité de Fécamp*, Petites Monographies des Grands Édifices de la France (Paris, 1928), with a brief history of the building on pp.9–17.

[12] Many of the texts for the Sunday after Pentecost have been particularly badly affected, probably as part of the final transformation of this day into 'Trinity' Sunday. Some of the lost texts can be restored through the earlier of the two breviaries (Ms B1) used in the Critical Commentary.

Guillaume Chevalier, precentor in November 1588, and his nephew Gaspard. Gaspard appears among the 'nobles et religieuses personnes ... tous religieulx et officiers de la susdite abbaye', present on 16 March 1618 to witness the adoption of 'ung ordre pour la célébration du divin service et pour faire observer ce qui est de la régullarité, conformément aux abbayes de l'ordre de Saint-Benoist, réformées'; and he is named as 'chantre' among the twenty persons in the Fécamp chapter register.[13] At the end of the Sanctorale of the manuscript a seventeenth-century hand has added 'Iacobus de Mareste, ab Algia, Subprior Fiscanensis, 1650'. The reference here would seem to be to the Jacques de Mareste d'Algie whose *Chronicon archi-monasterii Fiscampensis*, carrying the date 1708, is preserved in the library of Montivilliers.[14] This inscription is placed below a roughly-drawn blazon which accords with that registered to 'Anthoine de Marestes, s^r d'Alges, conseiller au Parlement', who is known to have been a bibliophile.[15] The history of the Fécamp Ordinal from this point up to its acquisition by Alexandre le Grand is not known.

THE FÉCAMP ORDINAL AS A LITURGICAL BOOK

The book known by some such name as *Ordinale* or *Ordinarium* belongs to a larger group of books which act as directories to the regulation and discipline of a community, the contents of services, the personnel who are to perform them, and the ritual which accompanies them. The distinction between the ordinal and the customary or consuetudinary was defined nearly a century ago by W.H. Frere in a frequently-quoted dictum from his edition of the Use of Sarum: '... the Ordinal defines the character, contents and method of the

---

[13] A. Dubuc, 'La nouvelle règle intérieur établie à l'abbaye de Fécamp en 1618', in *L'abbaye Bénédictine de Fécamp*, 1, p.387 n.2, drawing on Archives Départmentale Seine-et-Marne 7 H 40 (6 March 1615–13 June 1624).
[14] P. Cousin, 'Le monastère de Fécamp des origines à la destruction par les Normands', in *L'abbaye Bénédictine de Fécamp*, 1, p.319.
[15] For the arms see G.A. Prevost, editor, *Armorial général de France (édit de novembre 1696): généralité de Rouen*, 2, Société de l'histoire de Normandie (Rouen and Paris, 1910), pp.242–43. For Anthoine see H. Omont, 'Cartulaire-obituaire de la pitancerie de l'abbaye de Fécamp au XIIIe siècle', in *Société de l'histoire de Normandie, Mélanges, 9ème série*, (1925), p.272.

Services, while the Consuetudinary defines the persons who are to conduct them: in other words, the Ordinal deals with the Rite, and the Consuetudinary with the Ceremonial'.[16] That working definition is broadly valid for the Sarum texts, but its highly schematic and categorical nature does not do justice to the remarkably fluid nature of these texts in general, which perhaps more than any other liturgical works of the Middle Ages refuse to submit themselves to easy and generalised categorisation.[17] Deriving in some sense from the *Ordines Romani* of the early Middle Ages, the production of ordinals and customaries received a new impetus in the period after *circa* 950 from the expansion of monasticism and, from the mid twelfth century, an increasingly juridical attitude to the regulation of services. In the former case it is notable how many of the surviving monastic customaries – of which the so-called 'Antiquiores' of Cluny are a good example – are texts which are designed to aid the exportation of a Use to another house, rather than for use in the mother house itself.[18] In the latter case – aside from invoking the general climate of juridification which characterises the history of the Western European Church in the central Middle Ages – the increasing number of liturgical observances and the provision of proper material for them, particularly within the Sanctoral, must have created a situation in which only fairly detailed codification could have prevented occasional liturgical chaos.

The ordinal therefore has at its heart what is essentially a collection of rubrics and accompanying incipits, which acts as an explanatory directory to the texts (prayers, chants, lessons and so on) contained in the

---

[16] W.H. Frere, editor, *The Use of Sarum*, 2 vols. (Cambridge, 1898–1901), vol. 2, p.vii. Other recent definitions of the ordinal are quoted in E. Foley, 'The "Libri Ordinarii": an Introduction', *Ephemerides liturgicae* 102 (1988), 129–37.

[17] The standard handbook on these texts is now A.-G. Martimort, *Les 'Ordines', les Ordinaires et les Cérémoniaux*, Typologie des sources du moyen âge occidental (Turnhout, 1992), and there is a valuable treatment of them in E. Palazzo, *Histoire des livres liturgiques: le Moyen Age des origines au XIIIe siècle* (Paris, 1993).

[18] The development of the monastic customary out of an essentially unwritten tradition is treated in L. Donnat, 'Les coutumes monastiques autour de l'an mil', in *Religion et culture autour de l'an mil*, eds. D. Iogna-Prat, and J.-C. Picard (Paris, 1990), pp.17–24. The Cluny 'Antiquiores' are now edited, *inter alia*, in *Corpus Consuetudinarum Monasticarum*, with an extensive commentary in K. Hallinger, *Consuetudinum saeculi X/XI/XII monumenta: introductiones*, Corpus Consuetudinum Monasticarum VII/1 (Siegburg, 1984). See also D. Iogna-Prat, 'Coutumes et statuts clunisiens comme sources historiques (*ca* 990–*ca* 1200)', *Revue Mabillon* 64, nouvelle série 3 (1992), pp.23–48. The diffusion of Cluny customs is treated in G. Constable, 'Monastic Legislation at Cluny in the Eleventh and Twelfth Centuries', in *Proceedings of the Fourth International Congress of Medieval Canon Law, Toronto, 21–25 August 1972*, Monumenta Iuris Canonici (Vatican City, 1976), pp.151–61.

various service-books of a particular church. With an ordinal's assistance it is possible to deduce how these elements are to be combined, and with what ritual, to form the office for any particular day, and to ascertain which masses are to be said or sung. In particular, an ordinal will nearly always address itself to certain key problems in ordering the annual round of liturgical services: the laying down of regulations about what was to be done as a result of the shifting dates of Easter Day and Advent Sunday, and the disposition of *historiae* within the variable-length period between Pentecost (whose date depends on Easter) and Advent. Easter Sunday may fall on any date between 21 March and 25 April, and Advent Sunday occurs on that Sunday nearest in date to the feast of St Andrew on 30 November. The various movable feasts dependent on both of these may therefore from time to time coincide with certain other feasts whose calendar date is fixed, and the provision of arrangements to deal with these occasional co-incidences are central to an ordinal's job.[19]

Thus the earlier part of the Fécamp Ordinal, comprising the Temporal for Advent, also gives details of those feasts, usually found in the Sanctoral, which can fall during the Advent season. These are the feasts of St Saturnine (29 November, referred to only in a rubric); St Andrew (30 November); Sts Crisantus and Daria (1 December); St Nicholas (6 December); St Ambrose and the Octave of St Andrew (7 December); the Conception of Our Lady (8 December); St Eulalia (10 December, inserted by a later hand); St Lucy (13 December); St Barbara (16 December); and St Thomas the Apostle (21 December). The passages dealing with some of these appear to be out of order, and the reason for this is that the Ordinal has been compiled in a way that reflects the Use in a year in which the Dominical Letter is E, with Advent Sunday falling midway between its earliest and latest possible dates on 30 November. In such a year Advent Sunday thus coincides with the feast of St Andrew, and in addition the second and fourth Sundays of Advent coincide respectively with the feasts of St Ambrose and St Thomas. To cope with this, all of these sanctoral feasts are transferred. The feast of St Andrew is moved to the following Monday (thus coinciding with the feast of Sts Crisantus and Daria which, falling in

---

[19] On matters connected with the concurrence of feasts and methods of accommodating it, see J.B.L. Tolhurst, editor, *The Monastic Breviary of Hyde Abbey, Winchester*, Henry Bradshaw Society 69–71, 76, 78, 80, 6 vols. (London, 1932–1942), vol.6, 'Introduction to the Monastic Breviaries', Henry Bradshaw Society 80, (London 1942), pp.143–152.

Advent, receives a commemoration only); St Ambrose to the Tuesday following Advent II (missing the Monday which is occupied by the more important feast of the Conception); and St Thomas to the Monday following Advent IV. The Octave day of St Andrew is retained on the second Sunday of Advent, when it receives a commemoration. The Octave itself is thus deprived of one day.

Following the details of the feast of St Thomas there are given a number of *Tabulae* arranged according to the day of the week on which Christmas may occur, each of them covering the ten days immediately preceding the Vigil of Christmas and including the three days (Wednesday, Friday and Saturday) of the Advent *Quatuor Tempora*, which begin on the Wednesday following the feast of St Lucy on 13 December. The first table, for a year in which the Dominical Letter is B, has Christmas Day on a Sunday, which happens only when Advent Sunday falls on its earliest possible date, 27 November. It is also the year in which the Wednesday of *Quatuor Tempora* can fall on the day immediately after that of the feast of St Lucy (14 December). The second *Tabula* is for a year with the Dominical Letter A, in which Christmas Day is on a Monday and the Wednesday of *Quatuor Tempora* is on its latest possible date, 20 December. The remaining five tables deal with years in which Christmas occurs on the following days of the week, and each of them gives directions as to what was to be done if the feast of St Thomas coincided with either a Sunday or one of the *Quatuor Tempora* days.

From the Vigil of Christmas onwards the Ordinal deals with the rest of the Temporal in a straightforward manner, including as is usual within Christmas week the details of saints' feast days, and noting such days in rubrics during the Octave of the Epiphany. The details of these latter feasts are given in the Sanctoral, which, after some general rubrics, follows the Temporal.

In addition to dealing with such liturgical matters as these, an ordinal may sometimes include, to greater or lesser extent, material relating to the strictly non-liturgical activities of a community, and thus take on some of the aspects of the book usually called 'customary'; just as, indeed, a customary may include some directions for the detail of liturgical observance. The distinction between these two types of book is thus a confused one. Indeed, it is true that such a blurring of distinction between them would seem to be a normal rather than exceptional characteristic of most of the compiled texts which have survived from the eleventh and twelfth centuries, even though an

THE ORDINAL AS A LITURGICAL BOOK

attempt is frequently made in the sources to keep the two types of legislation physically separate.[20]

The idiosyncracies of any particular text of this type may be explained by the function that the book was intended to fulfil rather than by reference to some abstract norm, and this is likely to be especially the case where (as has been suggested above for the Fécamp Ordinal) the intention was that the book was to be used within the originating community. The present text can therefore be seen as a compendium of the duties of a particular man (and of his successors in this post) within the abbey; or at least a compendium of those things upon which he expected he would be called upon to speak authoritatively. The organisation of services in their relation to the idiosyncracies of a particular year have already been treated. In addition, the music of the services (taken in the most general sense) was clearly a matter of his concern, ranging from the correct ordering of the *historiae* for any particular day and the specification of particular tropes for Mass Ordinary items where appropriate, to his occasional more particular comments, such as his direction for the singing of the *Agnus Dei* 'aliquantulum celerius quam solet' on the fifth Sunday of Quadragesima,[21] and his specification for the Sequence to be sung in polyphony at the mass of the Trinity Octave.[22] He and his medieval successors have added neumes above the incipits of over fifty of the chanted items, the majority being added to antiphons (including invitatories) and sometimes their psalms, and of hymns. There are also instances of neumes added to responds and their verses, to the (untroped) *Kyrie* and *Gloria in excelsis* of the mass, and to one offertory.[23] These musical notations, which may be presumed to have in the present context a basic mnemonic function, suggest that the user of the

---

[20] The standard study of monastic customaries is still K. Hallinger, 'Consuetudo: Begriff, Formen, Forschungsgeschichte, Inhalt', in *Untersuchungen zu Kloster und Stift*, Veröffentlichungen des Max-Planck-Instituts für Geschichte (Göttingen, 1980), pp.140–66, with a discussion of the various types of customary at p.148. The nature of the Cluny *Liber Tramitis* (P. Dintner, editor, *Liber Tramitis Aevi Odilonis Abbatis*, Corpus Consuetudinum Monasticarum X (Siegburg, 1980)) as a fusion of 'l'ordinaire proprement dit . . . et le coutumier' is discussed in Martimort, *Les 'Ordines'*, p.75. The inter-related Cluny customs of the second half of the eleventh century – those of Bernard and Ulrich – are discussed in K. Hallinger, 'Klunys Bräuche zur Zeit Hugos des Großen', *Zeitschrift der Savigny-Stiftung für Rechtsgeschichte* 76, Kanonistische Abteilung 45 (1959), 99–140.
[21] fol.43v.
[22] fol.82r: 'Seq. *Benedicta:* in organis modulabitur. in his solummodo Octabis.' This is the only reference to polyphonic singing in the manuscript.
[23] The incidence of neumed incipits is noted in the Critical Commentary to the present edition.

book, if not actually the man (or one of the men) who expected to act as soloist in these items, might be called upon to verify the correctness of the melody being employed. It is likely that this is the handbook of the 'cantor' who is referred to *passim*, as is suggested by many references in some such form as 'sicut cantor ordinauerit' or 'quos cantor uoluerit', and it is implied in the frequent references to the cantor's duties – as when, for instance, in the course of a lengthy passage at the end of the Temporal in which the writer deals with the resolution of some *concurrentiae*, he specifies that the decision-making on this is the cantor's job.[24]

If this hypothesis is supportable it follows that we can reconstruct from the book the sphere of activity of this man within the abbey of Fécamp in the early thirteenth century. In addition to his wide-ranging musical responsibilities, his book shows him to have a duty to order correctly processions and other such ceremonies, including the *Quem queritis* Easter 'play', which in this text has a richness of detailed direction that it is difficult to parallel in other liturgical sources.[25] In making these specifications he occasionally reveals interesting information about the internal organisation of the personnel of his house, as when he details, for the procession after terce on Palm Sunday, 'famuli primi

---

[24] fol.86v: 'tunc oportet cantor diligenter prouidere: qualiter seruicium illius mensis ordinabit.' It is necessary to distinguish between the 'cantor' and the 'cantor ebdomadarius' (sometimes 'sacerdos ebdomadarius'). The latter is very occasionally mentioned, but in one instance the two would seem to be clearly distinguished (fol.58v: 'cantor et ebdomadarius postquam cantauerint *Venite*'). See also the opening of the procession for the Monday before Ascension Day in Ms P (fol.59v: edited in Appendix 5 *infra*): 'cantor imponit Ps. *Deus auribus* . . . Sacerdos ebdomadarius subiungat V' *Ostende* . . .'. For a general account of the place of the cantor in medieval monastic houses, based primarily on the published sources, see M. Fassler, 'The Office of the Cantor in the Early Western Monastic Rules and Customaries: A Preliminary Investigation', *Early Music History* 5 (1985), 29–51.

[25] I am indebted to Dr Susan Rankin for this observation. The Fécamp Easter 'play' has previously been published from the rather blander version contained in the Fécamp Processional (Ms P of the current edition: see Appendix 4 of the present volume) in D. Dolan, *Le drame liturgique de Pâques en Normandie et en Angleterre au moyen âge*, Publications de l'Université de Poitiers, Lettres et Sciences Humaines (Paris, 1975), pp.55–57. (The author's statement that this ritual is transmitted from Fécamp in the Processional only is incorrect.) For a liturgical customary closely dependent on that of Fécamp, whose author seems to have had no call to include specifications for this ceremony in his book, see J.B.L. Tolhurst, editor, *The Customary of the Cathedral Priory Church of Norwich*, Henry Bradshaw Society 82 (London, 1948), p.94. I have elsewhere argued that the Norwich book was intended for the use of the man referred to as the 'custos ordinis' or 'custos ecclesie': D. Chadd, 'The Medieval Customary of the Cathedral Priory', in *Norwich Cathedral: Church, City and Diocese, 1096–1996*, eds I. Atherton, E. Fernie, C. Harper-Bill, and H. Smith (London and Rio Grande, 1996), p.319.

uexilla ferentes. et post eos conuersi cum crucibus et cereis. deinde pueri. post quos: nouicii et alii unusquisque in ordine suo'.[26] He is the person whose duties involve the telling off, during chapter on the feria before Christmas eve, of 'quiquid debeant incipere uel cantare seu quelibet officia peragere' during the services of the ensuing days, and he gives us an extensive list of who in general these should be.[27]

Liturgically his brief seems wide, though his specification for the mass, beyond his concern for the music, seems generally less detailed than for the office. There is indeed no mention of the mass for some days, and masses are totally absent from the Common of Saints; and he gives very few details for votive masses.[28] On the other hand, his interests seem to have extended beyond events in the monastic choir. He gives us, for instance, a complete list of the Fécamp *lectiones ad prandium*, which contributes substantially to our knowledge of the hagiographical texts available in the house.[29] This passage of the manuscript is part of the section which follows the Common of Saints, forming a conclusion to the book and showing the work of a number of closely related hands. Its earlier passages still treat ritual and liturgical matters, but the writers soon branch out to cover matters more normally found in a customary, including general monastic discipline, regulations for blood-letting, and specification of the duties of the various officers of the monastery. The book ends with chapters which list feasts according to their rank.

---

[26] fol.46r.
[27] fols.15v–16v.
[28] The formulae of Fécamp votive masses and masses for the Common of Saints, reconstructed from the supporting manuscripts, will be included among the Appendices of the second volume of this edition.
[29] fols.180v–185v: 'Que sunt legenda ad prandium per totum annum et ubi sunt uenienda.' This, the only part of the Fécamp Ordinal which has been recently published, is edited and discussed in D.B. Grémont, 'Lectiones ad prandium à l'abbaye de Fécamp au XIIIe siècle', *Cahiers Léopold Delisle* 20, no.3–4 (1971), 3–41. For the wider context of these readings see D. Nebbiai-Dalla Guarda, 'Les listes médiévales de lectures monastiques. Contribution à la connaissance des anciennes bibliothèques bénédictines', *Revue Bénédictine* 96 (1986), 271–326.

THE ABBEY OF FÉCAMP, ITS LITURGY AND ITS RITUAL

The section of the Ordinal entitled *De procuratione domus Fiscanni*, to which reference has already been made, gives among the 'founders' of the house the obits of several dukes of Normandy and their kin. In chronological order the dukes are Richard I (†996), Richard II (†1026), Richard III (†1027), and Robert I (†1035).[30] The latter two anniversaries are accorded a pittance, while the anniversaries of the first two Richards are given *seruicium plenarium* – the only instances of this in the list. The kin are Gunnor, the second wife of Duke Richard I; Judith, wife of Richard II; Emma, 'Queen of the English' and sister to Richard II; and two children of a 'Count Richard', named as Matilda and William. The former must be the daughter of Richard I and wife of Odo of Blois-Chartres, and it is likely that William is her brother, the Count of Eu.[31] Together with these immediate ducal relations the list includes the two English kings to whom Emma was married – her first husband, Æthelred, called 'King of the English and father of Saint Edward',[32] and her second husband Cnut. In addition there is Robert 'King of the Franks who gave us the vill of St Paul', who must be Robert II the Pious (†1031),[33] and Henry 'King of the English', the placing of whose obit on 6 July indicates that the reference is to Henry II rather than Henry I.

Lists such as this reflect the close interdependence which had developed between monastic houses and their secular patrons and donors, and they draw attention to the liturgical consequences of celebrating this interdependence.[34] Although consideration of other names on this list,

---

[30] The obit of the last (referred to only as 'Robertus dux') is dated 2 July. For the date of Robert's death in necrologies from other Norman houses, see M. Bouquet *et al.*, editor, *Recueil des historiens des Gaules et de la France*, 24 vols. (Paris, 1738–1904), vol.23 pp. 420, 487, 579.

[31] It may be that the reference to their father as *comes* indicates an unmodified formula which in origin pre-dates the habitual use of the title *dux*.

[32] The reference to the canonisation of the Confessor, which took place in 1161, suggests an emendation to the original entry made at the time of the interest of Henry II in the house.

[33] M. Fauroux, *Recueil des actes des ducs de Normandie (911–1066)*, Mémoires de la Société des antiquaires de Normandie 36 (Caen, 1961), p.79, no.9 is Robert's confirmation (dated 1006) of the grant of privileges to Fécamp made by Richard II.

[34] On the general picture, see G. Constable, *The Reformation of the Twelfth Century* (Cambridge, 1996), chapter 6 (pp.209ff). For the liturgical aspects see K. Schmid and J. Wollasch, editors, *Memoria. Der geschichtliche Zeugniswert des liturgischen Gedenkens im Mittelalter*, Münster Mittelalter-Schriften 48 (Munich, 1984), especially the papers there

not so readily identifiable, may complicate the picture, the pattern which emerges from references to the dukes and their family is a striking one. It would seem that between the death of Robert the Magnificent in 1035 and the accession of Henry in 1150 there is no perception of ducal patronage thought worthy of record. Further, the weight of interest seems to be in the early years, specifically the reigns of Richard I and Richard II. Other parts of the Ordinal tend to bear this out. For the obit of Richard I, which coincides with the feast of of St Columbanus on 21 November, vespers of the dead are sung on the eve, and the morrow mass is *pro defunctis*, the community wearing albs and copes, and with the respond begun by three of the senior form and the tract by four.[35] The obit of Richard III, coinciding on 6 August with the feast of Sts Sixtus, Felicissimus and Agapitus, is likewise marked by a morrow mass for him.[36] Both of these dukes are referred to by name. Richard II is not so mentioned, yet his obit (August 23) is if anything rather more extensively celebrated than either of the preceding. Vespers for the dead are sung on the eve, with the antiphons and versicles sung 'celebriter et deuote' by four monks. The morrow mass is *pro defunctis*, and is again sung 'celebriter'. The procession at Lauds ends with the respond for the dead *Libera me domine*, with the verse *Huic te Christe petimus*, again sung by four monks in copes.[37] The obit of no duke other than these three seems to be noticed in the body of the Ordinal, not even that on July 2 of duke Robert I mentioned in the list. In this respect the Fécamp Ordinal appears as a very conservative document, reflecting little of the abbey's place in Norman history after the middle of the eleventh century as that is documented elsewhere. The continuing favour which Fécamp enjoyed as a ducal residence under William II is elsewhere attested by

---

by A. Angenendt, 'Theologie und Liturgie der mittelalterlichen Toten-Memoria' (pp. 79–199); and by H.E.J. Cowdrey, 'Legal Problems Raised by Agreements of Confraternity' (pp. 233–54). There is a useful account of recent research on commemorative documents in J. Gerchow, '*Societas et Fraternitas*: a Report on a Research-Project Based at the Universities of Freiburg and Münster', *Nomina* 12 (1988–1989), 153–71. The rather meagre necrological sources surviving from Fécamp – but omitting the Ordinal list – are given in J.-L. Lemaître, *Répertoire des documents nécrologiques français*, Recueil des historiens de la France, Obituaires 7, 3 vols. (Paris, 1980–1987), 1, p. 256. Of these, the manuscript Paris, Bibliothèque nationale, nouv. acq. lat. 1137, a cartulary/obituary 'in usum Pitancianum', dated 1208–1278, is partly edited in Omont, 'Cartulaire-obituaire'.
[35] A contemporary writer has added in the margin of matins on the preceding day (the feast of St Edmund, king and martyr) the direction for the *Dirige* 'pro Ricardo comite' (fol.165r). Richard is referred to as 'comes' also in the rubric of the morrow mass on the next day.
[36] fol.129v: 'pro duce Ricardo tercio'.
[37] fols.139v–140r.

the fact that he kept the Easter festival there in 1067, 1075 and 1083, the first of these involving celebrations of his triumph of 1066.[38] Yet with the exception of a mention of 'Matilda regina' (who must be the wife of the Conqueror) during the trentals on the morrow of the feast of St Benignus, William's reign is ignored by the liturgy transmitted in the Ordinal.[39] Nor is there any suggestion that the monks of the early thirteenth century commemorated Robert Curthose (†1106), who had shown some interest in the abbey early in his reign by ensuring the restitution of lands alienated from it during his father's time.[40]

An explanation of these phenomena must be based upon an account of the abbey's position in the period upon which the list seems chiefly to focus. The history of the abbey of Fécamp in the late tenth century and during the first half of the eleventh cannot be divorced from the importance of the ducal castle in the precincts of which it stood, and with which it formed an agglomeration which underlines the co-ordination of lay and ecclesiastical institutions in the business of government.[41] The castle's development out of what was probably a modest structure under William Longsword seems primarily to have occurred in the reign of Richard I, who like his son chose Fécamp for his final resting-place. The favour which both Richards seem to have shown towards Fécamp as a location probably contributed to the favour which they showed to the abbey, and was central in the development of what was effectively during their reigns a periodic centre of government.[42] An index of this rôle may be seen in the evidence of the surviving charters. Although a comparison between the reigns of the first two Richards is not possible – there are only two surviving charters from Richard I, one of which is

---

[38] H.W.C. Davis, and R.J. Whitwell, editor, *Regesta Regum Anglo-Normannorum* (Oxford, 1913), pp.xxi–xxii; D.C. Douglas, *William the Conqueror* (London, 1964), p.241.
[39] fol.161v: 'Et prima collecta pro Matilde regina dicatur'.
[40] C.H. Haskins, *Norman Institutions* (Cambridge, Mass., 1918; new edition New York, 1960), pp.69, 287–89.
[41] On the broad context of this see C. Bruhl, *Fodrum, gistum, servitium regis: Studien zu den wirtschaftlichen Grundlagen des Königtums im Frankenreich und in den fränkischen Nachfolgestaaten Deutschland, Frankenrich und Italien vom 6. bis zur Mitte des 14. Jahrhunderts*, Kölner historische Abhandlung 14, 2 vols. (Cologne, 1968). The Fécamp site has been extensively excavated during the second half of the twentieth century, and the results reported in a number of papers by Professor Annie Renoux. These are now resumed in A. Renoux, *Fécamp: du palais ducal au palais de Dieu* (Paris, 1991), which gives references to the previous interim reports on the excavation, and a particularly full bibliography of other earlier publications on Fécamp and its abbey.
[42] L. Musset, 'Gouvernés et gouvernants dans le monde scandinave et dans le monde normand (XIe–XIIe siècles)', in *Gouvernés et gouvernants*, 2, Recueils de la Société Jean Bodin 23 (Brussels, 1968), p.463; Fauroux, *Recueil*, p.65.

questionable – eight of those charters of Richard II which carry a place-date were delivered at Rouen, and the remaining four at Fécamp.[43] Indeed, it may be that from time to time the scriptorium of the abbey functioned in effect as a ducal chancellery,[44] and that Fécamp was the site of some kind of treasury.[45] The continuance of the abbey's position within the duchy during the reign of William II is suggested by the Fécamp provenance of one of the manuscripts containing the Anglo-Norman *Laudes regiae*.[46] Although we cannot know how the liturgical and paraliturgical observances of the abbey may have reflected these close connections in the early eleventh century, the Ordinal as we have it still contains one topographical reference to the castle, when the Palm Sunday procession, during its return to the church, makes the 'statio domini' at the castle gates, which are to be adorned with various hangings.[47]

The particular kind of historical conservatism which the Ordinal seems to display may be a reflection of more general responses to the changing fortune of the abbey in particular, and of the abbey/castle complex in general, between the second half of the eleventh century and the end of the twelfth.[48] The later years of the Conqueror's reign seem to have witnessed the beginning of a fairly rapid demotion of the castle from its central (and very personal) rôle in government to a peripheral site of occasional military utility which had at best minor importance as a ducal residence. The dynastic problems of the following half-century further marginalised Fécamp. The visit of Henry II to the house in 1162, upon which occasion the relics of dukes Richard I and Richard II were translated from outside the church to a position behind the high altar, may therefore be seen as the affirmation of a newly found historicist rôle for the abbey – a place of pilgrimage in which homage to the ducal

---

[43] The four are nos.27 (August 1024) and 34–36 (August 1025) in Fauroux, *Recueil*. Fauroux also suggests that nos.24, 30, 31 and 53 may emanate from Fécamp: Fauroux, *Recueil*, p. 43
[44] C. Potts, 'The Early Norman Charters: A New Perspective on an Old Debate', in *England in the Eleventh Century: Proceedings of the 1990 Harlaxton Symposium*, edited by C. Hicks, Harlaxton Medieval Studies 2 (Stamford, 1992), pp.25–40.
[45] F. Dumas-Dubourg, *Le trésor de Fécamp et le monnayage en Francie occidentale pendant la seconde moitié du Xe siècle* (Paris, 1971).
[46] H.E.J. Cowdrey, 'The Anglo-Norman Laudes Regiae', *Viator* 12 (1981), 37–78.
[47] fol.46v.
[48] These are traced in detail in Renoux, *Fécamp*, pp.485ff, from which this paragraph is largely drawn.

line was appropriate.[49] Another aspect of the same attitude is shown in the alleged rediscovery of the relic of the blood of Christ, acquired by Richard I for the 990 church and subsequently lost. In 1171 the rebuilding of the church revealed the relic concealed in one of the piers of the choir, not far from the high altar.[50] Fécamp thus became a notable centre of pilgrimage, its most precious relic not only carrying universal Christian significance but also being linked with the ducal foundation of the house. The continuation of Henri de Sully's rebuilding programme into the thirteenth century, completing the scheme of a vast nave, underlines this new definition of the abbey's importance.

That the Ordinal is largely silent about these details emphasises its position as a document of specifically monastic observance, and suggests the way in which the business which resulted from these developments would have been regarded as an enterprise separate from that of the Opus Dei.[51] The Ordinal does however reveal in many aspects a conservative and historicist view of monastic observance which accords with the evidence about the development of the house during the twelfth century. The monks of *circa* 1200 seem predominantly to have looked back in their liturgical round to a period about two hundred years earlier, emphasising their abbey as the creation of Richard I and Richard II,[52] and indeed there was justification for them to see this period as the abbey's heyday. Richard I's church, dedicated to the Trinity in 990 – 'an admirably large and splendid church . . . which he had variously decorated with wonderful ornaments'[53] – was erected in place of an 'ecclesiola' built by his father William Longsword. This was itself a re-building of the church founded *ca* 658 by Waning, *comes* of

---

[49] Renoux, *Fécamp*, p.485: 'la forteresse du souvenir où l'on rend hommage à ses prédécesseurs'. The visit of Henry II and the translation of the dukes is related by Robert of Torigni: L. Delisle, editor, *Chronique de Robert de Torigni, abbé de Mont-Saint-Michel*, Société de l'histoire de Normandie, 2 vols. (Rouen, 1872–1873), I, 336 and II, 228. The abbot responsible for this, Henri de Sully, was of the royal blood.
[50] Renoux, *Fécamp*, pp.497f, 505f.
[51] The translation of the two Richards is mentioned by the original writers (as 'anniuersarium ducum') only once (fol.196v). Prescriptions for the liturgy of the 'translatio ducum' is added by a later hand in the margin of fol.99v, and given in full in the later missal here used with siglum 'M'.
[52] The reference on fol.195r to 'the dukes our founders' in the section devoted to the Almoner's duties seems to be so restricted; and the presciption of the prayer to be used with the *Dirige* on fol.177r is specifically 'pro Ducibus nostris Ricardo et Ricardo'.
[53] E.M.C. van Houts, editor, *The 'Gesta Normannorum Ducum' of William of Jumièges, Orderic Vitalis, and Robert of Torigni*, Oxford Medieval Texts, 2 vols. (Oxford, 1992–1995), vol.1, pp.130–131.

the pagus of Caux, allegedly destroyed by William's own Viking ancestors.[54] The remarkable size of the late tenth-century church, remarked upon William of Jumièges, is borne out by archaeological evidence, which has indicated a building of at least 50 metres in length and possibly of 65–70 metres, probably with a *Westwerk* containing an altar dedicated to the Saviour.[55] This church seems to have stood until the late eleventh century, when (as Orderic Vitalis relates) it was rebuilt and amplified during the abbacy of William de Rots (1082–1108), the alterations to the nave involving the altar of St Frothmund which stood there.[56] This church, re-dedicated in 1106, was damaged in the fire of 1168 already referred to, but remnants of it survive in the north-eastern radial chapel.[57] The rest of the structure which stands today is substantially that which was created, after this devastation, under the abbacies of Henri de Sully and Raoul d'Argences, and which must have been in its final building phase when the manuscript of the Ordinal was being written.

For William of Jumièges Richard I was 'a most pious patron of monks and a wise protector of clerks' whose death at Fécamp in 996 was marked 'by the lamenting of the people and the rejoicing of the angels'. In addition to Richard's work at Fécamp William cites the restoration of the abbeys of Mont Saint-Michel and Saint-Ouen at Rouen.[58] The picture of the dukes transmitted by the early historians of

---

[54] The general development of monasticism in Normandy is covered in J. Laporte, 'Les origines du monachisme dans la province de Rouen', *Revue Mabillon* 31 (1941), 1–13, 25–41, 49–68, and L. Musset, 'Monachisme d'époque franque et monachisme d'époque ducale en Normandie: le problème de la continuité', in *Aspects du monachisme en Normandie (IVe–XVIIIe siècles): actes du colloque scientifique de l'"Année des abbayes normandes"*, *Caen, 19–20 octobre 1979*, edited by L. Musset, Bibliothèque de la Société d'Histoire Ecclésiastique de la France (Paris, 1982), pp.55–74; and for Fécamp in particular, L. Musset, 'La contribution de Fécamp à la reconquête monastique de la basse Normandie', in *L'abbaye bénédictine de Fécamp*, 1, pp.57–66.
[55] Renoux, *Fécamp*, pp.457ff, who cites for comparison the sizes of Bayeux (?70 metres) and Cluny II (65 metres).
[56] M. Chibnall, editor, *The Ecclesiastical History of Orderic Vitalis*, Oxford Medieval Texts, 6 vols. (Oxford, 1969–1980), vol.6, p.138; Renoux, *Fécamp*, pp.503ff.
[57] It would seem that a plan for rebuilding had been undertaken some ten years before the fire, with Henry de Sully making what amounted to a public appeal for funds based upon what he claimed was the poor financial state of the house and the vicissitudes caused by dynastic conflict. See the letter printed, from Berne, Bibliothèque de la Ville, Ms Bongars 568, in J. Laporte, 'Epistulae Fiscannenses: lettres d'amitié, de gouvernement et d'affaires (XIe–XIIe siècles)', *Revue Mabillon* 43 (1953), 5–31 (pp.26–27). (The letter may date from Spring 1157, and is related to a papal bull of Adrian IV, contained in the same manuscript, dated 31 December ?1156.) *Cf.* Renoux, *Fécamp*, p.505.
[58] E.M.C. van Houts, *Gesta*, vol.1, pp.74–81, 132–135.

the duchy is one of unremitting and indefatigable Christian piety, and of their generosity to the abbeys they founded and endowed there can be no doubt.[59] The detailed context is however likely to be complex and subtle, for the temper of the duchy in the late tenth and early eleventh centuries has emerged as a delicate balance between the competing claims of the pagan Viking world out of which the Normans came and the Christian world into which they were becoming integrated.[60] This underlines further the political dimension of their treatment of the Church in their realm, and specifically of the monastic foundations, which may be seen reflected in the sources to which they turned for assistance in these projects. The work of refounding both Mont St-Michel and St-Wandrille (Fontanelle) had been entrusted to Mainard, disciple of Gerard of Brogne, thus probably introducing into the Norman Church some of reforming principles emanating from Flanders – specifically from Ghent.[61] When, around 990, Richard I initiated the reform of Fécamp and the substitution of monks for the canons who had previously staffed it, he turned to Burgundy and elicited the help of the abbot of Cluny, Majolus.[62] The trend is a familiar one, and Majolus had behind him a formidable record of founding new houses and reforming existent ones.[63] The extent of his actual involvement with Fécamp in the

---

[59] For the general picture, see D. Bates, *Normandy Before 1066* (London, 1982), pp.189ff.

[60] E. Searle, *Predatory Kinship and the Creation of Norman Power, 840–1066* (Berkeley, Los Angeles, London, 1988); Bates, *Normandy Before 1066*. For perceptive comments on the co-existence of these two *mentalités*, see E.M.C. van Houts, 'A Note on *Jezebel* and *Semiramis*: Two Norman Poems from the Early Eleventh Century', *Journal of Medieval Latin* 2 (1992), 18–24. See also D. Bates, 'Rouen from 900 to 1204: From Scandinavian Settlement to Angevin "Capital"', in *Medieval Art, Architecture and Archaeology at Rouen*, edited by J. Stratford, The British Archaeological Association Conference Transactions (Leeds, 1993), pp.1–11.

[61] For Mont Saint-Michel see J. Laporte, 'L'abbaye du Mont Saint-Michel aux Xe et XIe siècles', in *Millénnaire monastique du Mont Saint-Michel*, edited by J. Laporte (Paris, 1967), 1, pp.53–80; and for Saint-Wandrille, J. Laporte, 'Gérard de Brogne à Saint-Wandrille et à Saint-Riquier', *Revue Bénédictine* 70, no.1 (1960), 142–66.

[62] There is a possibility that canons and monks temporarily co-habited. See B. Branch, 'The XIth- and XIIth-Century Inventories of the Library of Fécamp', *Manuscripta* 23 (1979), 159–73, and C. Potts, 'When the Saints Go Marching: Religious Connections and the Political Culture of Early Normandy', in *Anglo-Norman Political Culture and the Twelfth-Century Renaissance: Proceedings of the Borchard Conference on Anglo-Norman History, 1995*, edited by C. W. Hollister (Woodbridge, 1997), p.28.

[63] There is a useful list of the houses with which Majolus was involved, either as founder or reformer, in D. Iogna-Prat, *Agni immaculati: recherches sur les sources hagiographiques relatives à saint Maïeul de Cluny (954–994)* (Paris, 1988), p.222 fn. The near-contemporary situation in the county of Anjou forms an interesting comparison and contrast with that in Normandy: see O. Guillot, *Le comte d'Anjou et son entourage au XIe siècle*, 2 vols. (Paris, 1972), vol.1, chap.2.

early 990s seems however unclear. Majolus died in 994 and Richard I in 996. It would appear that after a few years Richard II took up his father's initiative and elicited the assistance of Majolus's most distinguished protégé, William of Volpiano, abbot of Saint-Bénigne at Dijon, who appears first at Fécamp in 1001.[64]

The importance of William's work as a monastic reformer in the late tenth and early eleventh centuries was as generally recognised in his own time as it is today, if for nothing else then for the prodigious level of energy which was necessary to sustain it.[65] His disciple and earliest biographer, Ralph Glaber, makes particular mention of his skill in music, and of the close attention he gave to the performance of liturgical chant.[66] Claims of this kind are of course not unfamiliar in encomia upon medieval churchmen, and the singling out of the qualities of seemliness and correctness in chant, obtained in part through the use of carefully-copied texts, identify these specifically musical qualities as symptoms of a more general attitude to the conduct of the liturgy.

It is perhaps significant, and certainly in keeping with other comments of this type, that psalmody is specially mentioned by Ralph, for methods of psalm-singing seem to have achieved a key status in judgments upon liturgical propriety.[67] One of the most powerful means of ensuring correctness in psalmody was the treatise known as the tonary, which occurs in numerous manifestations from the Carolingian period onwards.[68] Texts of this kind have at their heart the systematic classification of the antiphonal chants of office and mass according to the eight modes, and offer *differentiae* (or terminal melodic patterns) for psalms in each of these modes, intended to procure a seamless transition

---

[64] For the history of Fécamp in these early years, see N. Bulst, *Untersuchungen zu den Klosterreformen Wilhelms von Dijon (962–1031)*, Pariser Historische Studien (Bonn, 1973), pp.147ff.

[65] The standard study, in great detail and with particularly rich references, is Bulst, *Untersuchungen*.

[66] John France, Neithard Bulst, and Paul Reynolds, editors, *Rodulfus Glaber Opera*, Oxford Medieval Texts (Oxford, 1989), p.288: 'Cum superne dulcedinis nectare, artificialis etiam musicae perdoctus ac comptus dogmate, quicquid in psallendo choris suorum psallebatur die ac nocte, tam in antiphonis quam in responsoriis vel ymnis, corrigendo et emendando ad tantam direxit rectitudinem ut nullis decentius ac rectius psallere contigat in tota ecclesia Romana. Psalmorum nichilominus concentum dulcissimo ultra omnes distinguens decoravit melodimate'.

[67] This issue in a slightly later period is treated in S.A. Van Dijk, 'Saint Bernard and the *Instituta Patrum* of Saint Gall', *Musica Disciplina* 4 (1950), 99–109 and S.J.P. Van Dijk, 'Medieval Terminology and Methods of Psalm Singing', *Musica Disciplina* 6 (1952), 7–26.

[68] There is a comprehensive treatment of these texts in M. Huglo, *Les Tonaires: inventaire, analyse, comparaison*, Publications de la Société française de Musicologie (Paris, 1971).

between a psalm and its antiphon. One such tonary, combined with a gradual, is the manuscript Montpellier H.159, written in the first half of the eleventh century and certainly in use at the monastery of St-Bénigne at Dijon shortly after its creation.[69] This tonary is notable for a number of idiosyncratic features, suggesting an innovative and systematic approach to the regularisation of chant. It is an early example of a tonary which expands the scope of what is originally a theoretical treatise into something more akin to a cantor's handbook, particularly through its repertorial comprehensiveness and its reproduction of whole melodies rather than incipits only. It also anticipates by about a century the movement (notable for instance with the Cistercians and Dominicans) to 'correct' plainchant melodies according to theoretical principles.[70] Among its other idiosyncracies, the Montpellier Tonary uses a dual method of musical notation, employing not only French neumes but also the letter-names of notes, written in minuscule above the verbal text and below the neumes, thereby procuring a level of precision in the indication of pitch not obtainable by the use of adiastematic or semi-diastematic neumes alone. Such letter-notation has been long recognised as a characteristic of books produced in Normandy – and notably in the abbeys which came under William's influence – outside which area it is virtually unknown.[71] The system used in the Montpellier manuscript, though it differs in slight details from surviving Norman examples, is sufficiently close to implicate Norman centres in the pedigree of this manuscript. This hypothesis is strongly supported by the existence in a thirteenth-century Fécamp antiphoner (used as Ms A in the present edition) of a comprehensive Tonary for the office which essentially reproduces the office Tonary copied as an addition into the Montpellier manuscript, to the extent that lacunae in the latter may be

---

[69] The manuscript has been published in facsimile in *Paléographie Musicale, 7, Antiphonarium tonale missarum, XIe siècle: codex H.159 de la Bibliothèque de l'École de médicine de Montpellier* (Solesmes, 1901), and there is an edition in F. Hansen, editor, *H 159 Montpellier: Tonary of St Bénigne of Dijon*, Studier og Publikationer fra Musikvidenskabeligt Institut Aarhus Universitet (Copenhagen, 1974). See M. Huglo, 'Le Tonaire de Saint-Bénigne de Dijon (Montpellier H. 159)', *Annales Musicologiques* 4 (1956), 7–18, and Huglo, *Les Tonaires*, pp.328–32.
[70] Huglo, *Les Tonaires*, p.331.
[71] S. Corbin, 'Valeur et sens de la notation alphabétique, à Jumièges et en Normandie', in *Jumièges: congrès scientifique de XIII centenaire*, 2, 2 vols. (Rouen, 1955), pp.913–24.

supplied by the readings of the former.[72] It would seem that these two manuscripts bear witness to the thorough-going regulation of liturgical chant in the monastic houses which received William's attention, and underline the relationship of these houses in some kind of association.[73] The individuality of the liturgical and ritual elements of William's activities has become further evident since the publication in 1983 of the Customary of Saint-Bénigne at Dijon, from a manuscript which seems likely to date from William's abbacy,[74] and an edition published in 1985–87 of texts deriving from the house at Fruttuaria which he founded upon his patrimonial land.[75] Attention has rightly been drawn to those characteristics in the Dijon book which seem to be identical (or very nearly so) to contemporary Cluniac texts, especially the *Liber Tramitis*, as well as to those elements which seem peculiar to William's

---

[72] Huglo, *Les Tonaires*, pp.332–33; J. Smits van Waesberghe, editor, *The Theory of Music from the Carolingian Era up to 1400*, Répertoire International des Sources Musicales (Munich-Duisburg, 1961), pp.128–29. There is also an extended poem on the tetrachord included in a late eleventh-century Fécamp copy of Boethius (Rouen, Bibliothèque municipale Ms 489 (A.254)), immediately followed by one of the copies of the *Laudes regiae* already referred to. See Cowdrey, 'Anglo-Norman Laudes', p.38, and Smits van Waesberghe, *The Theory of Music*, p.130.

[73] The exact nature of the relationship between the houses founded, reformed or otherwise superintended by William is discutable. Some indication of the sense of an extended confederation is given by the foundation 'charter' for Fruttuaria, datable to *ca* 1015, which lists the names of monks from Fécamp (49 in number), Jumièges, St-Bénigne at Dijon, Vergy, Bèze, St-Epvre at Toul, and St-Arnoulf at Metz. The document is printed, with commentary, in Bulst, *Untersuchungen*, pp.220–40. In a document of the 1180s, abbot Haymo of St-Bénigne refers to his house and that of Fécamp as two limbs of one body: J. Laporte, 'Les associations spirituelles entre monastères: l'exemple de trois abbayes bénédictines normandes', *Cahiers Léopold Delisle* 12, no.3 (1963), 29–45 (pp.40ff).

[74] In K. Hallinger, *Consuetudines Cluniacensium antiquiores cum redactionibus derivatis*, Corpus Consuetudinum Monasticarum VII/2 (Siegburg, 1983), where it is given the siglum B^2. For the manuscript (Paris, Bibliothèque nationale Ms lat.4339) see the description in Hallinger, *Consuetudinum ... Monumenta*, pp.101–04.

[75] L.P. Spätling and P. Dintner, editors, *Consuetudines Fructuarienses-Sanblasianae*, Corpus Consuetudinum Monasticarum XII/1–2, 2 vols. (Siegburg, 1985–87). For the origins of Fruttuaria see H.H. Kaminsky, 'Zur Grundung von Fruttuaria durch den Abt Wilhelm von Dijon', *Zeitschrift für Kirchengeschichte* 3/4 (1966), 238–67; and for recent material evidence L.P. Baricco, 'I risultati dell'indagine archeologica sulla chiesa abbaziale di Fruttuaria: prime considerazioni', in *Dal Piemonte all'Europa: esperienze monastiche nella società medievale. Relazioni e communicazioni presentate al XXXIV Congresso storico subalpino nel millenario di S. Michele della Chiusa (Torino, 27–29 maggio 1985)* (Turin, 1988), pp.587–606.

work and outside the Cluny tradition.[76] If one takes those seventeen features of the Dijon Customary which Hallinger isolated as belonging to an 'Außerkluniaszensische Tradition', the Fécamp Ordinal can be seen to follow them in all cases where a direct comparison can be made.[77] On the reasonable assumption that the Use brought to Fécamp by William will closely resemble that employed by him at St-Bénigne, our Ordinal would here seem to manifest another aspect of its conservative nature, preserving into the thirteenth century many of the distinctive elements of ritual that were imposed in the house as a part of the reforms it underwent in the early eleventh.

It has become equally clear that William's reforms also involved the reorganisation of office *historiae*, both of the Temporal and the Sanctoral, to produce a distinctive *cursus* of chants. The extent and nature of this work were first outlined by Le Roux in a pioneering study published in 1966 which analysed the office for the period from Christmas to Epiphany and established the individuality of the sources emanating from houses associated with William's work.[78] Similar distinctiveness was established in Hesbert's classification of the dominical responsory series for Advent.[79] Hesbert's monastic grouping 'II'

---

[76] These are discussed extensively in Hallinger, *Consuetudinum . . . Monumenta*, pp.237–45. The relationship between William's work and that of Cluny has been the subject of considerable debate. See, for example, Bulst, *Untersuchungen*, pp.186ff; K. Hallinger, 'Neithard Bulst, *Untersuchungen zu den Klosterreformen Wilhelms von Dijon*', review, *Historische Zeitschrift* 220 (1975), 173–76. Bulst has developed his ideas on the Norman 'dialect' of William's reforms in N. Bulst, 'Le réforme monastique en Normandie: étude prosopographique sur la diffusion et l'implantation de la réforme de Guillaume de Dijon', in *Les mutations socio-culturelles au tournant des XIe–XIIe siècles: études anselmiennes (IVe Session)*, edited by R. Foreville, Spicilegium Beccense (Paris, 1984), pp.317–30. See also the contributions by Bulst and Lemarignier to G. Penco, 'Il movimento di Fruttuaria e la riforma Gregoriana', in *Il monachesimo e la riforma ecclesiastica (1049–1122): atti della quarta Settimana internazionale di studio, Mendola, 23–29 agosto 1968*, Miscellanea del Centro di studi medioevali (Milan, 1971), pp.385–98.

[77] Hallinger, *Consuetudinum . . . Monumenta*, pp.242–43. The list is, as he says (p.243), illustrative rather than exhaustive. For further comparative work, involving *inter alia* texts from Fécamp, Fruttuaria, Cluny and Bec, see M.P. Dickson, editor, *Consuetudines Beccenses*, Corpus Consuetudinum Monasticarum IV (Siegburg, 1967), pp.XXXVIIff.

[78] R. Le Roux, 'Guillaume de Volpiano: son cursus liturgique au Mont Saint-Michel et dans les abbayes normandes', in *Millénaire monastique du Mont Saint-Michel, 1, Histoire et vie monastiques*, edited by J. Laporte (Paris, 1966), pp.417–72.

[79] R.-J. Hesbert, *Corpus antiphonalium officii*, Rerum ecclesiasticarum documenta, series maior, fontes 11 (Rome, 1975), pp.411ff. See also 'le groupe Saint-Bénigne', in R.-J. Hesbert, *Corpus antiphonalium officii*, Rerum ecclesiasticarum documents, series maior, fontes 12 (Rome, 1979), p.199.

THE ABBEY, ITS LITURGY AND ITS RITUAL

contains manuscripts which include two breviaries of Fécamp,[80] four of Jumièges, and one of Mont Saint-Michel. The other Norman houses in the group are Conches, St-Evroul and Troarn. From outside Normandy are St-Bénigne at Dijon, St-Germain-des-Près, San Martino delle Scale near Palermo, and the Gloucestershire houses of Evesham and of Winchcombe, the breviary/missal of the latter, now at Valenciennes, being fairly certainly the oldest of the surviving witnesses to William's *cursus*. The influence of this *cursus* further afield may be judged by its employment in the secular Use of Nidaros in Norway, which has been extensively traced by Lilli Gjerløw.[81]

The picture which emerges is of an extensive revision to a received corpus of office material, both verbal and musical, involving both the re-ordering of the elements of existent *historiae* and the supply of new (or substantially modified) pieces which seem to occur only in the books of houses which came under William's influence, and which one may provisionally consider as compositions emanating from his circle.[82] Though more scholarly attention has been devoted to these phenomena in the office than in the mass, there is evidence that in the latter too there was a considerable element of revision.[83] Although the broad lines of the picture are now fairly clear, its details have been obscured by a lack of published sources which comprehensively outline the details of liturgical observance in houses whose reforms in the late tenth and early eleventh centuries were superintended by William, or which otherwise came under his influence. The present edition is the first to lay out such details, and it is hoped that it may be followed by studies which will complement it by presenting evidence from other relevant houses from

---

[80] Rouen, Bibliothèque municipale Mss A.63 and Y.46, the latter, with siglum B2, used in the present edition.

[81] L. Gjerløw, *Antiphonarium Nidrosiensis Ecclesiae*, Libri liturgici provinciae Nidrosiensis medii aevi (Oslo, 1979).

[82] It is, however, going well beyond the bounds of the evidence, as well as stretching likelihood, to suggest that William was personally involved in these activities as a 'composer'.

[83] Some indications of this are given in D. Hiley, 'The Norman Chant Traditions: Normandy, Britain, Sicily', *Proceedings of the Royal Musical Association* 107 (1980–81), 1–33. One may also note as a symptom the remark of Leroquais, in relation to a Norman missal possibly from St-Martin of Troarn (Paris, Bibliothèque national Ms lat.14446) that the introit *Liberator meus* given there for the Saturday before Palm Sunday is known only from St-Bénigne and derived sources: V. Leroquais, *Les sacramentaires et les missels manuscrits des bibliothèques publiques de France*, 4 vols. (Paris, 1924), pp.241–42. (It is thus in Fécamp books.) See further J. Leclercq, 'Prières attributable à Guillaume et à Jean de Fruttuaria', in *Monasteri in alta Italia dopo le invasioni saracene e magiare (sec. X–XII): relazioni e comunicazioni presentate al XXXII congresso storico subalpino. III convegno di storia della chiesa in Italia (Pinerolo 1964)* (Turin, 1966), pp.157–66.

which texts of comparable detail survive. We have ordinals from Jumièges, Mont Saint-Michel and St-Epvre at Toul, all of which (like the Fécamp Ordinal) postdate the era of William's reforms, but which (again like the Fécamp Ordinal) seem to transmit material unchanged from the early eleventh century.[84] By a process of comparison it may well be possible to arrive more certainly at a detailed view of the liturgy which those reforms entailed. Two central problems will then remain. The first will be to assess the liturgical background against which these changes were made, a task which involves facing the formidable difficulties posed by the lack of sources of the right kind and date.[85] The second will be to assess the motivations which led, within the general context of monastic reform around 1000, to wholesale editing of liturgical observance, and the principles of choice which it demonstrates.

THE PRESENT EDITION, AND THE SECONDARY MANUSCRIPTS

Although this Ordinal acts as a directory to the services of the abbey church of Fécamp, it is nevertheless not the case that it provides us with a comprehensive view of the contents of those services. Like many other books of its kind it assumes that the books to which it acts as a guide are to hand, and it therefore does not repeat *in extenso* what they contain. It is for example normal to find specified only the first of a series of office antiphons or responsories, perhaps with some such

---

[84] The Toul book is Paris, Bibliothèque nationale Ms lat.975. For the surviving ordinals of Jumièges see R.-J. Hesbert, 'Les manuscrits liturgiques de Jumièges', in *Jumièges: congrès scientifique de XIII centenaire* 2, 2 vols. (Rouen, 1955), pp.855–72. For Mont Saint-Michel see J. Lemarié, 'La vie liturgique au Mont Saint-Michel d'après les Ordinaires et le Céremonial de l'abbaye', in *Millénaire monastique du Mont Saint-Michel*, edited by J. Laporte (Paris, 1966), pp.303–52, which *inter alia* notes some of the Wilhelmine features of liturgy and ritual at the Mont in the thirteenth century. (Canon Lemarié has generously made available to the Society his transcription of the Mont ordinal from Avranches, Bibliothèque municipale Ms 216, and it is hoped to publish an edition in due course.)

[85] To take a glaring example, the debate on the relationship between the liturgy of William's houses and that of Cluny would be notably furthered by a comparative study of the *cursus* of both in the years around 1000. Yet the earliest example of the Use of Cluny in respect of the Office is so far known to us only through a breviary which cannot be dated before the late eleventh century: J. Hourlier, 'Le Bréviaire de Saint-Taurin', *Études Grégoriennes* 3 (1959), 163–73.

formula as 'et cetera' or 'sicut in libris'. For the Mass, an ordinal will usually content itself with reference only to the Collect, the other prayers (Secret, Postcommon) being understood to follow from that as members of an established set. Further than that, the Fécamp Ordinal (as has already been mentioned) is sometimes totally silent about the Mass for particular days.

The result is that the text of this Ordinal gives by itself an incomplete picture of the liturgical uses of the Abbey. In order to remedy this the present edition incorporates various details from seven other Fécamp service-books, and these are differentiated by being enclosed within angle brackets and printed in small type, as specified in the Editorial Conventions. For the Mass these details have been drawn from a sacramentary and a missal, here given the sigla M and S. (No gradual or troper seems to have survived from this house.) For the choir office, four manuscripts have been used: two breviaries (with sigla B1 and B2); an antiphoner which incorporates a hymnal (A); and a collectar (C). For processions and related ceremonies a fourteenth-century processional (P) has been used. Variants between these supporting manuscripts, and between them and the Ordinal, have normally been incorporated into footnotes. Where the extensiveness of such variants would have made the footnotes unwieldy (as is particularly the case with some of the ceremonies prescribed in detail in Ms P) the readings have been consigned to an appendix.

The consequent edition, though it gives a comprehensive account of Fécamp services, offers a critical reading of the Ordinal text alone. The supporting manuscripts are used chiefly to supply complementary additions, since the offering of a full critical edition of them would have entailed a vastly expanded and unwieldy apparatus. It must also be borne in mind that in the case of four of the manuscripts we are dealing with evidence which considerably postdates the Ordinal, and with two of them evidence which pre-dates it. Variation between the main text and readings in these sources may reflect stages of development in Fécamp liturgy before and after the time of the Ordinal's compilation. Readings from the secondary sources which vary from those of the Ordinal, or which disagree with those given by other of the supporting manuscripts, are generally noted, and these instances provide some indication of the liturgical development at Fécamp in the two centuries or so following the writing of the Ordinal manuscript. There follow summary descriptions of the seven ancillary manuscripts employed.

INTRODUCTION

A = Rouen, Bibliothèque municipale Ms 245 (A.190: ancien A.348)

Antiphoner and Hymnal: s.xiii½: 329 fols., 330×230: 2 columns of 32/34 lines of text (=16/17 4-line staves) in a written area 234/48×162/167; writing above top line: square neumes on 4-line staves: 48 historiated initials, of which 16 are now lost; many other painted initials.
1: Kalendar, September-December / 2: Treatise *De origine et processu artis musice et quid esse uideatur*, beg. 'Mvsica uocalis tocius pars specialis . . .', followed by Tonary[86] / 29: Temporal, Advent to the Octave of the Dedication (22 June) / 151: Corpus Christi (added) / 155: Hymnal / 167: Matins canticles / 170: 'Ordinatio ymnorum totius anni tam in festis diebus quam in aliis' / 173: Suffrages / 175: Temporal, Octave of Trinity to Sunday before Advent / 197v: Transfiguration and list of *Benedictus* antiphons for the Sundays after Trinity Octave / 199: (starts imperfectly) Sanctoral, Nicholas to Crisantus and Daria / 307: Commune Sanctorum / 324v: Office of the BVM / 326: Venitare (ends imperfectly).

B1 = Rouen, Bibliothèque municipale Ms 244 (A.261: ancien A.328)

Leroquais, *Bréviaires* IV, p.116, no.765.

Noted breviary, s.xii ex., imperfect at beginning and end, and with many lacunae partly filled by inserted pages of s.xvi: 313 fols., now 285×195, but considerably trimmed: 2 columns of 35 lines (=18 4-line staves) in a written area 248/255×160, writing above top line: semi-diastematic neumes for many cues, and neumes on red 4-line staves for chant items given in full: painted initials in red, green, and blue.
1: by later hand / 2: (starts imperfectly) Temporal from the end of Matins of St Stephen to Sunday next before Advent / 155: ferial vespers antiphons / 155v: Invitatory tones / 157: fragment of Psalter / 158: *Letania cotidiana* / 159: Matins of the dead / 160v: prayers for the dead and later additions / 161v: (contemporary hand) Prosa *Sospitati* for St Nicholas and respond *Concede* for All Saints / 162: Sanctoral, Thomas of Canterbury to Conception of BVM (ends imperfectly).

---

[86] For the treatise, see Smits van Waesberghe, *The Theory of Music*, pp.128–29; and for the Tonary see the discussion above (p.20f), and Huglo, *Les Tonaires*, pp.332–33.

The inclusion in the Sanctoral of Thomas of Canterbury (though without a Proper *historia*) gives a date after *ca* 1175. This would seem to be the earliest noted book which preserves William's *cursus*. The music notation is remarkable for the way in which a large number of the fully-notated items run short of staves before their end, necessitating their conclusion in semi-diastematic neumes. The likelihood is that the man who laid out the book was misled by his exemplar about the amount of horizontal space which individual chant-texts would need when given notation upon staves, presumably because the exemplar was itself supplied with staffless neumes.[87]

B2 = Rouen, Bibliothèque municipale Ms 205 (Y.46: ancien Y.114)

Leroquais, *Bréviaires* IV, p.94, no.750.

Breviary: s.xiii ex., incorporating (fols.194–222v) material for the mass in a later hand: 366 fols., 230×160: 2 columns of 41 lines in a written space 170×115, writing below top line: painted initials alternately in red and blue, with much marginal filigrane decoration.
1: (later hand) Kalendar, wanting January–April / 5: Psalter, canticles and litany / 41: Office for the Dead / 42v: (mutilated) suffrages / 46: (inserted gathering) Advent tables / 50v: blessings of lectors / 51: Temporal / 191: (later hand: ending imperfectly at end of gathering) *Officium et missa eucharistie* / 194: (30 lines: the same later hand which wrote the Kalendar) Priest's devotions at Mass, *Summe sacerdotis* and Prefaces / 198: (19 lines: another later hand: starts imperfectly) Canon of the

---

[87] The available terminology for the description of notational forms is not comprehensively precise, and is anyway in English almost non-existent. The neume forms here are at a point somewhere between the 'notations à neumes' and the 'notations à petits carrés liés' of M. Bernard, *Répertoire de manuscrits médiévaux contenant des notations musicales, 1*, edited by S. Corbin, École pratique des hautes-études, Sorbonne – IVe section, Sciences historiques et philologiques, 3 vols. (Paris, 1965), p.10. Fécamp books do not allow us to trace more precisely notational developments there in the late twelfth century, but at Jumièges (whose source-material is richer) there was clearly a period ('cette époque de transition' in Hesbert's words) where Norman neumes were used on and off staves apparently indiscriminately. See for example the s.xii missal Rouen, Bibliothèque municipale Ms 267 (A.401), where the two notational methods exist side-by-side: R.-J. Hesbert, *Monumenta Musicae Sacrae, 2, Les manuscrits musicaux de Jumièges*, 5 vols. (Macon, 1954), pp.33–35, 84–85, and pl.LIV–LIX.

Mass / 203v: (30 lines: another later hand) Votive masses and blessing of holy water and of bread, ending on fol.220v and followed by miscellaneous additions in various hands of s.xv–xvii / 223: Sanctoral, Saturnine to Clement / 339: *Commune Sanctorum* / 363: Office of Our Lady (ending incompletely).
The original s.xiii breviary survives in fols.5–43v, 51–191, 223–end.

C = Rouen, Bibliothèque municipale Ms 238 (A.314: ancien A.274)

Samaran and Marichal, *Catalogue* VII, p.273 and pl.XLVI.

Collectar: s.xii½ (before 1161): 202 fols., 260×188: 21 long lines in a written area 185×129; writing above top line.
1: Blessing of Palms, Preces, *Ego dixi, Oremus pro omni gradu ecclesie* / 2v: legendary dates of events in the life of Christ and the Blessed Virgin / 3: Kalendar / 9: Chapters and Collects of Temporal / 81v: (original hand but out of order) prayers for Sts Cuthman, Ambrose, Leonard, Conception of BVM, Edmund king and martyr / 82v: (added) prayer for St Edward the Confessor / 83: Chapters and Collects of the Sanctoral, Silvester to Thomas / 132v: *Commune Sanctorum* / 146: suffrages / 151: Preces and commemorations of BVM and All Saints / 153: Gradual Psalms / 153v: Blessings of cooks and travellers / 154v: Prime on Sundays and feasts, and *Psalmi familiares* / 156: Capitular office / 156v: Blessings of salt and holy water, and procession *per officinas* / 160v: Maundy of the poor / 161: Grace at meals / 162v: Psalm *Deus auribus*; *pro pace* etc. / 162v: Compline and *Psalmi familiares* / 163v: Psalm *Verba mea* for the dead / 164: Prime and Little Hours on ferias, and *Psalmi familiares* / 165: (in 2 columns of 20 lines) *Litania cotidiana* / 169: various benedictions / 179: blessing of monastic clothing, and of clothing of a novice / 179v: *Ordo professionis* / 182: Visitation and unction of the sick / 186: *Subvenite* / 188: *Commendatio anime* / 193: Office for the dead / 199: various petitions, including six invoking St Benignus / 201: (added) form of Excommunication / 201v: (added) Litany (short form) / 202: blank.
The pre-1161 date is suggested by the addition, in a slightly later hand, of all material relating to Edward the Confessor, whose canonisation took place in that year. There are extensive marginal annotations throughout in later hands.

THE PRESENT EDITION, AND SECONDARY MANUSCRIPTS

M = Rouen, Bibliothèque municipale Ms 292 (Y.181: ancien Y.113)

Leroquais, *Sacramentaires* II, p.377 no.547.

Missal: s.xv init. (fols.1–257v); s.xiv ex. (fols. 258–264): 264 fols., 285×215: 31 lines in two columns in a written area 215/220×144, writing below top line: some historiated initials remaining, and 9 now lost; contemporary full-page painting (fol.100v) of bishop and monk at mass, and one of s.xvii (99v) of crucifixion; other painted initials alternately in gold and blue.
1: (starts imperfectly) Kalendar (wanting January and February) / 6: Temporal up to Easter eve / 91v: vesting prayers and *Ordo misse* with private prayers / 95: Prefaces with neumes / 101: *Canon misse* / 104v: Thanksgiving after Mass / 105v: Temporal, Easter to the Sunday next before Advent (wanting Sundays 13–16 and 18–22 after the Octave of Pentecost) / 145v: Sanctoral, Thomas of Canterbury to Thomas the Apostle / 202v: *Commune Sanctorum* / 214v: Votive Masses / 240: Sequences (material in original hand ends during fol. 255, and remaining material added by a later hand) / 258: six leaves from another manuscript.
The terminal dates for the main part of this manuscript are given by the inclusion in the Kalendar (in the original hand) of the obit of abbot Peter Cervaise (†1390), and the omission of the obit of abbot Estude d'Estonville (†1423).

P = Rouen, Bibliothèque municipale Ms 253 (A.538: ancien A.353)

Processional: s.xiv init.: 182 fols., 178×114: 27 long lines (=9 staves) in a written area 122×75: square notation on staves of four red lines.
1: Temporal, Advent to the Octave of Trinity / Sanctoral, Agnes to Thomas the Apostle / 108: *In precepuis anniversariis* / 108v: *Ordo ad cathectzandos pueros gentiles adhuc et eos ad baptismi gratiam perducendos* / 117v: *Ordo ad sponsalia facienda* / 121: *Benedictiones thalami, super peregrinos, panis*; *Ordo professionis* / 124: *Ordo ad visitandum infirmos* / 126v: *De officio commendationis* / 129v: *Vigilia pro defunctis* / 145: *Missa pro defunctis* / 150: *Inhumatio defuncti* / 162: processional responsories / 178v: (later hand) *Ave verum corpus* (of *De eucharistia*).

S = Rouen, Bibliothèque municipale Ms 290 (A.313: ancien A.252)

Leroquais, *Sacramentaires* I, p.194 no.86.
Samaran and Marichal, *Catalogue* VII, p.283 and pl.CLXXXIX.

Sacramentary/missal: s.xii init. (fols.1–69, 78–101v and 151–351); s.xiv (fols.69v–77v); s.xv init. (fols.102–150v): 351 fols., 270×195: 21 long lines in a written area 178/185×112; writing above top line: occasional heightened staffless neumes for Prefaces (*e.g.* fols.47r–48) and (on fol.329) for *initia* of respond and its verse.
1: Temporal, Advent to Vigil of Pentecost / 63v: preparation for mass and Ordo Missae / 72v: Canon Missae (begins imperfectly) / 78: Temporal, Vigil of Pentecost to Sunday before Advent / 102: amplification of masses given in Temporal and (fol.130) Sanctoral, including masses for 'new' feasts / 151: Sanctoral / 273: added masses (Romanus; Nigasius, Quirinus and Scubiculus; Barbara; Mary of Egypt), Common of Confessor not a bishop, and mass of the Conception / 276: Commune Sanctorum (all masses full) / 290: Mass of the Trinity (full) / 291: Votive masses / 350: (begins imperfectly) Commemorations at mass etc.; intonations for *Gloria, Ite missa est, Benedicamus domino*.
The Temporal, now in two disjunct parts (fols.1–62 and 78–101), would seem to have been part of the same enterprise as the early s.xii parts of the Sanctoral etc. (fols.151–349v). These two sections are predominantly in the same hand and share the same layout and decorative scheme, though the presence of a contemporary (possibly original) numeration (i–cci) for fols.151–349 would suggest that this part was originally separate.

BIBLIOGRAPHY

L'abbaye Bénédictine de Fécamp: ouvrage scientifique du XIIIe centenaire 658–1958, 4 vols. (Fécamp, 1959).

Angenendt, A., 'Theologie und Liturgie der mittelalterlichen Toten-Memoria', in *Memoria. Der geschichtliche Zeugniswert des liturgischen Gedenkens im Mittelalter*, eds K. Schmid, and J. Wollasch, Münster Mittelalter-Schriften 48 (Munich, 1984), pp.79–199.

Baricco, L.P., 'I risultati dell'indagine archeologica sulla chiesa abbaziale di Fruttuaria: prime considerazioni', in *Dal Piemonte all'Europa: esperienze monastiche nella società medievale. Relazioni e communicazioni presentate al XXXIV Congresso storico subalpino nel millenario di S. Michele della Chiusa (Torino, 27–29 maggio 1985)* (Turin, 1988), pp.587–606.

Bates, D., *Normandy Before 1066* (London, 1982).

Bates, D., 'Rouen from 900 to 1204: From Scandinavian Settlement to Angevin "Capital" ', in *Medieval Art, Architecture and Archaeology at Rouen*, ed. J. Stratford, The British Archaeological Association Conference Transactions (Leeds, 1993), pp.1–11.

Bernard, M., *Répertoire de manuscrits médiévaux contenant des notations musicales, 1, Bibliothèque Sainte-Geneviève, Paris*, ed. S. Corbin, École pratique des hautes-études, Sorbonne – IVe section, Sciences historiques et philologiques, 3 vols. (Paris, 1965).

Bouquet et al., M., editor, *Recueil des historiens des Gaules et de la France*, 24 vols. (Paris, 1738–1904).

Branch, B., 'The XIth- and XIIth-Century Inventories of the Library of Fécamp', *Manuscripta* 23 (1979), 159–73.

Bruhl, C., *Fodrum, gistum, servitium regis: Studien zu den wirtschaftlichen Grundlagen des Königtums im Frankenreich und in den fränkischen Nachfolgenstaaten Deutschland, Frankenrich und Italien vom 6. bis zur Mitte des 14. Jahrhunderts*, Kölner historische Abhandlung, Bd14, 2 vols. (Cologne, 1968).

Bulst, N., 'Le réforme monastique en Normandie: étude prosopographique sur la diffusion et l'implantation de la réforme de Guillaume de Dijon', in *Les mutations socio-culturelles au tournant des XIe–XIIe siècles: études anselmiennes (IVe Session)*, ed. R. Foreville, Spicilegium Beccense (Paris, 1984), pp.317–30.

Bulst, N., *Untersuchungen zu den Klosterreformen Wilhelms von Dijon (962–1031)*, Pariser Historische Studien (Bonn, 1973).

Chadd, D., 'The Medieval Customary of the Cathedral Priory', in *Norwich Cathedral: Church, City and Diocese, 1096–1996*, eds I. Atherton, E. Fernie, C. Harper-Bill, and H. Smith (London: and Rio Grande, 1996), pp.314–24.

Chibnall, M., editor, *The Ecclesiastical History of Orderic Vitalis*, Oxford Medieval Texts, 6 vols. (Oxford, 1969–1980).

Constable, G., 'Monastic Legislation at Cluny in the Eleventh and Twelfth Centuries', in *Proceedings of the Fourth International Congress of Medieval Canon Law, Toronto, 21–25 August 1972*, Monumenta Iuris Canonici (Vatican City, 1976), pp.151–61.

Constable, G., *The Reformation of the Twelfth Century* (Cambridge, 1996).

Corbin, S., 'Valeur et sens de la notation alphabétique, à Jumièges et en Normandie', in *Jumièges: congrès scientifique de XIII centenaire*, 2, 2 vols. (Rouen, 1955), pp. 913–24.

Cousin, P., 'Le monastère de Fécamp des origines à la destruction par les Normands', in *L'abbaye Bénédictine de Fécamp: ouvrage scientifique du XIIIe centenaire 658–1958*, 1, 4 vols. (Fécamp, 1959), pp.23–25, 317–20.

Cowdrey, H.E.J., 'The Anglo-Norman Laudes Regiae', *Viator* 12 (1981), 37–78.

Cowdrey, H.E.J., 'Legal Problems Raised by Agreements of Confraternity', in *Memoria. Der geschichtliche Zeugniswert des liturgischen Gedenkens im Mittelalter*, eds K. Schmid, and J. Wollasch, Münster Mittelalter-Schriften 48 (Munich, 1984), pp.233–54.

Davis, H.W.C., and R.J. Whitwell, editors, *Regesta Regum Anglo-Normannorum* (Oxford, 1913).

Delisle, L., editor, *Chronique de Robert de Torigni, abbé de Mont-Saint-Michel*, Société de l'histoire de Normandie, 2 vols. (Rouen, 1872–1873).

Dickson, M.P., editor, *Consuetudines Beccenses*, Corpus Consuetudinum Monasticarum IV (Siegburg, 1967).

Dintner, P., editor, *Liber Tramitis Aevi Odilonis Abbatis*, Corpus Consuetudinum Monasticarum X (Siegburg, 1980).

Dolan, D., *Le drame liturgique de Pâques en Normandie et en Angleterre au moyen age*, Publications de l'Université de Poitiers. Lettres et Sciences Humaines (Paris, 1975).

Donnat, L., 'Les coutumes monastiques autour de l'an mil', in *Religion et culture autour de l'an mil*, eds. D. Iogna-Prat, and J.-C. Picard (Paris, 1990), pp.17–24.

Douglas, D.C., *William the Conqueror* (London, 1964).

Dubuc, A., 'La nouvelle règle intérieur établie à l'abbaye de Fécamp en 1618', in *L'abbaye Bénédictine de Fécamp: ouvrage scientifique du XIIIe centenaire 658–1958*, 1, 4 vols. (Fécamp, 1959), pp.181–91, 387.

Dumas-Dubourg, F., *Le trésor de Fécamp et le monnayage en Francie occidentale pendant la seconde moitié du Xe siècle* (Paris, 1971).

Engel, R.-E., 'Le musée de la Société Bénédictine et ses souvenirs abbatiaux', in

BIBLIOGRAPHY

L'abbaye bénédictine de Fécamp: ouvrage scientifique du XIIIe centenaire 658–1958, 2, 4 vols. (Fécamp, 1959), pp.297–321.

Fassler, M., 'The Office of the Cantor in the Early Western Monastic Rules and Customaries: A Preliminary Investigation', *Early Music History* 5 (1985), 29–51.

Fauroux, M., *Recueil des actes des ducs de Normandie (911–1066)*, Mémoires de la Société des antiquaires de Normandie, 36 (Caen, 1961).

Foley, E., 'The "Libri Ordinarii": an Introduction', *Ephemerides liturgicae* 102 (1988), 129–37.

France, John, Neithard Bulst, and Paul Reynolds, editors, *Rodulfus Glaber Opera*, Oxford Medieval Texts (Oxford, 1989).

Frere, W.H., editor, *The Use of Sarum*, 2 vols. (Cambridge, 1898–1901).

Gerchow, J., '*Societas et Fraternitas*: a Report on a Research-Project Based at the Universities of Freiburg and Münster', *Nomina* 12 (1988–1989), 153–71.

Gjerløw, L., *Antiphonarium Nidrosiensis Ecclesiae*, Libri liturgici provinciae Nidrosiensis medii aevi (Oslo, 1979).

[Le Grand, A.], *Distillerie de la Bénédictine, Musée, catalogue* (Fécamp, 1888).

Grémont, D.B., 'Lectiones ad prandium à l'abbaye de Fécamp au XIIIe siècle', *Cahiers Léopold Delisle* 20, no.3–4 (1971), 3–41.

Guillot, O., *Le comte d'Anjou et son entourage au XIe siècle*, 2 vols. (Paris, 1972).

Hallinger, K., *Consuetudines Cluniacensium antiquiores cum redactionibus derivatis*, Corpus Consuetudinum Monasticarum VII/2 (Siegburg, 1983).

Hallinger, K., *Consuetudinum saeculi X/XI/XII monumenta: introductiones*, Corpus Consuetudinum Monasticarum VII/1 (Siegburg, 1984).

Hallinger, K., 'Consuetudo: Begriff, Formen, Forschungsgeschichte, Inhalt', in *Untersuchungen zu Kloster und Stift*, Veröffentlichungen des Max-Planck-Instituts für Geschichte (Göttingen, 1980), pp.140–66.

Hallinger, K., 'Klunys Bräuche zur Zeit Hugos des Großen', *Zeitschrift der Savigny-Stiftung für Rechtsgeschichte* 76 (Kanonistische Abteilung 45) (1959), 99–140.

Hallinger, K., 'Neithard Bulst, *Untersuchungen zu den Klosterreformen Wilhelms von Dijon*', review, *Historische Zeitschrift* 220 (1975), 173–76.

Hansen, F., editor, *H 159 Montpellier: Tonary of St Bénigne of Dijon*, Studier og Publikationer fra Musikvidenskabeligt Institut Aarhus Universitet (Copenhagen, 1974).

Haskins, C.H., *Norman Institutions* (Cambridge, Mass., 1918; new edition New York, 1960).

Hesbert, R.-J., *Corpus antiphonalium officii, 5, Fontes earumque prima ordinatio*, Rerum ecclesiasticarum documenta, series maior, fontes 11 (Rome, 1975).

Hesbert, R.-J., 'Les manuscrits liturgiques de Jumièges', in *Jumièges: congrès scientifique de XIII centenaire*, 2, 2 vols. (Rouen, 1955), pp.855–72.

Hesbert, R.-J., *Monumenta Musicae Sacrae, 2, Les manuscrits musicaux de Jumièges*, 5 vols. (Macon, 1954).

Hesbert, R.-J., *Corpus antiphonalium officii, 6, Secunda et tertia ordinationes*, Rerum ecclesiasticarum documents, series maior, fontes 12 (Rome, 1979).

Hiley, D., 'The Norman Chant Traditions: Normandy, Britain, Sicily', *Proceedings of the Royal Musical Association* 107 (1980–81), 1–33.

Hourlier, J., 'Le Bréviaire de Saint-Taurin', *Études Grégoriennes* 3 (1959), 163–73.

Huglo, M., 'Le Tonaire de Saint-Bénigne de Dijon (Montpellier H. 159)', *Annales Musicologiques* 4 (1956), 7–18.

Huglo, M., *Les Tonaires: inventaire, analyse, comparaison*, Publications de la Société française de Musicologie (Paris, 1971).

Iogna-Prat, D., *Agni immaculati: recherches sur les sources hagiographiques relatives à saint Maïeul de Cluny (954–994)* (Paris, 1988).

Iogna-Prat, D., 'Coutumes et statuts clunisiens comme sources historiques (*ca* 990–*ca* 1200)', *Revue Mabillon* 64, nouvelle série 3 (1992), 23–48.

Kaminsky, H.H., 'Zur Grundung von Fruttuaria durch den Abt Wilhelm von Dijon', *Zeitschrift für Kirchengeschichte* 3/4 (1966), 238–67.

Laporte, J., 'Les associations spirituelles entre monastères: l'exemple de trois abbayes bénédictines normandes', *Cahiers Léopold Delisle* 12, no. 3 (1963), 29–45.

Laporte, J., 'Epistulae Fiscannenses: lettres d'amitié, de gouvernement et d'affaires (XIe–XIIe siècles)', *Revue Mabillon* 43 (1953), 5–31.

Laporte, J., 'Gérard de Brogne à Saint-Wandrille et à Saint-Riquier', *Revue Bénédictine* 70, no. 1 (1960), 142–66.

Laporte, J., 'L'abbaye du Mont Saint-Michel aux Xe et XIe siècles', in *Millénaire monastique du Mont Saint-Michel*, ed. J. Laporte (Paris, 1967).

Laporte, J., 'Les origines du monachisme dans la province de Rouen', *Revue Mabillon* 31 (1941), 1–13, 25–41, 49–68.

Leclercq, J., 'Prières attributable à Guillaume et à Jean de Fruttuaria', in *Monasteri in alta Italia dopo le invasioni saracene e magiare (sec. X–XII): relazioni e comunicazioni presentate al XXXII congresso storico subalpino. III convegno di storia della chiesa in Italia (Pinerolo 1964)* (Turin, 1966), pp.157–66.

Lecroq, G., *Les manuscrits liturgiques de Fécamp*, offprint from *Bulletin de l'Association des Amis du Vieux Fécamp* (Fécamp, 1934).

Lemaître, J.-L., *Répertoire des documents nécrologiques français*, Recueil des historiens de la France, Obituaires 7, 3 vols. (Paris, 1980–1987).

Lemarié, J., 'La vie liturgique au Mont Saint-Michel d'après les Ordinaires et le Cérémonial de l'abbaye', in *Millénaire monastique du Mont Saint-Michel*, ed. J. Laporte (Paris, 1966), pp.303–52.

Leroquais, V., *Les bréviaires manuscrits des bibliothèques publiques de France*, 6 vols. (Paris, 1934).

Leroquais, V., *Les sacramentaires et les missels manuscrits des bibliothèques publiques de France*, 4 vols. (Paris, 1924).

Martimort, A.-G., *La documentation liturgique de Dom Edmond Martène: étude codicologique*, Studi e Testi (Città del Vaticano, 1978).

Martimort, A.-G., *Les 'Ordines', les Ordinaires et les Cérémoniaux*, Typologie des sources du moyen âge occidental (Turnhout, 1992).

Musset, L., 'La contribution de Fécamp à la reconquête monastique de la basse Normandie', in *L'abbaye bénédictine de Fécamp*, 1, 4 vols. (Fécamp, 1959), pp. 57–66.

Musset, L., 'Gouvernés et gouvernants dans le monde scandinave et dans le monde normand (XIe–XIIe siècles)', in *Gouvernés et gouvernants* 2, Recueils de la Société Jean Bodin, 23 (Brussels, 1968), pp.439–68.

Musset, L., 'Monachisme d'époque franque et monachisme d'époque ducale en Normandie: le problème de la continuité', in *Aspects du monachisme en Normandie (IVe–XVIIIe siècles): actes du colloque scientifique de l''Année des abbayes normandes', Caen, 19–20 octobre 1979*, ed. L. Musset, Bibliothèque de la Société d'Histoire Ecclésiastique de la France (Paris, 1982), pp.55–74.

Nebbiai-Dalla Guarda, D., 'Les listes médiévales de lectures monastiques. Contribution à la connaissance des anciennes bibliothèques bénédictines', *Revue Bénédictine* 96 (1986), 271–326.

Omont, H., 'Cartulaire-obituaire de la pitancerie de l'abbaye de Fécamp au XIIIe siècle', in *Société de l'histoire de Normandie, Mélanges, 9ème série*, Series 9 (1925), pp.269–80.

Palazzo, É., *Histoire des livres liturgiques: le Moyen Age des origines au XIIIe siècle* (Paris, 1993).

Paléographie Musicale, 7, Antiphonarium tonale missarum, XIe siècle: codex H.159 de la Bibliothèque de l'École de médicine de Montpellier (Solesmes, 1901).

Penco, G., 'Il movimento di Fruttuaria e la riforma Gregoriana', in *Il monachesimo e la riforma ecclesiastica (1049–1122): atti della quarta Settimana internazionale di studio, Mendola, 23–29 agosto 1968*, Miscellanea del Centro di studi medioevali (Milan, 1971), pp.385–98.

Potts, C., 'The Early Norman Charters: A New Perspective on an Old Debate', in *England in the Eleventh Century: Proceedings of the 1990 Harlaxton Symposium*, ed. C. Hicks, Harlaxton Medieval Studies 2 (Stamford, 1992), pp.25–40.

Potts, C., 'When the Saints Go Marching: Religious Connections and the Political Culture of Early Normandy', in *Anglo-Norman Political Culture and the Twelfth-Century Renaissance: Proceedings of the Borchard Conference on Anglo-Norman History, 1995*, ed. C. W. Hollister (Woodbridge, 1997), pp. 17–31.

Prevost, G.A., editor, *Armorial général de France (edit de novembre 1696): généralité de Rouen*, Société de l'histoire de Normandie (Rouen; Paris, 1910).

Renoux, A., *Fécamp: du palais ducal au palais de Dieu* (Paris, 1991).
Le Roux, R., 'Guillaume de Volpiano: son cursus liturgique au Mont Saint-Michel et dans les abbayes normandes', in *Millénaire monastique du Mont Saint-Michel, 1, Histoire et vie monastiques*, ed. J. Laporte (Paris, 1966), pp.417–72.
Samaran, C., and R. Marichal, *Catalogue des manuscrits en écriture latine portant des indications de date, de lieu ou de copiste, 7, Ouest de la France et pays de Loire* (Paris, 1984).
Schmid, K., and J. Wollasch, editors, *Memoria. Der geschichtliche Zeugniswert des liturgischen Gedenkens im Mittelalter*, Münster Mittelalter-Schriften 48 (Munich, 1984).
Searle, E., *Predatory Kinship and the Creation of Norman Power, 840–1066* (Berkeley, Los Angeles and London, 1988).
Smits van Waesberghe, J., editor, *The Theory of Music from the Carolingian Era up to 1400*, Répertoire International des Sources Musicales (Munich-Duisburg, 1961).
Spätling, L.P., and P. Dintner, editors, *Consuetudines Fructuarienses-Sanblasianae*, Corpus Consuetudinum Monasticarum XII/1–2, 2 vols. (Siegburg, 1985–87).
Tolhurst, J.B.L., editor, *The Customary of the Cathedral Priory Church of Norwich*, Henry Bradshaw Society 82 (London, 1948).
Tolhurst, J.B.L., editor, *The Monastic Breviary of Hyde Abbey, Winchester*, Henry Bradshaw Society 69–71, 76, 78, 80, 6 vols. (London, 1932–1942).
Vallery-Radot, J., *L'église de la Trinité de Fécamp*, Petites Monographies des Grands Édifices de la France (Paris, 1928).
Van Dijk, S.A., 'Saint Bernard and the *Instituta Patrum* of Saint Gall', *Musica Disciplina* 6 (1950), 99–109.
Van Dijk, S.J.P., 'Medieval Terminology and Methods of Psalm Singing', *Musica Disciplina* 6 (1952), 7–26.
van Houts, E.M.C., 'A Note on *Jezebel* and *Semiramis*: Two Norman Poems from the Early Eleventh Century', *Journal of Medieval Latin* 2 (1992), 18–24.
van Houts, E.M.C., editor, *The 'Gesta Normannorum Ducum' of William of Jumièges, Orderic Vitalis, and Robert of Torigni*, Oxford Medieval Texts, 2 vols. (Oxford, 1992–1995).

EDITORIAL PROCEDURE

MANUSCRIPTS USED AND THEIR SIGLA

O   Ordinary – Fécamp, Musée de la Bénédictine, Ms 186 – s.xiii init.
A   Antiphoner – Rouen, Bibl.Municip., Ms 245 (A.190) – s.xiii½
B1   Noted Breviary – Rouen, Bibl.Municip., Ms 244 (A.261) – s.xii ex.
B2   Breviary – Rouen, Bibl.Municip., Ms 205 (Y.46) – s.xiii ex.
C   Collectarium – Rouen, Bibl.Municip., Ms 238 (A.314) – s.xii½
M   Missal – Rouen, Bibl.Municip., Ms 292 (Y.181) – s.xv init.
P   Processional – Rouen, Bibl.Municip., Ms 253 (A.538) – s.xiv init.
S   Sacramentary/Missal – Rouen, Bibl.Municip., Ms 290 (A.313) – s.xii init.: fols.102–150 s.xiv: fols.102–150 s.xv init.

EDITORIAL CONVENTIONS

Main text

The main text is that of O, with additional readings from the other manuscripts printed within the text in small type and enclosed in <angle brackets>.

Editorial additions are enclosed within [square brackets].

A series of asterisks within square brackets [***] indicates a passage of erased or illegible text.

Foliation of Ms O is shown within the text in bold type between double brackets **[[fol.00r]]**.

Except in the case of the standardisation noted below under 'Abbreviations', the orthography and punctuation of Ms O is retained, save that contractions and abbreviations have been silently expanded, and that proper names and the various forms of *Deus* have been editorially capitalised.

The text is editorially arranged into paragraphs and numbered sections.

EDITORIAL PROCEDURE

Rubric is printed in normal type, and incipits of liturgical items (normally in red in Ms O) in italic type.

Series and lists of responsories, antiphons and other liturgical items have been numerated editorially within square brackets.

Notes

The Critical Commentary is given in the footnotes.

Footnotes whose indicators immediately follow a word refer to that word, except where a passage of text, terminated with a square bracket, is indicated at the start of the note.

Footnotes whose indicators immediately precede a text-incipit or bracketed passage refer to that entire incipit or passage.

Multiple references within footnotes are separated by a diagonal stroke /.

The original reading of words editorially emended within the main text is recorded in the notes and marked by an obelus within parentheses – (†)

Abbreviations

Abbreviations used in both the text and notes have been standardised, as follows:

a'	antiphona	or'	Oratio
Cant.	Canticum/Cantica	Postcomm.	Postcommunio
Cap.	Capitulum	Pref.	Prefatio
Comm.	Communio	Ps.	Psalmus
Ep.	Epistola	r'	regressio (within a Responsorium)
Euang.	Euangelium	R'	Responsorium
Hom.	Homilia	Secr.	Secretum
Inuit.	Inuitatorium	Seq.	Sequencia
Lect.	Lectio/Lectiones	Tr.	Tractus
Offert.	Offertorium	V'	Versus *or* Versiculus
Offic.	Officium	ym'	Hymnus

Abbreviations used in the footnotes are:

add.	added by [Ms]	om.	omitted by [Ms]
l.h.	(by) later hand	tr.	transposed by [Ms]
marg.	in the margin	(†)	corrupt reading
Ms	manuscript		

TABLE OF CONTENTS OF THE TEMPORAL

I. Primum sabbatum adventus	47
II. Dominica prima in adventu dominico	48
III. De sancto Andrea [Nov.30]	50
IV. Sanctorum Crisanti et Darie martyrum [Dec.1]	53
V. Hebdomada infra dominica prima adventus domini	54
i Feria secunda 54	
ii. Feria tercia 54	
iii. Feria quarta 55	
iv. Feria quinta 55	
v. Feria sexta 55	
vi. Sabbato 55	
VI. Capitula de adventu	55
VII. Orationes de adventu	56
VIII. In secundo sabbato dominici adventus	56
IX. Dominica secunda in adventu domini	56
X. Missa de sancta Maria	58
XI. De sancto Nicholao. [Dec.6]	58
XII. In conceptione sancte virginis Marie [Dec.8]	61
XIII. De sancto Ambrosio [Dec.7]	64
XIV. Hebdomada infra dominica secunda adventus domini	67
i. Feria secunda 67	
ii. Feria tercia 67	
iii. Feria quarta 67	
iv. Feria quinta 68	
v. Feria sexta 68	
vi. Sabbato 68	
XV. Dominica tercia adventus dominice	68
i. Feria secunda 70	
ii. Feria tercia 70	
iii. Feria quarta 70	
iv. Feria quinta 71	
v. Feria sexta 71	
vi. Sabbato 71	
XVI. Dominica quarta adventus domini	71
XVII. De sancta Lucia [Dec.13]	73

CONTENTS OF THE TEMPORAL

XVIII. De sancta Barbara virgine et martire [Dec.16]	75
XIX. De sancto Thoma. [Dec.21]	75
XX. Tabula quando littera dominicalis est B	78

   i. Feria quarta quatuor temporum [Dec.14]   78
   ii. Feria quinta [Dec.15]   79
   iii. Feria Sexta ieiunii [Dec.16]   80
   iv. Sabbato ieiunii. [Dec.17]   80
   v. Feria prima [Dec.18]   81
   vi. Feria secunda [Dec.19]   81
   vii. Feria tercia [Dec.20]   82
   viii. Feria quarta [Dec.21]   82
   ix. Feria quinta [Dec.22]   82
   x. Feria sexta [Dec.23]   83
   xi. Sabbato: vigilia natalis domini [Dec.24]   83

XXI. Tabula quando littera dominicalis est A	83

   i. Dominica [Dec.17]   83
   ii. Feria secunda [Dec.18]   84
   iii. Feria tercia [Dec.19]   84
   iv. Feria quarta Quatuor Temporum [Dec.20]   85
   v. Feria quinta. Sancti Thome [Dec.21]   85
   vi. Feria sexta ieiunii [Dec.22]   85
   vii. Sabbato ieiunii [Dec.23.]   86
   viii. Dominica. Vigilia natalis domini [Dec.24]   86

XXII. Tabula quando littera dominicalis est G	87

   i. In tercia dominica adventus [Dec.16]   87
   ii. Feria secunda [Dec.17]   87
   iii. Feria tercia [Dec.18]   87
   iv. Feria quarta Quatuor Temporum [Dec.19]   88
   v. Feria quinta [Dec.20]   88
   vi. Feria sexta ieiunii. Sancti Thome [Dec.21]   88
   vii. Sabbato ieiunii [Dec.22]   89
   viii. Feria prima [Dec.23]   89
   ix. Feria secunda. Vigilia natalis domini [Dec.24]   89

XXIII. Tabula quando littera dominicalis est F	90

   i. Feria secunda [Dec.16]   90
   ii. Feria tercia [Dec.17]   91
   iii. Feria quarta Quatuor Temporum [Dec.18]   91
   iv. Feria quinta [Dec.19]   91
   v. Feria sexta ieiunii [Dec.20]   92
   vi. Sabbato ieiunii [Dec.21]   92

CONTENTS OF THE TEMPORAL

    vii. Feria prima [Dec.22] 92
    viii. Feria secunda [Dec.23] 93
    ix. Feria tercia. Vigilia natalis domini [Dec.24] 93
XXIV. Tabula quando littera dominicalis est E   93
    i. Feria secunda [Dec.15] 93
    ii. Feria tercia [Dec.16] 94
    iii. Feria quarta ieiunii [Dec.17] 94
    iv. Feria quinta [Dec.18] 95
    v. Feria sexta ieiunii [Dec.19] 95
    vi. Sabbato ieiunii [Dec.20] 95
    vi. Dominica. [Dec.21] 96
    vii. Feria secunda [Dec.22] 96
    ix. Feria tercia [Dec.23] 97
    x. Feria quarta. Vigilia natalis domini [Dec.24] 97
XXV. Tabula quando littera dominicalis est D   97
    i. Feria quarta ieiunii [Dec.16] 97
    ii. Feria quinta [Dec.17] 98
    iii. Feria sexta ieiunii [Dec.18] 98
    iv. Sabbato ieiunii [Dec.19] 99
    v. Feria prima [Dec.20] 99
    vi. Feria secunda. Sancti Thome [Dec.21] 99
    vii. Feria tercia [Dec.22] 99
    viii. Feria quarta [Dec.23] 100
    ix. Feria quinta. Vigilia natalis domini [Dec.24] 100
XXVI. Tabula quando littera dominicalis est C   100
    i. Feria quinta [Dec.16] 101
    ii. Feria sexta ieiunii [Dec.17] 101
    iii. Sabbato ieiunii [Dec.18] 102
    iv. Feria prima [Dec.19] 102
    v. Feria secunda [Dec.20] 102
    vi. Feria tercia. Sancti Thome apostoli [Dec.21] 103
    vii. Feria quarta [Dec.22] 103
    viii. Feria quinta [Dec.23] 103
    ix. Feria sexta. Vigilia natalis domini [Dec.24] 104
XXVII. Vigilia natalis domini   106
XXVIII. In nocte nativitatis domini [Dec.25]   109
XXIX. In natali sancti prothomartiris Stephani [Dec.26]   113
XXX. In natali sancti Iohannis apostoli et evangeliste [Dec.27]   117
XXXI. In festivitate sanctorum Innocentium [Dec.28]   120
XXXII. De sancto Thoma episcopo et martire [Dec.29]   122

XXXIII. Sexta die post nativitatem domini [Dec.30] 125
XXXIV. De sancto Siluestro [Dec.31] 128
XXXV. Dominica prima post nativitatem domini 129
XXXVI. In dominice circumcisione [Jan.1] 130
XXXVII. In octavis sancti Stephani [Jan.2] 134
XXXVIII. In octabas sancti Iohannis [Jan.3] 136
XXXIX. In octabas Innocentium [Jan.4] 137
XL. Si in dominica post circumcisionem domini fuerint octaue Innocentium 138
XLI. Vigilia epiphanie domini 140
XLII. Epiphania domini. [Jan.6] 142
XLIII. Infra octabas epiphanie 145
   i. Feria secunda 145
   ii. Feria tercia 146
   iii. Feria quarta 147
   iv. Feria quinta 147
   v. Feria sexta 148
   vi. Sabbato 148
XLIV. Dominica prima post epiphaniam 148
XLV. In octabis epiphanie [Jan.13] 150
XLVI. Dominica post octabas epiphanie 153
   i. Feria secunda 157
   ii. Feria tercia 159
   iii. Feria quarta 160
   iv. Feria quinta 162
   v. Feria sexta 164
   vi. Sabbato 165
XLVII. Dominica tercia post epiphaniam 167
XLVIII. Dominica quarta post epiphaniam 168
XLIX. Dominica quinta post epiphaniam 168
L. Dominica sexta post epiphaniam 169
LI. Dominica in septuagesima 169
   i. Sequenti ebdomada et secunda et tercia 171
LII. Dominica in sexagesima 172
LIII. Dominica in quinquagesima 173
   i. Feria secunda 175
   ii. Feria tercia 176
   iii. Feria quarta. Caput ieiunii 176
   iv. Feria quinta 179
   v. Feria sexta 180

vi. Sabbato   180
LIV. Dominica quadragesime   181
   i. Feria secunda   183
   ii. Feria tercia   186
   iii. Feria quarta   187
   iv. Feria quinta   187
   v. Feria sexta   188
   vi. Sabbato   188
LV. Dominica secunda quadragesime   189
   i. Feria secunda   191
   ii. Feria tercia   191
   iii. Feria quarta   192
   iv. Feria quinta   192
   v. Feria sexta   193
   vi. Sabbato   193
LVI. Dominica tercia quadragesime   194
   i. Feria secunda   196
   ii. Feria tercia   196
   iii. Feria quarta   197
   iv. Feria quinta   197
   v. Feria sexta   198
   vi. Sabbato   198
LVII. Dominica quarta quadragesime   199
   i. Feria secunda   201
   ii. Feria tercia   201
   iii. Feria quarta   202
   iv. Feria quinta   202
   v. Feria sexta   203
   vi. Sabbato   203
LVIII. Dominica quinta in quadragesima   204
   i. Feria secunda   207
   ii. Feria tercia   207
   iii. Feria quarta   208
   iv. Feria quinta   209
   v. Feria sexta   209
   vi. Sabbato   210
LIX. Dominica in ramis palmarum   211
   i. Feria secunda   215
   ii. Feria tercia   216
   iii. Feria quarta   217

CONTENTS OF THE TEMPORAL

LX. Feria quinta in cena domini	219
LXI. De diuino seruicio in parascevem	228
LXII. Sabbato sancto	233
LXIII. De nocte resurrectionis dominice	237
i. Feria secunda 242	
ii. Feria tercia 244	
iii. Feria quarta 245	
iv. Feria quinta 246	
v. Feria sexta 248	
vi. Sabbato 249	
LXIV. In octabis pasche	251
i. Feria secunda post octabas pasche 257	
ii. Ab octauis pasche usque ad ascensionem 258	
iii. Feria tercia 258	
iv. Feria quarta 258	
v. Feria quinta 258	
vi. Feria sexta 259	
vii. Sabbato prima post octabas pasche 260	
LXV. Dominica prima post octabas pasche	261
LXVI. Dominica secunda post octabas pasche	264
LXVII. Dominica tercia post octabas pasche	266
LXVIII. Dominica quarta post octabas pasche	267
LXIX. In tribus diebus rogationum	269
i. In vigilia ascensionis domini 271	
LXX. In die ascensionis domini	273
i. Prima die post ascensionem domini 277	
ii. Sabbato 278	
LXXI. Dominica prima post ascensionem domini	279
i. Feria secunda 281	
ii. Feria tercia 281	
iii. Feria quarta 281	
LXXII. In octavis ascensionis	282
i. Prima die post octabas ascensionis 283	
LXXIII. In vigilia pentecostes	284
LXXIV. In die sancto pentecoste	286
i. Infra octabas 290	
ii. Feria secunda 290	
iii. Feria tercia 291	
iv. Feria quarta Quatuor Temporum 292	
v. Feria quinta 294	

CONTENTS OF THE TEMPORAL

vi. Feria sexta Quatuor Temporum 295	
vii. Sabbato Quatuor Temporum 296	
LXXV. In octabis pentecosten: de sancta Trinitate	298
LXXVI. Capitula et orationes de sancta Trinitate	303
LXXVII. Infra octauas sancte Trinitatis	303
i. Feria secunda 303	
ii. Feria tercia 305	
iii. Feria quarta 305	
iv. Feria quinta 305	
v. Feria sexta 306	
vi. Sequenti sabbato 306	
LXXVIII. In octabis sancte Trinitatis	307
LXXIX. Dominica prima post octabas pentecosten	309
LXXX. Dominica secunda post octabas pentecosten	312
LXXXI. Dominica tercia post octabas pentecosten	313
LXXXII. Dominica quarta post octabas pentecosten	314
LXXXIII. Dominica quinta post octabas pentecosten	314
LXXXIV. Dominica sexta post octabas pentecosten	316
LXXXV. Dominica septima post octabas pentecosten	316
LXXXVI. Dominica octaua post octabas pentecosten	317
LXXXVII. Dominica nona post octabas pentecosten	318
LXXXVIII. Dominica decima post octabas pentecosten	320
LXXXIX. Dominica undecima post octabas pentecosten	321
XC. Dominica duodecima post octabas pentecosten	321
XCI. Dominica terciadecima post octabas pentecosten	322
XCII. Dominica quartadecima post octabas pentecosten	324
XCIII. Dominica quintadecima post octabas pentecosten	325
XCIV. Dominica sextadecima post octabas pentecosten	327
XCV. Dominica septimadecima post octabas pentecosten	328
i. Feria quarta Quatuor Temporum Septembris 330	
ii. Feria sexta Quatuor Temporum Septembris 330	
iii. Sabbato Quatuor Temporum Septembris 331	
XCVI. Dominica octauadecima post octabas pentecosten	331
XCVII. Dominica nonadecima post octabas pentecosten	332
XCVIII. Dominica vicesima post octabas pentecosten	333
XCIX. Dominica vicesima prima post octabas pentecosten	334
C. Dominica vicesima secunda post octabas pentecosten	336
CI. Dominica vicesima tercia post octabas pentecosten	337
CII. Dominica vicesima quarta post octabas pentecosten	338
CIII. Dominica proxima ante adventum domini	339

CIV. De festivitatibus per annum	341
CV. Infra octavas ad primam antiphona	344
CVI. De responsoriis in sabbatis ad vesperas	344
CVII. De antiphonis que dicuntur post pentecosten in dominicis	345
CVIII. Hec sunt festa in quibus cantari debet *Credo in unum Deum*	345
CIX. De purificatione beate Marie	345

[ORDINARIUM FISCANNENSE]

[[**fol.1r**]] [I.] Primum Sabbatum Adventus.[1]

Sabbato[2] precedente primam dominicam Aduentus domini Dei. Ad Vesperas. a' *Regnum tuum*. Et alie cum psalmis consuetis. ¶ Cap. *Ecce uirgo concipiet*. Duo monachi non reuestiti cantabunt ad gradum R' *Ecce dies ueniunt*. V' *In diebus illis*. usque *Confidenter*. r' *Et hoc est*. *Gloria*. usque *Spiritu sancto*. r' *Et hoc est*. ym' *Conditor alme syderum*. a' *Rorate celi desuper*. a' *Ecce nomen domini*. *evovae*. Ps. *Magnificat*. or' *Excita domine*[3] *potentiam tuam*[4] <*et ueni: ut ab.*> Vnus puer[5] cantabit *Benedicamus domino*. ¶ Commemoratio de cruce pretermittatur usque ad purificationem sancte Marie. ¶ Ad processionem que fit in capella: decantetur R' *Missus est Gabriel*. [V'] *Aue Maria gracia*. uel *Diffusa est gracia*.[6] or' *Quesumus omnipotens Deus tua nos protectione*.[7]

Si festiuitas beati Andree euenerit in ipso sabbato: ad uesperas cantabuntur super psalmos a' *Iurauit dominus*. et alie cum psalmis de apostolis. ¶ Cetera uero de aduentu ut supra notatum est. ¶ Pro reuerencia tamen sancti: responsorium et *Benedicamus domino* celebriter cantabuntur[8] a duobus monachis in capis. ¶ Et his cantatis: ipsi festiua deponent uestimenta. et post commemorationem de Trinitate: cantabitur de apostolo. a' *O quam glorioso exitu*. or' *Maiestatem tuam domine*. Deinde post suffragia sanctorum: eat processio ad sanctam Mariam cantans R' *Missus est Gabriel*.

---

[1] Primum Sabbatum Adventus] (taken from running title to fol.1r of Ms O)
[2] (with decorated initial in gold and blue over four lines: O)
[3] *quesumus*: add.B2, C
[4] *Excita domine potentiam tuam*] by contemporary hand over erasure: O
[5] Vnus puer] cancelled: O
[6] *Aue Maria . . . gracia*] cum uersu *Aue Maria*: A, marg., l.h.
[7] Nota hec oratio dicetur quocienscumque fiet commemoratio de sancta Maria in aduentu ad uesperas et ad matutinas siue in sabbatis siue in aliis feriis. Oratio *Deus qui de beate Marie* non dicetur nisi ad magnam missam uel ad matutinalem: add.O, marg., contemporary hand
[8] by original hand over erasure: O

[1] Si autem eiusdem apostoli festiuitas euenerit in sequenti dominica:
uespere nichilominus erunt ipso sabbato de aduentu dominico qualiter
supranotauimus. Et post commemorationem de Trinitate fiat
commemoratio de apostolo. a' *Ambulans Ihesus.*[2] ‖ **fol.1v** ‖ or'
Quesumus omnipotens Deus: ut beatus Andreas.[3]

[II.] ¶ Dominica prima in adventu dominico:

[Ad matutinas.] Inuit. *Ecce uenit rex*. Ps. *Venite*. ym' *Verbum supernum.*
In primo nocturno. a' *Domine in uirtute*. et cetera. Sicut habentur in
psalmorum. V' *Ex Syon species*. Lectiones erunt de libro Ysaie.
premisso beati Ieronimi prologo super eundum prophetiam. <*Visio Ysaie filii Amos.*> ¶ In primo responsorio *Aspiciens a longe* habentur tres
uersus. <V'[1] *Quique terrigene. Ite obuiam.* V'[2] *Qui regis Israel. Nuntia.* V'[3]
Tollite portas. Qui regnaturus.> et lecturus secundam lectionem non debet
procedere ad legendum donec tercius uersus incipiatur. <R'[2] *Aspiciebam in uisu. V' Potestas eius. Et datum.* R'[3] *Missus est Gabriel.* V' *Aue Maria gracia. Ecce concipies.*> ¶ Quartum R' *Aue Maria.* <V' *Quomodo fiet istud. Spiritus sanctus.*>
post gloriam: r' *Quod enim.*
In secundo nocturno. V' *Egredietur uirga.* <R'[5] *Saluatorem expectamus.*
V' *Sobrie et iuste. Qui reformabit.* R'[6] *Audite uerbum domini.* V' *Annunciate et.
Saluator.* R'[7] *Ecce uirgo concipiet.* V' *Super solium Dauid. Admirabilis.*> Octauum
R' *Letentur celi.* <V' *Ecce dominator dominus. Et pauperum.*> post gloriam: a
capite reincipiatur.[4]
¶ Ad cantica. a' *Cantate domino.* Cant. *Ecce dominus in fortitudine.*
<Cant. *Cantate domino canticum nouum.* Cant. *Hec dicit dominus redemptor Israel.*>
V' *Egredietur dominus. De loco sancto suo.* <Euang. *Sicut scriptum est in*

---

[1] Nota: add.O, marg., contemporary hand
[2] Dompnus Guillelmus Cheualier de [***] precentor huius domus fiscannum mense nouembris 1588. Gaspardus Cheualier [***] nepos [***]: add.O in lower margin of fol.1r, l.h.
[3] Notandum quod in aduentu uel in quadragesima de festo trium lectionum non fiat nisi tantum memoria ad uesperas et laudes et missam matutinalem habebit tamen. Verbi gratia. Si festum sancti Saturnini uel sanctorum Crisanti et Darie fuerunt ante aduentum; habebunt tres lectiones. si uero euenerint in aduentu; non habebunt nisi memoria tantum et missam matutinalem ut supranotatum est. Similiter de sancta Maria non fit nisi tantum memoria et missa matutinalis: add.O, marg., contemporary hand. (For the office and mass of St Saturnine, see the end of the Sanctorale.)
[4] Regressio indicated at *Et pauperum*: A

Ysaia propheta. Hom. *Aduentum dominice predicationis Iohannes.* R'[9] *Obsecro domine.* V' *A solis ortu. Sicut locutus.* R'[10] *Leua Ierusalem.* V' *Leua in circuitu. Ecce.* R'[11] *Confortamini manus.* V' *Ecce Deus noster. Vt saluos.*> Duodecimum R' *Erumpant montes.* <V' *De Syon exibit. Cum potentia.*> Similiter post gloriam a capite reincipiatur. ¶ Euang. *Sicut scriptum est in Ysaia propheta.* <ym' *Te decet laus.*> or' *Excita domine.*

In laudibus. a'[1] *In illa die.* Ps. *Miserere.* et ceteri. <a'[2] *Iocundare filia Syon.* a'[3] *Ecce dominus ueniet.* a'[4] *Omnes sitientes uenite.* a'[5] *Ecce ueniet propheta.*> Cap. *Ecce dies ueniunt dicit dominus.* R' *Super te Ierusalem.*[1] <V' *Et gloria eius.* ¹*Orietur. Gloria.*> ym' *Vox clara ecce intonat.* V' *Emitte agnum domine.* a' *Spiritus sanctus.* Ps. *Benedictus.* <or' *Excita domine.*>

Ad primam. <ym' *Iam lucis orto.*> a' *Nox precessit. evovae.* Per totam aduentum tam in dominicis quam in festis sanctorum Cap. *Domine miserere nostri.* <Per totam aduentum dicetur V' *Exurge domine.* et cetera.>[2]

¶ Ad processionem siue sit festum sancti Andree siue non: cantabitur a' *Venite.* Ad introitum chori: R' *Ecce dies ueniunt.* < Ante orationem V' Emitte agnum domine.>

Ad terciam. a' *Erit in nouissimis diebus. evovae.* Cap. *In diebus illis saluabitur.* V' *Timebunt gentes.* or' *Excita domine.*

Maior missa. *Ad te leuaui animam.* <Ps. *Vias tuas domine. Gloria.*> et cetera.[3] <or' *Excita domine*[4] *potentiam tuam et ueni:* ut ab. Ep. *Scientes quia hora.* R' *Vniuersi qui te.* V' *Vias tuas.* Alleluia V' *Ostende nobis.*> Euang. *Sicut scriptum est in Ysaia.* Aliud uero euangelium: ⟦ **fol.2r** ⟧ *Cum appropinquasset.* Pronuncietur in aliqua sequentis ebdomade feria. <Offert. *Ad te domine leuaui.* Secr. *Hec sacra nos.*[5] Comm. *Dominus dabit.* Postcomm.[6] *Suscipiamus domine.*>[7]

---

[1] *Super te*: A
[2] missa matutinalis de sancta Trinitate: add.O, marg., l.h.
[3] Non dicitur *Gloria in excelsis*: add.O, in lower margin, l.h.
[4] *quesumus*: add.B2, C (but not S, M)
[5] Pref. *Cui proprium est singulare*: add.S
[6] (Called 'Ad complendum' here and throughout S)
[7] Nota quod singulis diebus aduentus domini erit maior missa de dominica nisi festum duodecim lectionum interuenerit: add.O, marg., contemporary hand

¶ Ad sextam. a' *Dicite filie Syon.* Cap. *Erit in nouissimis diebus.* V' *Memento nostri domine.* <or' *Preueniat nos quesumus.*>

Ad nonam. a' *Exulta satis.* Cap. *Rorate celi desuper.* V' *Domine Deus uirtutum.* <or' *Da quesumus domine populo.*>

Ad vesperas. a' *Dixit dominus.* et alie. Cap. *Ecce uirgo concipiet.* R' *Veni ad liberandum nos.* <V' *Et*¹ *ostende faciem. Veni ad. Gloria.*> ym' *Conditor alme.* V' *Rorate celi desuper.* a' *Ne timeas Maria.* Ps. *Magnificat.* or' *Excita domine*² *potentiam.*

³Si in ista dominica euenerit beati Andree festiuitas: ad precedentis sabbati uesperas sicut supra notauimus fiet de eo commemoratio. ¶ In laudibus etiam post orationem de Trinitate: cantabitur a' *Dilexit Andream dominus.* [or'] *Maiestatem tuam.* Missa matutinalis de sancto Andrea. *Michi autem nimis.* <Ps. *Domine probasti.*> Post primam collectam *Maiestatem tuam.* fiet commemoratio de aduentu. ¶ Deinde de Trinitate. ¶ Et postea: de aliis ut moris est. ¶ Ep. *Corde creditur ad iusticiam.* R' *Nimis honorati.* <V' *Dinumerabo.*> Alleluia V' *Salue crux.*⁴ Euang. *Ambulans Ihesus.* Offert. *Michi autem nimis.* <Secr. *Sacrificium nostrum.*>⁵ Comm. ⁶*Venite post me faciam.* <Postcomm. *Suscepimus domine.*> ¶ Maior missa⁷. et omnes hore usque ad capitulum sequentium uesperarum erunt de dominica.⁸

[III.] ¶ De sancto Andrea [Nov.30]

Ad vesperas Cap. *Benedictio domini super.* Duo in capis reuestiti cantent R' *Dilexit Andream dominus.* <V' *Elegit eam. Et ideo.*> post

---

¹ om.A
² *quesumus*: add.B2, C (but not S, M)
³ Nota: add.O, marg., contemporary hand
⁴ R' *Nimis* . . . V' *Salue crux*] R' *Constitues eos.* V' *Pro patribus tuis. Alleluia.* V' *Dilexit Andream dominus*: S, M.
⁵ Pref. *Quoniam adest nobis dies*: add.S
⁶ by contemporary hand over erasure: O
⁷ by contemporary hand over erasure: O
⁸ Si uigilia sancti Andree in dominica euenerit ista; habebit missam matutinalem tantummodo et cantetur *Alleluia* <V'> *Salue crux.* Maior missa et omnes hore de aduentu; usque ad uesperas. et si hac uigilia euenerit in aliqua feria ante aduentum uel post; tunc habebit uigilia magnam missam: add.O, marg., contemporary hand. (For Mass of Vigil see end of Sanctorale.)

THE TEMPORAL

gloriam: r' ¹*Dignum sibi.* ym' *Andrea pie* et *Annue Christe.* V' ²*In omnem terram.* a' *Ambulans Ihesus.* Ps. *Magnificat.* in tribus partibus diuidatur.³ or' *Quesumus omnipotens Deus.* Commemoratio de Aduentu. a' *Ne timeas Maria.* V' *Rorate celi desuper.* or' *Excita domine*⁴ *potentiam.* Deinde de sanctis martiribus [[**fol.2v**]] Crisanto et Daria. a' *Sancti per fidem.* <a' *Beatorum martyrum tuorum domine Crisanti et Darie.*> Et post suffragia sanctorum⁵ ad processionem <ad altare eiusdem> R' *Venite post me.*

[Ad matutinas.] Quatuor monachi Vitatorium *Christum regem cantabunt.* <Ps. *Venite.*> ¶ ym' *Eterna Christi munera.*
<In primo nocturno. a'[1] *Vidit dominus Petrum.* Ps. *Celi enarrant.* a'[2] *Erant enim piscatores.* a'[3] *Venite post me.* a'[4] *Nichil enim ab eo.* a'[5] *Ad unius iussionis.* a'[6] *Relictis retibus.* V' *In omnem terram.* Lect. *Proconsul Egeas patras.* R'[1] *Dum perambularet.* V' *Erant enim. Venite.* R'[2] *Venite post me.* V' *Dum perambularet. At illi.* R'[3] *Mox ut uocem.* V' *Ad unius iussionis.* ⁶*Quorum.*> Quartum R' *Homo Dei.* <V' *Cumque carnifices. Innocens.*> post gloriam: a capite repetatur.
¶ Similiter octauum et duodecimum [responsorium].
<In secundo nocturno. a'[7] *Andreas uero.* Ps. *Confitebimur.* a'[8] *Videns Andreas.* a'[9] *Salue crux.* a'[10] *Accipe me ab.* a'[11] *Biduo uiuens.* a'[12] *Qui persequebatur.* V' *Constitues.* R'[5] *Doctor bonus.* V' *Cum uero. Salue.* R'[6] *Cum peruenisset.* V' *Amator tuus. Securus.* R'[7] *Salue crux que.* V' *O bona crux. Suscipe.* R'[8] *O bona crux que.* V' *Securus est. Vt per te. Gloria.*>
<Ad cantica. a' *Salue crux que.* Cant. *Vos sancti domini uocabimini.* quere in communi apostolorum. V' *Nimis honorati.* Euang. *Ambulans dominus Ihesus secust mare.* Hom. *Audistis fratres karissimi quod ad unius iussionis.* R'[9] *Orauit sanctus.* V' *Tu es magister. Ne me.* R'[10] *Vir iste.* V' *Pro eo ut. Pro populo.* R'[11] *Expandi manus.* V' *Deus ultionum. Qui ambulant.* R'[12] *Beatus Andreas.* V' *Quoniam tu es. Spiritum. Gloria.* Euang. *Ambulans dominus Ihesus iuxta mare.* or' *Maiestatem tuam.*>

¶ In laudibus. <a'[1] *Dilexit Andream dominus.* Ps. *Dominus regnauit.* a'[2] *Beatus Andreas orabat.* a'[3] *Domine Ihesu Christe.* a'[4] *Tu es magister.* a'[5] *Non me permittas.*> Cap. *Corde creditur.* R' *Sancte Andrea apostole.* <V' *Et impetratam.* ym' *Exultet celum.* V' *Annunciauerunt.*> In euangelio a' *Populus ad*

---
¹ *Et ideo*: A
² *Annunciauerunt*: A, B2
³ Ms A indicates divisions at *uenite post me* and at *at illi relictis*
⁴ *quesumus*: add.B2, C (but not S, M)
⁵ et post suffragia sanctorum] cancelled: O
⁶ *Eterne*: A

se. Ps. *Benedictus. evovae.* or' *Maiestatem tuam.* Factis commemorationibus de Aduentu et de Trinitate, addatur de martiribus. a' *Iustorum anime.* Post suffragia sanctorum[1] ad processionem, R' *Beatus Andreas.*

His[2] octo diebus commemoratio de apostolo ad uesperas et ad laudes et ad missam fiat.

¶ Ad primam. ym' *Iam lucis orto sydere.* a' *Mox ut uocem. evovae.* Cap. *Domine miserere.*

Missa matutinalis de martiribus. *Sapientiam sanctorum.* <V' *Exultate iusti.*[3] or' *Beatorum martyrum*[4] *domine Crisanti et Darie.*> Ep. [5]*Reddet Deus mercedem.* R' *Iustorum anime.* <V' *Visi sunt oculis.*>[6] *Alleluya* V' *Sancti tui.* Euang. [7]*Cum audieritis.* Offert. [8]*Letamini in domino.* <Secr. *Populi tui domine.*> Comm. [9]*Iustorum anime.* <Postcomm. *Misteriis domini repleti.*>

Ad terciam. ym' *Nunc sancte nobis.* a' *Cum peruenisset.* Capitulum de laudibus. <V' *In omnem terram.*> or' *Maiestatem tuam.*

Maior missa. *Michi autem nimis.* <Ps. *Domine probasti. Gloria.*> *Kyrieleison. Regnum summe.* or' *Maiestatem.* Ep. *Corde creditur.* R' *Constitues eos.* <V' *Pro patribus.*> *Alleluia* V' *Dilexit Andream.*[10] Seq. *Sacrosancta.* Euang. *Ambulans.* Credo in unum Deum dicetur de sancto Andrea.[11] ¶ Offert. *Michi autem.* <Secr. *Sacrificium nostrum.*>[12] *Sanctus* et *Agnus Dei* sine prosis ad arbitirium cantoris. ¶ Comm. *Venite post me.* <Postcomm. *Sumpsimus domine.*[13]>

---

[1] Post suffragia sanctorum] cancelled: O
[2] Hic (†): O
[3] *Sapientem . . . iusti*] *Salus autem iustorum.* Ps. *Noli emulari. Gloria*: M
[4] *tuorum*: add.M
[5] *Expectatio iustorum*: M
[6] *Iustorum . . . oculis*] *Exultabunt.* V' *Cantate domino*: M
[7] *Nichil opertum*: M
[8] *Mirabilis Deus*: M
[9] *Quod dico uobis*: M
[10] alia *Alleluia.* V' *Salue crux*: add.M
[11] dicetur de sancto Andrea] by contemporary hand over erasure: O
[12] Pref. *Quoniam adest nobis dies*: add.S
[13] alia *Deus qui humanum genus*: add.S

THE TEMPORAL

Ad sextam. a' *Maximilla Christo amabilis.* <Cap. *Magnificauit eum.* V' *Constitues eos.* or' *Deus qui humanum.*>

Ad nonam. a' *Dignum sibi dominus. evovae.* <Cap. *Glorificauit illum.* V' *Nimis honorati.* or' *Da nobis quesumus domine.* Alia or' *Adiuuet ecclesiam tuam.*>

Ad vesperas. a' *Iurauit dominus.* et alie. Cap. [1]*Corde creditur.*[2] R' *Sancte Andrea apostole.* <V' *Et impetratam.*> ym' [[**fol.3r**]] *Andrea pie et Annue Christe.* V' [3]*In omnem terram.* a' *O quam glorioso.* Ps. *Magnificat. evovae.* or' *Maiestatem tuam.*[4] Post *Benedicamus domino:* fiat commemoratio de aduentu a' *Leua Ierusalem.* V' *Rorate celi.* Oratio quelibet de communibus.

[IV. Sanctorum Crisanti et Darie martyrum. Dec.1]

<Si extra aduentum. Ad matutinas. Inuit. *Regem martirum.* Ps. *Venite.* ym' *Eterna Christi munera.*>

<In primo nocturno. a' *Sanguis sanctorum martirum.* R' *Absterget Deus.* et alia duo. R' *Viri sancti.* R' *Tradiderunt.*>

<In laudibus. a' *Iustorum anime.* Ps. *Dominus regnauit.* et ceteri. Cap. *Sancti per fidem.* R' *Iustorum anime.* Hymnus. uersiculus ut in communi martirum. a' *Deus tempauit.* Ps. *Benedictus.* Oratio ut supra.>

<Ad primam. Antiphona de psalmis.>

<Ad terciam. a' *Reddet Deus.*>

<Ad vesperas. a' *Reddet Deus.* et cetera.>

---

[1] *Dedit illi precepta*: B2
[2] [alia Cap.] *Statuit ei testamentum*: add.C
[3] *Annunciauerunt*: A
[4] [alia or'] *Exaudi domine populum tuum* add.C

[V. Hebdomada infra dominica prima adventus domini]

[i. Feria secunda.]

¶ Si secunda feria de qua scripsimus uacans fuerit: cantabitur [Ad matutinas] Inuit. *Regem uenturum.* Ps. *Venite. Iubilemus ei.* ym' *Verbum supernum prodiens.*
In primo nocturno. a' *Rectos decet.* et cetera. V' *Ex Syon species.* Lectiones de libro Ysaie.[1] Et in fine singulorum dicetur pro *tu autem domine: hec dicit dominus conuertimini ad me et salui eritis.* R' *Aspiciebam in uisu.* R' *Missus est.* R' *Aue Maria.*
In secundo nocturno. a' *Alleluia. Vt non delinquam.* Ps. *Dixi custodiam.* et ceteri. V' *Egredietur uirga.* Alius: Alia feria V' *Egredietur dominus.*

In laudibus. a' *Miserere.* et cetere. R' *Super te Ierusalem.* V' *Et gloria eius. Gloria patri et filio et spiritui sancto sicut in principio et nunc et semper.* ym' *Vox clara.* V' *Emitte agnum domine.* a' *Angelus domini.* Ps. *Benedictus. evovae.* Preces omnibus feriatis diebus tam in Laudibus quam ad Vesperas.[2] *Oremus pro omni gradu ecclesie.*

Ad primam. a' *Seruite domino.*

Ad terciam. V' *Timebunt gentes.*

Ad sextam. V' *Memento nostri domine.*

Ad nonam. V' *Domine Deus uirtutum.*

Ad vesperas. a' *Facta est Iudea.* et cetera. R' *Veni ad liberandum.* ym' *Conditor alme.* V' *Rorate celi.* a' *Leua Ierusalem oculos.* Ps. *Magnificat. evovae.*

[ii.] Feria tercia.

[In laudibus.] In euangelio a' *Querite Dominum.* Ps. *Benedictus. evovae.*

---

[1] B2 transmits no further details of lessons, but has rubric following the hymn: Psalmi et antiphone de feria. uersiculi lectiones et responsoria de hystoria. et cetera omnia de aduentu.
[2] in aduentu et in quadragesima: add.O, marg., contemporary hand

Ad vesperas. a' *Erumpant montes.* Ps. *Magnificat. evovae.*

[iii.] Feria quarta.

[In laudibus.] In euangelio a' *De Syon exibit lex.* Ps. *Benedictus. evovae.*

Ad vesperas. a' *Tuam domine excita.* Ps. *Magnificat. evovae.*

Nota quod feria quarta Ad maiorem missam in loco offertorii V' *Dirige me* solumodo cantatur. ¶ Sed et quinta feria: eodem modo pro offertorio canitur V' *Respice in me.*

[[**fol.3v**]] [iv.] Feria quinta.

[In laudibus.] In euangelio. a' *Benedicta tu.* Ps. *Benedictus. evovae.*

Ad vesperas. a' *Beatam me dicent.* Ps. *Magnificat. evovae.*

[v.] Feria sexta.

[In laudibus.] In euangelio a' *Ecce ueniet.* Ps. *Benedictus. evovae.*

Ad vesperas. a' *Ex Egipto.* Ps. *Magnificat. evovae.*

[vi.] Sabbato.

[In laudibus.] In euangelio a' *Syon noli timere.* Ps. *Benedictus. evovae.*

[VI.] Capitula de adventu.

In diebus illis. Ecce uirgo concipiet. Ecce dies ueniunt. Erit in nouissimis diebus. Rorate celi desuper. Hec quinque capitula primis quindecim diebus solent dici. ¶ Alia capitula per totum aduentum dicenda. *Venite ascendamus. Egredietur uirga. Prope est ut ueniat. Propterea expectat dominus. Ecce dominus in fortitudine. Ecce Deus noster expectauimus eum. Hec dicit dominus ecce ego mittam. Confortate manus dissolutas.* Capitulum uero *Omnis uallis implebitur* quod est de euangelio sabbati ieiunii quatuor temporum: non dicitur ante ipsum sabbatum. ¶ Post uero dicatur cum aliis. ¶ Sed et capitulum *Non auferetur* non solet dici ante tercium sabbatum aduentus dominici. Tunc uero et subsequenti tercia dominica ad uesperas. et deinceps ad quaslibet horas dicitur. ¶ Ea uero dominica ad laudes et ad terciam debet dici capitulum *Nolite ante tempus iudicare.* Quarto autem sabbato et quarta dominica ad vesperas: Cap. *Qui uenturus est ueniet.* [1]<Ad laudes. terciam. *Gaudete in domino semper.*>

[VII.] ¶ Orationes de adventu.

Conscientias nostras. Indignos nos quesumus domine famulos. Mentes nostras quesumus domine lumine tue. Presta quesumus omnipotens Deus: ut filii tui.[2]

[VIII.] In secundo Sabbato dominici adventus:

Ad vesperas Cap. *Ecce uirgo concipiet.* R' [[**fol.4r**]] *Ierusalem surge.* V' *Leua in circuitu. Gloria.* r' *Iocunditatem.* <ym' Conditor. V' Rorate celi.> a' *Veni domine uisitare nos. evovae.* Ps. *Magnificat.* or' *Excita domine corda nostra.* ¶ Ad processionem ad sanctam Mariam[3] R' *Aue Maria.*[4]

[IX.] ¶ Dominica secunda in adventu domini.

[Ad matutinas.] Inuit. *Surgite uigilemus.* Ps. *Venite.* et cetera.

<In primo nocturno. Lectiones Ysaie prophete *In anno quo mortuus est rex Ozias.* R'[1] *Ierusalem cito ueniet.* V' *Israel si me. Saluabo.* R'[2] *Ecce dominus ueniet.* V' *A solis ortu. Et*[5] *regnabit.* R'[3] *Ierusalem surge.* V' *Leua in circitu. Iocunditatem.*> Quartum

---

[1] from B2, C
[2] *Prope esto domine omnibus. Preces populi tui quesumus domine clementer. Quesumus omnipotens sempiterne Deus preces. Vici nostre quesumus domine. Porrige nobis domine. Deus qui nos conspicis semper*: add.B2, C / *Festinantes omnipotens Deus. Presta quesumus omnipotens Deus ut qui pro peccatis. Concede quesumus omnipotens Deus hanc graciam. Adesto quesumus omnipotens Deus atque in cunctis*: add.C
[3] ad sanctam Mariam] in capellam: P
[4] Erasure of one and one-third lines in O, now illegible
[5] om.A

R' *Ciuitas Ierusalem.* <V' *Ecce dominus*[1] *in fortitudine.*> Post gloriam: r' *Et auferet.*
<In secundo nocturno. R'[5] *Ecce ueniet dominus.* V' *Et dominabitur. Coronam.* R'[6] *Sicut mater consolatur.* V' *Dabo in Syon. Et uidebitis.* R'[7] *Ierusalem plantabis.* V' *Exulta satis. Quia.*> Octauum R' *Egredietur dominus.* <V' *Et preparabitur. Tunc salus*> Post gloriam: r' *Quia*[2] *ecce.*
<Ad cantica. a' *Ponent domino gloriam.* V' *Egredietur dominus.* Euang. *Erunt signa in sole.* Hom. *Dominus ac redemptor noster fratres karissimi paratos.* R'[9] *Alieni non transibunt.* V' *Ego ueniam. Nam.* R'[10] *Montes Israel ramos.* V' *Rorate celi desuper. Prope est.* R'[11] *Ecce dominus ueniet.* V' *Ecce dominator. Visitare.*> Duodecimum uero R' <*Rex noster adueniet.* V' *Ecce agnus Dei. Quem.*>: post gloriam a capite reincipiatur. <Euang. *Erunt signa in sole.* or' *Excita domine corda.*>

¶ In laudibus. <a'[1] *Ecce in nubibus celi.* a'[2] *Urbs fortitudinis nostre.* a'[3] *Ecce apparebit dominus.* a'[4] *Montes et colles.* a'[5] *Ecce dominus noster.*> Cap. *Ecce dies ueniunt.* R' *Super te Ierusalem.* <V' *Et gloria.* ym' *Vox clara ecce.*> V' *Emitte agnum domine.* In euangelio a' *Super solium. evovae.* Ps. *Benedictus.* <or' *Excita domine corda.*>

Ad primam. a' *Ecce uirgo concipiet. evovae.*[3]

Ad terciam. a' *Nolite timere.* Cap. *In diebus illis.* V' *Timebunt gentes.* or' *Excita domine corda nostra.*

<Maior missa. *Populus Syon.* Ps. *Iubilate Deo. Gloria.* or' *Excita domine corda nostra.* Ep. *Quicumque facta*[4] *sunt.* R' *Ex Syon species.* V' *Congregate illi. Alleluia.* V' *Letatus sum.* [aliud] V' *Stantes erant pedes.* Euang. *Erunt signa in sole.* Offert. *Deus tu conuertens.* Secr. *Placare quesumus domine.* [5]Comm. *Ierusalem surge.* Postcomm. *Repleti cibo spiritualis.*>

Ad sextam. a' *Gaude et letare. evovae.* Cap. *Erit in nouissimis.* V' *Memento nostri domine.* <or' *Precinge quesumus domine Deus noster.*> Ad sextam et nonam orationes sunt proprie.

---

[1] om.A
[2] *Tunc*: A, B2
[3] ad processionem <a'> *Venite.* ad intro<itum R'> *Ierusalem surge* <V' *Emitte agnum domine.*>: add.O, A, both marg., l.h.
[4] *scripta*: S
[5] Pref. *Qui tuo inerrabili munere*: add.S

¶ Ad nonam. a' *Ecce in nubibus celi. evovae.* Cap. *Venite ascendamus.*
V' *Domine Deus uirtutum.* <or' *Da quesumus omnipotens Deus cuncte familie.*>

Ad vesperas. Cap. *Ecce uirgo concipiet.* R' *Veni ad liberandum.* <ym' *Conditor alme.*> V' *Rorate celi.* a' *Beata es Maria. evovae.* Ps. *Magnificat.* or' *Excita domine corda nostra.*

[X. Missa de sancta Maria.]

[1]Si natalis beati Nicholai in secundo sabbato Aduentus domini euenerit: Missa matutinalis *Rorate celi desuper.* <Ps. *Et iusticia oriatur.* Gloria.> cantabitur. ¶ Post primam collectam <*Deus qui de beate Marie.*>: commemoratio de sancto Nicholao [or'] *Deus qui beatum Nicholaum.* [or'] *Maiestatem.* et alie ut moris est. <Ep. *Egredietur uirga de radice.* R' *Tollite portas.* V' *Quia ascendit.* Alleluia V' *Diffusa est gratia.* Euang. *Missus est angelus Gabriel.* aliud *Exurgens Maria.* Offert. *Aue Maria gratia.* Secr. *In mentibus nostris.* [et alie.] Comm. *Ecce uirgo concipiet.* Postcomm. *Gratiam tuam domine.* [et alie.][2]>

[XI. De sancto Nicholao. Dec.6]

Maior missa. *Statuit ei.* <Ps. *Misericordias.* or' *Deus qui beatum Nicholaum. Gloria.*> Ep. *Ecce sacerdos magnus.* R' *Domine preuenisti.* <V' *Vitam petiit et tribuisti.*> *Alleluia* V' *Iustus germinabit.* Seq. *Congaudentes.* Euang. *Sint lumbi uestri.* In loco offertorii. V' *Misericordiam.*[3] <Secr. *Sanctifica quesumus domine oblata.*> Prefacio non dicatur.[4] ¶ *Sanctus* et *Agnus:* [[**fol.4v**]] prout uolueris sine prosis. Comm. *Fidelis seruus.* <Postcomm. *Sacrificia que sumpsimus.*>[5]

---

[1] Nota: add.O, marg., contemporary hand
[2] S gives the prayers of a different mass of our Lady in Advent: or' *Omnipotens sempiterne Deus qui terrenis.* Secr. *Intercessio nos quesumus.* [No preface.] Ad compl. *Celesti munere satiasti.*
[3] In loco offertorii V' *Misericordiam*] Offert. *Inueni Dauid*: M.
[4] Prefacio non dicatur] Pref. *Qui beatum Nicholaum confessorem.* [alia] *Te domine iugiter in festiuitate*: S
[5] S gives the prayers of another mass of St Nicholas: or' *Domine sancte pater eterne Deus.* Secr. *Sanctifica quesumus domine has oblatas.* [No preface.] Ad compl. *Sacri corporis et sanguinis.*

¶ Die precedenti Ad vesperas. Cap. *Ecce sacerdos.* Celebriter cantetur in cappis. R' *Dum uero adhuc.* V' *Iam quodammodo.* r' *O noua. Gloria.* r' *O noua.* ym' *Iste confessor.* <V' *Ecce sacerdos.*> a' *O pastor eterne.*[1] Ps. *Magnificat.* evovae. <or' *Deus qui beatum Nicholaum.*> Post *Benedicamus domino:* fiet commemoratio de aduentu. de trinitate. et de sancto Andrea. Postea: suffragia sanctorum.[2] ¶ Deinde. ad altare beati Nicholai. eat processio cantans R' [3]*Magne pater.*

[Ad matutinas.] Inuitatorium festiue cantatur[4] a quatuor monachis.
<*Adoremus regem seculorum.* Ps. *Venite.* ym' *Rex gloriose presulem.*>
<In primo nocturno. a'[1] *Nobilissimis siquidem.* Ps. *Beatus uir.* a'[2] *Hic dum matris.* a'[3] *Iam decus.* a'[4] *Postquam domi.* a'[5] *Ad quantum uero.* a'[6] *Pudore bono.* V' *Iustum deduxit.*>[5] <Lect. *Beatus igitur Nicholaus ex illustra prosapia.* R'[1] *Confessor Dei Nicholaus.* V' *Erat enim. Ab ipso.* R'[2] *Dum uero adhuc.* V' *Iam quodammodo. O noua.*[6] R'[3] *Quantam denique.* V' *Transitoriam. Innumera.*> ¶ Quartum R' *Operibus sanctis.* <V' *Voce quippe. Ad summum.*> Post gloriam r' *Reuelatione*[7].
<In secundo nocturno. a'[7] *Auro uirginum.* a'[8] *Innocenter puerilia.* a'[9] *Gloriam mundi.* a'[10] *Pontifices almi.* a'[11] *Sanctus quidem.* a'[12] *Muneribus datis.* V' *Amauit eum.* R'[5] *Quadam die.* V' *Mox illis. Et statim.* R'[6] *Audiens Christi.* V' *Statimque solutos. Et liberauit.* R'[7] *Qui cum audissent.* V' *Clara quippe. Saluatoris.*> Octauum R' *Beatus Nicholaus.* <V' *Ut apud. Illi nimirum.*> post gloriam: r' *Illi nimirum.*
<Ad cantica. a' *Decantande speciosis.* Cant. *Beatus uir.* V' *Iustus ut palma.* Euang. *Sint lumbi.* R'[9] *Summe Dei confessor.* V' *Qui tres pueros. Namque.* R'[10] *Seruus Dei Nicholaus.* V' *Affluens itaque. Earumque.* R'[11] *Magne pater Nicholae.* V' *Iam per terras. A commissis.*> Duodecimum R' *Ex eius*[8] *tumba.* <V' *Cateruatim ruunt. Surdis.*> post gloriam: a capite repetatur. Addatur prosa *Sospitati dedit.*
<Euang. *Sint lumbi.* or' *Deus qui beatum Nicholaum.*>

---

[1] Diuidatur in tribus: add.A / Diuidatur in tribus *O pastor eterne*: add.O, marg., l.h. (Ms A indicates divisions at *qui dum deuoti* and at *uoce lapsa*.)
[2] Postea suffragia sanctorum] cancelled: O
[3] *Dixit mei uoce sui*: A, marg., l.h.
[4] Inuitatorium festiue cantatur] Dicitur uersus: add.A2, marg., l.h. / Dicitur in uersus: add.O, interlined, l.h.
[5] Octo lectiones de Vita ejus: add.O, marg., contemporary hand
[6] *Gloria patri. O noua*: add.A (*cf.* Vespers above)
[7] *Reuelationem* (†): O
[8] om.B2

In laudibus. <a'[1] *Beatus Nicholaus adhuc.* Ps. *Dominus regnauit.* a'[2] *Ecclesie sancte.* a'[3] *Iuste et sancte.* a'[4] *Amicus Dei Nicholaus.* a'[5] *O per omnia.*> Cap. *Ecce sacerdos magnus.* R' *Sancte Nicholae.* <V' *Et impetratam.*> ym' *Iste confessor.*[1] <V' *Ecce sacerdos.* a' *Copiose caritatis.* Ps. *Benedictus.* or' *Deus qui beatum Nicholaum.*> Post *Benedicamus domino:* fiet commemoratio de aduentu. et de Trinitate et de sancto Andrea. ¶ Et post suffragia sanctorum ad processionem cantetur R' [2]*Summe Dei confessor.*[3]

Ad primam. a' *Beatus Nicholaus.* <Cap. *Domine miserere.*>

Ad terciam. a' *Copiose caritatis. evovae.* <Cap. *Ecce sacerdos.* V' *Iustum deduxit.* or' *Deus qui beatum Nicholaum.*>

Ad sextam. a' *Amicus Dei. evovae.* <Capitulum. uersiculus et oratio sicut de uno pontifice confessore. et ad nonam similiter.>

Ad nonam. a' *O per omnia.*

Ad vesperas a'[1] *Nobilissimis siquidem.* Ps. *Dixit dominus. evovae.* a'[2] *Hic dum matris.* a'[3] *Iam decus.* a'[4] *Postquam domi. evovae.* Capitulum et cetera queque dicentur de aduentu sicut supra dispositum est. Ob festiui tamen diei et reuerenciam: a duobus in albis cantabuntur responsorium et *Benedicamus domino.* Post orationem de Trinitate: cantetur. a' *O Christi pietas.* V' [4]*O beate Nicholae magna est merces.* Vel alius. ¶ *Oremus.* [or'] *Deus qui beatum Nicholaum.* ¶ Deinde de sancto Ambrosio. a' *Iste est qui ante Deum.*[5] V' *Ecce sacerdos.* [or'] *Deus mundi auctor.* Post ea: de sancto Andrea. a' *Cum peruenisset.* or' *Protegat nos domine.* Post suffragia sanctorum: eat [[**fol.5r**]] processio in capellam cantans. R' *Aue Maria.*[6]

---

[1] *domini sacratus*: add.A, l.h.
[2] cancelled: O, A / *Ex eius tumba*: add.O, A, both interlined by later hands / *Summe Dei*: P.
[3] Processio solenniter: add.O, marg., contemporary hand
[4] om.A, B2
[5] Deinde . . . *Deum*] cancelled: O / non dicitur quia processio fiat: add.O, interlined by l.h. / Ad processionem *de sancto Ambrosio* in capella sancti Andree [R'] *In medio ecclesie*: add.O, marg., by same l.h. as interlining, with *-* added by another l.h.
[6] Si festum sancti Ambrosii die dominica uel secunda feria euenerit: de eo fiet commemoratio ad uesperas et ad laudes. et post Conceptionem sancte Marie fiet eius seruicium plenarie. Si aliis diebus: tercium nocturnum erit de sancto Andrea: add.B2 / Si festum sancti Ambrosii die suo celebretur. tunc post secundas uesperas de sancto Nicholao fiet processio de sancto Ambrosio ad altare sancti Andree R' In medio: add.P

THE TEMPORAL

Dominica [ad matutinas]: Inuit. *Surge uigilemus.* et cetera omnia ut supra notauimus.[1]

In laudibus post orationem de Trinitate commemoratio de sancto Ambrosio a' *Ecce sacerdos.* <or' *Deus mundi auctor.*> de sancto Andrea a' *Concede nobis.* or' *Protegat.* commemoratio a' *Beatus Nicholaus.*[2] <or' *Deus qui beatum.*>

Missa matutinalis de [octauis] sancto Andrea *Michi autem nimis.* <Ps. *Domine probasti. Gloria.*> or' *Protegat nos.* Post hanc primam collectam dicantur [or'] *Excita domine corda.* [or'] *Omnipotens sempiterne Deus qui dedisti.* [or'] *Deus mundi auctor.* [or'] *Deus qui beatum Nicholaum.* Ep. *Corde creditur.* R' *Nimis honorati sunt.* <V' *Dinumerabo.*> *Alleluia* V' *Dilexit Andream.*[3] Euang. *Ambulans Ihesus.* Offert. *Michi autem.* <Secr. *Indulgentiam. Sacrificia quesumus domine. Beati sacerdotes. Sanctifica quesumus.*>[4] Comm. *Venite post me.* <Postcomm. *Adiuuet familiam. Proficiat nobis.* uel *Domine Deus pater. Sancti Ambrosi nos. Sacrificia que sumpsimus.*>

Ad processionem. a' *Venite.* Ad introitum: R' *Ierusalem.*

Maior missa et omnes hore usque ad uesperas erunt de dominica.

[XII.] ¶ In conceptione sancte virginis Marie [Dec.8].

Ad vesperas super psalmos a'[1] *Gaude mater ecclesia.* Ps. *Dixit dominus. evovae.* a'[2] *Hec est illa. evovae.* Ps. *Letatus sum.* a'[3] *O Maria. evovae.* Ps. *Nisi dominus edificauerit.* a'[4] *Adesto iam. evovae.* Ps. *Memento domine.* Cap. *Ego quasi uitis.* R' *Cordis ac uocis.* V' *Suscipe.* r' *Cuius matris.* *Doxa patri.* uel *Gloria patri.*[5] r' *Mundum.* ym' *Aue maris stella.* V' *Elegit eam Deus.* a' *Aue decus. evovae.* Ps. *Magnificat.* Diuiditur in tres partes. ita *Aue* usque *etherum. Nobis presens* usque *iocunditas. tua namque* usque in finem. <or' *Deus*

---

[1] His octo diebus commemoratio de sancto Nicholao fiet: add. O, marg., contemporary hand
[2] Ad canticum de sancto Andrea ut in festo a' *Concede nobis.* Et de aduentu. de sancto Ambrosio [a'] *Ecce sacerdos.* Non fit processio. commemoratio de sancto Nicholao: add.O, marg., l.h. (in bottom margin of fol.4v, cued in to fol.5r)
[3] *Nimis honorati ... Dilexit Andream*] *Constitues eos.* V' *Pro patribus. Alleluia.* V' *Salue crux*: M
[4] (no preface in S)
[5] *Doxa patri.* uel *Gloria patri*] *Gloria. Mundum. Doxa patri*: A / *Doxa patri* uel: om.B2

THE FÉCAMP ORDINAL

ineffabili.> ¶ [1]Et nota quod quociens antiphona fuerit diuidenda. ab illa chori parte que non est dictura *Gloria patri* est termonanda. ut uidelicet altera pars cantate antiphone subiungat *Gloria patri*. Notandum etiam quod in nulla festiuitate beate Marie dicitur ad uesperas uel ad laudes *Kyrieleison*.[2] ¶ Neque enim ista uel alia festiuitas [[**fol.5v**]] tunc temporis ea celebritate peragitur: qua extra quadragesimalem obseruantiam. ¶ Post *Benedicamus domino:* commemoratio de Aduentu. ¶ Deinde de Trinitate. postea de sancto Andrea a' *O quam glorioso*. <or' *Protegat nos.*> Et pretermissa de sancto Ambrosio commemoratione. eo quod eius festum in diem tercium differtur.[3] de sancto Nicholao. a' *Nobilissimis siquidem* dicatur. ¶ Post suffragia sanctorum[4] eat processio ad sanctam Mariam <in capellam de infirmitorio> R' [5]*Patriarcharum semine* cantando.

[Ad matutinas.] ¶ Vitatorium <*Eya peruigiles domino.*> sex monachi cantabunt. <Ps. *Venite*. ym' *Quem terra pontus.*>
<In primo nocturno. a'[1] *Gaude fidelis*. Ps. *Domine dominus noster*. a'[2] *Cui Eua obediuit*. a'[3] *A prophetis precinitur*. a'[4] *Namque rubus incombustus*. a'[5] *Virga Aaron fructifera*. a'[6] *Ysaias ille diuus*. V' *Aue Maria gratia.*[6] R'[1] *Fulget dies hodierna*. V' *Germine regali*. *Concepta*. R'[2] *Abrahe styrpe generosa*. V' *Hec admiranda*. *Que nullius*. R'[3] *Sicut rosa inter spinas*. V' *Cuius cunctorum*. *Germinauit.*> ¶ Quartum R' *Virga Iesse*. <V' *Voce prophecie. Inde.*> post gloriam: r' *Inde uirgam*.
<In secundo nocturno. a'[7] *Abraham fit promissio*. a'[8] *Hoc promissum est*. a'[9] *Vinea quondam sterilis*. a'[10] *Ista uitis est*. a'[11] *Hec est botrum*. a'[12] *Gratulare et letare*. V' [7]*Speciosa facta es*. R'[5] *Prophetalis nubem leuem*. V' *Diffugiunt tenebre*. *Ut in mortis*. R'[6] *Verbum patris mundo*. V' *Solem iusticie*. *Vt super*. R'[7] *Celebris dies colitur*. V' *Ista fuit*. *Ut quod.*> Octauum R' *Ecce nouum*. <V' *Sanctus obumbrauit. Nam Marie.*> Post gloriam: r' *Nam Marie*.

---

[1] Nota: add.O, marg., contemporary hand
[2] Erasure of one line, now illegible, preceded by a paraph: O
[3] commemoratio de Aduentu . . . tercium differtur] commemoratio de aduentu. de sancto Ambrosio. de sancto Andrea. et: add.A, marg., l.h.
[4] Post suffragia sanctorum] partly erased: O
[5] *Ecce nouum*: A, O (interlined by l.h. over erasure). (Ms P gives the reading as shown, unamended.)
[6] Quere lectiones in fine Ezechielis prophete: add.O, marg., l.h.
[7] *Sicut myrra electa*: A

62

Ad cantica. a' *Audi uirgo.* Cant. [1]*Ecce dominus in fortitudine* <ut supra in aduentu domini. V' *Speciosa facta.* Euang. *Liber generationis.* ut in natiuitate eiusdem. R'[9] *O beata progenies.* V' *Hec merito. Que produxit.* R'[10] *Patriarcharum semine.* V' *Nobilis et. Unde.* R'[11] *Gloriosa dicta.* V' *Pro meritis claris. Namque.*> Duodecimum R' *O Maria.* <V' *Perfudit tota sacra. Nec ingressu.*> Post gloriam: r' [2]*Sic rogatus tanquam sponsus suo.* Subiungatur prosa. *Stella maris.* <Euang. *Liber generationis.* or' *Deus ineffabilis.*>

In laudibus. <a'[1] *Conceptus hodiernus.* Ps. *Dominus regnauit.* a'[2] *Gloriosa semper uirgo.* a'[3] *Maria plena gracia.* a'[4] *O quam larga.* a'[5] *Dignare me laudare.*> Cap. *Ego quasi uitis.* R' *Speciosa.* <V' *In deliciis.* ym' *O gloriosa domina.* V' *Elegit eam.*> a' *Benedicta.* evovae. Ps. *Benedictus.* non diuiditur. <or' *Deus ineffabilis.*> Post commemorationem aduentus et sancte Trinitatis: dicatur [de sancto Nicholao] a' *Amicus Dei.* Ad processionem <in capellam de ecclesia> R' [3]*O beata progenies.*

Ad primam. ym' *Iam lucis.* a' *Conceptus hodiernus.* evovae.

Missa matutinalis:[4] de Trinitate eo quod transacta dominica dicta non fuit.[5]

[6] Ad terciam. hymnus[7] *Nunc sancte.* a' *Aue decus uirginum.* Cap. *Ego quasi uitis.* V' *Aue Maria gracia.* <or' *Deus ineffabilis.*> Orationes de natiuitate eiusdem uirginis hic dicentur. hoc solummodo mutato: quod in loco natiuitatis dicatur conceptionis.

¶ Maior missa. *Gaudeamus omnes.* <Ps. *Venite exultemus. Gloria.*> Kyrieleyson.[8] <or' *Deus ineffabilis misericordie.*> Ep. *Dominus possedit me.* R' *Propter ueritatem.* <V' *Audi filia.*> Alleluia V' *Per te Dei genitrix.* uel

---

[1] by l.h. over erasure: A
[2] *O Maria*: A / *O Maria* usque *suo*: B2
[3] Thus P / erased, and altered to '*O Maria*' by l.h.: O, A
[4] missa matutinalis *Gaudeamus*: add.O, marg., l.h.
[5] uel de sancta Maria. Lect. *Dominus possedit.* Euang. *Missus est*: add.O, marg., contemporary hand
[6] ad processionem *Aue decus* dicitur [R'] *Cordis ac uocis*: add.O, marg., l.h. / ad introitum *O Maria*: add.O, marg., another l.h. / *Aue decus. Corde* cum uersu. *Vidi in* [***] Introitus *O Maria* cum uersu: A, l.h. / Si dominica fuerit processio per claustrum ut de tempore: P
[7] by contemporary hand over erasure: O
[8] *Gloria in excelsis*: add.O, marg., l.h.

Virga Iesse.[1] Seq. *Letabundus.* Euang. *Liber generationis. Credo in unum Deum.* Offert. *Diffusa est gratia.* <Secr. *Salutare omnipotens pater.*> Prefacio [2]*Et te in ueneratione.* Comm. *Diffusa est.* <Postcomm. *Celestis alimonie.*>

Ad sextam. a' *Audi uirgo. evovae.* Cap. *Ego mater pulchre.* V' *Sicut mirra electa.* <or' *Famulis tuis quesumus domine.*>

Ad nonam. a' *Dignare me.* [[**fol.6r**]] Cap. *Transite ad me.* <V' *Speciosa facta.* or' *Adiuuet nos quesumus domine.*>

Ad vesperas. a'[1] *Gaude fidelis.* Ps. *Dixit dominus.* a'[2] *Cui Eua. evovae.* a'[3] *A prophetis. evovae.* a'[4] *Gratulare. evovae.*[3] Capitulum et responsorium sicut in laudibus. <R' *Speciosa facta es.*> ¶ ym' *O gloriosa domina.* <V' *Elegit eam.*> a' *Magnifica.*[4] <or' *Deus ineffabilis.*> Post commemorationem aduentus domini et sancte Trinitatis: dicatur de sancto Ambrosio a' *Iste est qui ante dominum.* Deinde. <de sancto Nicholao a'> *Auro uirginum.* Ad processionem. <in capella eiusdem de infirmitorio> R' *O Maria.*[5]

[XIII. De sancto Ambrosio. Dec.7][6]

Ad matutinas diei sequentis de sancto Ambrosio. ¶ Inuit. *Supernum regem.* Ps. *Venite.* ym' *Rex gloriose presulum.*
[In primo nocturno.] a' *Beatus uir.* et alie. Lectiones sunt proprie.[7]
R'[1] *Euge serue.* R'[2] *Posui adiutorium.* R'[3] *Inueni Dauid.* R'[4] *Iurauit dominus.*

---

[1] *Virga Iesse*] by contemporary hand over erasure: O / uel *Virga Iesse*] om.M
[2] *Tuam domine clementiam*: S
[3] Si dies sabbati fuerit. capitulum et cetera dicentur de aduentu. commemoratio de conceptione a' *Magnifica.* commemoratio de sancto Nicholao. Processio in capella beate Marie R' *O Maria.* cum prosa *Stella maris*: add.O, marg., l.h., in lower margin of fol.5v and cued in to this point.
[4] diuiditur in tribus. *Magnifica*: add.O, marg., l.h.
[5] Post commemorationem ... *O Maria*] Commemoratio de aduentu. de sancto Nicholao. processio *O Maria.* de omnibus sanctis. *Stella maris*: add.A, marg., l.h. / Si autem differetur festum eiusdem sancti Ambrosii usque in diem tercium tunc omissa processione que scribitur supra post secundas uesperas de Conceptione fieret processio de eodem sancto Ambrosio supra: P
[6] Ad [***] Ambrosii R' *In medio ecclesie*: add.O, marg., contemporary hand
[7] et alie ... proprie] by contemporary hand over erasure: O. (No lessons are given in B2)

THE TEMPORAL

In secundo nocturno. a' *Domine iste sanctus.* et cetera. R'[5] *Ecce sacerdos.* R'[6] *Cognouit eum.* R'[7] *Magnificauit.* R'[8] *In medio ecclesie.*
<Ad cantica a' *Sint lumbi uestri.* Cant. *Beatus uir qui in sapientia.*> Euang. *Vos estis sal terre.* R'[9] *Ecce uere Israelita.* R'[10] *Amauit eum dominus.* R'[11] *Ecce uirum prudentem.* R'[12] *Sancte Ambrosi.* V' *Aperi os.* <*Et impetratam.* or' *Deus mundi auctor.*>

In laudibus: a' *Ecce sacedos.* et alie. <Cap. *Plures facti sunt.* R' *Amauit eum dominus.*> ym' *Sancte tu prebe. Moribus comptis. Gloriam Deo.* <V' *Ecce sacerdos.*> a' *Similabo eum.* <Ps. *Benedictus.*> Post commemorationem aduentus et sancte Trinitatis: dicatur [de sancto Nicholao] a' *O per omnia.* Ad processionem in capella sancti Andree R' *In medio.*[1]

<Ad primam. a' *Ecce sacerdos.*>

¶ Missa matutinalis[2] de Trinitate. uel de sancto Nicholao.[3]

¶ Maior missa *In medio ecclesie.* <Ps. *Iocunditatis. Gloria.* or' *Deus mundi auctor.*> Cap. *Ecce sacerdos magnus qui in uita sua.* R' *Domine preuenisti eum.* <V' *Vitam peciit.*> *Alleluia* V' *Iurauit dominus.* Euang. *Vos estis sal terre.* Offert. *Iustus ut palma.* <Secr. *Beati sacerdotes.*>
[4]Comm. *Fidelis seruus.* <Postcomm. *Sanctl Ambrosi nos.*>

Ad terciam. <a' *Beatus ille.*> Cap. *Plures facti sunt.* <et cetera et ad alias horas de uno pontifice et confessore.>

Ad vesperas. a' *Iurauit dominus.* et cetere. Cap. *Plures facti sunt sacerdotes.* uel *Dedit illi dominus fungi sacerdotio.* <R' *Iustus ut palma.*> ym' *Iste confessor. Domini pudicus.* <V' *Ecce sacerdos.*> a' *In medio ecclesie. evovae.* Ps. *Magnificat.* <or' *Deus mundi auctor.*>[5] Post

---

[1] Ad processionem . . . *In medio*] by l.h. over erasure: O / Si uero fiat idem festum sancti Ambrosii die suo siue non, post laudes. ad altare sancti Andree R' *Vir Israelita. Et si dominica fuerit ut de tempore:* P
[2] by l.h. over erasure: O
[3] de Trinitate. uel de sancto Nicholao] cancelled: O / de aduentu: add.O, interlined by l.h.
[4] Pref. *Qui beatum Ambrosium confessorem*: add.S
[5] [or'] *Sancti Ambrosii nos quesumus domine*: add.C

commemorationem aduentus dominici et sancte Trinitatis: de sancto Nicholao dicatur a' *Pontifices almi.*[1]

¶ [2]Suprascripta ordinis circa di-[[**fol.6v**]]-uinum seruicium dispositio. ex integro apud nos obseruatur: quotiens natalis beati Nicholai euenerit. secundo sabbato aduentus dominici. ¶ Si autem eadem festiuitas in dominica euenerit: precedente sabbato fiat commemoratio de sancto ad uesperas. et dominica in laudibus. ¶ Missaque matutinalis in qua post primam collectam fiet commemoratio de dominica. de Trinitate. de sancto Ambrosio. de sancto Andrea: et heedem commemorationes fient ad uesperas que a capitulo erunt de sancto Nicholao. Nisi magis placuerit ut de dominica percantentur.[3] ita quidem quod factis commemorationibus quas usus et ratio exigit: eat processio ad altare beati Nicholai cantans celebriter R' *Dum uero.* ibique de eo sicut fit in natali sancti Taurini uespere celebrentur. ¶ Sanctorum tamen suffragia et uespere de omnibus sanctis non pretermittentur. ¶ Deinceps: supradistinctus ordo de missa matutinali in crastino cantanda de sancto Andrea et de ceteris quibusque obseruandus est.[4]

[5]Si autem contigerit ut una queque festiuitatum de quibus tractauimus suo die possit celebrari: tunc ad secundas beati Nicholai uesperas dicetur Cap. *Dedit illi dominus fungi.* R' *Sancte Nicholae.* ym' [6]*Ihesu redemptor omnium.* <V' *Ecce sacerdos.*> a' *O Christi pietas. evovae.* Ps. *Magnificat.* <or' *Deus qui beatum Nicholaum.*> ¶ Commemorationes tunc dicendas: supranotauimus. ¶ Sed et [ad matutinas] Inuitatorium et octo prima responsoria de sancto Ambrosio. Retro sunt disposita. ¶ Tercium autem nocturnum de sancto Andrea: ita fiet. ¶ Ad cantica a' *Salue crux.* Cant. *Vos sancti domini.* <V' *In omnem terram.*> Euang. *Ambulans Ihesus.* R' *Orauit sanctus Andreas.* R' *Vir iste.* R' *Expandit manus.* R' *Beatus Andreas.* Post euangelium or' *Protegat nos.* In laudibus a' *Dilexit Andream dominus.* et alie. Cap. *Corde creditur.* R' *Constitues eos.* <ym' *Exultet celum.* V' *Annunciauerunt.*> a' *Concede nobis.* <Ps. *Benedictus.*>

---

[1] Die sequenti fiet de sancta Eulalie cum duodecim lectionibus *Verbi enim*: add.O, marg., l.h. / Duodecimum R' *Offerentur.* major missa *Dilexisti.* et etiam resp[onsorium] *Alleluia* [V'] *Diffusa.* [Offert.] *Offerentur.* [Comm.] *Dif[f]usa*: add.O, marg., another l.h.
[2] Nota: add.O, marg., contemporary hand
[3] sancto Nicholao. Nisi ... percantentur] by contemporary hand over erasure: O
[4] cantanda ... obseruandus est] underlined: O
[5] Nota: add.O, marg., contemporary hand
[6] *Iste confessor*: B2

[[**fol.7r**]] or' *Protegat nos.* Commemoratio [de sancto Ambrosio]. a' *Ecce sacerdos.* or' *Deus* [1]*mundi auctor.* <[de sancto Nicholao] a' *O per omnia.* or' *Deus qui beatum Nicholaum.*> Vel pretermissa commemoratione [sancti Ambrosii]: post suffragia sanctorum eat processio ad altare sancti Andree cantans R' *Vir Israelita* cum uersu. ¶ Missa matutinalis de sancto Andrea. et Maior de sancto Ambrosio: supranotate sunt. ¶ Hore diurne usque ad uesperas: erunt de sancto Ambrosio. ¶ Vespere de beata uirgine sicut retro distinctum est.[2]

[XIV. Hebdomada infra dominica secunda adventus domini.]

[i.] ¶ Feria secunda post secundam dominicam adventus domini.

[Ad matutinas.] Inuit. *Regem uenturum.* In primo nocturno. V' *Ex Syon species.* In secundo nocturno. V' *Egredietur dominus.* Alia feria: V' *Egredietur uirga.* ¶ Singulis diebus accipiantur de hystoria transacte dominice responsoria terna. sicut in ordine.

In laudibus a' *Miserere mei.* et alie. R' *Super te Ierusalem.* [ym' *Vox clara.*] V' *Emitte agnum domine.* In euangelio a' *De celo ueniet.* evovae. Ps. *Benedictus.*

Ad vesperas a' *Facta est Iudea.* et cetera. R' *Veni ad liberandum.* <ym' *Conditor alme.*> V' *Rorate celi.* a' *Ecce rex uenit.* Ps. *Magnificat.* evovae.

[ii.] Feria tercia.

[In laudibus.] In euangelio a' *Super te Ierusalem.* evovae. Ps. *Benedictus.*

Ad vesperas. a' *Vox clamantis.* evovae. Ps. *Magnificat.*

[iii.] Feria quarta.

[In laudibus.] In euangelio a' *Venit forcior me.* evovae. Ps. *Benedictus.*

Ad vesperas. a' *Syon renouaberis.* evovae. Ps. *Magnificat.*

---

[1] qui (†): add.O
[2] De sancta Eulalia ut in communi: add.O, marg., l.h.

[iv.] Feria quinta.

[In laudibus.] In euangelio a' *Tu est qui uenturus es* <domine.> *evovae.*
Ps. *Benedictus.*

Ad vesperas. a' *Qui post me uenit. evovae.* Ps. *Magnificat.*

[v.] Feria sexta.

[In laudibus.] In euangelio a' *Dicite pusillanimes. evovae.* Ps. *Benedictus.*

Ad vesperas. a' *Docebit nos. evovae.* Ps. *Magnificat.*

[vi.] Sabbato.

[In laudibus.] In euangelio a' *Leuabit dominus signum. evovae.* Ps. *Benedictus.*

¶ Ad vesperas. Cap. *Non auferetur sceptrum.* R' *Ecce dominus ueniet.* <V' *Ecce dominus.*> Post gloriam r' *Tunc aperientur.* <ym' *Conditor alme.* V' *Rorate celi.*> a' *Ante me non est formatus*[1]. <Ps.> *Magnificat. evovae.* or' *Aurem tuam quesumus domine precibus nostris.*

Ad processionem <in capellam> R' *Suscipe uerbum.*

[XV.] Dominica tercia adventus dominice.[2] [[fol.7v]]

[Ad matutinas.] Inuit. *Rex noster.* Ps. *Venite.* et cetera ut supra.
¶ Lectiones de omelia beati Gregorii super euangelium ipsius diei
<Discamus fratres karissimi humido uento. R'[1] Ecce apparebit dominus. V' Apparebit in finem. Rex. R'[2] Bethleem ciuitas Dei. V' Loquebar[3] pacem. Et pax. R'[3] Qui uenturus est ueniet. V' Deponet omnes. Quoniam.> ¶ Quartum R' *Suscipe uerbum.* <V' *Paries quidem. Ut benedicta.*> Post gloriam: r' *Concipies.*

---

[1] *formator Deus*: A, B2
[2] dominica tercia: add.O, marg., l.h.
[3] *Loquetur*: A, B2

<In secundo nocturno. R'[5] *Egypte noli flere.* V' *Ecce ueniet. Liberare.* R'[6] *Prope est ut ueniat.* V' *Reuertere uirgo. Miserebitur.* R'[7] *Descendet dominus.* V' *Et adorabunt. Orietur.>* Octauum R' *Ecce radix.* <V' *Multiplicabitur. Et erit.>* post gloriam a capite repetatur.

¶ Ad cantica a' *Ite dicite.* <Euang. *Cum audisset Iohannes in uinculis.* Hom. *Ad Iordanis fluenta.* R'[9] *Docebit nos dominus.* V' *Venite ascendamus. Quia de.* R'[10] *Veni domine et noli.* V' *Excita domine. Et reuoca.* R'[11] *Festina ne tradaueris.* V' *Veni domine. Et libera.>* Duodecimum R' *Ecce dominus ueniet* <ut. V' *Ecce dominus ueniet cum. Tunc aperientur.>* post gloriam: reincipiatur. <Euang. *Cum audisset Iohannes in uinculis.* or' *Aurem tuam.>*

¶ In laudibus. a'[1] *Veniet dominus.* et alie. <a'[2] *Ierusalem gaude.* a'[3] *Dabo in Syon.* a'[4] *Montes et omnes colles.* a'[5] *Iuste et pie.>* Cap. *Nolite ante tempus.* R' *Ostende nobis domine.* <V' *Et salutare tuum. Gloria. Ostende.* ym' *Vos clara ecce.>* V' *Vox clamantis.* a' *Iohannes autem cum.* evovae. Ps. *Benedictus.* <or' *Aurem tuam.>*

Ad primam. a' *Ite dicite Iohanni.*

Ad processionem. a' *Venite.* Ad introitum. R' *Ecce dominus ueniet.* <V' *Vox clamantis.>*

Ad terciam. a' *Venite ascendamus.* evovae. Cap. *Nolite ante tempus.* V' *Timebunt gentes.* or' *Aurem tuam.*

<Maior missa. *Gaudete in domino.* Ps. *Et pax Dei. Gloria.* or' *Aurem tuam quesumus domine.* Ep. *Fratres. Sic nos existimet.* R' *Qui sedes domine.* V' *Qui regis Israel.* Alleluia V' *Excita domine.* Euang. *Cum audisset Iohannes.* Offert. *Benedixisti domine.* Secr. *Deuotionis nostre tibi quesumus.* [1] Comm. *Dicite pusillanimes.* Postcomm. *Imploramus domine.>*

Ad sextam. a' *Ecce mitto angelum.* evovae. <or' *Exultemus quesumus domine.>*

Ad nonam. a' *Estote parati.* <or' *Fac nos domine quesumus mala.>*

---

[1] Pref. *Cuius incarnatione salus*: add.S

Ad vesperas. Cap. *Non auferetur.* R' *Tu exsurgens domine.* <V' *Quia tempus. Gloria.* ym' *Conditor alme.*> V' *Rorate celi.* a' *Tu es qui uenturus es.* evovae. Ps. *Magnificat.* <or' *Aurem tuam.*>

Nota quod eo anno quo natalis domini feria secunda. uel tercia. celebratur: in hac dominica dicitur ad primam a' *Venite ascendamus.* Ad terciam a' *Tu es qui uenturus es.* Ad sextam a' *Ecce mitto.* Ad nonam a' *Estote parati.* Ad uesperas a' [*O adonay.* uel] *O sapientia.* Capitula uero uel orationes. seu uersus et responsoria: non mutantur.

[i.] ¶ Feria secunda post terciam dominicam adventus domini:

[Ad matutinas.] Inuit. *Regem uenturum.* Ps. *Venite.* et cetera ut supra. ¶ Lectiones de libro Ysaie.[1] R' *Ecce apparebit dominus.* Et alia sicut sunt in ordine.

¶ In laudibus R' *Ostende nobis.* <ym' *Vox clara.*> V' *Vox clamantis.* a' *Dicit dominus.* evovae. Ps. *Benedictus.*

Ad vesperas. R' *Tu exurgens domine.* <ym' *Conditor alme.*> V' *Rorate celi.* a' *Paratus esto.* evovae. Ps. *Magnificat.*

[ii.] Feria tercia.

[In laudibus.] In euang. a' *Consurge consurge.* Ps. *Benedictus.* evovae.

Ad vesperas. a' *Eleuare eleuare.* evovae.[2] Ps. *Magnificat.*

[iii.] Feria quarta.

[In laudibus.] In euang. a' *Ponam in Syon* <... *meam alleluia.*> evovae. Ps. *Benedictus.*

Ad vesperas. a' *Omnis uallis.* evovae. [[**fol.8r**]] Ps. *Magnificat.*

---

[1] (lessons not specified in B2)
[2] cancelled: O

[iv.] Feria quinta.

[In laudibus.] In euang. a' *Consolamini consolamini. evovae.* Ps. *Benedictus.*

Ad vesperas. a' [1]*Letamini gentes. evovae.* Ps. *Magnificat.*

[v.] Feria sexta.

[In laudibus.] In euang. a' *Dies domini. evovae.* Ps. *Benedictus.*

Ad vesperas. a' *Hoc est testimonium. evovae.* Ps. *Magnificat.*

[vi.] Sabbato.

[In laudibus.] In euang. a' *Ecce concipies. evovae.* Ps. *Benedictus.*

¶ Ad vesperas. Cap. *Qui uenturus est ueniet.* R' *Non auferetur.* <ym' *Conditor alme.* V' *Rorate.*> a' *Quomodo fiet istud. evovae.* Ps. *Magnificat.* or' *Excita domine potentiam* <tuam et ueni et magna.>

Ad processionem. in capellam. R' *Suscipe*[2] *uerbum.* <et cetera ut in sabbato primo.>

[XVI.] ¶ Dominica quarta Adventus domini.[3]

[Ad matutinas.] Inuit. *Prope est iam dominus.* Ps. *Venite.* <Lectiones *Cum per Ysaie uocem dominus.*> R'[1] [4]*Canite* <tuba in Syon. V' *Annunciate et auditum. Et dicite.*[5] R'[2] *Paratus esto Israel.* V' *Ecce dominator.* [6]*Et annuncians.* R'[3] *Me oportet minui.* V' *Hoc est testimonium. Qui post.*[7] R'[4] *Non auferetur.* V' *Pulchiores sunt. Et ipse.*>

---

[1] *Letamini cum Ierusalem*: A, B2
[2] *Suscepe* (†): O
[3] dominica quarta: add.O, marg., l.h.
[4] *Cantate*. et cetera (†): O
[5] [alius] V' *Annunciate in finibus. Ecce Deus*: add.A
[6] *Annuncians*: A
[7] [alius] V' *Ego baptizo vos. Cuius non sum*: add.A

<In secundo nocturno. R'[5] *Ecce iam uenit.* V' *Propter nimiam. Ut eos.* R'[6] *Virgo Israel.* V' *In caritate.* ¹*Generabis.* R'[7] *Iuraui dicit.* V' *Iuxta est. Et testamentum.* R'[8] *Non discedimus.* V' *Domine Deus. Ostende. Gloria. Ostende.>*

Ad cantica. a' *Ego baptizaui uos.* evovae. et cetera. <Euang. *Miserunt Iudei ab Ierosolimis.* Hom. *Ex huius nobis lectionis uerbis.* R'[9] *Intuemini quantus.* V' *Precursor pro. Cuius.*² R'[10] *Ecce ab austro.* V' *Iusta*³ *est iudicia. Visitare.* R'[11] *Radix Iesse qui.* V' *De radice. Et erit.* R'[12] *Nascetur nobis.* V' *Multiplicabitur. Cuius.* ⁴ Euang. *Miserunt Iudei ab Ierosolimis.* or' *Excita domine.>*

In laudibus. <a'[1] *Canite tuba in Syon.* a'[2] *Ecce ueniet desideratus.* a'[3] *Erunt praua in directa.* a'[4] *Dominus ueniet occurrite.* a'[5] *Omnipotens sermo.>* Cap. *Gaudete in domino semper.* R' *Ostende nobis domine.* <ym' *Vox clara.>* V' *Vox clamantis.* a' *Non auferetur.* evovae. Ps. *Benedictus.* <or' *Excita domine.>*

Ad primam. a' *Rex noster adueniet.*

<Ad processionem. a' *Venite.* Ad introitum R' *Nascetur.>*

Ad terciam. a' *Ego uox clamantis.* evovae. Cap. *Gaudete in domino.*
<V' *Timebunt gentes.* or' *Excita domine.>*

<Maior missa. *Memento nostri domine.* Ps. *Confitemini domino.* or' *Excita domine potentiam tuam et veni et magna.* Ep. *Fratres. Gaudete in domino.* R' *Prope est domins.* V' *Laudem domini.* Alleluia V' *Veni domine et noli.* Euang. *Miserunt Iudei ab Ierosolimis.* Offert. *Confortamini et iam.*⁵ Secr. *Sacrificiis presentibus.* ⁶ Comm. *Ecce uirgo concipiet.* Postcomm. *Sumptis muneribus.>*

Ad sextam. a' *Gaudete in domino.* Cap. *Ecce dominus in fortitudine.*
<V' *Memento nostri.* or' *Adiuva domine fragilitatem.>*

Ad nonam. a' *Ecce Deus noster.* evovae. Cap. *Qui uenturus est.* <V' *Domine Deus uirtutum.* or' *Excita domine potentiam tuam et ueni ut tua.>*

---

¹ *Vsquequo*: A
² [alius] V' *Et dominabitur. Cuius*: add.A
³ *Iuxta*: A
⁴ [alius] V' *Ecce advenit. Cuius. Gloria.* R' *Nascetur*: add.A
⁵ Ad missam post uersus offerende repetatur *ipse veniet*: add.O, marg., contemporary hand
⁶ Pref. *Quem Iohannes precessit*: add.S

Ad vesperas. Cap. *Gaudete in domino iusti.* R' *Tu exurgens domine.*
<ym' *Conditor alme.*> V' *Rorate celi.* In euangelio a' *O.* <or' *Excita domine potentiam tuam et ueni et magna.*>

[1]Sciendum quod si proximus natalis domini euenerit in feria quarta. uel tercia: in supranotata quarta dominica cantabitur ad laudes in euangelio. a' *Vigilate animo. evovae.* Ps. *Benedictus.* et ad primam a' *Rex noster adueniet.* Ad terciam a' *Non auferetur.* Ad sextam a' [*Ego*] *vox clamantis.* Ad nonam a' *Gaudete in domino.* Ad uesperas a' [*O Emmanuel.* uel] *O uirgo uirginum.* Cetera non mutantur.

[XVII.] ¶ De sancta Lucia. [Dec.13]

Ad Vesperas. Cap. *Domine Deus meus exaltasti.* R' *Per ipsam te deprecor.* Post gloriam. r' *Nec uelis.* ym' *Virginis proles.* <V' *Elegit eam.*> a' *In tua paciencia.* evo-[[**fol.8v**]]-vae. Ps. *Magnificat.* or' *Exaudi nos Deus salutaris noster ut sicut.*

Commemoratio sancti Nicholai a' *O pastor eterne.* <V' *Ora pro nobis.* or' *Deus qui beatum Nicholaum.*> Ad processionam[2] que fit ad altare uirginis: R' *Iussu impii Paschasii.* Et in laudibus: [R'] *Lucia martyr.* Post commemorationem adventus. et sancte Trinitatis: de sancto Nicholao a' *Copiose caritatis.*[3]

[Ad matutinas.] Nota quod in festis omnium uirginum que proprias habent hystorias: cantatur vitatorium. *Agnum sponsum.* <Ps. *Venite.* ym' *Ihesu corona.*>
<In primo nocturno. a'[1] *Lucia uirgo uenerabilis.* Ps. *Domine dominus.* a'[2] *Crede mater.* a'[3] *Continge ergo.* a'[4] *Orante sancta Lucia.* a'[5] *Lucia uirgo quid a me.* a'[6] *Per te Lucia.* V' *Diffusa est.* Lect. *Paschasius consularis iussit.* R'[1] *Lucia uirgo quid.* V' *Sicut ciuitas*[4]. *Quia.* R'[2] *Per ipsam te deprecor.* V' *Que datura. Nec.* R'[3] *Si tibi gratum.* V' *Non satis. Moriens.*> Quartum R' *Grata facta est.* <V' *Erecta namque. Et dominus.*> post gloriam. r' [5]*In conspectu.*

---

[1] Nota: add.O, marg., contemporary hand
[2] Ad processionam] (no processions given in P)
[3] Post commemorationem . . . *Copiose caritatis*] om.A
[4] *Per me civitas*: B2, with added illegible note, marg., l.h.
[5] *Quia aput*: A (B2 does not indicate)

THE FÉCAMP ORDINAL

<In secundo nocturno. a'[7] *Fiebat interea.* Ps. *Benedixisti domine.* a'[8] *Tandem ad sponsi.* a'[9] *Paschasius proconsularis.* a'[10] *Beata Lucia dixit.* a'[11] *Ego per istos.* a'[12] *Tu principum leges.* V' *Specie tua.* R'[5] *Lucia uirgo iudici.* V' *Hostiam sanctam. Corruptiores.* R'[6] [1]*Nunquam inquinatur.* V' *De sensibus. Nam.* R'[7] [2]*Paschasius dixit.* V' *Non uos. Ancilla.*> Octavum R' *Iussu impii.* <V' *Impellunt. Ut tamquam.*> post gloriam r' [3]*Tanto pondere.*
<Ad cantica a' *Soror mea Lucia.* Cant. *Audite me diuini.* V' *Adiuuabit eam.* Euang. *Simile est regnum celorum decem.* R'[9] *Que sunt hec.* V' *Si alia decem. Ista.* R'[10] *Quid cruciaris quid*[4]. V' *Caste uiuentes. Si probasti.* R'[11] *Rogaui Dominum meum.* V' *Ut credentibus. Et impetraui.*> Duodecimum R' *Lucia martyr.* <V' *Iudice confuso. Dum Christi.*> post gloriam a capite repetatur. <Euang. *Simile est regnum celorum decem.* or' *Exaudi nos Deus.*>

<In laudibus. a'[1] *Torquebatur animo.* Ps. *Dominus regnauit.* a'[2] *In medii flammis.* a'[3] *Ego rogaui Dominum.* a'[4] *Ideo petiui.* a'[5] *Tunc in uiscera.* Cap. *Domine Deus meus exaltasti.* R' [5]*Specie tua.* ym' *Virginis proles.* V' *Elegit eam Deus.* a' *Sicut ciuitas.* Ps. *Benedictus.* or' *Exaudi nos Deus.* Post commemorationem de aduentu et de Trinitate: fiat commemoratio de sancto Nicholao a' *Copiose caritatis.* or' *Deus qui beatum Nicholaum.* Ad processionem[6] R' *Lucia martir.*>

¶ Ad primam. a' *Torquebatur animo. evovae.*

Missa matutinalis de sancto Nicholao.

¶ Ad terciam. a' *In mediis flammis. evovae.* Capitulum de epistola domine Deus meus. <V' *Diffusa est gracia.* or' *Exaudi nos.*>

Maior missa de sancta Lucia sicut habetur in libris. <*Dilexisti iusticiam.* Ps. *Eructauit. Gloria.* or' *Exaudi nos Deus salutaris noster.*[7] Ep. *Domine Deus meus.* R' *Dilexisti iusticiam.* V' *Propterea. Alleluia* V' *Diffusa est.* Euang. *Simile est regnum celorum decem.* Offert. *Offerentur.* Secr. *Quesumus uirtutum celestium.* Comm. *Diffusa est.* Postcomm. *Leti domine sumpsimus.*>

---

[1] *Paschasius dixit.* V' *Non uos. Ancilla*: A
[2] *Nunquam inquinatur.* V' *De sensibus. Nam*: A
[3] *Vt tamquam*: B2
[4] *qui*: A
[5] *Diffusa est gratia*: A
[6] Ad processionem] (no procession in P)
[7] *Deus ineffabilia misericordie qui prime.* Require infra quarto folio: add.S, marg., original hand (indicating the Mass of the Conception misplaced in S on fol.274v).

¶ Ad sextam. a' *Ego rogaui. evovae.* <Capitulum et versiculus sicut de uirgine martire. or' *Intercessio nos quesumus domine.*>

Ad nonam. a' *Tanto pondere. evovae.* <Capitulum et versiculus et oratio ut in communi unius uirginis et martiris.>

Ad vesperas. a'[1] *Lucia uirgo. evovae.* Ps. *Dixit dominus.* a'[2] *Crede mater. evovae.* a'[3] *Continge ergo. evovae.* a'[4] *Orante sancta. evovae.* <Cap. *Emulor enim uos.* R' *Adiuuabit eam.* V' *Deus in medio.* ym' *Virginis proles.* V' *Elegit eam.*> In euang. a' *Columna es. evovae.* Ps. *Magnificat.* [or' *Exaudi nos Deus.*] Commemoratio sancti Nicholai. a' *O Christi pietas.* <or' *Deus qui beatum.*>

Si huius uirginis festiuitas in die dominica evenerit, feria secunda celebrabitur. Facta sabbato ad uesperas et dominica in laudibus commemoratione.

[XVIII.] ¶ De sancta Barbara Virgine et Martire [Dec.16].

Ad vesperas. et laudes fiat commemoratio.[1] et missa matutinalis[2] de ea cantetur. *Loquebar de testimoniis.* <Ps. *Beati immaculati. Gloria.*> or' *Deus qui inter cetera.* Ep. *Qui gloriatur.* R' *Specie tua.* <V' *Propter ueritatem.*> Alleluia V' *Adducentur.* Euang. *Simile est regnum celorum thesauro.* Offert. *Offerentur.* <Secr. *Hostiam nostre.*> Comm. *Simile est regnum celorum homini.* <Postcomm. *Ut nobis domine.*>

[XIX. De sancto Thoma. Dec.21]

In Vigilia Sancti Thome Apostoli. ¶ Missa cantabitur. *Ego autem.* <Ps. *In eternum. Gloria.* or' *Da nobis omnipotens Deus.*> Ep. [3]*Beatus homo qui*

---

[1] et ad laudes fiat commemoratio] Commemoratio de sancta Barbara a' *Hec est virgo prudens.* Commemoratio ad laudes [a'] *Hec est virgo sapiens*: A, all cancelled. (St Barbara is in the Kalendar of B2, but not in the Sanctorale.)
[2] missa matutinalis] O, in common with M, gives this mass from the Commune Virginum. S gives prayers of a proper mass: or' *Deus cuius dilectione beata Barbara.* Secr. *Hostiam nostre devotionis.* Pref. *Cuius munere beata Barbara.* Ad compl. *Ut nobis domine vere corporis.*
[3] *Benedictio domini*: M

inuentus. R' *Iustus ut palma.* <V' *Ad annunciandum.*> Si [[**fol.9r**]] dominica fuerit *Alleluia* V' *Nimi[s] honorati.* Euang. ¹*Hec mando uobis.* Offert. *Gloria et honore.* <Secr. *Apostolici reuerencia.* ² Comm. *Magna est gloria.* <Postcomm. *Beati apostoli tui.*>

Ad Vesperas. Cap. *Iam non estis.* R' *In omnem terram.* ym' *O Thoma Christi* et *Annue Christe.* <V' *Annunciauerunt.*> a' *O Thoma didime.* Ps. *Magnificat.* or' *Da nobis domine quesumus.*³

[Ad matutinas.] Inuit. *Gaudete.* Ps. *Venite.* et cetera sicut in natali apostolorum. ¶ Ad cantica a' ⁴*Vos estis lux huius.* Euang. *Thomas unus ex duodecim.* <Hom. *Iste unus discipulus defuit.* or' *Da nobis domine.*>

In laudibus <a' *Hoc est preceptum.* et alie. Ps. *Dominus regnauit.*> Cap. *Iam non estis.* <V' *Constitues eos principes.* ym' *Exultet celum.* V' *Annunciaverunt.*> In euang. a' *Misi digitos.* Ps. *Benedictus.* <or' *Da nobis domine.*> Post *Benedicamus domino:* a duobus monachis ad gradum cantetur tota antiphona *Nolite timere.*⁵ et subiungente cantore psalmus *Benedictus* flectens omnes genua. ¶ Post primum et post secundum psalmi uersum: repetatur a dextro et a sinistro choro singillatim decantanda. ¶ Similiter et post penultimum et ultimum in fine psalmi uersum: eo ordine quo supra distinctum est cantetur antiphona. ¶ Post *Gloria patri* antiphona in communi decantata: dicatur a sacerdote sine cuiuslibet uersiculi interposicione *Dominus uobiscum.* or' *Festina quesumus domine de tardaueris.* Deinde fiat⁶ commemoratio de Trinitate. ¶ Et post suffragia sanctorum: pergat processio in capellam sancti Thome concinens R' *Ciues apostolorum.* Quo percantato et dicta oratione: cantentur laudes⁷ omnium sanctorum.

---

¹ *Hoc est preceptum*: M
² (no Preface in S)
³ Commemoratio de adventu [a'] *O oriens*: add.A, interlined by l.h. / Ad processionem R' *In omnem terram*: add.O, marg., contemporary hand (with neumes above the respond incipit, which is cancelled and interlined '*Ciues apostolorum*' by l.h.) / ad processionem R' *Cives apostolorum*: add.A, P
⁴ by l.h. over erasure: O
⁵ et prosternent se ad gradum reuertent in sedilibus suis: add.O, marg., contemporary hand / all references in A to a' *Nolite timere*, Ps. *Benedictus*, and processional R' *Cives apostolorum* are added by l.h.
⁶ by contemporary hand over erasure: O
⁷ uespere (†): O

<Ad primam. a' *Hoc est preceptum.*>

<Ad terciam. a' *Maiorem caritatem.* Cap. *Iam non estis.* or' *Da nobis domine.*>

<Ad sextam. a' *Vos amici.* Cap. *Per manus.* or' *Conserua domine populum.*>

<Ad nonam. a' *In paciencia.* Cap. *Ibant discipuli.* or' *Adesto nobis misericors Deus.*>

¶ Ad vesperas <Cap. *Deus elegit.*> ym' *O Thoma Christi* et *Annue Christe.* a' *Quia uidisti me.* Ps. *Magnificat.* <or' *Da nobis domine.*> Commemoratio de aduentu.

¹Ita quidem ut supra distinctum est de sancto Thoma plenarie fiet seruicium si extra dominicam festiuitas eius euenerit. ¶ Si autem in quarta dominica aduentus domini aduenerit: sabbato dicentur uespere suprascripte de adventu. a' *O ori-*[[**fol.9v**]]-*ens.* Post commemorationem Trinitatis: de apostolo fiet commemoratio. Vel ea pretermissa: post suffragia sanctorum: ibit ad eius capellam processio. ¶ In quarum scilicet commemorationis et processionis alterutra: cantabitur a' *O Thoma didime.* ¶ Pro reuerentia tamen apostoli responsorium a duobus monachis non reuestitis cantatur. ¶ Similiter ad matutinas [responsorium] quartum et octauum. Ea enim festiuitas in albis celebratur. ¶ Matutine erunt de dominica: Vsque ad cantica. Deinceps uero de apostolo: sicut supra dispositum est. a' ²*Vos estis.* R' *Qui sunt isti.* R' *In omnem terram.* R' *Nimis honorati sunt.* R' *Ciues apostolorum.* In laudibus a' *Hoc est preceptum.* et alie. In euangelio a' *Misit digitos.* Ps. *Benedictus.* Oratio <*Da nobis domine.*> ¶ Et post exeuntium et introeuntium ad coquine seruicium benedictionem: predicta fiet commemoratio. ¶ Hore diurne erunt de apostolo. ¶ Missa matutinalis de dominica. ¶ Ad processionem a' *Venite omnes.* Ad introitum R' *Nascetur nobis.*

Maior missa. *Michi autem nimis.* <Ps. *Domine probasti.* or' *Da nobis domine quesumus.*> Ep. *Iam non estis.* R' *Nimis honorati sunt.* <V' *Dinumerabo.*> Alleluia V' *Per manus³ apostolorum.* Seq. *Clare sanctorum.* Euang.

---

[1] Nota: add.O, marg., contemporary hand
[2] by contemporary hand over erasure: O
[3] *autem*: add.S,M

Thomas unus ex duodecim. Offert. *In omnem terram.* [1]<Secr. *Debitum domine nostre.*> Comm. [2]*Mitte manuum tuam.* <Postcomm. *Conserua domine populum.*>

Uespere suprascripte de apostolo dicentur. Et post *Benedicamus domino* commemoratio de dominica. a' *O rex gentium.* V' *Rorate celi desuper.* <or' *Excita domine potentiam tuam et ueni et magna.*>

[XX. Tabula quando littera dominicalis est B.]

[3] Sciendum[4] est et memoriter tenendum quod eo anno quo natiuitas domini Ihesu Christi in die dominica euenerit: quinto kalendas decembris dominicus proculdubio aduentus incipit celebrari. et tunc temporis tam dominice quam festiuitates sanctorum in aduentu domini euenientes suum suo die ex integro habebunt seruicium. ¶ Porro ea dispositio diuini seruicii quam tabulam uocant: ista tunc erit.

[i. Feria quarta Quatuor Temporum. Dec.14]

[Ad matutinas.] In sequenti die post festum sancte [[fol.10r]] Lucie quarta ieiunii feria post terciam dominicam: incipiet cantari uitatorium *Prope est iam dominus.* et omnibus priuatis diebus usque ad uigiliam[5] natalis domini cantabitur. ¶ Lectiones erunt de euangelio *Missus est* <*angelus*> *Gabriel.* <Hom. *Exordium nostre redemptionis.*> R' *Clama in fortitudine.* <V' *Supra montem excelsum. Dic ciuitatibus.*> R' *Orietur stella ex Iacob.* <V' *De Iacob exiret. Alienigenarum.*> R' *Modo ueniet.* <V' *Orietur in diebus. Et nomen. Gloria.*>

In laudibus. a'[1] *Prophete predicauerunt.* a'[2] *Spiritus domini.* a'[3] *Propter Syon.* a'[4] *Ecce ueniet dominus* <*ut.*> a'[5] *Annunciate.* Cap. *Erit in nouissimis.* R' *Ostende nobis domine.* <ym' *Vox clara.*> V' *Vox*

---

[1] (Prayers from Ms M. Secr., Pref. and Postcomm. wanting in S)
[2] by contemporary hand over erasure: O
[3] Nota: add.O, marg., contemporary hand
[4] (with decorated initial in red and blue across two lines: O)
[5] uigilia (†): O

clamantis. In euangelio a' *Missus est Gabriel angelus.* Ps. *Benedictus.*
Oratio est propria <*Presta quesumus omnipotens Deus ut redemptionis.*>[1]

¶ Super horas antiphone. Primam *Ecce uirgo.* Terciam *Vocabitur.*
Sextam *Dabit ei*[2] *dominus.* Nonam *Ecce ancilla domini.*

<Maior missa. *Rorate celi.* Ps. *Et iusticia.* or' *Presta quesumus omnipotens Deus ut redemptionis.* Lectio Ysaie prophete *Erit in nouissimis diebus.* R' *Tollite portas.* V' *Quis ascendit.* or' *Festina quesumus domine.* Lectio Ysaie *Locutus est dominus ad Achaz.* R' *Prope est dominus.* V' *Laudem domini.* Euang. *Missus est angelus.* Offert. *Aue Maria gracia.* Secr. *Accepta tibi sint.*[3] Comm. *Ecce uirgo concipiet.* Postcomm. *Salutaris tui domine.*>

Ad Vesperas super *Magnificat*: a' *Ecce concipies.* Ps. *Magnificat.*

[ii.] Feria quinta [Dec.15].

[Ad matutinas.] ¶ Lectiones de libro Ysaie <*Vos inquam conuenio o Iudei.*>
R'[1] *Egredietur dominus et preliabitur.* <V' *Et eleuabitur super. Et stabunt.*>
R'[2] *Precursor pro nobis.* <V' *Ipse est rex. Pontifex.*[4]> R'[3] *Videbunt iusti*[5]. <V' *Et eris corona. Et uocabitur. Gloria.*>

In laudibus. a'[1] *Ecce ueniet propheta.* a'[2] *Exulta satis.* a'[3] *Conuertere domine.* a'[4] *Ecce Deus meus.* a'[5] *Syon noli timere.* In euangelio a' *Veniat iterum.* Ps. *Benedictus.*

Super horas. <Ad primam> a' *Ponam in Syon* <. . . *meam.*> <Ad terciam> a' *Consolamini.* <Ad sextam> a' *Letamini.* <Ad nonam> a' *Hoc est testimonium.*

Ad vesperas super *Magnificat.* a' *Quomodo fiet istud.* Ps. *Magnificat.*
¶ Commemoratio de sancta Barbara.[6]

---

[1] Commemoratio [de beata Maria a'] *Missus est.* in omnibus diebus tam ad uesperas quam in matutinis. usque ad natuitatem domini: add.O, marg., l.h.
[2] *illi*: B2 (in text; but not in Tabulae here or elsewhere)
[3] Pref. *Quem pro salute hominum*: add.S
[4] *In eternum*: A
[5] *gentes iustum*: A, B2 (but not in B2 Tabula)
[6] Commemoratio de sancta Barbara] in B2 Tabula, but cancelled in O (*cf.* vespers of Feria sexta below)

[iii.] ¶ Feria sexta [ieiunii. Dec.16].

[Ad matutinas.] ¶ Lectiones de evangelio *Exurgens Maria.* <Hom. *Lectio quam audiuimus sancti euangelii.*> R'[1] *Emitte agnum domine.* <V' *Ex Syon species. De petra.*> R'[2] *Germinauerunt.* <V' *Ecce dominator. Et splendor.*> R'[3] *Rorate celi.* <V' *Emitte agnum. Aperiatur. Gloria.*>

[In laudibus.] a'[1] *De Syon ueniet dominus.* a'[2] *De Syon ueniet qui regnaturus.* a'[3] *Expectabo Dominum.* a'[4] *Deus a Libano.* a'[5] *Dominus legifer.* Cap. *Egredietur uirga.* In euangelio a' *Ex quo facta est.* Ps. *Benedictus.* Oratio est propria <*Excita quesumus domine potentiam tuam et ueni ut hii.*> ¶ Commemoratio de sancta Barbara.[1]

¶ Super horas antiphone. Ad primam. *De celo ueniet.* Ad terciam. *Ecce ueniet propheta magnus.* Ad sextam. *Vox clamantis.* Ad nonam. *Veniet forcior.*

<Maior missa. *Prope esto domine.* Ps. *Beati immaculati.* or' *Excita domine potentiam tuam et veni ut hi qui.* Lectio Ysaie prophete *Egredietur uirga de radice.* R' *Ostende nobis domine.* V' *Benedixisti domine.* Euang. *Exurgens Maria.* Offert. *Deus tu conuertens.* Secr. *Ecclesie tue domine.* Comm. *Ecce dominus ueniet.* Postcomm. *Tui nos domine.*>

Ad vesperas. a' *O sapientia.* Ps. *Magnificat.*

[iv.] Sabbato [ieiunii. Dec.17].

<Ad matutinas.> Lectiones de euangelio *Anno quintodecimo.* <Hom. *Redemptoris precursor quo tempore.*> R'[1] *Egredietur uirga.* <V' *Et requiescet. Et erit.*> R'[2] *Ecce ueniet.* <V' *A solis ortu. Habebunt.*> ‖ **fol.10v** ‖ R'[3] *Ecce dominus ueniet* <*ut.* V' *Ecce dominus ueniet cum. Tunc aperiatur. Gloria.* or' *Deus qui conspicis quia ex nostra prauitate.*>

In laudibus. a'[1] *Veniet dominus in potestate.* a'[2] *Ad te domine leuaui.* a'[3] *Expectetur sicut pluuia.* a'[4] *Ecce rex uenit.* In euang. a' *Omnis uallis implebitur.* evovae. Ps. *Benedictus.* <or' *Deus qui conspicis quia.*>

---

[1] Commemoratio de sancta Barbara] not cancelled in O (*cf.* vespers of Feria quinta above).

Super horas [antiphone]. Ad primam. *Syon renouaberis.* Ad terciam. *Tu es qui uenturus* <es domine.> Ad sextam. *Qui post me uenit.* Ad nonam. *Dicite pusillanimes.*

<Maior missa. *Veni et ostende.* Ps. *Qui regis Israel.* or' *Deus qui conspicis quia.* Lectio Ysaie prophete *Clamabunt ad Dominum.* R' *A summo celo.* V' *Celi enarrant.* or' *Concede quesumus omnipotens Deus ut qui sub.* Lectio Ysaie prophete *Letabitur deserta.* R' *In sole posuit.* V' *A summo celo.* or' *Indignos nos quesumus.* Lectio Ysaie prophete *Super montem excelsum.* R' *Domine Deus uirtutum.* V' *Excita domine potentiam.* or' *Presta quesumus omnipotens Deus ut filii.* Lectio Ysaie prophete *Christo meo Cyro.* R' *Excita domine potentiam.* V' *Qui regis Israel.* or' *Preces populi tui quesumus domine.* Lectio Danielis prophete *Angelus domini descendit.* [Tr.] *Benedictio benedictus es domine.* V' *Et benedictum.* V' *Benedictus es in templo.* V' *Benedictus es super thronum.* V' *Benedictus es super sceptrum.* V' *Benedictus es qui sedes.* V' *Benedictus es qui ambulas.* V' *Benedicant te omnes.* V' *Benedicant te celi.* V' *Gloria patri.* V' *Sicut erat.* Repetatur *Benedictus es. Dominus uobiscum.* or' *Deus qui tribus pueris.* Ep. *Rogamus uos per aduentum.* Tr. *Qui regis Israel.* V' *Qui sedes super.* V' *Excita domine.* Evang. *Anno quintodecimo imperii Tiberii Cesaris.* Offert. *Exulta satis filia.* Secr. *Ecclesie tue domine.*[1] Comm. *Exultauit ut gygas.* Postcomm. *Quesumus domine Deus noster.*>

Ad vesperas. a' *O adonay.* Ps. *Magnificat.*

[v.] Feria prima [Dec.18].

[Ad matutinas.] R' *Canite tuba.* et cetera sic est in libris [dominica quarta aduentus domini.]

¶ Ad vesperas. a' *O radix Iesse.* [Ps. *Magnificat.*]

[vi.] Feria secunda [Dec.19].

[Ad matutinas.] Inuit. *Prope est iam dominus.* Lectiones de libro Ysaie. ¶ Responsoria terna tam in hac quam in sequentibus feriis: de hystoria. *Canite tuba.* et ea finita: reincipiatur.

¶ In laudibus. a'[1] *Ecce ueniet dominus princeps.* a'[2] *Dum uenerit filius.* a'[3] *Ecce iam ueniet.* a'[4] *Haurietis aquas.* a'[5] *Egredietur*

---

[1] Pref. *Qui non solum peccata*: add.S

dominus de loco. In euangelio a' *Egredietur uirga. evovae.* Ps. *Benedictus.*

Super horas antiphone. Ad Primam. *Dicit dominus penitentiam.* Ad Terciam. *Paratus esto.* Ad Sextam. *Consurge consurge.* Ad Nonam. *Eleuare eleuare.*

Ad vesperas. a' *O clauis Dauid.* [Ps. *Magnificat.*]

[vii.] Feria tercia [Dec.20].

In laudibus. a'[1] *Rorate celi.* a'[2] *Emitte agnum.* a'[3] *Vt cognoscamus.* a'[4] *Da mercedem domine.* a'[5] *Lex per Moysen.* In euangelio a' *Tu Bethleem. evovae.* [Ps.] *Benedictus.*

Super horas antiphone. Ad primam. *Leuabit dominus signum.* Ad terciam. *Ecce ueniet Deus et homo.* Ad sextam. *Tuam domine excita.* Ad nonam. *Syon noli timere.*

Ad vesperas: capitulum et cetera de sancto Thoma. Vt supra distinctum est. ¶ Commemoratio de aduentu. a' *O oriens.*

[viii.] Feria quarta [Dec.21].

De sancto Thoma fiet plenarie seruicium <in albis>. ¶ In laudibus commemoratio de aduentu. a' *Nolite timere.* Et ad uesperas commemoratio. a' O rex gentium.

[ix.] Feria quinta [Dec.22].

[Ad matutinas.] Lectiones de sermone Legimus sanctum Moysen. Responsoria de hystoria *Canite tuba.*

In laudibus. a'[1] *Veniat iterum.* a'[2] *Intuemini.* a'[3] *Conuertere domine.* a'[4] *Ecce Deus meus.* a'[5] *A finibus terre.* In euang. a' *Estote parati.* Ps. *Benedictus.*

Super horas. antiphone. [[**fol.11r**]] Ad primam. *Dies domini sicut.* Ad terciam. *Ecce rex uenit.* Ad sextam. *Gaude et letare.* Ad nonam. *Hoc est testimonium.*

Ad vesperas. a' *O Emmanuel.* <Ps. *Magnificat.*>

[x.] ¶ Feria sexta [Dec.23].

[Ad matutinas.] Lect. *Vos inquam conuenio.*

In laudibus. a'[1] *Constantes estote.* a'[2] *Paratus esto.* a'[3] *Veni domine.* a'[4] *Deus a Libano.* a'[5] *Ego autem ad Dominum.* In euangelio a' *Vigilate animo. evovae.* [Ps.] *Benedictus.*

Super horas. antiphone. Ad Primam. *Letamini cum Ierusalem.* Ad Terciam. *Omnipotens sermo.* Ad Sextam. *Dominus ueniet.* Ad Nonam. *Gaudete in domino.*

Ad vesperas. a' *O uirgo uirginum.* Ps. *Magnificat.*[1]

[xi.] Sabbato. ¶ Vigilia natalis domini [Dec.24].

[Ad matutinas.] Inuit. *Prestolantes.* In primo nocturno a' *Gaude et letare.* a' *Ierusalem gaude.* a' *Dicite pusillanimes.* In secundo nocturno a' *Ecce ueniet desideratus.* a' *Erunt praua.* a' *Dominus ueniet.*[2] et cetera sicut habentur in sequenti folio.[3]

[XXI. Tabula quando littera dominicalis est A.]

Quando[4] autem natalis domini in secunda feria celebrabitur. tunc prima dominica aduentus erit tercio Nonas decembris. Et in sabbato quod precedit terciam dominicam ad uesperas cantabitur a' *O sapientia.* Ps. *Magnificat.*

[i.] Dominica [Dec.17].

plenarie fiet seruicium [de dominica tercia aduentus domini]. quod in libris habetur. <R' *Ecce apparebit.* et cetera.>

---

[1] Preces *Ego dixi domine* et solus psalmus *Miserere*: add.O, marg., l.h.
[2] (A ends each Tabula with the cues of antiphons of the Vigil, which in all cases agree with those given below)
[3] sequenti folio] ultima tabula: B2
[4] (with decorated initial in red and blue across two lines: O)

[Super horas.] <Ad primam. a' *Venite ascendamus.* Ad terciam. a' *Tu es qui uenturus es domine.* Ad sextam. [a'] *Ecce mitto.* Ad nonam. a' *Estote parati.*>

¶ Ad vesperas. a' *O adonay.* [Ps.] *Magnificat.*

[ii.] Feria secunda [Dec.18].

[Ad matutinas.] Inuit. *Regem uenturum.* Ps. *Venite.* Lect. *Legimus sanctum Moysen.* Responsoria de hystoria *Ecce apparebit.* tam in hac quam in sequenti die.

¶ In laudibus. a' *Ecce ueniet dominus princeps.* et cetera.[1] In euangelio a' *Egredietur uirga.* Ps. *Benedictus.*

Super horas antiphone. ¶ Ad primam. *Dicit dominus penitenciam.* Ad terciam. *Paratus esto Israel.* Ad sextam. *Consurge consurge.* Ad nonam. *Eleuare eleuare.*

Ad vesperas. a' *O radix Iesse.* Ps. *Magnificat.*

[iii.] Feria tercia [Dec.19].

[Ad matutinas.] Lectiones *Vos inquam conuenio.*

In laudibus. a' *Rorate celi.* et cetera.[2] In euang. a' *Tu Bethleem.* Ps. *Benedictus.*

Super horas. antiphone. ¶ Ad primam. *Ponam in Syon salutem* <... *meam.*> Ad terciam. *Consolamini.* Ad sextam. *Letamini.* Ad nonam. *Hoc est testimonium.*

Ad vesperas. a' *O clauis Dauid.* [Ps.] *Magnificat.*

---

[1] [a'2] *Dum uenerit filius.* [a'3] *Ecce iam ueniet.* [a'4] *Haurietis aquas.* [a'5] *Egredietur dominus de loco*: add.O, marg., contemporary hand
[2] [a'2] *Emitte agnum.* [a'3] *Ut cognoscamus.* [a'4] *Da mercedem domine.* [a'5] *Lex per Moysen*: add.O, marg., by the same contemporary hand as that which made additions to Lauds of Feria 2 above.

[iv.] Feria quarta [Quatuor Temporum. Dec.20]

[Ad matutinas.] Inuit. [[**fol.11v**]] *Prope est iam dominus.* Ps. *Venite.*
Lectiones de euangelio <*Missus est Gabriel.*> Cum responsoriis *Clama in fortitudine.* <R' *Orietur stella.* R' *Modo ueniet.*> Reliqua: in sequenti feria sexta et sabbato: cantentur.

In laudibus. a'[1] *Prophete predicauerunt.* a'[2] *Spiritus domini.* et alie.[1] In euangelio a' *Missus est Gabriel.* Ps. *Benedictus.*

Super horas antiphone. ¶ Ad primam. *Ecce uirgo.* Ad terciam. *Vocabitur.* Ad sextam. *Dabit ei dominus.* Ad nonam. *Ecce ancilla.*

Ad vesperas. a' *O oriens.* Ps. *Magnificat.*

[v.] Feria quinta. Sancti Thome [Dec.21].

¶ Commemoratio aduentus [in laudibus]. a' *Nolite timere.* et ad uesperas a' *O rex gentium.*

[vi.] Feria sexta [ieiunii. Dec.22]

[Ad matutinas.] <Lectiones de euangelio *Exurgens Maria.* R' *Emitte agnum.* R' *Germinauerunt.* R' *Rorate celi.*>

[In laudibus.] [a'1] *De Syon ueniet dominus.* et cetera.[2] In euangelio a' [3]*Ex quo facta est.* [Ps. *Benedictus.*]

Super horas. ¶ Ad primam. a' *Veniet dominus in potestate.* Ad terciam. a' *Intuemini.* Ad sextam. a' *Ecce concipies.* Ad nonam. a' *Quomodo fiet istud.*

---

[1] *Spiritus domini.* et alie] cancelled: O / [a'3] *Propter Syon non tacebo.* [a'4] *Ecce ueniet dominus* <*ut*>. [a'5] *Annunciate populis*: add.O, marg., by the same contemporary hand as that which made the additions to Lauds of Ferias 2 and 3 above.
[2] [a'2] *De Syon ueniet qui.* [a'3] *Expectabo dominum.* [a'4] *Deus a Libano.* [a'5] *Dominus legifer*: add.O, marg., the first incipit by one contemporary hand (that responsible for the marginalia for Lauds of Feria 4 above), and the others by another contemporary hand, with the incipit *Expectabo dominum* being over erasure.
[3] by contemporary hand over erasure: O

Ad vesperas. a' *O Emmanuel.* <Ps. *Magnificat.*>

[vii.] Sabbato [ieiunii. Dec.23.]

<Ad matutinas. Lectiones de euangelio *Anno quintodecimo.* R' *Egredietur uirga.* R' *Ecce ueniet dominus ut saluos.* R' *Ecce ueniet dominus.*>

In laudibus. a' *Constantes estote.* et alie. <a' *Ad te domine leuaui.* a' *Expectetur sicut.* a' *Ego autem ad Dominum.*> ¶ In euang. a' *Vigilate animo.* [Ps. *Benedictus.*]

Super [h]oras. ¶ Ad primam. a' *Dies domini.* Ad terciam. a' *Erunt praua.* Ad sextam. a' *Dominus ueniet.* Ad nonam. a' *Omnipotens sermo.*

Ad vesperas. a' *O uirgo uirginum.* [Ps. *Magnificat.*]

[viii.] ¶ Dominica: Vigilia natalis domini [Dec.24].

[Ad matutinas.] Vitatorium *Prestolantes.* In primo nocturno a' *Canite tuba.* Ps. *Domine in uirtute.* <et alii de dominica.> a' *Ierusalem gaude.* a' *Dicite pusillanimes.* V' *Ex Syon species.* Lectiones [1]*Cum per Ysaie uocem.* R' *Canite.* et septem subsequentia.
¶ In secundo nocturno a' *Ecce ueniet desideratus.* a' *Erunt praua.* a' *Dominus ueniet occurrite.* V' *Egredietur uirga.*
Ad cantica a' *Ego baptizaui uos.* Cant. *Ecce dominus in fortitudine.* V' *Hodie scietis.* Lectio nona *Cum esset desponsata.* R' *Sanctificamini.* et alia tria <ipsum sequentia>. Post euangelium *Cum esset desponsata.* or' *Concede quesumus omnipotens Deus: ut magne festiuitatis.*

In laudibus. a' *O Iuda et Ierusalem.* Ps. *Dominus regnauit.* et cetere que habentur in antea folio quinto.[2] Post exeuntium et introeuntium ad coquine seruicium benedictionem: [[**fol.12r**]] fiet commemoratio de dominica. de qua missa matutinalis cantabitur. Maior de uigilia.[3]
<Processio ante terciam R' *Venite.* Ad introitum R' *O Iuda et Ierusalem.* V' *Vox clamantis.*>

---

[1] by contemporary hand over erasure: O
[2] in antea folio quinto] in ultima tabula: B2
[3] In albis: add.O, l.h. / Cantor et subcantor chorum tenebunt: add.O, another l.h.

[XXII. Tabula quando littera dominicalis est G.]

Si[1] uero Natiuitas domini in feria tercia celebranda fuerit: quarto Nonas decembris aduentus dominicus incipiet celebrari.

[i.] ¶ In tercia dominica [adventus. Dec.16]:

[Ad matutinas.] R' *Ecce apparebit.* et Cetera.

[Super horas.] Ad primam. a' *Venite ascendamus.* Ad terciam. a' *Tu es qui uenturus es* <domine>. Ad sextam. a' *Ecce mitto angelum meum.* Ad nonam. a' *Estote parati.*

Ad vesperas. a' *O sapientia.* Ps. *Magnificat.*

[ii.] Feria secunda [Dec.17].

[Ad matutinas.] Inuit. *Regem uenturum.* Lectiones de libro Ysaie. Responsoria de hystoria dominice.

¶ In laudibus. a'[1] *Ecce ueniet dominus princeps.* et alie. <a'[2] *Dum uenerit filius.* a'[3] *Ecce iam ueniet.* a'[4] *Haurietis aquas.* a'[5] *Egredietur dominus de loco.*> In euangelio a' *Egredietur uirga.*

Super horas. Ad primam. a' *Dicit dominus penitentiam.* Ad terciam. a' *Paratus esto Israel.* Ad sextam. a' *Consurge consurge.* Ad nonam. a' *Eleuare eleuare.*

Ad vesperas. a' *O adonay.* <Ps.> *Magnificat.*

[iii.] Feria tercia [Dec.18].

[Ad matutinas.] Lectiones *Legimus sanctum Moysen.* Responsoria de supradicta hystoria <dominice>.

¶ In laudibus. a' *Rorate celi desuper.* et cetere. In euang. a' *Tu Bethleem.* Ps. *Benedictus.*

[1] (with decorated initial in green and red across two lines: O)

Super horas. ¶ Ad primam. a' *Ponam in Syon* <... *meam*>. Ad terciam.
a' *Consolamini.* Ad sextam. a' *Letamini.* Ad nonam. a' *Hoc est
testimonium.*

Ad vesperas. a' *O radix Iesse.* [Ps. *Magnificat.*]

[iv.] Feria quarta [Quatuor Temporum. Dec.19].

[Ad matutinas.] Inuit. *Prope est iam dominus.* Lectiones de euangelio
Missus est Gabriel cum responsoriis *Clama in fortitudine.* <R' *Orietur
stella.* R' *Modo ueniet.*>

In laudibus. a' *Prophete predicauerunt.* et alie. In euang. a' *Missus est.*
Ps. *Benedictus.*

[Super horas.] Ad primam. a' *Ecce uirgo concipiet.* Ad terciam. a'
Vocabitur. Ad sextam. a' *Dabit ei dominus.* Ad nonam. a' *Ecce ancilla.*

Ad vesperas. a' *O clauis Dauid.* [Ps. *Magnificat.*]

[v.] Feria quinta [Dec.20].

[Ad matutinas.] Lect. *Vos inquam conuenio.* R' *Egredietur Dominus et
preliabitur.* <R' *Precursor pro nobis.* R' *Videbunt gentes.*>

In laudibus. a'[1] *De Syon ueniet Dominus.* et cetere. <a'[2] *De Syon ueniet
qui.* a'[3] *Conuertere.* a'[4] *Ecce Deus meus.* a'[5] *Dominus legifer.*> In euangelio a'
Veniat iterum. <Ps.> *Benedictus.*

[Super horas.] Ad primam. a' *Docebit nos.* Ad terciam. a' *Leuabit
dominus signum.* [[**fol.12v**]] [Ad sextam.] a' *Dicite pusillanimes.* Ad
nonam. a' *Estote parati.*

Ad vesperas commemoratio. a' *O oriens.*

[vi.] Feria sexta [ieiunii] Sancti Thome [Dec.21].

¶ In laudibus commemoratio [a'] *Nolite timere.* Missa matutinalis
celebrabitur in albis de apostolo. Maior [missa] erit de ieiunio. ¶ Ad
uesperas. commemoratio. a' *O rex gentium.*

[vii.] Sabbato [ieiunii. Dec.22].

[Ad matutinas.] lectiones *Anno quintodecimo.* et cetera. <R' *Egredietur uirga.* et alia duo.>

In laudibus. a'[1] *Constantes estote.* et alie. <a'[2] *Ad te domine.* a'[3] *Expectetur sicut.* a'[4] *A finibus terre.*> In euangelio a' *Omnis uallis.* Ps. *Benedictus.*

[Super horas.] Ad Primam. a' *Dies domini.* Ad Terciam. a' [1] *Intuemini.* Ad Sextam. a' [2]*Veniet dominus in potestate.* Ad Nonam. a' *Expectabo Dominum.*

Ad vesperas. a' *O Emmanuel.* [Ps. *Magnificat.*]

[viii.] Feria prima[3] [Dec.23].

[Ad matutinas.] R' *Canite tuba.* et cetera [de dominica quarta aduentus Domini.]

[In laudibus.] In euang. a' *Vigilate animo.* Ps. *Benedictus.*

[Super horas.] Ad Primam. a' *Rex noster aduenit.* Ad Terciam. a' *Non auferetur.* Ad Sextam. a' *Ego uox clamantis.* Ad Nonam. a' *Gaudete in Domino.*

[Ad vesperas. a' *O uirgo uirginum.* Ps. *Magnificat.*]

[ix.] Feria secunda. Uigilia natalis domini [Dec.24].

[Ad matutinas.] Inuit. *Prestolantes.*
In primo nocturno. a' *Gaude et letare.* Ps. *Exultate iusti.* Ps. *Benedicam Dominum.* a' *Ierusalem gaude.* Ps. *Iudica domine nocentes.* a' [4]*Gaudete in domino.* Ps. *Noli emulari. Declina.* a' *Dicite pusillanimes.*

---

[1] *Ecce veniet dominus in potestate*: B2 Tabula
[2] *Intuemini*: B2 Tabula
[3] Feria prima] Dominica: A
[4] (This antiphon and the following (*Dicite pusillanimes*) are in reversed order in the Office below p.106)

Ps. *Domine ne in furore.* [Lectiones et responsoria sicut habentur in ultima tabula.]
In secundo nocturno. a' *Ecce ueniet desideratus.* a' *Erunt praua.* a' *Dominus ueniet occurrite.*

In laudibus. a' *O Iuda et Ierusalem.* et cetera: sicut in sequenti folio.

[XXIII. Tabula quando littera dominicalis est F.]

[1] Cum[2] autem natalis domini in feria quarta extiterit celebranda: in Kalendas Decembris dominicam[3] aduentus oportebit incipi.
¶ Conceptionemque beate uirginis que tunc temporis in dominica secunda eueniet: in crastinum differri. ¶ Precedente uero sabbato cantabitur ad processionem aliquod responsorium de conceptione. et in dominica: <in laudibus commemoratio a' *Conceptus hodiernus.* or' *Deus ineffabilis.* et> missa matutinalis.[4] ¶ Ad Processionem a' *Venite.* Ad introitum. R' *Ierusalem surge.* Ad uesperas a' *Gaude mater.* et cetera. Si autem magis placuerit: cantetur uespere de dominica. et post commemorationem sanctorum facta processione in capellam: ibi festiue celebrentur vespere de sancta Maria. [[**fol.13r**]][5]

[i. Feria secunda. Dec.16.]

[Ad matutinas.] Feria secunda et tercia post terciam dominicam aduentus: Inuit. *Regem uenturum.* Lectiones de libro Ysaie.
¶ Responsoria de hystoria dominice.

¶ In laudibus. a' *Ecce ueniet dominus princeps.* [et cetere.] In euangelio a' *Egredietur uirga.* Ps. *Benedictus.*

[Super horas.] Ad primam. a' *Dicit dominus penitentiam.* Ad terciam. a' *Paratus esto.* Ad sextam. a' *Consurge consurge.* Ad nonam. a' *Eleuare eleuare.*

Ad vesperas. a' *O sapientia.* [Ps. *Magnificat.*]

[1] Nota: add.O, marg., contemporary hand
[2] (with decorated initial in red and blue across two lines: O)
[3] dominicum (†): O
[4] Precedente ... matutinalis] underlined: O / *Ecce nouum* absque uersu: add.O, marg., l.h.
[5] Frere Michel: add.O, in lower margin, but inverted

[ii.] Feria tercia [Dec.17].

[Ad matutinas.] Lectiones de libro Ysaie. Responsoria de dominica.

¶ In laudibus. a' *Rorate celi.* et alie. In euangelio a' *Tu Bethleem.* Ps. *Benedictus.*

[Super horas.] Ad primam. a' *Ponam in Syon* <... meam>. Ad terciam. a' *Consolamini.* Ad sextam. a' *Letamini.* Ad nonam. a' *Hoc est testimonium.*

Ad vesperas. a' *O adonay.* [Ps. *Magnificat.*]

[iii.] Feria quarta [Quatuor Temporum. Dec.18].

[Ad matutinas.] Inuit. *Prope est iam dominus.* Ps. *Venite.* Lectiones de euangelio <Missus est Gabriel>. R' *Clama in fortitudine.* <et alia duo>.

In laudibus. a' *Prophete predicauerunt.* et alie. In euangelio a' *Missus est.* Ps. *Benedictus.*

[Super horas.] Ad primam. a' *Ecce uirgo concipiet.* Ad terciam. a' *Vocabitur.* Ad sextam. a' *Dabit ei dominus.* Ad nonam. a' *Ecce ancilla.*

Ad vesperas. a' *O radix.* [Ps. *Magnificat.*]

[iv.] Feria quinta [Dec.19].

[Ad matutinas.] Lectiones *Legimus sanctum Moysen.* R' *Egredietur dominus et preliabitur.* et alia <duo>.

In laudibus. a'[1] *De Syon ueniet dominus.* <a'[2] *De Syon ueniet qui.* a'[3] *Conuertere domine.* a'[4] *Ecce Deus meus.* a'[5] *Dominus legifer.*> In euang. a' *Veniat iterum.* Ps. *Benedictus.*

[Super horas.] Ad primam. a' *Syon reuouaberis.* Ad terciam. a' *Tuam domine excita potentiam.* Ad sextam. a' *Ecce ueniet Deus et homo.* Ad nonam. a' *Dicite*[1] *pusillanimes.*

---

[1] *in* (†): add.B2 Tabula

Ad vesperas. a' *O clauis Dauid.* [Ps. *Magnificat.*]

[v.] Feria sexta [ieiunii. Dec.20].

<Ad matutinas. Lectiones de evangelio *Exurgens Maria.* R' *Emitte agnum.* et alia duo>

In laudibus. a'[1] *Veniet dominus in potestate.* et cetere. <a'[2] *Intuemini quantus.* a'[3] *Expectabo.* a'[4] *Deus a Libano.* a'[5] *A finibus terre.*> In euang. a' *Ex quo facta est.* Ps. *Benedictus.*

[Super horas.] Ad primam a' *Egredietur uirga.* Ad terciam a' *Ecce concipies.* Ad sextam a' *Quomodo fiet istud.* Ad nonam a' *Beatam me dicent.*

Ad vesperas.'[1] commemoratio de aduentu a' *O oriens.*[2]

[vi.] Sabbato [ieiunii. Dec.21].'

<fiet scruicium plenarie de sancto Thoma apostolo.>

In laudibus commemoratio <de aduentu>. a' *Nolite timere.*[3]

<Missa matutinalis de apostolo. maior de ieiunio.>

Ad vesperas cantatis quatuor antiphonis et psalmis de apostolo.' dicatur capitulum de sequenti dominica. et a duobus monachis ob reuerentiam sancti cantetur responsorium. In euang. a' *O rex gentium.* Ps. *Magnificat.* Post *Benedicamus domino.'* fiat commemoratio de apostolo.

[vii.] ¶ Feria prima[4][Dec.22]. [[fol.13v]]

[Ad matutinas.] R' *Canite tuba.* et cetera [de dominica quarta aduentus domini.][5]

Ad vesperas. a' *O Emmanuel.* Ps. *Magnificat.*

[1] de sancto Thoma; add.O, interlined by l.h.
[2] Processio *Ciues*: add.O, marg., l.h.
[3] Commemoratio *Nolite timere. Benedictus domini*: add.O, marg., l.h.
[4] Feria prima] Dominica: A
[5] Ad processionem misse [a'] *Venite.* [R'] *Nascetur*: add.O, marg., l.h.

[viii.] ¶ Feria secunda [Dec.23].

[Ad matutinas.] Inuit. *Prope est iam dominus*. Ps. *Venite*. Lectiones *Vos inquam conuenio*. Responsoria de hystoria dominice.

¶ In laudibus. a'[1] *Constantes estote*. et cetere. <a'[2] *Intuemini quantus*. a'[3] *Paratus esto*. a'[4] *Haurietis aquas*. a'[5] *Veni domine et noli*.> In euang. a' *Vigilate animo*. Ps. *Benedictus*.

[Super horas.] Ad primam. a' *Dies domini sicut fur*. Ad terciam. a' *Leuabit dominus*. Ad sextam. a' *Estote parati*. Ad nonam. a' *Gaudete in domino*.

Ad vesperas. a' *O uirgo uirginum*. [Ps. *Magnificat*.]

[ix.] Feria tercia. Vigilia natalis domini [Dec.24].

[Ad matutinas.] Inuit. *Prestolantes*. In primo nocturno. a' *Gaude et letare*. a' *Ierusalem gaude*. a' *Dicite pusillanimes*.

In laudibus. a' *O Iuda et Ierusalem*. et cetere sicut habentur in subsequenti tercio folio.

[XXIV. Tabula quando littera dominicalis est E.]

Quando[1] uero natiuitas domini celebretur in quinta feria: Dominica prima aduentus dominici existit secundo Kalendas Decembris. et tunc magnopere est necessaria supra distincta diuini seruicii dispositio in qua continetur qualiter festiuitas beati Andree et eius octaue sanctique Ambrosii festiuitas que tunc temporis in diebus dominicis eueniunt: debeant celebrari sub hoc accidenti.

[i.] [Feria secunda. Dec.15].

¶ Feria secunda et tercia post terciam dominici aduentus dominicam:

---

[1] (with decorated initial in blue and red over two lines)

[Ad matutinas.] Inuit. *Regem uenturum.* Ps. *Venite.* lectiones de libro Ysaie. et responsoria de hystoria dominice.

¶ In laudibus. a' *Ecce ueniet dominus princeps.* et alie. In euangelio a' *Egredietur uirga.* Ps. *Benedictus.*

[Super horas.] Ad primam. a' *Dicit dominus penitentiam.* Ad terciam. a' *Paratus esto.* Ad sextam. a' *Consurge.* Ad nonam. a' *Eleuare eleuare.*

Ad vesperas <In euangelio> a' *Quomodo.* Ps. *Magnificat.*

[ii.] Feria tercia [Dec.16].

[Ad matutinas.] <Lectiones et responsoria de dominica precedenti.>

In laudibus. a' *Rorate celi desuper* [et alie]. In euang. a' *Tu Bethleem.* Ps. *Benedictus.*

[Super horas.] Ad primam. a' *Ponam in Syon* <... *meam*>. [Ad] terciam. <a'> *Consolamini.* Ad sextam. a' *Letamini.* Ad nonam. a' *Hoc est testimonium.*

Ad vesperas. a' *O sapientia.* [Ps. *Magnificat.*]

[iii.] Feria quarta ieiunii [Dec.17].

[Ad matutinas.] Inuit. *Prope est iam dominus.* <Lectiones de euangelio *Missus est Gabriel.* R' *Clama in fortitudine.* et alia duo.>

In laudibus. a' *Prophete predicaue-*[[**fol.14r**]]*-runt.* et cetere. In euangelio a' *Missus est.* [Ps. *Benedictus.*]

[Super horas.] Ad primam a' *Ecce uirgo concipiet.* Ad terciam a' *Vocabitur.* Ad sextam a' *Dabit ei dominus.* Ad nonam a' *Ecce ancilla.*

Ad vesperas a' *O adonay.* Ps. *Magnificat.*

[iv.] Feria quinta [Dec.18].

[Ad matutinas.] Lectiones [1][***]. R' <*Egredietur dominus.* et alia duo> sicut sunt in ordine post *Clama.*

In laudibus. a'[1] *De Syon ueniet dominus.* <a'[2] *De Syon ueniet qui.* a'[3] *Conuertere domine.* a'[4] *Ecce Deus meus.* a'[5] *Dominus legifer.*> In euang. a' *Veniat iterum.* [Ps. *Benedictus.*]

[Super horas.] Ad primam. a' *Docebit nos.* Ad terciam. a' *Leuabit dominus.* Ad sextam. a' *Dicite pusillanimes.* Ad nonam. a' *Estote parati.*

Ad vesperas. a' *O radix Iesse.* Ps. *Magnificat.*

[v.] Feria sexta [ieiunii. Dec.19].

[Ad matutinas. Lectiones de euangelio *Exurgens Maria.* R' *Emitte agnum.* et alia duo.]

In laudibus. a'[1] *Veniet dominus in potestate.* et alie. <a'[2] *Ecce rex uenit.* a'[3] *Expectabo Dominum.* a'[4] *Deus a Libano.* a'[5] *Ecce Deus noster.*> In euang. a' *Ex quo facta est.* Ps. *Benedictus.*

[Super horas.] Ad primam. a' *Egredietur uirga.* Ad terciam. a' *Ecce concipies.* Ad sextam. a' *Quomodo fiet.* Ad nonam. a' *Beatam me dicent.*

Ad vesperas a' *O clauis Dauid.* [Ps. *Magnificat.*]

[vi.] Sabbato [ieiunii. Dec.20].

[Ad matutinas. Lectiones de euangelio *Anno quintodecimo.* R' *Egredietur uirga.* et alia duo.]

In laudibus. a'[1] *Ecce ueniet desideratus.* et alie. <a'[2] *Ad te domine leuaui.* a'[3] *Expectetur sicut.* a'[4] *Erunt praua.*> In euangelio a' *Omnis uallis.* [Ps.] *Benedictus.*

---

[1] incipit erased: O / *Legimus*: add.O, marg., l.h. / de libro Ysaie: add.B2

[Super horas.] Ad primam. a' *Vox clamantis.* Ad terciam. a' *Veniet forcior.* Ad sextam. a' *Qui post me uenit.* Ad nonam. a' *Tu es qui uenturus* <es domine>.

Ad vesperas que erunt de dominica a' *O oriens.* [Ps.] *Magnificat.* Commemoratio uel processio[1] de apostolo.[2]

[viii. [3]Dominica. Dec.21]

Sequenti dominica fiet de sancto Thoma. In laudibus et uesperis commemoratio de dominica sicut supra notatur.[4]

[x.] ¶ [5]Feria secunda [Dec.22]

[Ad matutinas.] Inuit. *Prope est iam[6] dominus.* Ps. *Venite.* Lectiones [7]*Legimus sanctum Moysen.* Responsoria de hystoria dominice.

¶ In laudibus. a'[1] *Intuemini.* et cetere. <a'[2] *Rex noster.* a'[3] *Omnipotens sermo.* a'[4] *Haurietis aquas.* a'[5] *A finibus terre.*> In euang. a' *Non auferetur.* Ps. *Benedictus.*

[Super horas.] Ad Primam. a' *Canite tuba.* Ad Terciam. a' *Ego baptizaui uos.* Ad Sextam. a' *Ego uox clamantis.* Ad Nonam. a' *Gaudete in domino.*

Ad vesperas. a' *O Emmanuel.* [Ps. *Magnificat.*]

---

[1] uel processio] om.B2 Tabula
[2] dominica . . . apostolo] over erasure: O
[3] [***] diei erit de apostolo a' *Nolite timere.* Et ad secundas vesperas commemoratio de aduentu a' *O rex gentium*: B2 Tabula / Feria prima. Natali sancti Thome. hic tercium nocturnum. laudes. horas diurnas. missam atque vesperas peragant de ipso apostolo: A
[4] In laudibus . . . supra notatur] over erasure: O / Et si dominica fuerit [processio] ut de tempore: P
[5] In addition to specific erasures noted here, the entry for the whole of this day in O has been underlined by l.h. for cancellation, and 'De sancto Thoma' added marg., l.h.
[6] secunda . . . *iam*] erased: O
[7] This incipit partly erased: O

[xi.] Feria tercia [Dec.23].

[Ad matutinas.] Lectiones *Vos inquam conuenio.* Responsoria de hystoria dominice.

¶ In laudibus. a'[1] *Constantes estote.* et alie. <a'[2] *Paratus esto.* a'[3] *Veni domine et noli.* a'[4] *Ego autem ad Dominum.* a'[5] *Dominus ueniet occurrite.*> In euangelio a' *Vigilate animo.* Ps. *Benedictus.*

[Super horas.] Ad primam. a' [1]*Ecce ueniet desideratus.* Ad terciam. a' *Intuemini.* Ad sextam. a' *Estote parati.* Ad nonam. a' *Dominus ueniet.*

Ad vesperas. a' *O uirgo uirginum.* Ps. *Magnificat.* [[**fol.14v**]]

[xii.] Feria quarta. Vigilia natalis domini [Dec.24].

[Ad matutinas.] Inuit. *Prestolantes.* et cetera sicut designata sunt in sequenti folio.[2]

[XXV. Tabula quando littera dominicalis est D.]

[3] Si[4] uero natalis domini in feria sexta euenerit: tercia kalendas decembris aduentus incipiet celebrari. Et tunc recurrendum erit ad suprascriptum circa diuinum officium dispositionem. in qua docetur qualiter natale beati Nicholai qui tunc temporis primo sabbato dominici aduentus euenit. et subsequentes festiuitates debeant celebrari.[5]

[i.] ¶ Post terciam dominicam adventus: Feria quarta [ieiunii. Dec.16].

[Ad matutinas.] Inuit. *Prope est iam dominus.* Lectiones de euangelio <*Missus est Gabriel.*> et R' *Clama.* <et alia duo.>

---

[1] *Ecce veniet Deus et homo*: A Tabula / *Ecce veniet dominus*: B2 Tabula
[2] sequenti folio] ultima tabula: B2
[3] Nota: add.O, marg., contemporary hand
[4] (with decorated initial in green and red across two lines: O)
[5] celebrari. Et tunc . . . debeant celebrari] noted for cancellation by 'va-cat' at beginning and end: O / et hoc habetis tercia tabula precedenti: add.B2

In laudibus. a' *Prophete predicauerunt.* et alie. In euangelio a' *Missus est.* Ps. *Benedictus.*

[Super horas.] Ad primam. a' *Ecce uirgo concipiet.* Ad terciam. a' *Vocabitur.* Ad sextam. a' *Dabit ei dominus.* Ad nonam. a' *Ecce ancilla domini.*

Ad vesperas. a' *O sapientia.* [Ps. *Magnificat.*]

[ii.] Feria quinta [Dec.17].

[Ad matutinas.] Lectiones de libro Ysaie. et R' *Egredietur dominus et preliabitur.* [et alia duo.]

In laudibus. a'[1] *De Syon ueniet dominus.* et alie. <a'[2] *De Syon ueniet qui.* a'[3] *Conuertere.* a'[4] *Ecce Deus meus.* a'[5] *Dominus legifer.*> In euang. a' *Veniat iterum.* Ps. *Benedictus.*

[Super horas.] Ad primam. a' *Ponam in Syon* <... *meam*>. Ad terciam. a' *Consolamini consolamini.* Ad sextam. a' *Letamini.* Ad nonam. a' *Hoc est testimonium.*

Ad vesperas. a' *O adonay.* Ps. *Magnificat.*

[iii.] Feria sexta [ieiunii. Dec.18].

[Ad matutinas.] Lectiones de euangelio <*Exurgens Maria*>. R' *Emitte agnum domine.* et cetera.

In laudibus. a'[1] *Ecce ueniet dominus princeps.* et alie. <a'[2] *Dum uenerit.* a'[3] *Ecce iam uenit.* a'[4] *Deus a Libano.* a'[5] *Egredietur dominus.*> In euang. a' *Ex quo.* Ps. *Benedictus.*

[Super horas.] Ad primam. a' *Egredietur uirga.* Ad terciam. a' *Ecce concipies.* Ad sextam. a' *Quomodo fiet istud.* Ad nonam. a' *Beatam me dicent.*

Ad vesperas. a' *O radix*[1]. <Ps.> *Magnificat.*

---

[1] by l.h. over erasure: O

THE TEMPORAL

[iv.] Sabbato [ieiunii. Dec.19].

[Ad matutinas.] Lectiones *Anno quintodecimo.* R' *Egredietur uirga.* et cetera.

In laudibus. a'[1] *Veniet dominus in potestate.* et alie. <a'[2] *Ad te domine.* a'[3] *Expectetur sicut.* a'[4] *A finibus terre.*> In euang. a' *Omnis uallis.* Ps. *Benedictus.*

[Super horas.] Ad primam. a' *Vox clamantis.* Ad terciam. a' *Veniet forcior.* Ad sextam. a' *Qui post me uenit.* Ad nonam. a' *Tu es qui uenturus es* <domine>.

Ad vesperas. a' *O clauis Dauid.* Ps. *Magnificat.*

[v.] Feria prima[1] [Dec.20].

[Ad matutinas.] R' *Canite tuba.* et cetera [de dominica quarta aduentus domini.]

¶ Ad vesperas: fiet de sancto Thoma. et commemoratione de aduentu[2] [[**fol.15r**]] [a'] [3]*O oriens splendor.*

[vi.] Feria secunda. [sancti Thome. Dec.21].

In laudibus commemoratio <de aduentu> a' *Nolite timere.*

Ad vesperas: commemoratio a' [4]*O rex gentium.*

[vii.] Feria tercia [Dec.22].

[Ad matutinas.] Lectiones *Legimus sanctum Moysen.* Responsoria de hystoria dominice.

---

[1] Feria prima] Dominica: B2
[2] fiet . . . de adventu] noted for cancellation by 'va-cat' at beginning and end: O
[3] over erasure: O
[4] over erasure: O

¶ In laudibus. a' *Rorate celi desuper.* et alie. In euangelio a' *Tu Bethleem.* Ps. *Benedictus.*

[Super horas.] Ad primam. <a'> *Dicit dominus penitentiam.* Ad terciam. a' *Paratus esto.* Ad sextam. a' *Consurge consurge.* Ad nonam. a' *Eleuare eleuare.*

Ad vesperas. a' [1]*O Emmanuel.* Ps. *Magnificat.*

[viii.] Feria quarta [Dec.23].

[Ad matutinas.] Lectiones *Vos inquam conuenio.* Responsoria de hystoria dominice.

¶ In laudibus. a'[1] *Constantes estote.* et alie. <a'[2] *Intuemini quantus.* a'[3] *Veni domine et noli.* a'[4] *Ecce ueniet dominus ut sedeat.* a'[5] *Ego autem ad Dominum.*> In euang. a' *Vigilate animo.* Ps. *Benedictus.*

[Super horas.] Ad primam. a' *Dies domini sicut fur.* Ad terciam. a' *Omnipotens sermo.* Ad sextam. a' *Dominus ueniet occurrite.* Ad nonam. a' *Gaudete in domino.*

[Ad vesperas a' *O uirgo uirginum.* Ps. *Magnificat.*]

[ix.] Feria quinta. Vigilia natalis domini [Dec.24].

[Ad matutinas.] Inuit. *Prestolantes.* Ps. *Venite.* et cetera sicut in sequenti folio.[2]

[XXVI. Tabula quando littera dominicalis est C.]

Eo[3] autem anno quo natiuitas domini celebranda sabbato fuerit: prima dominica aduentus dominici quarto kalendas decembris obtinebit. Et post terciam dominicam[4] feria quarta ieiunii cantabitur tunc et deinceps

---

[1] over erasure: O
[2] sequenti folio] ultima tabula: B2
[3] (with decorated initial in red and blue across two lines: O)
[4] obtinebit et post terciam dominicam] cancelled by 'va-cat' at beginning and end: O

[ad matutinas] Inuit. *Prope est iam dominus.* Ps. *Venite.* Lectiones de euangelio <*Missus est Gabriel.*> R' *Clama in fortitudine.* et alia sicut sunt in ordine per totam ebdomadam.

¶ In laudibus. a' *Prophete predicauerunt.* et alie. In euangelio a' *Missus est Gabriel.* Ps. *Benedictus.*

[Super horas.] Ad primam. a' *Ecce uirgo.* Ad terciam. a' *Vocabitur.* Ad sextam. a' *Dabit ei dominus.* Ad nonam. a' *Ecce ancilla domini.*

Ad vesperas. a' *Ecce concipies.* Ps. *Magnificat.*

[i.] Feria quinta [Dec.16].

[Ad matutinas.] ¶ Lectiones de libro Ysaie. R' <*Egredietur.* et alia duo> sicut sunt in ordine post *Clama in fortitudine.*

In laudibus. a'[1] *Rorate celi desuper.* et alie. <a'[2] *Emitte agnum.* a'[3] *Conuertere.* a'[4] *Ecce Deus meus.* a'[5] *Lex per Moysen.*> In euang. a' *Tu Bethleem.* Ps. *Benedictus.*

[Super horas.] Ad primam. a' *Ponam in Syon* <... *meam*>. Ad terciam. a' *Tuam domine excita.* Ad sextam. a' *Ecce ueniet Deus.* Ad nonam. a' *Syon noli timere.*

Ad vesperas. a' *O sapientia.* Ps. *Magnificat.*

[ii.] Feria sexta[1] [ieiunii. Dec.17].

[Ad matutinas.] <Lectiones de euangelio *Exurgens Maria.* R' *Emitte agnum.* et alia duo.>

In laudibus. a'[1] *De Syon ueniet dominus.* et alie. <a'[2] *De Syon ueniet qui.* a'[3] *Ut cognoscamus.* a'[4] *Deus a Libano.* a'[5] *Dominus legifer.*> In euang. a' *Ex quo facta est.* Ps. *Benedictus.*

---

[1] Feria sexta] add.O, marg.

[Super horas.] Ad primam. a' ⟦ **fol.15v** ⟧ *De celo ueniet dominator*. Ad terciam. a' *Ecce rex uenit dominus terre*. Ad sextam. a' *Vox clamantis*. Ad nonam. a' *Veniet forcior*.

Ad vesperas. a' *O adonay*. Ps. *Magnificat*.

[iii.] Sabbato [ieiunii. Dec.18].

[Ad matutinas.] <Lectiones de euangelio *Anno quintodecimo*. R' *Egredietur uirga*. et alia duo.>

In laudibus. a' *Veniet dominus in potestate*. et alie. In euangelio a' *Omnis uallis*. Ps. *Benedictus*.

[Super horas.] Ad primam a' *Syon renouberis*. Ad terciam a' <*Tu est qui uenturus es domine*. Ad sextam a'>[1] *Qui post me venit*. Ad nonam[2] a' *Dicite pusillanimes*.

Ad vesperas. a' *O radix Iesse*. Ps. *Magnificat*.

[iv.] ¶ Feria prima[3] [Dec.19].

[Ad matutinas.] R' *Canite tuba*. et cetera <sicut habetur in libro> [dominica quarta aduentus domini.]

Ad vesperas. a' *O clauis Dauid*. Ps. *Magnificat*.

[v.] Feria secunda [Dec.20].

[Ad matutinas.] Uitatorium *Prope est iam dominus*. Ps. *Venite*. Lectiones de libro Ysaie. Responsoria: de hystoria dominice.

¶ In laudibus. a' *Ecce ueniet dominus princeps*. et alie. In euang. a' *Egredietur uirga*. <Ps. *Benedictus*.>

---

[1] Tu est . . . Ad Sextam a'] om.O (†)
[2] Sextam (†): O
[3] Feria prima] Dominica: B2

[Super horas.] Ad primam. a' *Docebit nos.* Ad terciam. a' *Leuabit dominus.* Ad sextam. a' *Paratus esto.* Ad nonam. a' *Estote parati.*

Ad vesperas. Commemoratio de aduentu[1] a' *O oriens.*

[vi.] Feria tercia. Sancti Thome apostoli [Dec.21].
¶ In laudibus commemoratio a' *Nolite timere.*

<Ad vesperas commemoratio a' *O rex gentium.*>

[vii.] Feria quarta [Dec.22].

[Ad matutinas.] Lectiones *Legimus sanctum Moysen.* Responsoria de hystoria dominice.

¶ In laudibus. a'[1] *Veniat iterum.* et alie. <a'[2] *Intuemini quantus.* a'[3] *Expectabo Dominum.* a'[4] *Ecce ueniet dominus ut sedeat.* a'[5] *A finibus terre.*> In euang. a' *Estote parati.* Ps. *Benedictus.*

[Super horas.] Ad primam. a' *Dicit dominus penitentiam.* Ad terciam. a' *Hoc est testimonium.* Ad sextam. a' *Consurge consurge.* Ad nonam. a' *Eleuare eleuare.*

Ad Uesperas. a' *O Emmanuel.* [Ps. *Magnificat.*]

[viii.] Feria quinta [Dec.23].

[Ad matutinas.] Lectiones *Vos inquam conuenio.* Responsoria de hystoria dominice.

¶ In laudibus. a'[1] *Constantes estote.* et alie. <a'[2] *Paratus esto Israel.* a'[3] *Veni domine et noli.* a'[4] *Ecce Deus meus.* a'[5] *Ego autem ad Dominum.*> In euang. a' *Vigilate animo.* Ps. *Benedictus.*

[Super horas.] Ad primam. a' *Dies domini sicut fur.* Ad terciam. a' *Consolamini.* Ad sextam. a' *Ecce concipies.* Ad nonam. a' *Quomodo fiet istud.*

---

[1] Commemoratio de aduentu] cancelled by 'va-cat' at beginning and end: O

Ad vesperas. a' *O uirgo uirginum.* [Ps.] *Magnificat.*

[ix.] Feria sexta. Vigilia natalis domini[1] [Dec.24].

[2]Qualiter et quando pronunciari. uel inscribi debeat tabula uigilie natalis domini.

Nota[3] quod in feria que precedit vigiliam natalis domini pronuntiatur in capitulo quiquid debeant incipere uel cantare seu quelibet officia peragere. Quod ita distinguntur in tabula tunc legendi.

[[fol.16r]] ¶ Primo pronuntiatur diaconus lecturus primam lectionem de euangelio. *Cum esset desponsata.* Deinde unus de iunioribus fratribus cantaturus R' *Sanctificamini.* Ad tercium [responsorium]: duo de senioribus. ¶ Postea: pronunciantur priores inchoaturi antiphonas de laudibus. ¶ Deinde inscribitur et pronuntietur ita.[4] ¶ Officium {ebdomadarius} N. Missam N. Propheciam N. Epistolam N. Responsorium: duo N.N. Si fuerit dominica: Alleluya: duo monachi. N.N. Euangelium N. Seruitores ecclesie {tres conuersi} N.N.N.[5]

¶ Ad uesperas ebdomadarius a' *Antequam conuenirent.* Post inscribatur socius ebdomadarii: ad sequentem antiphonam. et ad alias duas antiphonas: quos cantor uoluerit. Responsorium {duo ebdomadarii} N.N. scilicet *Propter nimiam.*

Et in sacris uigiliis Inuitatorium {sex monachi} N.N.N.N.N.N. Ebdomadarius N. a' *Dominus dixit ad me.* et ad alias inscribantur tam abbas quam priores sicut sunt in ordine. {Duo ebdomadarii} N.N. R' *Hodie nobis.* Ad secundum responsorium {duo pueri} N.N. Ad reliqua: preter quartum. et octauum. et duodecimum: que quatuor de maioribus cantabunt N.N.N.N. Duo pronunciabuntur. ¶ Ad cantica a' *Lux orta est.*

---

[1] (The Tabulae of A and B2 continue with the details of the Office for the Vigil, agreeing in substance with those of O, given below, cap.XXVII, p.106.)

[2] The section of O from this point up to the words '. . . qua superius distinctione discernetur' in Lauds of the Vigil (see p.107 fn.3) is cancelled by 'va-cat' at beginning and end.

[3] (with decorated initial in gold and blue across three lines: O)

[4] Words and phrases interlined in the following passage of O are incorporated into the main text, but enclosed in {braces}.

[5] Ad mandatum N.N. Missam de Spiritu Sancto N. Missam de sancta Maria: add.O, marg., l.h., cued in to this point

Pronunciatis qui cantaturi sunt duodecimum responsorium:[1]
subiungatur officium de nocte {duo} N.N. Missam {unus} N.
Propheciam {unus} N. Epistolam {unus} N. Responsorium {duo} N.N.
Alleluya N. Euangelium {unus} N. Seruitores ecclesie {tres} N.N.N.
¶ In matutinis laudibus: ebdomadarius a' *Genuit puerpera.* Ad singulas
antiphonas N. Ad responsorium {duo} N.N. scilicet *Benedictus qui
uenit.*

¶ Officium de luce. Unus qui fuit de transacta ebdomada {unus} N.
Missam {unus} N. Propheciam {unus} N. Epistolam {unus} N.
Responsorium {duo} N.N. Alleluya {duo} N.N. Euangelium {unus} N.
Seruitores ecclesie {tres conuersi} N.N.N.

Officium de die: {duo. cantor et alius} N.N. Missam: domnus abbas: et
procedet cum eo {prior} N. Propheciam {unus} N. Epistolam {unus}
N. Responsorium {duo} N.N. Alleluya {duo} N.N. [[**fol.16v**]]
Euangelium {unus} N. Seruitores ecclesie {tres} N.N.N. Ad mandatum
{tres} N.N.N. Responsorium ad missam {unus} N. Alleluya {unus} N.
Missa de Spiritu Sancto {unus} N. Missa de sancta Maria {unus} N.
Ebdomadarius coquine: domnus abbas {usque propria aleci} N. ¶ Ad
ultimum tres claustrales. qui tamen non tenentur seruire primis quatuor
diebus tam in natale quam in pascha et pentecosten.

Si suprascripta tabula die sabbati fuerit legenda: primo ut moris est
pronunciabuntur {duo ebdomadarii} N.N. cantaturi inuitatorium.
¶ Deinde ad singula responsoria unus monachus N. ¶ Ad cantica
ebdomadarius a' *Ego baptizaui uos.* ad duodecimum responsorium
N.N. In matutinis laudibus ebdomadarius a' *O Iuda et Ierusalem.* et
cetera. ut supra. excepto quod nullus ad mandatum faciendum ea die
uel dominica pronunciabitur: cum notum sit illud ad officium prioris
his diebus pertinere.

¶ Si hec uigilia euenerit in dominica: qualiter sit celebranda retro habes
in secunda tabula.

---

[1] Sequuntur lectiones: add.O, twice, marg., by two different l.h.

[XXVII. Vigilia natalis domini.]

¶ Ante matutinas cantabuntur quindecim psalmi. ut solet in aliis diebus.

In Vigilia natalis domini a duobus monachis non reuestitis cantetur. Ad matutinas. ¶ Inuit. *Prestolantes*. Ps. *Venite exultemus domino iubilemus* [usque] *Et in psalmis iubilemus ei. Quoniam* [usque] *Conspicit*. Et ita finiuntur alii uersus. Quod ideo annotatum curauimus: quia idem psalmi: scilicet in fine uersum multociens uariantur. sicut in locis suis declarabimus.

[1] ¶ In primo nocturno a' *Gaude et letare*. a' *Ierusalem gaude*. a' *Dicite pusillanimes*. Psalmi de feria. ¶ Si vigilia euenerit in secunda uel quinta feria: addetur quarta a' *Gaudete in domino semper*. V' *Hodie scietis*. Lectiones de euangelio *Cum esset desponsata*. <Hom. *Que fuit necessitas*.> R' *Sanctificamini* <hodie. V' *Hodie scietis. Maiestatem*.> R' *Constantes estote*. <V' *Vos qui in puluere. Cras*.> R' *O Iuda et Ierusalem*.[2] V' *Constantes estote. Cras*.> post gloriam: a capite repetatur.[3]
¶ In secundo nocturno. a' *Ecce ueniet desideratus*. a' *Erunt praua*.
[[fol.17r]] a' *Dominus ueniet occurrite*. Cap. *Deus pacis sanctificet vos*. V' *Crastina erit uobis salus*. or' *Presta*[4] *misericors Deus: ut ad suscipiendum*.[5]

In laudibus. a'[1] *O Iuda et Ierusalem*. Ps. *Dominus regnauit*. a'[2] *Hodie scietis*. et alie. <a'[3] *Crastina die delebitur*. a'[4] *Crastina enim*[6] *erit*. a'[5] *Magnificatus est*.> Cap. *Propter Syon non tacebo*.[7] R' *Hodie scietis quia ueniet*. <V' *Et mane. Gloria*.> ym' *Vox clara ecce intonat*. V' *Crastina die delebitur iniquitas terre*. In euangelio a' *Cum esset desponsata*. <Ps.

---

[1] Ebdomadarius incipiet primam antiphonam primi nocturni. pueri uel iuuenes alias. In secundo nocturno similiter: add.O, marg., contemporary hand
[2] cantor et subcantor: add.O, interlined by l.h.
[3] R' *Sanctificamini filii*. V' *O Iuda. Et auferet*: add.A, B2 (the latter adding also a fourth lesson).
[4] *quesumus omnipotens et*: add.B2
[5] *Psalmi familiares non dicentur ante laudes neque uigilie pro defunctis*: add.O, marg., contemporary hand / *Si dominica fuerit Evang. Cum esset desponsata*. or' *Deus qui redemptionis*: add.B2
[6] om.A
[7] Unus puer uel iuuenis monachus responsorium et *Benedicamus domino*: add.O, marg., contemporary hand, with 'unus puer' altered to 'duo pueri' by l.h.

Benedictus.>[1] Post primum et secundum uersum in tres diuersa partes decantetur. et circa finem psalmi <*Benedictus.*> in his uidelicet uersibus *Illuminare.* et iterum ultima post gloriam[2] eadem qua superius distinctione discernetur.[3] ¶ Preces *Ego dixi domine.* Cum psalmo *Miserere mei Deus.* solummodo.[4] <or' *Concede quesumus omnipotens Deus ut magne festiuitatis.*> ¶ Post matutinas de omnibus sanctis: *Exultabunt domino.* Oratio et *Verba mea.* et *Domine exaudi.* dicentur.

¶ Missa matutinalis: *Rorate celi.* <Ps. *Et iusticia.*> or' [5]*Deus qui de beate Marie uirginis.* Deinde: de Trinitate. De omnibus sanctis. pro familiaribus. et pro defunctis. ¶ Ep. *Egredietur uirga.* <R' *Tollite portas.* V' *Quis ascendet. Alleluia* V' *Diffusa est gratia.*> Euang.[6] *Exurgens Maria.* Offert. [7]*Diffusa est gratia.* <Secr. [8]*In mentibus nostris.*> Comm. *Ecce uirgo.* <Postcomm. [9]*Gratiam tuam domine.*>

Ad maiorem missam: [10] domnus abbas uel ebdomadarius sacerdos in alba deaurata. Diaconus in dalmatica. duo subdiaconi in tunicis. Et qui[11] chorum tenebunt in capa. et cantaturi responsorium. <Offic. *Hodie scietis quia.* Ps. *Domini est terra.* or' *Deus qui nos redemptionis.* Lect. *Propter Syon non tacebo.* Ep. *Paulus seruus Christi Ihesu.* R' *Hodie scietis quia.* V' *Qui regis Israel.*> et si dominica fuerit *Alleluia.* <V' *Crastina die delebitur.* Euang.[12] *Cum esset desponsata.* Offert. *Tollite portas.* Secr. *Da nobis quesumus omnipotens Deus.* [13] Comm. *Reuelabitur gloria.* Postcomm. *Da nobis domine quesumus unigeniti filii.*>: [14]in albis reuestientur.

---

[1] Quinquies cantetur hec antiphona. Alia a' *Vigilate animo* quinquies similiter: add.O, marg., contemporary hand / cantatur sicut *Nolite timere*: add.A, marg., l.h.
[2] iterum ultima post gloriam] erased: O
[3] Ms.O has '-cat' interlined by l.h., signalling the end of the 'va-cat' cancellation commenced at the beginning of the Tabula of the Vigil, p.104 fn.2
[4] *Ego dixi ... solummodo*] underlined: O / *Ego dixi. Miserere*: add.A, interlined by l.h. / *Missus*: add.A, marg., l.h.
[5] *Omnipotens sempiterne deus qui in terrenis*: S
[6] *Missus est angelus.* aliud: add.S, M
[7] *Aue Maria gratia*: S, M
[8] *Intercessio quesumus domine beate Marie*: S
[9] *Celesti munere satiasti*: S
[10] Maior missa in albis: add.O, marg., l.h.
[11] Et qui] cancelled: O / *Precentor et succentor*: add.O, interlined by l.h.
[12] *Missus est angelus.* aliud evangelium usque ad natalem domini: add. S, M
[13] Pref. *Cuius hodie faciem*: add.S
[14] omnes: add.O, interlined by l.h.

¹Si autem dies dominica fuerit sicut supradiximus: missa matutinalis erit de dominica. et ad maiorem missam *Alleluia* V' *Crastina diei* Cantabitur.

¶ Eodem die: ad primam. a' *Scitote quia prope est.*²

Ad terciam. a' *Leuate capita uestra. evovae.* Cap. *Gaudete in domino.* V' *Hodie scietis.* or' *Concede quesumus omnipotens Deus: ut quia sub peccati iugo.*

Ad sextam. a' [[**fol.17v**]] *Hodie scietis. evovae.* Cap. *Omnis vallis implebitur.* <V'> *Crastina erit uobis salus.* or' *Presta quesumus omnipotens Deus: ut redemptionis nostre.*

Ad nonam. a' *Rex pacificus. evovae.* Cap. *Videbunt gentes iustum tuum.* V' *Crastina die delebitur iniquitas terre.* or' *Fac nos quesumus domine Deus noster. peruigiles.*

Ad vesperas. a'[1] *Antequam conuenirent.* Ps. *Dixit dominus. evovae.* a'[2] *Ioseph fili Dauid.* Ps. *Confitebor. evovae.* a'[3] *Completi sunt.* Ps. *Beatus uir. evovae.* a'[4] *Ecce completi sunt.* Ps. *Laudate pueri. evovae.* Cap. *Paulus seruus Christi Ihesu*³ *uocatus apostolus segregatus.* R' *Propter nimiam.* V' *Ecce iam uenit.* [usque] *Sub lege.* r' *Ut omnes. Gloria.* [usque] *et spiritui sancto.* r' *Filium.* ym' *Veni redemptor gentium.* V' *Tecum principium.* a' *Ecce iam uenit plenitudo. evovae.* Ps. *Magnificat.* Hec antiphona in tribus partibus diuisa:⁴ Ante *Gloria patri* cantabitur. or' *Deus qui nos redemptionis.* Post *Benedicamus domino:* facta commemoratione de sancta trinitate: dicatur de sancta Anastasia. a' *Accinxit fortitudine.* V' *Diffusa est.* or' *Da quesumus omnipotens Deus: ut qui beate Anastasie.* Deinde processio eat in capellam <beate Marie> concinens. R' *Benedicta tu inter mulieres.* cum uersu <*Aue Maria. Credidisti. Gloria.* V'> ⁵*Post partum uirgo.* or' *Deus qui per beate Marie uirginis partum.* Commemoratio de omnibus sanctis a' *Te gloriosus.*

---

¹ Nota: add.O, marg., contemporary hand
² Psalmi familiares sicut in festis: add.O, marg., contemporary hand
³ *Christi Ihesu*] tr.B2
⁴ (Ms A indicates divisions at *natum de virgine* and at *ut eos qui*)
⁵ *Diffusa est gratia*: P

<V' *Exultabunt sancti.* or' *Da quesumus domine fidelibus populis.*[1] *Benedicamus domino.*>

[XXVIII.] In nocte nativitatis dominice [Dec.25].

[Ad matutinas] cantabunt sex monachi Inuit. *Christus natus est.* Ps. *Venite.* ym' *Christe redemptor omnium.*
In primo nocturno. a'[1] *Dominus dixit ad me.* Ps. *Quare fremuerunt.* evovae. a'[2] *Tanquam sponsus.* Ps. *Celi enarrant.* a'[3] *Diffusa est gratia.* Ps. *Eructauit.* evovae. a'[4] *Sanctificauit.* Ps. *Deus noster refugium.* a'[5] *Suscepimus Deus.* Ps. *Magnus dominus.* evovae. a'[6] *Orietur.* evovae. Ps. *Deus iudicium tuum.* V' *Tanquam sponsum.*
<Lectiones *Saluator noster dilectissimi hodie natus est.* R'[1] *Hodie nobis celorum.* V' *Gloria in excelsis. Quia solus.* R'[2] *Hodie nobis de celo.* V' *Hodie illuxit. Hodie per.* R'[3] *Dies sanctificatus.* V' *Venite adoremus. Quia.*> Quartum R' *Descendit* [[fol.18r]] *de celis.* V' *Tanquam sponsus.* r' *Et exiuit.* <[2]*Familiam custodi*> usque *Uniuerse fabrice* <*mundi*>. *Gloria. Conditor celorum et uniuerse.* <*Felix Mariam*> [usque] *fa——brice* <*mundi.*> Tunc a quatuor cantoribus reincipiatur R' *Descendit.* In cuius fine canatur <*Facta natiuitas*> [usque] *fa——brice mundi.*
In secundo nocturno. a'[7] *Veritas de terra.* evovae. Ps. *Benedixisti.* a'[8] *Homo natus est.* Ps. *Fundamenta.* evovae. a'[9] *Ipse inuocauit.* evovae. Ps. *Misericordias domini.* totum. a'[10] *Letentur celi.* evovae. Ps. *Cantate.j.* a'[11] *Notum fecit.* evovae. Ps. *Cantate.ij.* a'[12] *Natus est nobis.* evovae. Ps. *Dominus regnauit irascantur.* V' *Ipse inuocauit me.* <R'[5] *Beata Dei genitrix.* V' *Beata que. Hodie.* R'[6] *O magnum mysterium.* V' *Domine audiui. Iacentem.* R'[7] *O regem celi.* V' *Ecce agnus. Iacet.*> Octauum R' *Ecce agnus.* V' *Hodie natus est.* r' *Ecce de quo. Gloria.* Iterum *Ecce agnus.*
Ad cantica. a' *Lux orta est.* Cant. *Populus qui ambulabat.* <*Letare Ierusalem. Urbs fortitudinis.*> V' *Benedictus qui uenit.* <Euang. *Liber generationis.* Hom. *In Ysaia legitur. Generationis.* R'[9] *Paruulus natus est.* V' *Multiplicabitur. Et uocabitur.* Euang. *Exiit edictum.* Hom. *Quia largiente.* R'[10] *Angelus ad pastores.* V' *Inuenietis infantem. Qui est.* Euang. *Pastores loquebantur.* Hom. *Nato in Bethleem.* R'[11] *In principio erat.* V' *Quod factum est. Omnia.* Euang. *In principio erat.* Hom. *Quia temporalem.*> Duodecimum R' *Verbum caro factum.* <V' *In principio. Plenum.*> Post gloriam a capite repetatur. Et cantato. *Te Deum*

---

[1] V' *Exultabunt ... populis*] l.h.: C
[2] (details of the prosula are taken from Ms A)

laudamus. legatur ut moris est euangelium *Liber generationis.* or' *Deus qui hanc sacratissimam noctem.* Deinde incipiat cantor <de beata Maria> a' *O mundi domina.* V' *Post partum uirgo. Oremus.* or' *Deus qui salutis eterne.* Subiungatur <commemoratio de omnibus sanctis> a' *O quam clarus est.* V' *Exultabunt sancti. Oremus.* or' *Da quesumus [1]domine fidelibus populis.* Et cantato a duobus pueris *Benedicamus domino:* uadant in dormitorium. et ablutis manibus redeant ad ecclesiam. Et pulsato uno signo atque terminata breui oratione: cum sacerdos et ministri altaris reuestiti fuerint: cantetur prima missa. ¶ Chorum tenebunt duo fratres in cappis.

¶ Missa ante lucem. *Dominus dixit ad me.* V' *Postula a me. Gloria. evovae. Kyrieleison. Summe Deus a quo. Gloria in excelsis. Quem ciues celestem.*[2] oratio sola. [3]*Da quesumus omnipotens Deus: ut qui noua.* Prophecia <*Populus gentium qui ambulabat.*> et epistola <*Apparuit gracia.*> dicantur. R' <*Tecum principium.* V' *Dixit dominus.*> et *Alleluia* <V' *Dominus dixit.*>[4], et deinde Sequentia. *Nato canant omnia:*[5] decantentur. <Euang. *Exiit edictum a Cesare.*> ‖ **fol.18v** ‖ *Credo in unum Deum.* <Offert. *Letentur celi.* Secr. *Accepta tibi sit*[6] *domine.*> et prefacio [7]*Quia per incarnati.* et Infra [actionem]. *Communicantes et nocte sacratissimam:* dicantur. *Sanctus. Ante secula. Agnus. Qui patris in solio.* <Comm. *In splendoribus.* Postcomm. *Da nobis quesumus domine.*>

[In laudibus.] Post. *Ite missa est:* Sacerdos idem qui missam cantauit apud altare incipiat. *Deus in adiutorium.* Et deposita ibidem casula et stola: ueniat in chorum. ¶ Cantato psalmo *Deus misereatur nostri.* Incipiat ebdomadarius a'[1] *Genuit puerpera. evovae.* Ps. *Dominus regnauit.* Et qui in tabula pronuntiati sunt inchoabunt ceteras. a'[2] *Angelus ad pastores.* Ps. *Iubilate.* a'[3] *Facta est cum angelo.* Ps. *Deus Deus meus.* a'[4] *Nato domino.* Cant. *Benedicite.* a'[5] *Pastores loquebantur.* Ps. *Laudate dominum.* a'[6] *Parulus filius.* Ps. *Cantate domino.* a'[7] *Ecce aduenit.* Ps. *Laudate.* Cap. *Populus qui ambulabat.* R' *Benedictus qui uenit.* V' *Lapidem.* <*Deus dominus. Gloria. Benedictus.*>

---

[1] *omnipotens*: add.B2
[2] *Gloria in excelsis. Quem cives celestem*] with neumes above incipits: O
[3] *Deus qui hanc sacratissimam noctem*: S, M
[4] [R'] a quatuor Iunioribus. *Alleluia* a quatuor monachis] add.O, marg., l.h.
[5] premisso alleluia: add.O, interlined above incipit of Sequence
[6] *tibi sit*] tr.S
[7] *Cuius divine nativitatis*: S

ym' *A solis ortus cardine.* V' *Verbum caro factum.* In euang. a' *Gloria in excelsis.*[1] Ps. *Benedictus.* Antequam psalmus incipiatur: tota [antiphona] in communi ab utroque choro decantetur. or' *Da quesumus omnipotens Deus: ut qui noua.* Facta commemoratione de trinitate: addatur de sancta Anastasia. a' *Inuenta bona margareta.* <V' *Elegit eam.* or' *Da quesumus omnipotens Deus.*>[2] Post *Benedicamus domino:* a duobus pueris decantato: eant in dormitorium. et indutis calciamentis ablutisque manibus: accedant ad ecclesiam. et cum ternas ut moris est fecerint orationes in choro sedeant. donec ebdomadarius transacte ebdomade qui missam cantaturus est cum ministris altaris. pariterque fratre qui chorum tenebit: inueniant. Et tunc pulsatis signis: incipiat officium misse.

¶ Missa de luce. *Lux fulgebit hodie.* Ps. *Dominus regnauit decorem. Gloria. evovae. Kyrieleyson. Gloria in excelsis.*[3] *Utrumque sine prosis.* or' *Da quesumus omnipotens Deus: ut qui noua.* [[**fol.19r**]] Commemoratio de sancta Maria. *Deus qui salutis.*[4] Deinde de sancta Anastasia: solummodo [5]*Da quesumus omnipotens Deus ut qui beate Anastasie.* Prophecia ante epistolam legatur <*Spiritus domini super me.* Ep. *Apparuit benignitas.* R' *Benedictus qui uenit.* V' *A domino factum.* Alleluia V' *Dominus regnauit decorem.* Euang. *Pastores loquebantur.*> ¶ *Credo in unum Deum* dicatur. ¶ Ad offertorium <*Deus enim firmauit.*> cantatur unus uersus. et alius in sexta die cantandus reseruatur.[6] <Secr. *Munera nostra.* alia *Accipe quesumus domine.*> ¶ Prefacio [7]*Quia per incarnati.* Infra actionem. *Communicantes:*[8] dicantur. *Sanctus* et *Agnus.*[9] sine prosis. <Comm. *Exulta filia Syon.* Postcomm. *Huius nos domine.* alia *Satiasti domine familiam.*>

¶ Ad primam. a' *Pastores loquebantur.*

Ad terciam. a' *Beata uiscera. evovae.* Cap. *Multipharie multisque.* V' *Puer natus est nobis.* or' *Concede quesumus omnipotens Deus. ut nos unigeniti.*

---

[1] Sic cantatur ut *Vigilate*: add.A2, marg., l.h.
[2] *Da pacem. Benedicamus domino*: add.A, marg., l.h.
[3] *Kyrieleyson. Gloria in excelsis*] with neumes above incipits: O
[4] Commemoratio . . . *salutis*] underlined: O
[5] incipit underlined: O
[6] Ad offertorium . . . reseruatur] cancelled: O
[7] *Quia nostri salvatoris.* [alia] *Qui ut de hoste*: S
[8] Infra actionem. *Communicantes*] by contemporary hand over erasure: O
[9] *Sanctus* et *Agnus*] with neumes above incipits: O

THE FÉCAMP ORDINAL

Ad processionem: R' *Hodie nobis.* cum versu. *Gloria in excelsis.* R' *Hodie nobis.* R' *Dies sanctificatus.*[1] Ad introitum R' *Descendit de celis.* <Ante orationem si fuerit dominica V' *Benedictus qui uenit.*> Hec eadem responsoria eodem ordine. in quacumque feria totius ebdomade dies dominica euenerit: ad processionem cantabuntur.

Missa maior. *Puer natus est.* V' *Multiplicabitur.* [2]*Gloria. evovae. Kyrieleyson.* Antequam incipiatur *Gloria in excelsis:* cantetur ad gradum a tribus senioribus hec prosa *Ciues superni.* Cui percantate: subiungatur. *Gloria in excelsis. Pax sempiterna.* <or' *Concede quesumus omnipotens Deus: ut nos unigeniti.*> Prophecia <*Propter hoc sciet populus.*> ¶ Ep. [3]*Multipharie multisque.* R' *Viderunt omnes.* <V' *Notum fecit.*> *Alleluia* V' *Dies sanctificatus. Alleluia*[4] V' *Quia hodie.*[5] Seq. *Celica resonent.* <Euang. *In principio erat uerbum.*> Offert. *Tui sunt.* V' *Magnus et metuendus.* et *Misericordia:* cantentur. ¶ Tercius uero uersus *Tu humiliasti.* In octauo die reseruatur dicendus in loco offertorii.[6] <Secr. *Oblata domine munera.*> ¶ Prefacio *Quia per incarnati.* Infra actionem *Communicantes* dicantur. *Sanctus. Pater. Agnus: Hodie natus est.* Comm. *Viderunt omnes.* <Postcomm. *Presta quesumus omnipotens Deus ut natus.*[7]>

Ad sextam. a' *Hodie intacta. evovae.* Cap. *Paruulus natus est nobis.* V' *Viderunt omnes fines terre.* or' [[**fol.19v**]] *Da nobis quesumus domine Deus noster: ut qui natiuitatem.*

Ad nonam. a' *Hodie natus est. evovae.* Cap. *Multiplicabitur eius imperium.* V' *Notum fecit dominus. salutare.* or' *Respice nos misericors.*

---

[1] R' *Hodie . . . sanctificatus*] cancelled: O / Ad processionem [R'] *Hodie nobis.* vel [R'] *Descendit de celis.* Ad introitum [R'] *Verbum caro*: add.O, marg., l.h. / R' *Dies sanctificatus*] om.P
[2] Ps. *Cantate domino canticum*: add.S / Super ebdomadam Ps. *Cantate domino canticum*: add.M
[3] *Multiphariam*: S, M
[4] om.S
[5] *Alleluia.* V' *Quia hodie*] om.M
[6] V' *Magnus . . . offertorii*] om.S, M
[7] alia *Respice nos misericors*: add.S

Ad vesperas. a'[1] *Tecum principium. evovae.* Ps. *Dixit dominus.* a'[2] *Redemptionem.* Ps. *Confitebor tibi.* a'[3] *Exortum est.* Ps. *Beatus uir.* a'[4] *Apud dominum. evovae.* Ps. *De profundis.* [1] Cap. [2]*Multiphariam multisque.* R' *In principio Deus.* V' *Et uerbum.* r' *Deus erat. Gloria.* Iterum *In principio.* ym' *Enixa est puerpera.* V' *Tecum principium.* a' *Hodie Christus. evovae.* <Ps. *Magnificat.*> In fine psalmi in tribus diuisa partibus cantetur. Que ita diuiditur. *Hodie Christus* <*natus*> *est. Hodie in terra. Hodie exultant.* <or' *Concede quesumus omnipotens.*>[3] Post *Benedicamus domino:* fiat commemoratio de sancta trinitate. ¶ Deinde de sancto Stephano. a' *Tu principatum tenes.* V' [4] *Gloria et honore.* or' [5]*Omnipotens sempiterne Deus: qui primicias.* Postea eat processio in capellam cantando R' *Benedicta tu.* V' *Post partum.* or' *Deus qui salutis.* Commemoratio de omnibus sanctis. a' *Laudem dicite.* or' *Da quesumus fidelibus populis.*[6]

[XXIX.] IN natali Sancti prothomartiris Stephani [Dec.26]:

[Ad matutinas] quatuor monachi in cappis reuestiti cantabunt Vitatorium. *Christum natum.* Ps. *Venite.* ym' *Rex gloriose martirum.* In primo nocturno. a'[1] *Stephanus autem.* et alie cum psalmis de martire. <a'[2] *Surrexerunt quidam.* a'[3] *Nemo poterat.* a'[4] *Videbant omnes.* a'[5] *Audientes hec.* a'[6] *Cum autem esset.* V' *Gloria et honore.*> ¶ Lectiones sunt proprie de sermonibus <*Heri celebrauimus temporalem.*> R'[1] *Stephanus autem.* <V' *Stephanus uidit. Faciebat.*> R'[2] *Surrexerunt.* <V' *Commouerunt. Et*

---

[1] a' *De fructu ventris.* Ps. *Memento*: add.A
[2] *Multipharie*: B2
[3] *Largire quesumus domine famulis*: add.C, B2 (without rubrics) / *Omnipotens sempiterne deus qui hunc diem. Propiciare misericors deus. Deus qui humane substantie. Omnipotens sempiterne deus qui in filii. Da quesumus domine populo tuo. Adesto domine supplicationibus nostris. Deus qui nativitatis tue*: add.C / Commemorationes de beata Maria a'[1] *Virgo hodie fidelis.* a'[2] *Virgo sacra et virilis ignara.* a'[3] *Nesciens mater virgo.* a'[4] *Virgo dei genitrix.* a'[5] *Virgo verbo concepit.* a'[6] *Sancta et immaculata*: add.A (nos.1, 2 and 4 cancelled), B2 / or' *Deus qui salutis.* Hic versus *Memento salutatis auctor. Gloria tibi domine.* cantatur in fine ymnorum ad omnes horas a nativitate domini usque ad octavas epiphanie et deinceps usque ad purificationem quando fit servicium de beata Maria et in annunciatione et conceptione: add.B2
[4] *Magna est gloria*: B2
[5] *Da nobis quesumus domine imitari*: B2, C
[6] In die natalis domini. sancti Stephani. beatorum Innocentium. in loco *Benedicamus* pronuncietur iunior *Verbum patris hodie*: add.O, marg., l.h.

non.> R'[3] *Videbant¹ omnes.* <V' *Et concurrentes. Et intuebantur.>* ² R'[4]
Ecce iam coram te. <V' *Caritas gracia. Ut qui. Gloria. Ut qui.>*
In secundo nocturno. a'[7] *Exclamantes.* et cetere. <a'[8] *Impetum fecerunt.*
a'[9] *Eicientes eum.* a'[10] *Positis autem genibus.* a'[11] *Domine ne statuas.* a'[12]
Sepelierunt Stephanum. V' *Posuisti domine.>* R'[5] *Sederunt principes.* <V' *Et
eicientes eum. Et lapidauerunt.>* R'[6] *Impetum fecerunt.* <V' ³*Et testes.
Inuocantem.>* R'[7] *Lapidabant⁴ Stephanum.* <V' *Positis autem. Domine.>* ⁵
R'[8] *O martirum gemma.* <V' *Qui pro tuis. Ut te. Gloria.* ⁶*Intercede.>*
Ad cantica. a' *Ierusalem Ierusalem.* Cantica *Beatus uir qui in sapientia.*
[et alia] <V' *Iustus ut palma.* Euang. *Ecce ego mitto.* Hom. *Hoc quod antea dixerat.>*
R'[9] *Impii super iustum.* <V' *Continuerunt. At ille.>* ⁷ R'[10] *Hesterna die.*
<V' ⁸*Heri enim. Ut Stephanus.>* ⁹ R'[11] *Sancte Dei preciose.* <V' *Ut tuo
propiciatus. Funde.>* ¹⁰ R'[12] ¹¹ *Patefacte sunt.* <V' *Mortem enim. Et ideo.
Gloria. Patefacte.* Euang. *Ecce ego mitto.>* Post euangelium. et [[**fol.20r**]]
Benedictus. et ad terciam. et ad uesperas. or' *Omnipotens sempiterne
Deus qui primicias.*

In laudibus. <a'[1] *Lapidauerunt Stephanum.* Ps. *Dominus regnauit.* a'[2] *Lapides
torrentes.* a'[3] *Adhesit anima.* a'[4] *Ecce uideo celos.* a'[5] *Stephanus uidit.>* Cap.
Stephanus plenus gracia. R' ¹²*Sancte Stephane prothomartyr.* <V. *Et
impetratam. Gloria.>* ym' *Martir Dei qui unicum.* <V' ¹³*Gloria et honore.>* a'
Impii super iustum. [. . .] *coronam glorie.*¹⁴ evovae. Ps. *Benedictus.* <or'
Omnipotens sempiterne Deus qui primicias.> Post commemorationem sancte
trinitatis: dicatur de natiuitate.¹⁵ a' *Verbum caro factum.* V' *Benedictus*

---

¹ *Vedebant* (†): O
² In octavis R' *Intuens in celum.* V' *Cum autem esset. Ecce video:* add.A, B2 (but placed after R' *Ecce iam coram* below)
³ *Et lapidabant. Domine:* A (cancelled)
⁴ *Lapidauerunt:* B2
⁵ In octavis R' *Lapides torrentes.* V' *Vidit beatus. Ipsum:* add.A, B2 (placed after R' *O martirum gemma* below)
⁶ *Ut te:* A
⁷ R' *Stephanus servus.* V' *Cum igitur. Beatus:* add.A, B2 (also with V' *Stephanus vidit. Beatus.* subsequently cancelled)
⁸ *Stephanus vidit.* [r'] *Ingressus:* B2
⁹ In octavis: add.A / R' *O martirum.* V' *Qui pro tuis:* add.A (cancelled)
¹⁰ *Gloria patri:* add.A, interlined by l.h.
¹¹ In octavis: add.B2
¹² *Sancte Stephane martyr Christi:* B1 (without V')
¹³ *Magna est gloria:* A
¹⁴ *Alleluia:* add.B1 (below blank stave)
¹⁵ Post commemorationem . . . natiuitate] *Commemoratio:* B1

THE TEMPORAL

qui uenit in nomine domini. <or' [1]*Concede quesumus omnipotens Deus ut nos unigeniti.*> Item commemoratio de sancta Maria. a' *Virgo hodie fidelis.*[2] Ad processionem <ad altare eius> a' [3] *Sancte Dei preciose.* or' *Da nobis domine imitari quod colimus.* Commemoratio de omnibus sanctis a' [4]*O quam gloriosum est.*

Ad primam. ym' *Iam lucis.* a' *Tu principatum.*

Ad terciam. a' *Beatus Stephanus* <leuita>. Cap. [5]*Stephanus plenus gracia.* <V' *Gloria et honore.*> or' *Omnipotens sempiterne.*

Missa matutinalis. *Puer natus est.* Ps. *Cantate.j.* <*Gloria.*> or' *Concede quesumus omniptens Deus: ut nos.* or' *Deus qui salutis eterne.* or' *Omnipotens sempiterne Deus qui primicias.* Ep. *Apparuit gracia Dei.* R' *Viderunt omnes.* <V' *Notum fecit.*> *Alleluia* V' *Dies sanctificatus.* Euangelium. *Exiit edictum.* Offert. *Tui sunt celi.* <Secr. *Oblata domine munera.* Secr. *Suscipe quesumus domine.* Secr. *Suscipe domine munera.*> Comm. *Viderunt omnes.* <Postcomm. *Presta quesumus omnipotens Deus ut natus.* Postcomm. *Libera nos ab omni malo.* Postcomm. *Auxilientur nobis domine.*>

Maior missa. *Etenim sederunt.* Ps. *Beati immaculati. Gloria. evovae. Kyrieleyson. Gloria in excelsis. Qui Deus et rector.* or' *Omnipotens sempterne Deus qui primicias.* Epistola. <*Stephanus plenus gratia.*> Responsorium. <*Sederunt principes.* V' *Adiuua me.*> et *Alleluia.* <V' *Video celos apertos.*> Sequentia <*Magnus Deus in uniuersa terra.*> et Euangelium <*Dicebat dominus Ihesus turbas Iudeorum et principibus sacerdotum: Ecce ego mitto*>: sicut habentur in libris. *Credo in unum Deum.* Offert. *Elegerunt apostoli.* vsque *Iudei.* et hic interferatur V' *Surrexerunt.* quo cantato: subiungatur *orantem et dicentem.* et cetera. Alii duo uersi in octauis reseruantur cantandi.[6] <Secr. *Suscipe domine munera.*> ¶ Prefacio [7]*Quia per incarnati.* ¶ Sanctus <Infra actionem *Commmunicantes et diem.* ut supra.> et *Agnus* ut uolueris. Comm. *Video celos apertos.* <Postcomm. *Auxilientur nobis.*[8]>

---

[1] *Da nobis quesumus domine Deus noster; ut qui natiuitatem*: B1
[2] *Item commemoratio . . . fidelis*] cancelled: A / *Da pacem. Benedicta tu. Aue Maria*: add.A, interlined by l.h. / a' *Virgo sacra et uirilis . . . evovae.* V' *Post partum*: B1
[3] cancelled: O / *Benedicta tu*: add.O, interlined / *Patefacte sunt*: A, P
[4] *Beati pauperes. Verbum patris*: A, marg., l.h.
[5] *Surrexerunt quidam de sinagoga*: B1
[6] vsque *Iudei . . . cantandi*] cancelled: O
[7] over erasure: O / *Beati Stephane Levite*: S
[8] [alia] *Deus qui nos unigeniti tui*: add.S

<Ad sextam. a' *Stephanus uidit celos. evovae.* <Cap. [1]*Cum autem esset. Stephanus plenus spiritu sancto.* V' *Posuisti domine.* or' [2]*Presta quesumus omnipotens Deus: ut beatus Stephanus.*>

Ad nonam. a' *Vidit beatus Stephanus.* Capitula et orationes sicut in libris habentur. <Cap. [3]*Et testes deposuerunt.* V' *Iustus ut palma.* or' *Gracias agimus domine multiplicatis.*>

Ad vesperas. a' *Tecum principium.* [et cetere] ut supra. Cap. [4] *Positis autem*[5] [[**fol.20v**]] *genibus beatus Stephanus.* [6] R' *Sancte Stephane prothomartir.* <V' *Et impetratam.*> ym' *Deus tuorum militum.* <V' *Magna est gloria.*> a' *O quam gloriosus est.* [7] Ps. *Magnificat.* or' *Omnipotens sempiterne.* [8] Post commemorationem de sancta trinitate. de natiuitate[9] a' *Gaudeamus omnes fideles.* V' [10]*Verbum caro factum.* <or' [11]*Largire quesumus domine famulis tuis fidei spes.*> Postea: de sancto Iohanne a' *Valde honorandus.* V' *Ecce puer meus.* or' *Ecclesiam tuam.* Deinde: processio eat ad sanctam Mariam <R' *Benedicta tu.* V' *Aue.*[12]> uel e conuerso fiat ut uidelicet facta commemoratione de sancta Maria. a' *Virgo hodie fidelis.* Vadat processio ad altare sancti Iohannis cantans. [R'] *Virgo est electus.*[13] Commemoratio de omnibus sanctis. a' *Sanctum et uerum.*[14]

---

[1] *Surrexerunt quidam de sinagoga*: B2
[2] *Da nobis quesumus domine imitari*: C
[3] *Cum autem esset Stephanus*: B2
[4] cancelled: O / *Stephanus plenus gratia*: add.O, interlined by l.h.
[5] om.B1, C
[6] [Cap.] *Et testes deposuerunt*: add.C (without rubric)
[7] In octavis a' *Patefacte sunt*: add.A, B2
[8] [or'] *Da nobis domine quesumus beati Stephani.* [or'] *Deus qui nos unigeniti*: add.C
[9] de natiuitate] (the commemoration of St.John is placed before that of the Nativity in B2)
[10] *Benedictus qui venit*: B1, B2
[11] *Concede quesumus omnipotens Deus*: B2
[12] V' *Aue*] add.A, l.h. / V' *Gloria et honore.* or' *Da nobis*: P
[13] uel e converso ... *Virgo est electus*] cancelled: O
[14] Postea; de sancto Iohanne ... *uerum*] a' *Nesciens mater.* V' *Post partum.* or' *Deus qui per beate.* De sancto Iohanne apostole et ewangeliste. a' *Valde honorandus.* [or'] *Ecclesiam tuam.* a' *Occurrit*: B1

[XXX.] IN natali sancti Iohannis apostoli et evangeliste [Dec.27].

[Ad matutunas] sex monachi cantent Inuit. *Adoremus.* Ps. *Venite.* ym' *Eterna Christi munera.* et cetera sicut in libris disposita sunt celebriter decantentur.

<In primo nocturno. a'[1] *Iohannes apostolus.* Ps. *Domine dominus noster.* a'[2] *Supra pectus domini.* Ps. *Domine quis habitabit.* a'[3] *Quasi unus.* Ps. *Celi enarrant.* a'[4] *In feruentis olei.* Ps. *Dominus regit me.* a'[5] *Propter insuperabilem.* Ps. *Domini est terra.* a'[6] *Occurite beato Iohanni.* Ps. *Iudica me domine.* V' *In omnem terram.* Lectiones. *Iohannes apostolus et euangelista filius Zebedei.* R'[1] *Valde honorandus est.* V' *Virgo est electus. Cui Christus.* R'[2] *Virgo est electus.* V' *Spiritus sancti. Et uerbi.* R'[3] *Iste est Iohannes.* V' *Valde honorandus. Beatus.* R'[4] *Diligebat autem eum.* V' *In cruce denique. Quia uirgo. Gloria. Quia.*[1]>

<In secundo nocturno. a'[7] *Apparuit caro suo.* Ps. *Ad te domine leuaui*[2]. a'[8] *Expandens manus.* Ps. *Exaltabo te.* a'[9] *Ambiens speciosam eius.* Ps. *Quemadmodum.* a'[10] *Vox tua o bone.* Ps. *Eructauit.* a'[11] *Orabat sanctus Iohannes.* Ps. *Quam dilecta.* a'[12] *Domine suscipe me.* Ps. *Bonum est.*> ¶ Nota quod in secundo nocturno sunt tres antiphone que reseruentur usque in octauis.[3] <V' *Constitues eos principes.* R'[5] *Ecce honoratus es.* V' *Inuoca me. Quia.* R'[6] *In illa die suscipiam.* V' *Esto fideles.*[4] *Quoniam.* R'[7] *Qui uicerit faciam.* V' *Vincenti dabo. Et scribam.* R'[8] *In medio ecclesie . . . intellectus. Misit dominus . . . os eius.*[5] V'[6] *Iocunditatem et exultationem. Et impleuit. Gloria. In medio.*>

<Ad cantica. a' *Adeptus est sedem.* Cant. *Vos sancti domini.* V' *Nimis honorati sunt.* Euang. *Dixit dominus petro. Sequere me.* Hom. *Lectio sancti euangelii que nobis lecta est.* R'[9] *Hic est beatissimus.* V' *Hic est discipulus ille. Qui.* R'[10] *Ecce puer meus.* V' *Hic est discipulus meus. Complacuit.* R'[11] *Hic est discipulus qui.* V' *Qui contestatus. Et scimus.* R'[12] *Sic eum uolo manere.* V' *Conuersus Petrus. Quid. Gloria. Sic eum.*[7] Euang. *Dixit dominus Petro. Sequere me.* or' *Ecclesiam tuam.*>

---

[1] *Gloria. Quia*] not indicated: B1
[2] *clamabo*: A
[3] In octavis secundo nocturno. a' *Apparuit caro.* a' *Expandens.* a' *Domine suscipe me*: add.A (incipits only) / a' *Iste est Iohannis qui supra.* a' *Iste est Iohannis cui Christus.* a' *Diligebat autem eum*: add.A, B1, B2 (all in full)
[4] *Dicit dominus*: A, B1
[5] *Misit dominus . . . os eius*] om.A, B2
[6] *Misit dominus. Et. Gloria*: A, B2
[7] In octauis V' *Hunc autem cum. Quid*: add.A, B2 / V' *Hunc ergo cum. Quid*: add.B1 (without rubric) / alius R' *Iste est Iohannis cui Christus.* V' *Mulier ecce. Matrem. Gloria. Iste est*: add.A, B1, B2

¶ In laudibus. <a'[1] *Hic est discipulus meus.* Ps. *Dominus regnauit.* a'[2] *Ecce puer meus.* a'[3] *Sunt de hic stantibus.* a'[4] *Sic eum uolo.* a'[5] *Hic est discipulus ille.*> Cap. *Qui timet Deum.* R' *Sancte Iohannes apostole.* <V' *Et impetratam. Sancte Iohannes. Gloria. Sancte Iohannes.* ym' *Exultet celum.* V' *Annunciauerunt.*> a' *O quam benedicto. evovae.* Ps. *Benedictus.*¹ or' *Ecclesiam tuam.* Commemoratio de natiuitate a' *Verbum caro.* V' *Benedictus qui uenit.*² de sancta Maria³ a' *Virgo hodie fidelis.*⁴ de sancto Stephano. a' *Stephanus seruus.* ⁵ Ad processionem <ad altare eius>. R' *In medio ecclesie.*⁶ De omnibus sanctis. a' ⁷*Vox leticie.*

Ad primam. ym' *Iam lucis.* a' *Quasi unus. evovae.*

Ad terciam. a' *Apparuit. evovae.* Capitulum de laudibus.⁸ V' *In omnem terram.* Oratio ut supra <*Ecclesiam tuam.*>.

¶ Missa matutinalis. *Puer natus est.* Ps. *Cantate.* Collecta *Concede quesumus omnipotens Deus.* or' *Deus qui salutis eterne.* or' *Ecclesiam tuam quesumus.* or' *Omnipotens sempiterne Deus qui primicias.* Ep. *Apparuit benignitas.* R' *Viderunt omnes.* <V' *Notum fecit.*> *Alleluia* V' *Dies sanctificatus.* Euangelium. *Pastores loquebantur.* Offert. *Tui sunt celi.* <Secr. *Oblata domine munera.* Secr. *Suscipe domine quesumus sacrificium.* Secr. *Exiit sermo.* Secr. *Suscipe domine munera.*> Comm. *Viderunt.* <Postcomm. *Presta quesumus omnipotens Deus.* Postcomm. *Libera nos ab omni malo.* Postcomm. *Refecti cibo.* Postcomm. *Auxilientur nobis domine.*>

Maior missa.⁹ *In medio ec-*⟦ **fol.21r** ⟧*-clesie.* V' *Iocunditatem. Gloria. evovae. Kyrieleyson. Gloria in excelsis. O gloria sanctorum.* <or' *Ecclesiam tuam domine.* Lect. *Qui timet Deum.* R' *Exiit sermo.* V' *Sed sic eum uolo.*

---

¹ alia in octavis [a'] *Iste est Iohannis qui supra.* Ps. *Benedictus*: add.A, B1, B2
² or' *Concede quesumus omnipotens Deus; ut salutare tuum*: add.B1 (without rubric)
³ de sancta Maria] (the Commemoration of the Virgin in B1 is placed after that of St.Stephen)
⁴ de sancta Maria . . . *fidelis*] cancelled: A (not mentioned in B2) / a' *Virgo Dei genitrix.* or' *Deus qui per beate Marie*: B1
⁵ [or'] *Da nobis quesumus domine*: add.B1 (with '*imitari quod colimus*' added by l.h.)
⁶ R' *In medio ecclesie*] cancelled: A / *Benedicta. Aue Maria. Verbum patris*: add.A, interlined by l.h.
⁷ cancelled: O, A / *Beati pauperes*: add.O, A, interlined by l.h.
⁸ Capitulum de laudibus] [Cap.] *Cibauit illum dominus pane uite*: B1
⁹ Maior missa] this mass is preceded in S by another: or' *Omnipotens Deus qui huius.* Secr. *Supplicationibus beati Iohannis.* Pref. *Quia licet nobis semper.* Ad compl. *Sit domine quesumus beatus Iohannes.*

Alleluia V' *Hic est discipulus.* Seq. *Iohannes Ihesu Christo.* Euang. *Dixit dominus Ihesus Petro. sequere me.*> *Credo in unum Deum.* <Offert. *Iustus ut palma.* Secr. *Suscipe munera domine.* Infra actionem *Communicantes.* ut supra.> Prefacio [1]*Quia per incarnati. Sanctus. Perpetuo. Agnus. Celsa nunc omnes.* <Comm. *Exiit sermo.* Postcomm. *Refecti cibo.*[2]>

Ad sextam. a' *Vox tua. evovae.* [3] <Cap. *In medio ecclesie.* V' *Constitues eos principes.* or' *Deus qui beato Iohanii.*>

Ad nonam. a' [4]*Stabat Iohannes. evovae.* <Cap. *Iocunditatem et exultationem.* V' *Nimis honorati sunt.* or' *Presta quesumus omnipotens Deus: ut excellentiam.*[5]>

Ad vesperas. a' *Tecum principium.* et cetere. Cap. [6]*Qui timet Deum.* [7] R' *Sancte Iohannes.* <V' *Et impetratam.*> ym' *Sancte Iohannes.* et *Annue Christe.* <V' *Annunciauerunt.*> a' *Iste est discipulus* <qui>. *evovae.* [8] Ps. *Magnificat.* or' *Ecclesiam.*[9] Facta commemoratione sancte Trinitatis dicatur de natiuitate a' *Salus eterna.* <V' *Benedictus qui uenit.*> [10] Postea de Innocentibus. a' *Hi sunt qui uirgines.* V' *Ex ore infantium.* or' *Deus qui hodierna die preconium.* Postea de sancto Stephano <a' *Patefacte sunt.* V' *Posuisti.* or' *Omnipotens sempiterne Deus.*> et de hinc processio ad quam cantetur R' *Benedicta tu.* cum uersu.[11] Post suffragia sanctorum.[12] Commemoratio de omnibus sanctis. a' *Laudem dicite.*[13]

---

[1] by contemporary hand over erasure: O / *Beati apostoli tui et evangeliste*: S
[2] alia. *Beati Iohannes evangeliste*: add.S
[3] In octavis ad Sextam a' *Exiit sermo*: add.A, B1, B2
[4] *Orabat sanctus*: A, B2 / *Orabat sanctus.* alia a' *In medio eccelsie*: B1
[5] alia or' *Beati Iohannis euangeliste domini precibus adiuuemur.* alia. *Sit domine beatus Iohannes euangelista nostre fragilitatis*: add.B1
[6] *Benedictus Deus et pater*: B1, B2
[7] [Cap.] *Cibavit illum dominus.* [Cap.] *Et firmabitur in illo*: add.C
[8] In octavis a' *In medio ecclesie.* Ps. *Magnificat*: add.A, B2
[9] [or'] *Beati evangeliste Iohannes domine.* [or'] *Sit domine beatus Iohannes.* [or'] *Assit ecclesie tue domine.* [or'] *Beati evangeliste Iohannes quesumus.* [or'] *Deus qui per os.* [or'] *Presta quesumus ut quod.* [or'] *Omnipotens sempiterne Deus qui huius diei*: add.C (all without rubrics)
[10] or' *Omnipotens sempiterne Deus qui hunc diem per incarnationem*: add.B1
[11] [V'] *Aue Maria*: add.A, l.h.
[12] Post suffragia sanctorum] erased: O
[13] et *Verbum patris*: add.A, interlined by l.h. / et de hinc processio ... dicite] a' *Virgo uerbo.* V' *Post partum.* or' *Deus qui per beate Marie*: B1 / dicatur de natiuitate ... dicite] B1 gives Commemorations in the order Nativity, Stephen, BVM, Innocents. The order in B2 is Nativity, Stephen, Innocents, BVM.

[XXXI.] IN festivitate sanctorum innocentium [Dec.28]

[Ad matutinas] quatuor monachi cantabunt vitatorium. *Adoremus saluatoris*[1]. Ps. *Venite.* ym' *Hostis Herodes impie Christum.* et cetera sicut in libris habentur.[2]
<In primo nocturno. a'[1] *Sinite paruulos.* Ps. *Beatus uir.* a'[2] *Angeli eorum.* Ps. *Quare fremuerunt.* a'[3] *Isti sunt sancti qui non iniqui.* Ps. *Domine Deus meus.* a'[4] *Ex ore infantium.* Ps. *Domine dominus noster.* a'[5] *Ambulabunt mecum.* Ps. *In domino confido.* a'[6] *Hii empti sunt.* Ps. *Domini est terra.* V' *Ex ore infantium.* Lect. *Zelus quo tendat.* R'[1] *Sub altare Dei.* V' *Vidi sub altare. Quare.* R'[2] *Effuderent sanguinem.* V' *Vindica domine. In circuitu.* R'[3] *Isti sunt sancti qui passi.* V' *Hii sunt qui. Vindica.* R'[4] *Adorauerunt uiuentem.* V' *Et ceciderunt. Mittentes.*[3] *Gloria.*>
<In secundo nocturno. a'[7] *Innocentes et recti.* Ps. *Ad te domine.* a'[8] *Splendet Bethleem.* Ps. *Deus noster.* a'[9] *Adorauerunt uiuentem.* Ps. *Nonne Deo.* a'[10] *Innocentes pro Christo.* Ps. *Te decet.* a'[11] *Hii sunt qui uirgines.* Ps. *Deus iudicium.* a'[12] *Clamant clamant.* Ps. *Deus uenerunt.* V' *Inter innocentes.* R'[5] *Isti sunt sancti qui non.* V' *Sub throno. Quia.* R'[6] *Cantabant sancti.* V' *Sub throno Dei. Et resonabat.* R'[7] *Sub throno Dei.* V' *Vidi sub altare. Vindica.* R'[8] *Vidi supra montem.* V' *Hii sunt qui. Habentes. Gloria.*>

¶ Ad cantica. a' *Innocentium.* Cant. *Populus qui ambulabat.* <V' *Innocentes et recti.* Euang. *Angelus domini apparuit.* Hom. *De morte preciosa.* R'[9] *Ecce uidi agnum.* V' *Et nemo. Et habebant.* R'[10] *Hii sunt qui cum.* V' *Hii empti sunt. Et secuntur.* R'[11] *Ambulabunt mecum.* V' *Hii sunt qui cum. Et non.*[4] R'[12] *Centum quadraginta.* V' *Hii empti sunt.*[5] *Ideo. Gloria. Centum.*[6] Euang. *Angelus domini apparuit in sompnis.* or' *Deus cuius hodierna.*>

In laudibus <a'[1] *Herodes iratus.* Ps. *Dominus regnauit.* a'[2] *A bimatu.* a'[3] *Vox in Rama.* a'[4] *Sub throno Dei.* a'[5] *Cantabant sancti.*> Cap. *Vidi supra montem Syon.* R' *Ex ore infancium.* <V' *Perfecisti laudem. Gloria. Ex ore.*> ym' *Bethleem telus emicat.*[7] V' *Mirabilis Deus.* a' *Hii sunt qui cum mulieribus.* Ps. *Benedictus.* <or' *Deus cuius hodierna.*> Commemoratio de

---

[1] *salvatorem* (†): O
[2] et cetera sicut in libris habentur] *Matrum caterue. O quam beate lacrime. Hac prole mater. O Christe rex. Gloria tibi domine*: B1
[3] (not indicated: B1)
[4] Alius V' *Isti sunt qui venerunt. Et non*: add.A, B1
[5] *Virgines*: A
[6] *Gloria. Centum*] (not indicated: B1)
[7] [V'] *Viuunt uiuunt.* [V'] *Gloria tibi domine*: add.B1

natiuitate. a' *Christus Deus noster.* V' *Benedictus uenit.* Item commemoratio de sancto Stephano. <a' [1]*Stephanus uidit.*> et de sancto Iohanne <a' [2]*Iohannes apostolus.* ¶ Ad processionem[3] <ad capellam beate Marie de ecclesia> R' [4]*Beata Dei genitrix.* de omnibus sanctis. a' *O quam clarus est.*

Ad primam. a' *Herodes iratus.*

Missa matutinalis. *Puer natus est.* Ps. *Cantate.j. Kyrieleyson. Gloria in excelsis.* Collecte. *Concede quesumus omnipotens Deus* <*ut nos unigeniti.*> *Deus qui salutis. Omnipotens sempiterne Deus qui primicias. Ecclesiam tuam. Deus cuius hodierna die.* Ep. *Apparuit gracia Dei saluatoris.* Responsorium <*Viderunt omnes.* V' *Notum fecit.*> et *Alleluia* <V' *Dies sanctificatus.*> **[[fol.21v]]** sicut ante. ¶ Euang. *Exiit edictum.* Offert. <*Tui sunt celi.* Secrete *Oblata domine munera. Suscipe domine sacrificium. Suscipe munera domine. Adesto domine muneribus.*> et Comm. <*Viderunt omnes.*>: ut supra. <Postcommuniones. *Presta quesumus omnipotens Deus: ut natus. Libera nos ab omni malo. Auxilientur nobis domine. Refecti cibo. Votiua domine dona.*>

¶ Ad terciam. a' *Ecce uidi agnum.* evovae. Cap. *Et audiui uocem de celo.* V' *Ex ore infantium.* or' *Deus cuius hodierna.*

Maior missa. *Ex ore infantium.* Ps. *Domine dominus noster. Gloria. Kyrieleison. Regnum summe. Gloria in excelsis. Qui celicolas.* <or' *Deus cuius hodierna die.* Ep. *Vidi supra montem Syon.* R' *Anima nostra sicut.* V' *Laqueus contritus. Alleluia* V' *Mirabilis Deus.* Seq. *Laus tibi Christe.* Euang. *Angelus domini apparuit in sompnis.*> *Credo in unum Deum.* <Offert. *Anima nostra sicut.* Secr. *Adesto domine muneribus.* Prefacio [5]*Quia per incarnati. Sanctus Summe pater.* <Infra actionem *Communicantes et diem.*> *Agnus:* ad libitum. <Comm. *Vox in Rama.* Postcomm. *Votiua domine dona.*[6]>

---

[1] *Lapidauerunt Stephanum*: A
[2] *Hic est discipulus*: A
[3] Commemoratio beate Marie: A, cancelled
[4] so P / cancelled: O, A / *Benedicta tu* cum uersu *Aue Maria*: add.O, A, interlined by l.h. / or' *Deus qui salutis*: add.P
[5] *Et in preciosus mortibus*: S
[6] alia *Ipsi nobis domine quesumus*: add.S

¶ Ad sextam. a' *A bimatu et infra.* <Cap. *Et cantabant quasi.*> V' *Inter innocentes.* <or' *Adiuua nos domine quesumus.*[1]>

Ad nonam. a' *Splendent Bethleem. evovae.* <Cap. *Hii empti sunt ex omnibus.*> V' *Innocentes et recti.* <or' *Ipsi nobis domine quesumus.*>

Ad vesperas. a' *Tecum principium. et alie.* Cap. [2]*Hii empti sunt ex omnibus.* <R' *Ex ore infantium.* V' *Perfecisti. Gloria.*> ym' [3] *Bethleem tellus emicat celum.* V' [4]*Exultabunt sancti in gloria.* a' *Centum quadraginta. evovae.* Ps. *Magnificat.* <or' *Deus cuius hodierna.*> [5] Ad commemorationem de natiuitate. a' *Illuxit nobis dies.* V' *Verbum caro.* Item commemoratio: de sancto Thoma. martire. a' *Beatus uir qui suffert.* or' *Deus pro cuius ecclesia gloriosus pontifex Thomas.* Commemoratio de sancto Stephano a' *Vidit beatus Stephanus.* Commemoratio de sancto Iohanne a' [6] *Quasi unus ex paruulis.* Ad processionem. R' [7]*Benedicta tu inter.* uel *Beata Dei genitrix.*[8] Commemoratio de omnibus sanctis a' *Sanctum et uerum lumen.*[9]

[XXXII.] Quinto die post natalem domini:
de sancto Thoma episcopo et martire [Dec.29].

[Ad matutinas] Inuit. *Regem martirum.* [Ps.] [10]*Venite.* Inuitatorium aliud[11] *Regem sempiternum.* In cuius fine ita cantabitur: *coronauit sanctum Thomam.*[12] Ps. *Venite.* <ym' *Rex gloriose martirum.*>
In primo nocturno. a' *In lege domini.* et alie cum psalmis. de uno martire. <V' *Gloria et honore.*> R'[1] *Iste sanctus pro lege.* R'[2] *Iustus germinabit.* R'[3] *Iste cognouit.* R'[4] *Beatus uir qui suffert.*

[1] *domine quesumus*] tr.C
[2] *Hii sunt qui cum mulieribus*: B2, C
[3] by l.h. over erasure: O
[4] *Mirabilis Deus*: A
[5] [or'] *Deus qui licet sis.* [or'] *Discat ecclesia tua Deus*: add.C (without rubrics)
[6] *Iohannes apostolus*: A
[7] over erasure: O
[8] uel *Beata Dei genitrix*] (not mentioned: A, P)
[9] *Verbum patris*: add.A, l.h.
[10] over erasure: O
[11] *Regem martirum . . . aliud*] om.A, B2
[12] *in cuius fine . . . Thomam*] om.A, B2

THE TEMPORAL

In secundo nocturno. a' *Domine iste sanctus.* et cetera. <V' *Posuisti domine.*> R'[5] *Hic est uir qui non est.* R'[6] *Corona aurea.* R'[7] *Posuit coronam.* R'[8] *Gloria et honore.*
Ad cantica de natiuitate domini. a' *Paruulus filius.* Cantica [[**fol.22r**]] *Populus qui ambulabat.* V' [1]*Benedictus qui uenit.* Euang. *Exiit edictum.*[2] <Hom. *Quid est quod nascituro.*> R'[9] *Beata Dei genitrix.* R'[10] *O magnum misterium.* R'[11] *O regem celi.* R'[12] *Ecce agnus Dei.* V' *Hoc est testimonum.* <*Quia post.*> Post euangelium: or' *Concede quesumus omnipotens Deus: ut nos unigeniti tui.*

In laudibus. a'[1] *Genuit puerpera.* <Ps. *Dominus regnauit.* et alii.> a'[2] *Angelus ad pastores.* a'[3] *Facta est cum angelo.* a'[4] *Pastores loquebantur.* a'[5] *Ecce aduenit.*[3] Cap. *Apparuit gracia Dei saluatoris.* R' *Benedictus qui uenit.* V' *Deus dominus.* <*Gloria.*> ym' [4]*A solis ortus cardine.* V' *Verbum caro.* a' *Nato domino.* Ps. *Benedictus.* or' *Concede quesumus omnipotens.* Post commemorationem de trinitate: dicatur de sancta Maria. a' *Nesciens mater.* vel alia.[5] V' *Post partum uirgo.* or' *Deus qui salutis.*[6] [7]<De sancto Thoma a' *Qui me confessus.* or' *Deus pro cuius ecclesia.*> De sancto Stephano. [a'] *Lapides torrentes.* De sancto Iohanne. [a'] *Ecce puer meus.* De Innocentibus. [a'] *Herodus iratus.* Post suffragia sanctorum eat processio ad altare sancti Thome. [a'] [8]*Gloria et honore.* ¶ Postea cantentur ut moris est laudes de omnibus sanctis. Ps. *Verba mea.* et *Domine exaudi.*

Omnes hore diurne erunt de martire.[9]

¶ Missa matutinalis de natuitate. *Puer natus est.* Ps. *Cantate.j.* or' *Concede quesumus omnipotens Deus.* Ep. *Apparuit gracia Dei*[10]. R' *Viderunt omnes. Alleluia* V' *Dies sanctificatus.* Euang. [11] *Exiit edictum*

---
[1] *Tanquam sponsus*: A
[2] Prouideat cantor ut de tribus lectionibus faciat quatuor: add.O, marg., contemporary hand
[3] a' *Pastores . . . aduenit*] om.B2, which gives the first antiphon to the first three psalms, and the second and third antiphons to (respectively) the fourth and fifth psalms.
[4] *Enixa est puerpera*: B2
[5] de sancta Maria . . . vel alia] over erasure: O
[6] Post commemorationem de trinitate . . . *salutis*] om.B2
[7] (from B2; not mentioned in A)
[8] cancelled: O
[9] (Ms A gives antiphons and versicles, all taken from the Common of One Martyr)
[10] *gracia Dei*] over erasure: O
[11] over erasure: O

a Cesare. Offert. *Tui sunt celi.* <Secr. *Oblata domine munera.*> Comm.
Viderunt omnes. <Postcomm. *Presta quesumus omnipotens Deus.*>

Maior missa de martire.¹ *Letabitur iustus. Kyrieleyson. Gloria in excelsis Deo. Quem cuncta.* or' *Deus pro cuius ecclesia.* Ep. ²*Beatus uir qui suffert.* R' ³*Posuisti domine. Alleluia* V' ⁴*Letabitur.* Seq. *Adest namque.* Euang. ⁵*Si quis uult post me.* Offert. *Posuisti domine.* <Secr. *Salutaris hostie munus.*> Comm. ⁶*Qui uult uenire.* <Postcomm. *Adiuuet nos quesumus omnipotens.*>

Ad vesperas. a' *Tecum principium.* et cetera. Cap. *Beatus uir qui suffert.* R' *Sancte* [[**fol.22v**]] *Thoma martyr* <*Christi.* V' *Audi rogantes.*⁷ *Et impetratam.*> ym' *Deus tuorum militum.* <V' *Magna est gloria.*> a' *Martir domini sancte Thoma.* <Ps. *Magnificat.*> or' *Deus pro cuius ecclesia.* Commemoratio de natiuitate a' *Beata uiscera.* <V' *Verbum caro.*> or' ⁸*Concede quesumus omnipotens.* Postea: commemoratio de sancto Stephano. <a' *Sepelierunt.*> de sancto Iohanne. <a' *Quasi unus.*> de sanctis Innocentibus. <a' *Innocentium passio.*> ¶ Deinde suffragia sanctorum: et post: processio. R' ⁹ *O regem celi.* Et dictis uersiculo et oratione de sancta Maria subiungantur uespere de omnibus sanctis.¹⁰

¶ Si hec beati Thoma festiuitas euenerit in die dominica: suprascriptus nichilominus ordo ipsa die omnimodis obseruabitur. nisi quod post exeuntium et intrantium ad coquine seruicium benedictionem: fiet ut moris est commemoratio de dominica. a' *Erat Ioseph et Maria. Gloria. evovae.* V' *Benedictus qui uenit. Dominus uobiscum.* or' *Omnipotens sempiterne Deus dirige.* Deinde fiant commemorationes de trinitate. et de sanctis quod supradiximus. ¶ Missa matutinalis erit de dominica¹¹.
¶ Maior [missa] ut retro distinctum est. et hore diurne de sancto Thoma.

---

¹ Maior missa de martire] (no mass of St Thomas in Ms S)
² *Iustus si morte*: M
³ *Domine prevenisti*: M
⁴ *Beatus vir qui suffert*: M
⁵ *Nolite arbitrare.* uel aliud ad libitum: M
⁶ *Magna est gloria eius*: M
⁷ V' *Audi rogantes*] add.B2, marg., l.h.
⁸ *Da nobis quesumus domine ut qui noua*: B2
⁹ *Beata dei genitrix*: A (cancelled), P
¹⁰ Deinde suffragia sanctorum . . . sanctis] de sancta Maria et omnibus sanctis: B2
¹¹ de dominica] cancelled: O / de natiuitate: add.O, interlined by l.h. / Missa Matutinalis *Puer*: add.O, marg., l.h.

[XXXIII.] ¶ Sexta¹ die post nativitatem domini [Dec.30]:

[Ad matutinas.] Inuit. *Christus natus est nobis.* Ps. *Venite.* ym' *Christe redemptor omnium.*

¶ Si fuerit feria secunda cantabuntur psalmi in primo nocturno. Ps. *Beatus uir.* Ps. *Quare fremuerunt.* Ps. *Cum inuocarem.* Ps. *Verba mea.* Ps. *Domine dominus noster.* Ps. *In domino confido.* cum antiphona. *Dominus dixit ad me.* V' *Tanquam sponsus.* ¶ In secundo autem nocturno. quia non inuenitur antiphona de natiuitate conueniens alicui psalmorum ipsius nocturni: cantetur a' *Natus est nobis.* cum psalmis *Saluum me fac.* Ps. *Usquequo domine.* Ps. *Dixit insipiens.* Ps *Domine quis habitabit.* Ps. *Conserua me domine.* Ps. *Exaudi domine iusticiam.>* V' *Ipse inuocauit me.*

¶ Si uero tercia fuerit feria: cum subscriptis psalmis dicatur in primo nocturno. a' *Tanquam sponsus.* et V' *Ipse inuocauit me.* Ps. *Domine dominus noster.* Ps. *Domine quis habitabit.* Ps. [[**fol.23r**]] *Celi enarrant.* Ps. *Exaudiat te.* Ps. *Domine in uirtute.* Ps. *Dominus regit me.* ¶ In secundo nocturno Ps. *Domini est terra.* Ps. *Iudica me domine.* Ps. *Ad te domine clamabo.* Ps. *Afferte domino.* Ps. *Exaltabo te domine quoniam.* Ps. *Exultate iusti.* cum a' *Natus est nobis.* et V' *Benedictus qui uenit.*

¶ Supradicta etiam a' *Tanquam sponsus.* et V' *Ipse inuocauit me.* dicentur in primo nocturno si fuit quarta feria. et psalmis *Celi enarrant.* Ps. *Domine in uirtute.* Ps. *Domini est terra.* Ps. *Exultate iusti.* Ps. *Benedicam dominum.* Ps. *Dixit inlustus.* ¶ Psalmi uero secundi nocturni: erunt hi. Ps. *Quemadmodum.* Ps. *Iudica me Deus.* Ps. *Eructauit me.* Ps. *Deus noster refugium.* Ps. *Omnes gentes.* Ps. *Magnus dominus.* a' *Speciosus forma.* V' *Benedictus qui uenit.*

¶ Si autem feria quinta fuerit: in primo nocturno cantabitur. a' *Speciosus forma.* cum psalmis *Domine in uirtute.* Ps. *Dominus regit me.* Ps. *Iudica me domine.* Ps. *Eructauit.* Ps. *Miserere mei Deus miserere mei.* Ps. *Exaudi Deus deprecationem.* V' *Tanquam sponsus.* In secundo nocturno: Ps. *Exaudi Deus orationem meam cum deprecor.* Ps.

---

¹ Sexto (†): O

Te decet. Ps. *Deus iudicium.* Ps. *Quam bonus.* Ps. *Confitebimur.* Ps. *Notus in Iudea.* cum a' *Orietur diebus domini.* V' *Ipse inuocabit me.*

¶ Quod si sexta feria fuerit: in primo nocturno cantabitur a' *Natus est nobis.* Ps. *Domine quis habitabit.* Ps. *Conserua me.* Ps. *Exaudi domine iusticiam.* Ps. *Ad te domine clamaui.* Ps. *Afferte domino.* Ps. *Te decet.* V' *Tanquam sponsus.* et in secundo nocturno a' *Veritas de terra.* uel [a'] *Homo natus est.* Ps. *Exultate Deo.* Ps. *Deus stetit.* Ps. *Quam dilecta.* Ps. *Benedixisti domine.* Ps. *Inclina domine.* Ps. *Fundamenta.* V' *Ipse inuocauit me.*

¶ Si autem fuerit dies sabbati: In primo nocturno dicetur a' *Veritas de terra* cum his psalmis *Domini est terra.* Ps. *Omnes gentes.* Ps. *Notus in Iudea Deus.* Ps. *Benedixisti domine.* Ps. *Bonum est confiteri.* Ps. *Deus ultionum.* V' *Tanquam sponsus.* in secundo nocturno. a' *Natus est nobis.* Ps. *Cantate domino.j.* Ps. *Dominus regnauit exultet.* Ps. *Cantate.ij.* Ps. *Dominus regnauit* [[**fol.23v**]] *irascantur.* Ps. *Misericordiam.* Ps. *Paratum.* V' *Ipse inuocauit me.*

¶ In quacumque uero feria euenerit dies de quo tractamus. etiam si in dominica: lectiones erunt de euangelio. *Pastores loquebantur.* <Hom. *Nato in Bethleem domino.*> et R' *Paruulus natus est.* R' *Angelus ad pastores.* R' *In principio.* Hec responsoria mutabuntur et addetur si fuerit dies dominica: sicut in loco suo monstrabimus. [1]<Si in die dominica euenerit lectio quarta [2] *Magnificauit.* R' [3]*Verbum caro.* Euang. *Pastores loquebantur.*>

¶ In laudibus. a'[1] *Nato domino.* Ps. *Dominus regnauit.* Ps. *Iubilate Deo.* Ps. *Deus Deus meus.* a'[2] *Paruulus filius.* Cant. *Benedicite.* a'[3] *Ecce aduenit.* Ps. *Laudate.* Cap. *Apparuit benignitas.* <R' *Benedictus qui uenit.* V' *Deus dominus.* Gloria.> ym' *O solis ortus.* V' *Verbum caro factum.* In euangelio a' *Pastores loquebantur.* Ps. *Benedictus.* or' *Da quesumus omnipotens Deus: ut qui noua.* ¶ Post orationem de Trinitate: fiant commemorationes de sancto Stephano <a' [4]*Lapidauerunt Stephanum.*> Iohanne <a' [5]*Iste est Iohannes.*> et Innocentibus <a' [6]*A bimatu et infra.*>

---

[1] (from B2)
[2] *Significant autem mystice pastores*: B1
[3] (not indicated: B1)
[4] From B2 / *Stephanus vidit celos*: A
[5] From B2 / *Sunt de hic stantibus*: A
[6] From B2 / *Vox in Rama*: A

¶ Deinde suffragia sanctorum. ¶ Et facta processione <ad capellam ecclesie> ad quam cantetur R' ¹*O regem celi.* uel aliud de sancta Maria.·´ cantentur laudes² de omnibus sanctis. *Verba mea.* et *Domine exaudi.*

Ad primam. a' *Salus eterna. evovae.*

[Missa matutinalis.] ¶ Missa tam matutinalis quam maior.·´ erit de natiuitate domini nisi dies dominica uel sabbatum fuerit. Et ad matutinalem quidem dicetur.·´ Offic. *Puer natus est.* or' *Concede quesumus.* Ep. *Apparuit gracia Dei.* R' *Viderunt. Alleluia* V' *Dies sanctificatus.* Euang. *Exiit edictum a Cesare.* Offert. *Tui sunt.* <Secr. *Oblata domine munera.*> Comm. *Viderunt omnes.* <Postcomm. *Presta quesumus omnipotens Deus.*>

Maior missa. Offic. *Dominus dixit ad me.* <V' *Postula a me.*> or' *Da quesumus omnipotens Deus.·´ut qui noua.* Ep. *Apparuit benignitas.* R' *Benedictus qui uenit.* <V' *A domino factum.*> *Alleluia* V' *Dominus regnauit.* Seq. *Sonant regi nato.* Euang. *Pastores loquebantur.*³ Versus pro offerenda *Mirabilis.*⁴ <Secr. *Munera nostra.* Pref. *Quia per incarnati.* Infra actionem *Communicantes et diem sacratissimum.* et cum *Hanc igitur.*> Comm. *Exulta filia.* <Postcomm. *Huius nos sacramenti domine.*>

Ad terciam. a' *Hodie natus est.* Cap. *Apparuit benignitas.* V' *Puer natus est nobis.* or' *Da quesumus omnipotens Deus.·´* [[**fol.24r**]] *ut qui noua.*

Ad sextam. a' ⁵*Verbum caro factum.* Capitula de natiuitate quod uolueris. similiter et orationes.

¶ Ad nonam. a' ⁶*Christus Deus noster.* Capitula et oratio de natiuitate ad libitum.

Vespere immutabiliter erunt de sancto Siluestro. Super psalmos.·´ a' *Tecum principium.* et alie. Cap. *Plures facti sunt sacerdotes.* R' *Sancte*

---

¹ cancelled: O, A (but not P)
² vespere (†): O
³ *regnauit . . . loquebantur*] by contemporary hand over erasure: O
⁴ Versus pro offerenda *Mirabilis*] Offert. *Deus enim firmauit*: M
⁵ with neumes above incipit: O / *Christus Deus noster*: B2
⁶ *Verbum caro factum*: B2

127

Siluester confessor. <V' *Et impetratam. Gloria patri.*> ym' *Iste confessor.*
<V' *Ecce sacerdos.*> a' *Amauit eum.* Ps. *Magnificat.* or' *Da quesumus omnipotens Deus ut beati Siluestri.* Post commemorationem de sancta trinitate: dicatur de natiuitate. a' *Hodie intacta uirgo.* V' *Verbum caro.* Commemoratio de sancto Stephano. a' ¹*Stephanus uidit celos.* [de sancto Iohanne.] a' *Ambiens speciosam.* [de sanctis Innocentibus.] a' *Clamant clamant.* Post suffragia sanctorum.² Ad processionem <in capellam infirmitorii> R' *Beata Dei genitrix.*³ <cetera ut supra.>

[XXXIV.] De sancto Siluestro [Dec.31].

[Ad matutinas.] Inuit. *Regem confessorum.* Ps. *Venite.* ⁴ ym' *Rex gloriose presulum.*⁵

In primo nocturno. a' *Beatus uir.* et alie. V' *Iustum deduxit.* Lectiones de uita ipsius <*Siluester qui cum esset infantulus.*> Responsoria et cetera queque. sicut de uno episcopo confessore. ¶ Euang. *Vigilate* <*quia nescitis.* or' *Da quesumus omnipotens Deus.*>

In laudibus: <a' *Ecce sacerdos.* et alie.> Cap. *Plures facti sunt.* V' *Sancte Siluester.* ym' *Iste confessor.* <V' *Ecce sacerdos.*> In euangelio a' *Euge serue bone.* Ps. *Benedictus.* <or' *Da quesumus omnipotens Deus.*> Ad commemorationem de natiuitate: a' *Verbum caro.* <V' *Benedictus qui uenit.*> Postea de sancto Stephano. <a' *Ecce uideo celos apertos.*> Iohanne <a' *Ecce puer meus.*> et Innocentibus. <a' *A bimatu et infra.*> ¶ Ad processionem <in capellam beate Marie de ecclesia>: R' *O magnum misterium.* <cetera ut supra.>

Ad primam. ym' *Iam lucis.*

Ad terciam. Cap. *Plures facti sunt.* et cetera sicut in natali unius episcopi et confessoris.

---

¹ marg., l.h.: A / *Sepelierunt Stephanum*: B2
² si dies sabbati fuerit: add.O, marg., l.h.
³ ad processionem . . . *genitrix*] cancelled: A / uel *Confirmatum est. aut Sancta et immaculata*: add.O, interlined by l.h. (and not mentioned in A or B2)
⁴ et cetera omnis sicut de uno confessore: add.A
⁵ ym' *Rex gloriose presulum*] interlined by l.h.: A

Missa matutinalis. *Puer natus est.* [or'] *Concede quesumus.* Ep.
Apparuit benignitas. R' *Viderunt omnes.* <V' *Notum fecit.*> *Alleluia* V'
Dies sanctificatus. Euang. *Pastores loquebantur.* Offert. *Tui sunt celi*
<Secr. *Oblata domine munera.* Pref. *Quia per incarnati.* Communicantes et diem.>
Comm. *Viderunt.* <Postcomm. *Presta quesumus omnipotens Deus.*>

Maior missa. *Sacerdotes tui domine.* <Ps. *Memento.*> *Kyrieleyson. Gloria
in excelsis.* cum uersibus prout uolueris. <or' *Da quesumus omnipotens Deus
ut qui beati.*> ¶ Ep. *Plures facti sunt sacerdotes.* R' *Ecce sacerdos
magnus.* <V' *Consecrauit.*> *Alleluia* V' *Inueni Dauid.* Seq. *Rex regum.*
<Euang. *Vigilate.*> Offert. *Inueni Dauid.* <Secr. *Adesto domine supplicationibus.*>
¹ Comm. ²*Fidelis seruus. Sanctus.* Cum prosis. *Agnus.* Sine prosis.
<Postcomm. *Quesumus omnipotens Deus ut hodierne.*>

¶ Vespere erunt [[**fol.24v**]] de circumcisione domini. Et ad
commemorationem de sancto Siluestro a' *Almi Siluestri presulis.*
<Commemoratio [de sancto Stephano. a'] *Domine ne statuas.* Commemoratio [de sancto
Iohanne. a'] *Vox tua.* [de sanctis Innocentibus. a'] *Splendet Bethleem.*>

[XXXV.] Dominica prima post nativitatem domini:[3]

[Ad matutinas.] Inuit. *Regem natum dominum.* Ps. *Venite.* ym' *Christe
redemptor.*
In primo nocturno. a' *Dominus dixit.* Sola. Psalmi de natiuitate[4].
¶ Lectiones de sermone: *In aduentu dominico.* R'[1] *Sancta et
immaculata.*[5] R'[2] *Confirmatum est.* R'[3] *O magnum misterium.*
R'[4] *Benedicta et uenerabilis.*
In secundo nocturno. a' *Veritas de terra.* R'[5] *Nesciens mater.* R'[6] *O
regem celi.* R'[7] *Continet in gremio.* R'[8] *Ecce agnus Dei.* V' *Hoc est
testimonium.* <*Qui post.*>
Ad cantica. a' *Paruulus filius.* Cant. *Populus qui ambulabat.* V'
Benedictus qui uenit. Euang. *Pastores loquebantur.* <Hom. *Nato in
Bethleem.*> R'[9] *Speciosus forma.* R'[10] *Benedictus qui uenit.* R'[11]

---

[1] Pref. *Et confessionem sancti Sivestri*: add.S
[2] *Beatus servus*: M
[3] Dominica prima post natiuitatem domini] This Sunday is not mentioned in Ms A, which continues with the feast of the Circumcision (cap. XXXVI below)
[4] circumcisione: B2
[5] (Ms B1 transmits no further chants for Matins beyond the cue for R'1)

In principio erat. R'[12] *Verbum caro.* Post euangelium. *Pastores loquebantur.* or' [1]*Da quesumus omnipotens Deus.*

¶ Laudes[2] et hore diurne dicentur sicut supra in proximo sexto die post natiuitatem domini distinximus. ¶ Et in laudibus fiet commemoratio de dominica <a' *Erat Ioseph et Maria.* or' *Omnipotens sempiterne Deus dirige actus.*>: sicut in festo beati Thome martiris notauimus.

¶ Missa matutinalis erit de dominica. <*Dum medium silentium.* Ps. *Dominus regnauit.* or' *Omnipotens sempiterne Deus dirige.* Ep. *Quanto tempore.* R' *Speciosus forma.* V' *Eructauit cor.* Alleluia V' *Dominus regnauit.* Euang. *Erat Ioseph et Maria.* Offert. *Deus enim firmauit.* Secr. *Concede quesumus domine ut oculis.*[3] Comm. *Tolle puerum.* Postcomm. *Per huius domine operationem.*> et [Missa] maior de natiuitate. sicut retro distinctum est.

¶ Ad processionem: cantabuntur eadem responsoria que in die natalis domini superscripta sunt.[4]

¶ Nota quod prescriptus ordo de hac dominica: obseruatur si in sexto die post natiuitatem euenerit. ¶ Si autem extra solummodo fiet de ea commemratio in laudibus. et missa matutinalis.

[XXXVI.] IN Dominice Circumcisione [Jan.1]

Ad vesperas. Ebdomadarius incipiat a' *Tecum principium.* <Ps. *Dixit dominus.* et alii.> Cap. *Multipharie*[5] *multisque.* Duo in cappis[6] reuestiti cantabunt R' *In principio.* <V' *Et uerbum.*[7]*Deus erat. Gloria patri.* r' *In principium.*> ym' *Veni redemptor.* V' *Tecum principium.* a' *Dum medium silentium. evovae.* Ps. *Magnificat. Kyrieleyson* non dicatur. or' *Deus qui nobis nati.* Commemorationibus factis de Trinitate. de sancto Siluestro. <a' *Almi Siluestri.*> Stephano. <a' *Domine ne statuas.*> Iohanne. <a'

---

[1] *Omnipotens sempiterne Deus*: B1
[2] Laudes] Ms B1 gives, following the prayer for Matins and without rubric, the following: [a'] In euang. *Erat Ioseph et Maria.* Ps. *Benedictus.* a' *Puer Ihesus crescebat.*
[3] Pref. *Qui peccato primi parentis*: add.S
[4] Dominica infra octauas [R'] *Hodie nobis.* [ad] introitum [R'] *Verbum caro*: add.O, marg., l.h.
[5] *Multiphariam*: C
[6] Duo in cappis] quatuor sollenniter: add.O, interlined by l.h.
[7] cancelled: A

Vox tua.> et Innocentibus <a' *Splendet Bethleem.*>: eat processio ad sanctam Mariam <de infirmitorio> conci-[[**fol.25r**]]-nens R' *Confirmatum est.* or' *Deus qui salutis.* De omnibus sanctis <commemoratio>. a' *Laudem dicite.* or' *Da quesumus domine fidelibus.*[1]

[Ad matutinas.] A quatuor reuestitis in cappis cantetur Inuit. *Regem natum dominum.* Ps. *Venite.* ym' *Christe redemptor.* In primo nocturno. a'[1] *Dominus dixit ad me.* Et alie cum psalmis suis. <Ps. *Quare fremuerunt.* a'[2] *In sole posuit.* Ps. *Celi enarrant.* a'[3] *Speciosus forma.* Ps. *Eructauit.* a'[4] *Sanctificauit.* Ps. *Deus noster.* a'[5] *Suscepimus Deus.* Ps. *Magnus dominus.* a'[6] *Orietur diebus.* Ps. *Deus iudicium.*> et V' <*Tanquam sponsus.*>
¶ Lectiones [2] *Ritus et religio.* R'[1] *Sancta et immaculata.* <V' *Benedicta tu. Quia.*> et cetera sicut habentur in libris. <R'[2] *Confirmatum est cor.* V' *Domus pudici. Et benedicta.* R'[3] *O magnum mysterium.* R'[4] *Benedicta et uenerabilis.* V' *Domus pudici. Qui iacebat. Gloria. Qui iacebat.*>[3]
<In secundo nocturno. a'[7] *Veritas de terra.* Ps. *Benedixisti.* a'[8] *Homo natus est.* Ps. *Fundamenta.* a'[9] *Exultabunt omnia.* Ps. *Cantate.j.* a'[10] *In principio et ante.* Ps. *Dominus regnauit exultet.* a'[11] *Notum fecit.* Ps. *Cantate domino.ij.* a'[12] *Nato domino.* Ps. *Dominus regnauit irascantur.* V' *Ipse inuocauit me.* R'[5] *Nesciens mater uirgo.* V' *Domus pudici.* Sola. R'[6] *O regem celi.* V' [4]*Domine audiui. Iacet.* R'[7] *Continet in gremio.* V' *Natus in orbe. Per quam.* R'[8] *Ecce agnus.* V' *Hoc est. Qui post me.* [5]*Gloria.*>
¶ Ad cantica. a' *Paruulus filius.* Cant. *Populus qui ambulabat.* <V' [6]*Benedictus qui uenit.*> Euang. *Pastores loquebantur.* Adiuncto *Postquam consummati sunt.* <Hom. [7]*Suscepit Dei filius.* R'[9] *Speciosus forma.* V' *Dilexisti. Propterea.* R'[10] *Benedictus qui uenit.* V' *Lapidem. Deus.* R'[11] *In principio erat.* V' *Omnia. Hoc erat.* R'[12] *Verbum caro factum.* [V'] [8]*Plenum. Gloria. Verbum.* or' *Deus qui nobis nati.*>

In laudibus: a'[1] *Ante luciferum genitus* [usque] *nasci dignatus est.* et alie. <Ps. *Dominus regnauit.* a'[2] *Quando natus es.* a'[3] *Rubum quem uiderat.* a'[4]

---

[1] *Verbum patris*: add.O, A, interlined by l.h. / Commemorationibus factis de Trinitate . . . *fidelibus*] a' *Virgo Dei genitrix.* V' *Post partum.* or' *Deus qui salutis eterne beate Marie*: B1
[2] *Quod mortuus est Christus*: B1, B2
[3] *Gloria. Qui iacebat*] om.B1 / Quartum et octauum et duodecimum responsorium quatuor monachi cantent: add.O, marg., contemporary hand
[4] cancelled and interlined by l.h. *Ecce agnus Dei*: A / *Ecce agnus Dei*: B2
[5] om.B1
[6] *Notum fecit dominus*: B1
[7] *Sanctam uenerandamque presentis festiuitatis memoriam*: B1
[8] *In principio erat uerbum. Plenum. Verbum caro*: B1

Germinauit radix. a'[5] *Ecce Maria genuit.*> Cap. *Apparuit benignitas.* R'
Benedictus qui uenit. V' *Deus dominus.* <Gloria patri.> ym' *A solis ortus.*
V' *Verbum caro factum.* In euang. a' *Mirabile misterium.* Ps.
Benedictus. <or' *Deus qui nobis nati.*> ¶ Si in die dominica euenerit hec
festiuitas: ad commemorationem cantetur in laudibus ut supra
distinctum est. a' *Erat Ioseph.* V' *Benedictus qui uenit.* Deinde de
sancta Trinitate. de sancto Stephano. <a' *Adhesit anima.*> Iohanne. <a' *Sic
eum uolo.*> et Innocentibus. <a' *Sub throno Dei*>. ¶ Postea fiat processio ad
sanctam Mariam <in ecclesia>: in qua cantetur R' *Benedicta et
uenerabilis.* Et facta commemoratione de omnibus sanctis <a' ¹*Beati
pauperes.*>: completum est.²

¶ Ad primam. ym' *Iam lucis.* a' *Ante luciferum. evovae.*

¶ Eadem die post capitulum: cantetur celebriter *Dirige*.³

¶ Missa matutinalis nisi fuerit dies dominica: erit de sancta Maria.⁴ Et
post primam collectam: dicetur oratio *Deus qui nobis nati.* ¶ Deinde de
sancta Trinitate[.] de sancto Stephano. Iohanne. et Innocentibus. et de
omnibus sanctis. ¶ Si autem dies dominica fuerit: matutinalis missa erit
Dum medium silentium. Sicut esset in quacumque precedentium sex
dierum. et pretermissa commemoratione de sancta Trinitate uel de
Cirumcisione perficietur in suo ordine de supradictis orationibus
septenarius numerus. ¶ Vel si placuerit nullam [[**fol.25v**]] pretermitti:
Addetur nona oratio. *Sanctorum tuorum.* ¶ Quod tamen usum non
habemus ut extra maiorum statuta dicamus ad missam plusquam
septem orationes.⁵

---

¹ l.h.: A
² Si in die dominica . . . completum est] Ad commemoratione *Virgo uerbo concipit.* or'
Deus qui salutis eterne beate Marie: B1 / *Verbum patris*: add.O, marg., l.h.
³ Eadem die . . . *Dirige*] cancelled: O / Cum his orationibus. *Presta quesumus domine ut
anime famulorum tuorum sacerdotum. Presta quesumus domine. Anniuersarium fidelium*:
add.O, marg., contemporary hand, and subsequently cancelled
⁴ [Missa] in ueneratione beate Marie. infra natalem domini. Off. *Salue sancta parens.* V'
Quia concupiuit. or' *Deus qui salutis eterne.* Ep. *Apparuit benignitas.* R' *Benedicta et
uenerabilis. Alleluia* V' *Post partum.* Euang. *Pastores loquebantur.* Offert. *Felix namque.*
Secr. *Muneribus nostris.* alia *Suscipe domine sacrificiis.* Pref. *Et sursum cordibus erectis.*
Comm. *Beata uiscera.* Postcomm. *Da nobis quesumus domine.* alia *Libera nos ab omni
malo*: add.S, M (but omitting the first Secret, the Preface and the first Postcommon)
⁵ Quod tamen . . . orationes] outlined: O / Nota: add.O, written twice, marg., once by contemporary hand, once by the l.h. which outlined the text

[De processione.] ¶ In hac festiuitate nisi euenerit in die dominica: non fiet processio. ¶ Quociens uero interuenit dominica uel in hac uel in qualibet precedentium sex dierum: cantata tercia ibit processio sicut moris est per claustrum in nauem ecclesie. eadem responsoria que in die natalis domini distinximus concinens.[1]

¶ Ad terciam. ym' *Nunc sancte nobis.* a' *Magnum hereditatis. evovae.* Cap. *Apparuit benignitas.* V' *Puer natus est nobis.* or' *Deus qui nobis nati.*

¶ Maior missa. *Puer natus est nobis.* V' *Multiplicabitur. Kyrieleyson. Gloria in excelsis. Quem cuncta.* et Cantetur V' *Tu patris*[2] *uerbigena.* or' *Deus qui nobis nati.* Ep. *Arbitrantur.* R' *Viderunt.* <V' Notum fecit.> *Alleluia* V' [3]*Multipharie.* Seq. *Eia recolamus.* Euang. *Pastores loquebantur.* Adiuncto. *Et*[4] *postquam consummati sunt. Credo in unum Deum.* In loco[5] offertorii. [6]*Tu humiliasti.* <Secr. Presta quesumus domine ut per hec.> Pref. [7]*Quia per incarnati. Communicantes.* Sicut in die natalis domini. ¶ *Sanctus* et *Agnus:* ad libitum precentoris. <Comm. Viderunt omnes. Postcomm. Presta quesumus domine ut quod.>

¶ Ad sextam. a' *Beatus uenter. evovae.* ¶ Cap. [8]<Apparuit gratia.> et V' <Viderunt omnes fines.> et or': <Omnipotens sempiterne Deus qui in[9] unigenito.> de Natiuitate domini.

¶ Ad nonam. a' *Ecce Maria. evovae.* <Cap. [10]*Multifarie.* V' *Notum fecit.* or' [11]*Propitiare domine suppplicationibus.*>

---

[1] eadem responsoria ... concinens] cancelled: O / R' *Hodie nobis.* [Ad] introitum *Verbum caro*: add.O, marg., l.h.
[2] *partris* (†): O
[3] *Dies sanctificatus*: S
[4] *Pt* (†): O
[5] In loco] cancelled: O
[6] Partly cancelled and altered by interlining to *Tui sunt celi*: O / *Tui sunt celi*: S, M
[7] *Cuius hodie circumcisionem diem*: S
[8] (from B1) / *Populus qui ambulabat*: B2 / *Paruulus natus est*: C
[9] om.B2
[10] (from B1) / *Apparuit gracia*: C, B2
[11] (from B1) / *Da quesumus domine Deus noster*: B2 / *Da nobis quesumus domine Deus noster*: C

Ad vesperas. a' *Tecum principium.* et alie. <Ps. *Dixit dominus.*> Cap. *Apparuit benignitas.* uel *Cum essemus paruuli.*[1] R' *In principio.* <V' *Et uerbum. Gloria.*> ym' [2]*Enixa est.* V' *Tecum principium.* a' *Qui de terra est. evovae.* Ps. *Magnificat.* or' *Deus qui nobis nati.* Post commemorationem de sancta Trinitate: cantetur <de sancto Stephano> a' *Beatus Stephanus.* or' *Omnipotens sempiterne Deus: qui primicias.* Subiungatur de sancta Maria.[3] <a' *Nesciens mater.*> de sancto Iohanne. <a' *Orabat sanctus Iohannes.*> et de Innocentibus. <a' [4]*Vox in rama.*>[5] et a' *Te gloriosus* De [[**fol.26r**]] omnibus sanctis.[6] ¶ Quibus expletis: incipiat cantor R' *Libera me domine.* Et eat processio ad primi <Guillelmi> abbatis huius ecclesie tumultum. Ubi cantato a [7] monachis non reuestitis V' *Creator omnium.* Celebriter dicantur uespere pro defunctis: cum hiis orationibus. *Presta quesumus domine ut anime famulorum tuorum sacerdotum. Presta domine quesumus [. . .] anniuersarium. Fidelium Deus omnium.*[8]

[XXXVII.] IN octavis sancti Stephani [Jan.2]:

[Ad matutinas.] Inuit. *Christum natum.* Ps. *Venite.* ym' *Rex gloriose.* In primo nocturno. a' *Stephanus autem.* et alie cum psalmis de uno martire. ¶ Lectiones sunt proprie.[9] R'[1] *Stephanus autem.* R'[2] *Surrexerunt.* R'[3] *Videbant omnes.* R'[4] *Intuens in celum.* <V' *Cum autem esset. Ecce uideo.*>
In secundo nocturno. a' *Exclamantes.* et cetere. R'[5] *Sederunt principes.* R'[6] *Impetum fecerunt.* R'[7] *Lapidabant Stephanum.* R'[8] *Lapides torrentes.* <V' *Vidit beatus Stephanus. Ipsum.*>
Ad cantica. a' *Ierusalem.* Cant. *Beatus uir qui in sapientia.* R'[9] *Impii super.* V' *Continuerunt.* R'[10] *Stephanus seruus Dei.* V' *Cum igitur.* R'[11] *Hesterna die.* V' *Stephanus uidit.* <Ingressus.> R'[12] *Patefacte sunt.* V' *Mortem.* <Et ideo.> *Gloria.*[10] <Et ideo.> Post euangelium. Et ad

---

[1] *Apparuit . . . paruuli*] *Paruulus natus est nobis*: B1 / uel *Cum essemus paruuli*] om.B2
[2] *Veni redemptor*: B1
[3] de sancta Maria] cancelled: O
[4] Cancelled: A / *Innocentium passio*: add.A, marg., l.h.
[5] Processio [a'] *Benedicta et uenerabilis*: add.O (interlined by l.h.), A (marg., l.h.)
[6] *Verbum patris*: add.A, marg., l.h.
[7] Illegible erasure, possibly a numeral: O
[8] *Quibus expletis . . . omnium*] cancelled: O / *Non obseruetur*: add.O, marg., l.h.
[9] (no lessons given in B2)
[10] with neumes above cues of V' and doxology: O

Benedictus. et ad terciam. et ad missam. et ad uesperas: or' *Omnipotens sempiterne Deus: qui primicias.*

In laudibus. a' *Lapidauerunt Stephanum.* et alie. Cap. *Stephanus plenus gracia.* R' *Posuisti domine.* ym' *Martir Dei qui.* a' *Impii super iustum.* Ps. *Benedictus.* Post laudes de omnibus sanctis: fiat processio in qua cantetur R' *Libera me domine.* Cum uersu *Hic Christe.* ¶ Deinde: *Exultabunt domino.* Cum orationibus supradictis. ¶ Postea: *Verba mea.* Vt moris est. et *Domine exaudi.*[1]

Ad primam. a' *Lapidauerunt.*

Ad terciam. a' *Lapides torrentes.*

Ad sextam. a' *Ecce uideo celos.*

Ad nonam. a' *Stephanus uidit.*

Missa matutinalis celebriter cantabitur pro defunctis. eciam si dies dominica fuerit. Et dicentur ad unum per dominum orationes. *Presta quesumus [. . .] sacerdotum.* [[**fol.26v**]] et *Presta domine [. . .] anniuersarium.* Postea: *Fidelium.* Deinde. *Sanctorum tuorum.*[2]

¶ Maior missa. *Etenim sederunt.* ¶ Post primam collectam *Omnipotens sempiterne Deus qui primicias.*[3] si fuerit dies dominica: dicetur or' *Omnipotens sempiterne <Deus dirige actus.>* Sin autem de sancta trinitate. De sancta Maria. Iohanne. et Innocentibus. Taurini: et de omnibus sanctis. ¶ Ad offertorium interponentur duo uersus. *Positis autem genibus.* et *Videbant.* Et in huius fine cantabitur quod pretermitti debuit de offertorio *Domine Ihesu accipe.*[4]

¶ Ad vesperas.[5] Cap. *Positis autem genibus.* R' *Gloria et honore.* ym' *Deus tuorum militum.* a' *Patefacte sunt.* Ps. *Magnificat.* [or' *Omnipotens sempiterne Deus qui primicias.*] Post orationem de trinitate: commemoratio de sancto Iohanne. a' *Valde honorandus est.*

---

[1] Post laudes . . . *Domine exaudi*] cancelled: O
[2] Missa matutinalis . . . *tuorum*] cancelled: O
[3] sola: add.O, marg., l.h.
[4] si fuerit dies dominica . . . *accipe*] cancelled: O
[5] a' *Tecum.* et alie: add.O, marg., contemporary hand

V' *Ecce puer meus*. or' *Ecclesiam tuam domine*. Deinde de Innocentibus.[1] Suffragia sanctorum. et Vespere de omnibus sanctis.

[XXXVIII.] ¶ In octabas sancti Iohannis [Jan.3].

[Ad matutinas.] Inuit. *Adoremus*. Ps. *Venite*. ym' *Eterna Christi*. In primo nocturno. a' *Iohannes apostolus*. et alie cum psalmis suis.
¶ Lectiones sunt proprie. R' *Valde honorandus est*. et cetera.
In secundo nocturno. a'[7] *Apparuit caro*. a'[8] *Expandens*. a'[9] *Domine suscipe*. a'[10] *Iste est Iohannes qui supra*. a'[11] *Iste est Iohannes cui Christus*. a'[12] *Diligebat autem*. R' *Ecce honoratus es*. et alia.
Ad cantica. a' *Adeptus est*. Cant. *Vos sancti domini*. R'[9] *Hic est beatissimus*. R'[10] *Ecce puer meus*. R'[11] *Hic est discipulus*. R'[12] *Iste est Iohannes*. V' *Mulier*. [or' *Ecclesiam tuam*.]

¶ In laudibus a' *Hic est discipulus*. et alie. Cap. *Qui timet Deum*. R' *Constitues eos*. ym' *Exultet celum*. a' *Iste est Iohannes qui supra*. <Ps. *Benedictus*.> or' *Ecclesiam tuam*. ¶ Si fuerit dies dominica: fiet commemoratio[2] et missa matutinalis de dominica.

Et ad processionem tam in ista quam in quacumque post Circumcisionem domini vsque ad purificationem beate Marie Dominica die euenerit: <preterquam in dominica infra octauas epiphanie> [[**fol.27r**]] cantabitur a' *O Maria*. Ad introitum. <a'> *O beata*. <V' *Benedicamus patrem*.> Si euenerit dies dominica infra purificationem beate Marie et septuagesimam. cantetur ad processionem quelibet istarum tres antiphonarum: [a'] *Domine Deus*. a' *Cum uenerimus*. a' *Ecce karissimi*.[3] Ad introitum de sancta Trinitate <ad placitum. ante orationem V' *Benedicamus*.>

¶ Ad primam. a' *Hic est discipulus meus*.

---

[1] commemoratio *Sinite paruulos*: add.O, marg., l.h. / De sancta Genoueffa a' *Accinxit*: add.O, interlined by another l.h.
[2] a' *Erat Maria*: add.O, interlined by l.h.
[3] *Domine Deus . . . karissimi*] a' *Cum uenerit filius*. a' *Venite benedicti*: P

¶ Missa matutinalis. nisi dies dominica fuerit erit de sancta Genoueffa.[1]

¶ Ad terciam. a' *Ecce puer meus.*

Maior missa *In medio ecclesie.* et cetera.

Ad sextam. a' *Exiit sermo.*

Ad nonam. a' *Hic est discipulus ille.*

Ad vesperas. a' *Tecum principium.* et alie. Cap. *Qui timet Deum.* R' *In omnem terram.* ym' *Sancte Iohannes.* et *Annue Christe.* a' *In medio ecclesie.* Ps. *Magnificat.* [or' *Ecclesiam tuam.*] Ad commemorationem de Innocentibus: a' *Hi sunt qui uirgines permanserunt.*[2] or' *Deus cuius hodierna die.*

[XXXIX.] In octabas Innocentium [Jan.4]

[Ad matutinas.] Inuit. *Regem martirum.* Ps. *Venite.* ym' *Hostis Herodes impie.* usque *Bethleem.*
In primo nocturno. a' *Sinite paruulos.* Sola. Psalmi feriales.[3] V' *Ex ore infantium.* Lectiones de prima Pauli epistola ad Romanos. pretermissis prologo et argumentis. R' *Ecce uidi agnum.* R' *Hi sunt qui cum muleribus.* R' *Centum quadraginta.*
In secundo nocturno. a' *Angeli eorum.* V' *Inter innocentes.*

Ante laudes non cantabuntur psalmi familiares sed *Dirige.*

¶ In laudibus. a' *Herodes iratus.* et alie. Ps. *Dominus regnauit.* Capitulum. responsorium <*Ex ore infantium.*> et hymnus *Bethleem.* uersiculus <*Mirabilis Deus*>. antiphona <*Hii sunt qui cum mulieribus*>. et oratio <*Deus cuius hodierna die.*> sicut in die festi. ¶ Post consuetam commemorationem de Trinitate: dicantur ut moris est: suffragia

---

[1] erit de sancta Genoueffa] by l.h. over erasure: O / or' *Beate Genouefe natalicia ueneranda.* Secr. *Offerimus domine preces.* Pref. *Beate Genouefe natalicia.* Postcomm. *Adiuuent nos quesumus domine*: S
[2] *uirgines permanserunt*] over erasure: O
[3] Psalmi feriales] Partly erased: O / Psalmi de feria: A / Psalmi de feria sexta diei post natiuitatem domini: add.O, A (both marg., l.h.)

sanctorum. ¶ Laudes de omnibus sanctus. *Verba mea.* et *Domine exaudi.*[1]

Ad primam. a' *Herodes iratus.*

Missa matutinalis pro defunctis.[2]

¶ Ad terciam. a' *Ecce uidi agnum.* et cetera sicut in die festi.

¶ Finita magna missa. *Ex ore infantium:* nichil ulterius fiet de innocentibus [[**fol.27v**]] sed omnia de natiuitate.

¶ Ad sextam.[3] a'[4] *A bimatu et infra.*

Ad nonam. a' *Christus Deus noster.*

Ad vesperas. a' *Tecum principium.* et alie[5] cum psalmis suis. Capitulum quodlibet de natiuitate. R' [6]*Verbum caro factum est et habitabit.* V' *Et uidimus gloriam eius gloriam. Gloria patri.* <*Verbum.*> ym' *Veni redemptor.* V' *Tecum principium.* a' *Beatus uenter.*[7] uel[8] *Magnum hereditatis.* Ps. *Magnificat.* Oratio quelibet de Natiuitate: exceptis tribus que ad tres missas dicuntur.

[XL.] [9]Si in dominica post Circumcisionem domini
fuerint octaue innocentium:

[Ad matutinas] Inuitatorium cantetur. *Regem natum.* Ps. *Venite.* ym' [10] *Christe redemptor.*

---

[1] Laudes de omnibus . . . *exaudi*] cancelled: O
[2] Missa matutinalis pro defunctis] cancelled: O
[3] De natiuitate: add.A, but cancelled / de Innocentibus sunt in die que missa matutinalis [***]: add.A, marg., l.h.
[4] over erasure: O, A / *Verbum caro*: A (original reading)
[5] alio (†): O
[6] *In principio*: B2
[7] Erasure of two lines in A
[8] a' *Beatus uenter.* uel] om.B2
[9] (This observance is omitted by Ms B2, which continues with the Vigil of the Epiphany as given below, cap.XLI.)
[10] by l.h.: A

In primo nocturno. a' *Dominus dixit ad* me. Psalmi de natiuitate. <V'
[1]*Tanquam sponsus.*> ¶ Lectiones de sermone. [***]² R'[1] *Sancta et immaculata.* R'[2] *Confirmatum est.* R'[3] *O magnum misterium.* R'[4] *Benedicta.* post gloriam. r' *Que sine tactu.*
In secundo nocturno. a' *Veritas de terra.* R'[5] *Nesciens mater.* R'[6] *O regem celi.* R'[7] *Continet in gremio.* R'[8] *Ecce agnus Dei.* V' *Hoc est testimonium.* post gloriam r' *Ecce de quo.*
Ad cantica. a' *Innocentium passio.* Cant. *Populus qui ambulabat.*
Euang. *Angelus domini apparuit.* R'[9] *Ecce uidi agnum.* R'[10] *Hi sunt qui cum mulieribus.* R'[11] *Ambulabunt mecum.* R'[12] *Centum quadraginta.* post gloriam. [r'] *Virgines.*

In laudibus. a' *Herodes iratus.* et alie. ¶ Capitulum et responsorium: sicut in die. ym' *Hostis Herodes.* et *Bethleem.* <V' Ex ore infantium.> a' *Hi sunt qui cum mulieribus.* Ps. *Benedictus.* Commemoratio de dominica³ a' *Erat Ioseph.* V' *Benedictus qui uenit.* or' *Omnipotens sempiterne Deus dirige.*

Ad primam. a' *Illuxit nobis dies.*

Missa matutinalis de Innocentibus.

¶ Ad processionem <a'> ⁴*O Maria.* Ad introitum. <a'> ⁵*O beata.* <V' *Benedicamus patrem.*>

Ad terciam. a' ⁶*Verbum caro factum.* Cap. *Apparuit gracia Dei.* or' ⁷*Da quesumus omnipotens Deus.*

¶ Missa maior. ⁸*Dum medium.* or' ⁹*Da quesumus omnipotens Deus ut qui noua.* Ep. *Apparuit gracia Dei.* R' *Tecum principium.*¹⁰ [[**fol.28r**]]

---

[1] by l.h.: A
[2] Erasure of one-quarter of a line in O / *Exultemus*: add.A, subsequently cancelled
[3] dominica infra octauas natiuitatis: A, subsequently cancelled / Dominica prima post festum Innocentium: add.A, interlined by l.h.
[4] Thus P / *Hodie nobis*: add.A, marg., l.h.
[5] Thus P / *Verbum caro*: add.A, marg., l.h.
[6] with neumes above this incipit, possibly over earlier erased neumes: O
[7] over erasure, and later altered to *Omnipotens sempiterne Deus*: O
[8] by l.h. over erasure: O (For the mass *Dum medium* see p.130)
[9] altered by l.h. to *Omnipotens sempiterne Deus*: O
[10] (a note by l.h. in the lower margin of O, subsequently erased)

Alleluia [***] Euang. [***] Offert. *Letentur celi.*[1] Prefacio non dicatur.

¶ Ad sextam. a' *Beatus uenter.*

Ad nonam. a' *Ecce Maria.*

Ad vesperas. a' *Tecum principium.* et cetere. Capitulum quodlibet de natiuitate. R' *Verbum caro factum.* ym' *Veni redemptor.* a' [2]*Magnum hereditatis.* Ps. *Magnificat.*[3] Innocentium memoria non fiet.

[XLI.] [4] Vigilia[5] epiphanie domini

si in dominica euenerit.[6] [Ad matutinas.] Inuit. <*Regem natum.*> hymnus. antiphone <*Dominus dixit ad me.*[7] Psalmi de natiuitate[8]>. uersiculi. lectiones. et R'[1] *Sancta et immaculata.* vt supra distinximus vsque ad cantica dicentur.
   <In secundo nocturno a'[9] *Veritas de terra.* R'[5] *Nesciens mater.* et alia.>
¶ Ad cantica. a' *Paruulus filius.* Cant. *Populus qui ambulabat.* V' *Benedictus qui uenit.* Euang. *Defuncto Herode.* <Hom. *Oblitus Herodis terminum.*> R'[9] *Speciosus forma.* R'[10] *Benedictus qui uenit.* R'[11] *In principio.* R'[12] *Verbum caro.*[10] Post euangelium or' *Corda nostra* <*quesumus domine.*>

In laudibus. Prima dicetur antiphona *Ante luciferum.* Cap. *Apparuit benignitas.* R' *Benedictus qui uenit.* ym' *A solis ortus cardine.* a'

---

[1] *Apparuit gracia . . . celi*: erased and legible only in part: O. (For original, see Missa ante lucem, cap.XXVIII p.110.)
[2] In sabbato *Beatus uenter.* Ad processionem *Sancta et immaculata*: add.A, marg., l.h.
[3] Commemoratio de dominica a' *Puer Iesus.* or' *Omnipotens sempiterne*: add. O, interlined by l.h. / uersus *Tam primum*: add.O, marg., another l.h.
[4] Ms B2 omits all details of the Vigil if on a Sunday, except for the Evangelium, Homilia and Responsoria
[5] (with decorated initial in gold and blue across two lines: O)
[6] ipsa erit dominica secunda post natiuitatem et tunc fiet commemoratio de eadem ad primas uesperas. a' *Beatus uenter*: add.O, marg., l.h.
[7] sola antiphona: add.A, marg., l.h.
[8] Dominica post natiuitatem: add.A, interlined by l.h.
[9] sola: add.A, interlined by l.h.
[10] R' *Benedictus . . . caro*] et alia: A / Duodecimum R' *Verbum caro.* [V'] *In principio*: add.A, marg., l.h.

THE TEMPORAL

[1]*Ecce Maria.* Ps. *Benedictus.* or' *Corda nostra.* Commemoratio de dominica a' [2]*Mirabantur.*[3]

Ad primam. a' *Illuxit nobis.*

Missa matutinalis de dominica.

¶ Ad processionem. [a'] *O Maria.* Ad introitum [a'] *O beata.*[4]

Ad terciam. a' *Magnum hereditatis.*

Maior missa [5] de uigilia. *Dominus dixit ad me.* <V' Postula a me. Gloria.> Oratio[6]. *Corda nostra.* Ep. *Apparuit benignitas.* R' *Tecum principium.* <V' Dixit dominus.> *Alleluia* V' [7]*Dominus regnauit.* Euang. *Defuncto Herode.* Offert. *Deus enim.* <Secr. Tribue quesumus domine ut eum.> [8] Comm. *Tolle puerum.* <Postcomm. Illumina quesumus domine populum.>

Ad sextam. a' *Beatus uenter.*

Ad nonam. a' *Ecce Maria genuit.*

Si uero extra Dominica fuerit Vigilia: cantabitur [ad matutinas] Inuit. *Christus natus est.* Ps. *Venite.* ym' *Christe redemptor.*
In primo nocturno. a' *In principio.* Psalmi de feria.[9] Lectiones de epistolis Pauli. Responsorium primum. *Speciosus forma.* Responsorium secundum. *Benedictus qui uenit.* Responsorium tercium. *In principio.*
In secundo nocturno. a' *Nato domino.* Capitulum et uersiculum. et oratio de natiuitate.

¶ In laudibus. a' [[**fol.28v**]] *Ante luciferum.* Sola. Ps. *Dominus regnauit.* et alii. Cap. *Apparuit benignitas.* R' *Benedictus qui uenit.* ym'

---

[1] *Germinauit*: A, subsequently cancelled, and *Ecce Maria* interlined by l.h.
[2] by l.h. over erasure: O / marg., l.h.: A
[3] V' *Benedictus qui uenit*: add.O, marg., l.h.
[4] *O Maria . . . beata*] marg., l.h.: A
[5] Hebdomadarius chorum tenebit: add.O, interlined by l.h.
[6] sola: add.O, marg., l.h.
[7] *Dominus dixit ad me*: M
[8] Pref. *Et te mirabilem Deum*: add.S
[9] Psalmi de feria] Thus A, B2 / Psalmi de feria natiuitatis domini: add.O, marg., l.h.

A solis ortus. V' ¹*Verbum caro factum.* a' *Germinauit.* [Ps.] *Benedictus.*
Oratio de natiuitate.²

Super horas. <Ad Primam.> a' *Illuxit nobis.* <Ad terciam.> a' *Magnum hereditatis.* <Ad sextam.> a' *Beatus uenter.* <Ad nonam.> a' *Ecce Maria.*³

Ad vesperas. [a'1] *Tecum principium.* <Ps. *Dixit dominus.*> a'[2] *Redemptionem.* <Ps. *Confitebor.*> a'[3] *Exortum est.* <Ps. *Beatus uir.*> a'[4] *De fructu.* <Ps. *Memento domine.*> Cap. *Surge illuminare.* R' *Venit lumen.* <V' *Filii tui. Gloria.*> ym' *Veni redemptor.* V' *Reges Tharsis.* a' *Magi uidentes stellam.* Ps. *Magnificat.* ¶ Ante *Gloria patri* cantetur diuisa in partes.⁴ or' *Corda nostra.* Post commemorationem de Trinitate: pergat processio ad sanctam Mariam <in infirmitorium>. Responsorium cantans *Benedicta tu.*⁵ V' *Post partum.* or' *Deus qui salutis.* Deinde commemoratio de omnibus sanctis.⁶

[XLII. Epiphania domini. Jan.6.]

[Ad matutinas.] ¶ Inuit. *Christus apparuit.* Ps. *Venite.* Cantabunt sex monachi. in cappis reuestiti. ¶ ym' *Christe redemptor.*
In primo nocturno. a'[1] *Afferte domino.* Subiungatur *filii Dei. afferte*⁷.
et cetera. <a'[2] *Speciosus forma.* Ps. *Eructauit.* a'[3] *Fluminis impetus.* Ps. *Deus noster.* a'[4] *Psallite Deo nostro.* Ps. *Omnes gentes.* a'[5] *Omnis terra adoret.* Ps. *Iubilate Deo.* a'[6] *Reges Tharsis et insule.* Ps. *Deus iudicium.*> V' *Omnis terra adoret te*⁸ *et psallat tibi.* <Lectiones. *Celebrato proximo die.*> Responsorium primum. *Hodie in Iordane.* V' *Celi aperti sunt.* r' *Hic est.* Responsorium secundum. *Hodie celi aperti.* V' *Celi.* r' *Hic est.* Responsorium tercium. *In columbe specie.* V' *Vox domini.* r' *Hic est filius.*

---

¹ *Benedictus qui uenit*: A
² By contemporary hand over erasure: O / Si hec uigilia euenerit in die dominica, dicetur or' *Corda nostra.* Si non, de natiuitate ad libitum: add.O, marg., by the same contemporary hand
³ Si dies sabbati fuerit; missa matutinalis erit de sancta Maria. Maior de Vigilia: add.O, interlined by l.h.
⁴ Ms A indicates divisions at *hoc signum* and at *et offeramus.*
⁵ sine uersu: add.O, interlined by l.h.
⁶ *Verbum patris hodie*: add.O, interlined by l.h. / add.A, marg., l.h.
⁷ subiungatur *filii Dei. afferte*] Ps. *Ipsum*: A, B2
⁸ *Deus*: add.A, B2

Responsorium quartum. *Fontes aquarum.* V' *Descendit spiritus.* r' *In gloria. Gloria.* r' *Fontes.*
In secundo nocturno. a'[7] *Omnes gentes.* Ps. *Inclina domine.* et cetera. <a'[8] *Adorate dominum alleluia in aula.* Ps. *Cantate domino.j.* a'[9] *Adorate dominum alleluia omnes.* Ps. *Dominus regnauit exultet.* a'[10] *Lux de luce.* Ps. *Cantate.ij.* a'[11] *Celi aperti sunt.* Ps. *Dominus regnauit.ij.* a'[12] *Vox de celo sonuit.* Ps. *Misericordiam et iudicium.*> V' *Adorate dominum.* [R'] *In aula.* <R'[5] *Illuminare illuminare.* V' *Et ambulabunt gentes. Et gloria.* R'[6] *Venit lumen.* V' *Filii tui. Et ambulabunt.* R'[7] *Omnes de Saba.* V' *Reges Tharsis.* [1]*Et laudem.* R'[8] *Reges Tharsis.* V' *Omnes de Saba. Reges. Gloria. Reges.*>
Ad cantica. a' *Videntes stellam.* Cant. *Populus qui ambulabat.* V' *Adorate dominum.* [R'] *Omnes angeli eius.* <Euang. *Cum natus esset Ihesus.* Hom. *Sicut in lectione.* R'[9] *Magi uiderunt.* V' *Cum natus. Ubi est.* R'[10] *Stella quam uiderant.* V' *Et intrantes. Gauisi.* R'[11] *Videntes stellam.* V' *Ab oriente. Et apertis.*>
Duodecimum responsorium *Tria sunt munera.* V' *Salutis.* r' *In auro. Gloria.* Iterum *Tria sunt.*[2] Euang. *Cum natus esset* [3] *Ihesus.* or' *Deus qui hodierna die unigenitum.*

In laudibus. a'[1] *Ante luciferum.* In fine: *mundo apparuit.* et alie. <Ps. *Dominus regnauit.* a'[2] *Venit lumen tuum.* a'[3] *Apertis thesauris suis.* a'[4] *Maria et flumina.* a'[5] *Stella ista sicut.*> Cap.[4] *Et ambulabunt gentes.* R' *Surge illuminare Ierusalem.* V' *Quia appropinquabit.* r' *Ierusalem. Gloria.* Iterum. *Surge.* Aliud [[**fol.29r**]] R' *Reges Tharsis.* <V' *Reges Arabum.* [5]*Gloria.*> cantatur tam infra octauas et in octauis. ¶ ym' *Enixa est puerpera. Feno iacere.* [6]*Gaudet chorus. Hostis Herodes impie.*[7] V' *Tria sunt munera preciosa.* a' *Hodie celesti sponso.* Ps. *Benedictus.* or' *Deus qui hodierna die unigenitum.* <Postea de Trinitate.> Ad processionem <in capellam beate Marie de ecclesia> R' [8]*Benedicta et uenerabilis.*

Ad primam. a' *Lux de luce.*

---

[1] *Laudem*: A
[2] [aliud] R' *Hic est dies preclarus.* V' *Et intrantes. Et munera.* [aliud] R' *Ecce aduenit dominator.* V' *Et factus est. Et regnum*: add.A
[3] *dominus*: add.B1
[4] *Surge illuminare*: B2
[5] (not indicated in B1)
[6] add.B1, marg., l.h.
[7] *Lauachra puti. Gloria tibi*: add.B1
[8] Thus P / *Benedicta tu*: O, altered by original hand from *Benedicta et uenerabilis* / *Benedicta tu. Beati pauperes* et *Verbum patris*: add.A, marg., l.h.

¶ Missa matutinalis. si dies dominica fuerit: cantetur de dominica.

¶ Ad terciam. a' *Videntes stellam.* Cap. *Surge illuminare.*[1] V' *Omnes de Saba*[2]. or' *Deus qui hodierna.*

Ad processionem <per claustrum>. R' *Hodie in Iordane.* cum uersu. R' *Hodie celi.* R' *In columbe.* Ad introitum: [a'] *Tria sunt.*[3] <Si sit dominica ante orationem V' *Tria sunt munera.*>

Missa maior *Ecce aduenit.* <Ps. *Deus iudicium. Gloria.*) Gloria. *Laus tua Deus.* et cetera sicut in libris habetur. <or' *Deus qui hodiena die.* Lect. *Surge illuminare Ierusalem.* R' *Omnes de Saba.* V' *Surge et illuminare.* Alleluia V' *Vidimus stellam.* Seq. *Epyphaniam domino.* Euang. *Cum natus esset Ihesus.* Offert. *Reges Tharsis.* Secr. *Ecclesie tue.* Pref.[4] *Quia per incarnati.* Infra actionem *Communicantes et diem.* Comm. *Vidimus stellam.* Postcomm. *Presta quesumus omnipotens Deus ut que solenni.*[5]>

Ad sextam. a' *Tria sunt munera. evovae.* Cap.[6] *Filii tui de longe.* V' *Vidimus stellam eius in oriente.* or' *Deus illuminator omnium gentium.*

Ad nonam. a' *Admoniti magi.* Cap.[7] *Inundatio camelorum.*[8] V' *Ab oriente uenerunt magi.* or'[9] *Da nobis quesumus domine digne celebrare misterium.* Alia or' *Presta quesumus omnipotens Deus ut saluatoris mundi.* Alia [or'] *Illumina quesumus domine populum tuum.*[10]

Ad vesperas. a' *Tecum principium.* et alie <Ps. *Dixit dominus.* et alii> sicut ad alias uesperas. ¶ Cap.[11] *Omnes sitientes.*[12] R' *Omnes de Saba uenient.* <V' *Et laudem domino. Gloria. Omnes de Saba.*> ym' *Hostis Herodes*

---

[1] aliud *Filii tui de longe ueniunt*: add.B1
[2] *Sabba*: O
[3] Ad processionem ... *sunt*] (thus P) / Ad processionem. *Hodie in Iordane. Fontes aquarum.* cum uersu. ut in eius quartum. Ad introitum *Tria sunt munera*: add.O, A (both marg., l.h.)
[4] *Quia notum fecisti in populis*: S
[5] [alia] *Deus illuminator omnium*: add.B2
[6] *Inundation camelorum*: B1 / *Et ambulabunt gentes*: B2
[7] *Filii tui de longe*: B2
[8] [alium] *Ecce gentem quam*: add C
[9] (thus B1) / *Omnipotens sempiterne Deus fidelium splendor*: B2
[10] Alia or' *Presta ... tuum*] om.B1 / or' *Deus qui per huius celebritatus.* or' *Concede nobis omnipotens Deus ut salutare*: add.C
[11] *Surge illuminare*: B1
[12] Aliud Cap. *Inundatio camelorum*: add.B2

impie. V' *Reges Tharsis.* a' *Ab oriente uenerunt.* Ps. *Magnificat.* In quatuor partes diuidatur.[1] *Ab oriente.* Vsque *obtulerunt.* § *Aurum sicut.* § *Thus sicut.* § *Mirram.* et cetera. <or' *Deus qui hodierna die.*[2]> Post commemorationem de sancta Trinitate: fiat memoria sanctorum de quorum translatione in crastino festiuo agetur. a' *Sancti per fidem.* et cetera: Sicut in loco suo habetur. ¶ Deinde: processio ad <infirmitorium ad> sanctam Mariam pergat cantans. R' [3]*Benedicta tu.*[4] Et dicta oratione. *Deus qui salutis eterne.* Subiungatur de omnibus sanctis a' *Gaudent in celis.*[5]

Sequenti nocte [[**fol.29v**]] in laudibus. ad commemorationem de epiphania: a' *Venit lumen tuum.* [V'] *Tria sunt munera.* Oratio quam uolueris excepta *Deus qui hodierna.* ¶ Ad Vesperas commemoratio de epiphania. a' *Apertis thesauris.* V' *Reges Tharsis et insule.*

[XLIII.] ¶ Infra octabas [epiphanie].

[Ad matutinas.] Inuit. *Christus apparuit.* Ps. *Venite.* ym' *Christe redemptor.*

[i. Feria secunda.]

Si fuerit feria secunda cantabitur in primo nocturno a' *Celi aperti sunt.*

---

[1] In quatuor partes diuidatur] (not indicated in B1)
[2] *Alia. Presta quesumus omnipotens Deus; ut saluatoris mundi.* [alia.] *Deus cuius unigenitus insubstancia.* [alia.] *Concede quesumus omnipotens Deus; ut salutare tuum.* [alia.] *Illumina quesumus domine populum tuum*: add.B1
[3] *Benedicata et uenerabilis*: P
[4] sine uersu: add.O, interlined by l.h.
[5] Cap. *Ecce gentes quam nesciebas.* or' *Deus qui per huius celebritatis misterium.* or' *Concede nobis omnipotens Deus ut salutare*: add.C (without rubric) / Super horas infra octauas epiphanie dicantur hee a' *Vidimus stellam* ... a' *Omnes de Saba* ... a' *Omnes nationes* ...: add.A, B2 (both giving texts *in extenso*). Ms B2 continues with Feria Secunda, as here in cap.XLIII. Ms A continues: Fiet commemoratio sanctorum de quorum translatione agitur (incorporating the commemorations of the Epiphany, page 00 and note 00.) Then follows Alia feria (cf. cap.XLIII) without antiphons for Matins, but for Lauds a' *Ante luciferum* and In euang. a' *Venit lumen* (cancelled); for Prime a' *Lux de luce* (cancelled); for Terce a' *Vidimus stellam*; for Sext a' *Omnes de Saba*; and for None a' *Omnes nationes.* Then follows Dominica que euenit infra Epiphaniam (here p.00) and Feria Secunda &c. as in text above, with variants as noted.

Psalmi de feria¹ <Exultate.j.> Lectiones de epistolis Pauli. R' *Illuminare illuminare.* R' *Venit lumen.* R' *Omnes de Saba.*²
In secundo nocturno. a' *Speciosus forma.*

In laudibus. a' *Venit lumen.* Ps. *Dominus regnauit.* Capitulum ad libitum. R' *Reges Tharsis et insule.* ym' *Enixa est puerpera. Hostes Herodes.* V' *Tria sunt munera.*³ a' *Apertis thesauris.* Ps. *Benedictus.*⁴

[Ad horas.] Ad Primam. a' ⁵*Vidimus stellam.* Ad Terciam. a' ⁶ *Omnes de Saba.* Ad Sextam. a' ⁷*Omnes nationes.* Ad Nonam. a' ⁸ *Admoniti magi.*

Ad vesperas. a' *Tecum principium.* Quarta antiphona *De fructu.* R' *Omnes de Saba uenient.* ym' *Veni redemptor.* V' *Reges Tharsis.*⁹ a' ¹⁰*Vox de celo.* evovae. Ps. *Magnificat.*

[ii.] ¶ Feria tercia.

In primo nocturno. a' *Psallite Deo nostro.* Psalmi <de feria> *Deus noster refugium.* et alii. R' *Reges Tharsis.* R' *Magi uenerunt ab oriente.* R' *Stella quam uiderant.*¹¹
In secundo nocturno. a' *Vox de celo.*

In laudibus. a' *Apertis thesauris.* Ad *Benedictus* a' *Stella ista.*¹²

---

¹ Psalmi de feria] marg., l.h.: B2
² R' *Illuminare . . . Saba*] incipits by contemporary hand over erasure: O / R' *Reges Tharsis.* R' *Magi uiderunt.* R' *Stella quam uiderant.*: A / (not indicated in B1 or B2)
³ Capitula ad libitum . . . *munera*] om.A
⁴ In laudibus . . . *Benedictus*] om.B2
⁵ *Lux de luce*: B2
⁶ *Vidimus stellam*: B2
⁷ *Omnes de Saba*: B2
⁸ *Omnes nationes*: B2
⁹ a' *Tecum . . . Tharsis*] om.A, B2
¹⁰ *Videntes*: B2
¹¹ R' *Reges . . . uiderant*] incipits by contemporary hand over erasure: O / R' *Stella quam uiderant.* R' *Videntes stellam.* V' *Tria sunt munera*: A / om.B2
¹² In laudibus . . . *ista*] om.B2

THE TEMPORAL

[Ad horas.] Ad primam. a' *Celi aperti sunt. evovae.* Ad terciam. a' *Vidimus stellam.* Ad sextam. a' ¹*Omnes de Saba.* Ad nonam. a' ²*Omnes nationes.*

Ad vesperas ad *Magnificat.* a' ³*Tria sunt munera. evovae.*

[iii.] ¶ Feria quarta.

In primo nocturno. a' *Omnis terra.* Ps. *Deus repulisti nos.* R' *Stella quam uiderant.* R' *Videntes stellam.* R' *Tria sunt munera.*⁴
In secundo nocturno. a' *Reges Tharsis et insule.*

In laudibus. a' *Stella ista.* In euangelio a' *Venit Lumen.*⁵

[Ad horas.] Ad primam. a' *Lux de luce.* Ad terciam. a' *Omnes de Saba.* Ad sextam. a' *Omnes nationes.* Ad nonam. a' *Admoniti magi.*

⁶[Ad vesperas.] Ad *Magnificat.* a' [[**fol.30r**]] *Tria sunt munera.*

[iv.] ¶ Feria quinta.

In primo nocturno. a' *Celi aperti sunt.* <Psalmi de feria *Ut quid Deus.*>⁷In secundo nocturno. a' *Vox de celo.*

[Ad horas.] Ad primam. a' *Vidimus stellam.* Ad terciam. a' *Tria sunt munera.* Ad sextam. a' *Omnes de Saba.* Ad nonam. a' *Omnes nationes.*

[Ad vesperas.] Ad *Magnificat.* a' *Videntes stellam.*

---

[1] *Tria sunt munera*: B2
[2] *Admoniti magi*: B2
[3] *Vox de celo*: B2
[4] R' *Stella ... munera*] incipits by contemporary hand over erasure: O / R' *Videntes stellam.* R' *Hoc est dies.* R' *Ecce aduenit*: A / (not indicated in B1 or B2)
[5] In laudibus ... *lumen*] om.B2
[6] Ms A omits all from here to the end of Feria Sexta of this week
[7] Psalmi ... *Deus*] marg., original hand: B2 / R' *Vidimus stellam.* R' *Hic est dies.* R' *Ecce aduenit*: add.O, marg., contemporary hand

[v.] ¶ Feria sexta.

In primo nocturno. a' *Omnes gentes.* <Psalmi de feria *Inclina domine.*>[1]
In secundo nocturno. a' *Adorate dominum.*

[Ad horas.] Ad primam. a' *Lux de luce.* Ad terciam. a' *Vidimus stellam.*
Ad sextam. a' *Tria sunt munera.* Ad nonam. a' *Admoniti magi.*[2]

[vi. Sabbato]

Dominica que evenit infra epiphaniam: ita fiet. ¶ Sabbato: ad vesperas
<a' *Tecum principium.*> Capitulum de epiphania. quod uolueris. R' *Omnes de Saba.* ym' *Veni redemptor.* V' *Reges Tharsis.* a' *Videntes stellam.*
Ps. *Magnificat.* or' *Vota quesumus domine populi supplicantis.*[3]

Non pretermittatur quin post commemorationem de trinitate. et ad has
[4] et ad alias Vesperas. et in laudibus commemoratio de epiphania fiat.[5]

¶ Ad processionem. que fiet in capellam: R' *Confirmatum est.*[6]

[XLIV.] Dominica prima post Epiphaniam.[7]

[Ad matutinas.] Inuit. *Regem magnum.* Ps. *Venite.* ym' *Christe redemptor.*
In primo nocturno. a' *Afferte domino.*[8] Psalmi de epiphania. Lectiones
[9]*Ait precipuus prophetarum Ysaias.* R'[1] *Illuminare illuminare.* R'[2]
Venit lumen tuum. R'[3] *Omnes de Saba.* R'[4] *Reges Tharsis.* post gloriam: *Reges Tharsis.*

---

[1] Psalmi . . . *domine*] marg., original hand: B2
[2] A2 adds In ueneratione sancte Marie infra Natalem, for which see after Commune Sanctorum below (=Ms O fol.175r)
[3] Si hec dominica accidat septimo die post epiphaniam antiphona erit *Peccata mea domine.* et or' *Omnipotens sempiterne Deus que celestia.* Ad cantica. Euangelium *Nuptie facte sunt.* et ad Benedictus a' *Nuptie.* cetera omnia sicut ibi disposita sunt: add.O, marg., l.h.
[4] Vesperas commemoratio [a'] *Adorate dominum*: add.O, marg., contemporary hand
[5] a' *Apertis thesauris*: add.O, marg., l.h.
[6] que fiet . . . *est*] ut in die totaliter: P
[7] prima post Epiphaniam] secunda post festum Innocentium: A, l.h.
[8] sola: add.O, interlined by contemporary hand
[9] *Salutare nobis est fratres*: B2

In secundo nocturno. a' *Omnes gentes.*[1] Ps. *Inclina domine.* et ceteri. R'[5] *Magi uenerunt.* R'[6] *Stella quam uiderant.* R'[7] *Videntes stellam.* R'[8] *Hic est dies preclarus.* post gloriam. *Cuius stellam.* Ad cantica. a' *Videntes stellam.* <Cant.> *Populus qui ambulabat.* <V' Adorate dominum.> Euang. *Cum factum esset*[2] *Iesus annorum duodecim.* <Hom. *Quod dominus per omnes.*> R'[9] *Hodie in Iordane.* R'[10] *Hodie celi aperti sunt.* R'[11] *In columbe.* R'[12] *Fontes aquarum.* <or' *Vota quesumus domine.*>

In laudibus. a' *Ante luciferum usque mundo apparuit.*[3] Capitulum de epiphania prout uolueris. R' *Reges Tharsis.* ym'[4] *Enixa est. Hostis Herodes.* V' *Tria sunt munera.* a' *Mirabantur omnes.* Ps. *Benedictus.* or' *Vota quesumus domine populi.* <Commemoratio [a'] *Apertis thesauris.*>

Ad primam. a' *Lux de luce.* [[**fol.30v**]]

¶ Missa matutinalis de epiphania.

[Missa] Maior: de dominica. <*In excelso throno.* Ps. *Iubilate Deo. Gloria.* or' *Vota quesumus domine populi.* Ep. *Obsecro uos.* R' *Benedictus dominus.* V' *Suscipiant montes.* Alleluia V' *Iubilate Deo omnes.* Euang. *Cum factus esset dominus Iesus annorum.* Secr. *Oblatum tibi domine.*[5] Comm. *Fili quid.* Postcomm. *Supplices te rogamus.*>

[6]Ad processionem. R' *Hodie in Iordane.* R' *Hodie celi.* Ad introitum. *Tria sunt.*[7]

Ad terciam. a' *Videntes stellam.* Cap. *Surge illuminare.* V' *Omnes de Saba.* or' *Vota quesumus domine.*

Ad sextam. a' *Tria sunt munera.* Capitulum. uersiculus. et oratio de Epiphania.

---

[1] sola: add.O, interlined by contemporary hand
[2] *dominus*: add.B2
[3] sola: add.O, interlined by contemporary hand
[4] om.B2
[5] Pref. *Qui cum unigenitus.* ut supra. [Alia] *Et tibi hanc immolationis*: add.S
[6] Si hac dominica euenerit in die octauum epiphanie uel ante. ad processionem misse *Hodie.* introitum *Tria sunt munera*: add.A, marg., l.h.
[7] R' *Hodie . . . sunt*] ut in die totaliter. similiter autem in festis infra eas [octauas]: P

¶ Ad nonam. a' *Admoniti magi.*

Ad vesperas. a' *Tecum principium.* <Ps. *Dixit dominus.*> et alii. <Capitulum ad libitum de epiphania.> R' *Omnes de Saba.* ym' *Hostis Herodes.* V' *Reges Tharsis.* a' *Puer Iesus* <*proficiebat.*> *evovae.* Ps. *Magnificat.* or' *Vota quesumus domine.*[1]

[XLV.] IN octabis epiphanie [Jan.13].

Ad vesperas. a' *Tecum principium.* Quarta antiphona. *De fructu.* Cap. *Surge illuminare.*[2] R' *Omnes de Saba uenient.* ym' *Veni redemptor.* V' *Reges Tharsis.* a' *Christo datus est* [usque] *seruient ei in eternum.*[3] <Ps. *Magnificat.*> or' *Deus cuius unigenitus.* Post commemorationem de sancta Trinitate; fiat memoria de sancto Hylario. <a' *Amauit eum.*> ac de sancto Viuentio. <a' *Iste cognouit.*> sicut in loco suo habetur.[4]

[Ad matutinas.] ¶ Inuit. *Regem magnum*[5] *dominum.* Ps. *Venite.* ym' *Christe redemptor.*
In primo nocturno. a'[1] *Afferte domino.* [Ps.] *Ipsum.* et alii psalmi de epiphania. ¶ Antiphone tamen mutantur. <a'[2] *Speciosus.* Ps. *Eructauit.* a'[3] *Fluminis impetus.* Ps. *Deus noster.* a'[4] *Psallite Deo nostro.* Ps. *Omnes gentes.* a'[5] *Aqua abluit peccatum.* Ps. *Iubilate Deo.* a'[6] *Pater de celis.* Ps. *Deus iudicium.* V' [6]*Omnis terra.*> ¶ Lectiones sunt proprie <*Vidit Iohannes Iesum uenientem.*> R'[1] *Illuminare illuminare.* R'[2] *Venit lumen tuum.* R'[3] *Omnes de Saba.* R'[4] *Reges Tharsis.*
In secundo nocturno. a'[7] *Omnes gentes.* Ps. *Inclina domine.* et alie antiphone sicut sunt in libro. <a'[8] *Adorate dominum.* Ps. *Cantate.j.* a'[9] *Adorate dominum.* Ps. *Dominus regnauit exultet.* a'[10] *Peccati aculeus.* Ps. *Cantate.ij.* a'[11] *Celi aperti sunt.* Ps. *Dominus regnauit exultet.* V' *Adorate dominum.* R' *In aula.*> R'[5] *Magi ueniunt*[7]. R'[6] *Stella quam uiderant.* R'[7] [8]*Videntes stellam.* R'[8] *Ecce aduenit.* <V' *Et factus est. Et regnum. Gloria.*>

---

[1] Commemoratio a' *Vox de celo*: add.O, marg., l.h.
[2] Quarta antiphona . . . *illuminare*] om.A
[3] *alleluia*: add.B2
[4] Post commemorationem . . . habetur] om.B2
[5] *natum*: B2
[6] *Adorate dominum*: A
[7] *uiderunt*: A / *uenerunt*: B2
[8] *Hic est dies.* V' *Et intrantes. Et munera*: B2

Ad cantica. a' *Descendit spiritus sanctus.* Cant. *Populus qui ambulabat.*
<V' *Adorate dominum omnes angeli.*> Lectiones de euangelio. *Venit*[1] *Iesus a Galilea.* <Hom. *Venit filius Dei baptizari.*> R'[9] *Hodie in Iordane.* R'[10] *Hodie celi.* R'[11] *In columbe.* R'[12] *Fontes aquarum.* <V' *Descendit. Gloria.*> Post *Te Deum laudamus.* pronuncietur ut moris est euangelium. *Factum est autem cum baptizaretur.* <or' *Deus cuius unigenitus.*>

In laudibus. a'[1] *Veterem hominem.* et cetere. <Ps. *Dominus regnauit.* a'[2] *Baptizatur Christus.* a'[3] *Magnum misterium.* a'[4] *Te qui in spiritu.* a'[5] *Caput draconis.*> Cap. *Surge illuminare.* R' *Reges Tharsis.* <V' *Reges arabum. Gloria.*> ym' *Enixa est puerpera.* et *Hostis Herodes.*[2] **[[fol.31r]]** V' *Tria sunt munera.* a' *Precursor* <*Iohannes exultat.*> Ps. *Benedictus.* or' *Deus cuius unigenitus.*[3] ¶ Si dominica dies fuerit: in primis fiet ut consuetudinis est: commemoratio de dominica. a' *Nuptie facte sunt.* V' *Benedictus qui uenit in nomine domini.* Oratio de dominica. De sancta Trinitate. de sancto Hylario. <a' *Ecce sacerdos.*> et de sancto Viuentio confessore. <a' *Euge serue bone.*> Ad Missam matutinalem que tunc etiam erit de Epiphania: fient heedem commemorationes et alie iuxta consuetudinem. et ad processionem que erit cantabuntur eadem responsoria: que in die Epiphanie. ¶ Si autem he octabe extra dominicam diem fuerint: processio minime fiet.

¶ Ad primam. a' *Veterem hominem.*

Ad terciam. a' *Baptizat miles.* Cap. [4]*Surge illuminare.* V' *Omnes de Saba.* or' *Deus cuius unigenitus.*

¶ Missa matutinalis. *Ecce aduenit.* Post primam collectam. scilicet. *Deus cuius unigenitus.* De dominica si ea die euenerit. ¶ Deinde de sancta trinitate. de sancta Maria. de sancto Hylario. de sancto Viuentio. et cetera.[5] ¶ Ep. *Domine Deus meus.* Responsorium. et *Alleluya.* et Offertorium. et <Secreta. et> Communio: <et postcommunio.> sicut ad magnam missam. Euang. *Vidit Iohannes Iesum uenientem.*

---

[1] *dominus*: add.B2
[2] et *Hostis Herodes*] om.B2
[3] Post octabas Epiphanie erunt forme in choro et paruuli: add.O, marg., l.h.
[4] *Et ambulat gentes*: B1
[5] et orationes: add.O, marg., l.h.

Maior missa. *Ecce aduenit.* <V' *Deus iudicium. Gloria.*> or' *Deus cuius unigenitus.* Ep. *Surge illuminare Ierusalem.* R' *Omnes de Saba.* *Alleluia* V' *Vidimus stellam.* Seq. *Epiphaniam domino.* Euang. *Venit dominus Ihesus a Galilea.* Credo. Offert. *Reges Tharsis.* <Secr. *Hostias tibi domine.*> Prefacio. <[1] *Quia cum unigenitus.*> et *Communicantes.* sicut in die epiphanie. ¶ Comm. *Vidimus stellam.* <Postcomm. *Celesti lumine quesumus.*>

Ad sextam. a' *Magnum misterium.* Cap. [2]*Et ambulabunt.* V' *Vidimus stellam.* or' *Presta quesumus omnipotens Deus: ut saluatoris.*

Ad nonam. a' *Caput draconis.* Cap. [3]*Filii tui de longe uenient.* V' *Ab oriente uenerunt.* or' *Illumina quesumus domine.*

Ad vesperas. a' *Tecum principium.* <Ps. *Dixit dominus*>. et alie. Sicut ad alias Vesperas. ¶ Cap. *Omnes sicientes uenite.* R' *Omnes de Saba.* <V' *Et laudem domino. Gloria.*> ym' *Hostis Herodes.* [[**fol.31v**]] V' *Reges Tharsis.* a' *Fontes aquarum.* <Ps. *Magnificat.* or' *Deus cuius unigenitus.*> ¶ Post commemorationem de sancta Trinitate: fiat memoria de sancto Hylario. a' [4]*Amauit eum dominus.* Ac de sancto Felice[5]. a' *Iste cognouit.* Sequenti nocte et die: plenarium fiet seruicium de ipsis sanctis: sicut in loco suo habetur.[6]

---

[1] (from S) / *Quia per incarnati*: M
[2] *Filii tui de [longe]*: B1
[3] *Inundatio camelorum*: B1
[4] *Iustum deduxit*: A
[5] interlined by l.h. over 'Viuentio' cancelled: A
[6] Ms A (fols.75v–76r) continues: Dominica infra octauas natiuitatis. (By l.h.: Dominica prima post festum Innocentium. ad laudes antiphona) *Erat Ioseph et Maria.* (By l.h.: Ad uesperas) a' *Puer Ihesus crescebat.* Dominica prima post epiphaniam (by l.h.: secunda post festum Innocentium.) Sabbato primo post epiphaniam ad uesperas a' *Videntes stellam.* Si uero eue[nerit] ante epiphaniam a' *Beatus uenter.* Ad laudes. a' *Mirabantur omnes.* [Infra ebdomadam.] a' *Fili quid fecisti.* (by l.h.: non dicitur). a' *Maria autem conseruabat.* (by l.h.: non dicitur). (By l.h.: Dominica secunda ad uesperas) a' *Puer Ihesus proficiebat.* Sabbato ad uesperas a' *Peccata me domine.* Dominica secunda (by l.h.: ad laudes) a' *Nuptie facte sunt.* [Infra ebdomadam] a' *Deficiente uino.* a' *Quid michi et tibi est mulier.* a' *Implete ydrias.* a' *Omnis homo primum.* Sabbato (by l.h.: ad uesperas) a' *Hoc fecit initium.* Dominica tercia. a' *Cum autem descendisset.* a' *Domine si tu uis.* a' *Domine puer meus.* a' *Domine non sum dignus.* a' *Tantum domine dic uerbo.* a' *Dixit Iesus centurioni.* In sabbato a' *Multi ab oriente.* Dominica quarta. a' *Ascendente Ihesu.* a' *Domine salua nos . . . tranqilitatem.* a' *Domine salua nos . . . obediunt ei.* a' *Surgens Iesus imperauit.* Ms A (fol.77r) continues with R' *Deus qui sedes* of Sunday vespers and the rest of the Sunday and ferial office as here following, repeating (again in extenso) the antiphons *Mirabantur omnes* and the twenty-one following it as above. There then follows dominica in Septuagesima, as here p.169.

[XLVI.] ¶ Dominica post octabas epiphanie.[1]

Sabbato ad vesperas. a'[1] *Regnum tuum.* Ps. *Confiteantur.* a'[2] *Laudabo.* Ps. *Lauda anima.* evovae. a'[3] *Deo nostro.* Ps. *Laudate dominum.* evovae. a'[4] *Lauda Ierusalem.* Ps. *Lauda Deum tuum Syon.* Cap. *Benedictus Deus et pater.* R' *Deus qui sedes.* <V' *Tibi enim. Gloria.*> ym' *O lux beata trinitas. Te mane laudum. Deo patri sit.* V' *Vespertina oratio.* a' *Peccata mea domine.* Ps. *Magnificat.* or' [2]*Omnipotens et misericors Deus: qui celestia simul.* Commemoratio de Trinitate. a' *Spes nostra.* or' *Concede quesumus omnipotens et misericors Deus: ut sicut in nomine.* ¶ Ad processionem R' *Confirmatum est.*

[Ad matutinas.] Inuit. *Venite adoremus.* Ps. *Venite.* [usque] *Iubilemus ei.* Iterum *Venite adoremus.* V' *Quoniam Deus magnus.* [usque] *Ipse conspicit.* ¶ *Qui fecit nos.* V' *Quoniam ipse est.* [usque] *pascue eius.* V' *Hodie.* [usque] *opera mea.* V' *Quadraginta.* [usque] *In requiem meam.* ¶ *Gloria.* [usque] *Seculorum amen.* ym' *Primo dierum omnium.* In fine *Deo patri.*
In primo nocturno. a'[1] *Domine in uirtute.* et alie. <Ps. [3]*Et super salutare.* Ps. *Deus Deus meus.* a'[2] *Dominus regit me.* Ps. [4]*Ipsum.* Ps. *Domini est terra.* a'[3] *Oculi mei semper.* Ps. *Ad te domine leuaui.* Ps. *Iudica me domine.*> V' *Memor fui nocte.* Lectiones de Epistolis Pauli. <*Paulus seruus Christi Iesu.*> R'[1] *Domine ne in ira.* V' *Timor et tremor* [usque] *et dixi.* r' *Miserere.* R'[2] *Mane exaudies.* <V' *Neque habitabit. Mane.*> R'[3] *Deus qui sedes.* [ut supra ad uesperas.] R'[4] *A dextris est.* <V' *Conserua me.*> post gloriam r' *Propter hoc.*[5]
In secundo nocturno. a'[4] *Illuminatio mea.* <Ps. *Dominus illuminatio.* Ps. *Ad te domine clamabo.*> Alia antiphona in quadragesima *Dominus defensor.* <a'[5] *Adorate dominum.* Ps. *Afferte domino.* Ps. *Exaltabo te.* a'[6] *In tua iusticia.* Ps. *In te domine speraui.* Ps. *Beati quorum.*> V' *Media nocte.* R'[5] *Custodi me domine.* V' *Mirifica misericordias. Sub umbra.*> R'[6] *Diligam te domine.* <V' *Laudans inuocabo. Dominus.*> R'[7] *Firmamentum.* <V' *Protector meus. Deus meus.*> R' *Domini est terra.* <V' *Ipse super. Orbis.*> Post gloriam:

---

[1] post octabas epiphanie] secunda post epiphaniam: B2
[2] *Vota quesumus domine supplicantis populis*: B1
[3] *Ipsum*: B1, B2
[4] *Super aquam*: B1
[5] R' *Notam michi fecisti.* V' *Conserua me. Delectationes*: add.A

THE FÉCAMP ORDINAL

Iterum [1]*domini est terra.*
Ad cantica. a' [2]*Alleluia alleluia. evovae.* Cant. *Domine miserere nostri te expectauimus.* <Cant. *Audite qui longe.* Cant. *Miserere domine plebi.*> V'
Exultare domine. Euang. [3]*Nuptie facte sunt.* <Hom. [4]*Aperta est nobis fratres karissimi sancti euangelii lectio recitata.*> R'[9] *Ad te* [[**fol.32r**]] *domine.* <V' *Neque irrideant. Deus.*> R'[10] *Audiam domine.* <V' *Domine dilexi. Ut enarem.*> R'[11] *Abscondi tanquam aurum.* <V' *Quoniam iniquitatem. Miserere.*> R'[12] *Peccata mea domine.* <V' *Quoniam iniquitatem. Sana. Gloria.*>[5] R'[13] *Afflicti pro peccatis.* Duodecimum responsorium *Benedicat nos Deus.*[6] <Euang. *Nuptie facte sunt.* or' *Omnipotens sempiterne Deus qui celestia.*>

In laudibus. a'[1] [7]*Alleluia. evovae.* Ps. *Miserere mei.* Ps. *Confitemini domino.* Ps. *Deus Deus meus.* a'[2] [8]*Tres quasi ex uno.* [9] alia [a'3] [10]*Tres in fornace.* [11] alia[12] [a'4] [13]*Hymnus dicamus.* [14] Ps. [15]*Benedicite.* a'[5] [16]*Alleluia. evovae.* Ps. *Laudate dominum.* Cap. *Benedictio et claritas.* R' *Hec est dies.* V' *Exultemus.* <*Quam. Gloria. Hec.*> ym' *Eterne rerum conditor.* V' *Dominus regnauit.* a' [17]*Nuptie facte sunt.* Ps. *Benedictus.* <or' *Omnipotens sempiterne Deus qui celestia.*> Ad commemorationem de trinitate. a' *Vna igitur.* et alia *Te iure laudant.* or' *Concede quesumus omnipotens et misericors Deus: ut sicut in nomine dilecti.*

---

[1] (regressio not indicated in A)
[2] *De Syon exibit lex*: A, cancelled / *Alleluia.iv.*: add.A, interlined by l.h./ *Alleluia.iij.*: B2
[3] *Cum esset Iesus annorum duodecim*: B1
[4] *Quod dominus noster*: B2
[5] R' *Abscondi . . . Gloria*] These two responds in reverse order in A, B1 and B2 / R' *Abscondi . . .*] cancelled, and with an illegible note, marg., l.h.: A
[6] R' *Afflicti . . . Deus*] om.A, B1, B2
[7] *Dico uobis. alleluia. alleluia. alleluia*: B1 / *Alleluia.vij.* over *Dico vobis* cancelled: A / - *Alleluia.iij.*: B2
[8] *Hymnus dicamus*: B1
[9] Ps. *Benedicite*: add.B1, with incipit over erasure
[10] *Tres quasi*: B1
[11] Ps. *Benedicite*: add.B1, with incipit over erasure
[12] *Tres quasi . . . alia*] om.A, B2
[13] *Tres in fornace*: B1
[14] a' *Tres quasi.* a' *Tres in fornace*: add.A, with the first cancelled / *Tres quasi ex uno*: add.B2, marg., original hand
[15] over erasure: B1
[16] *In domine laudabitur*: B1
[17] *Mirabuntur omnes*: B1

154

Alie super ebdomadam. [in euangelio] a' *Quid[1] michi et tibi est mulier. evovae.* a' *Implete ydrias. evovae.* a' *Deficiente uino. evovae.*[2]

¶ Ad primam. ym' *Iam lucis orto.* a' [3]*Alleluia alleluia. evovae.* Ps. *Beati immaculati.* et alie. <Ps. *In quo corrigit.* Ps. *Retribue seruo.* Ps. *Adhesit.*> Tam in dominicis diebus quam in festis duodecim lectionibus extra aduentum domini: et septuagesimam. atque quadragesimam. ¶ Cap. *Regi autem seculorum.* In aduentu domini et a septuagesima usque ad pascha: tam in dominicis diebus quam in festis que celebrantur cum duodecim lectionibus. ¶ Cap. *Domine miserere nostri te expectauimus.*[4] V' *Exurge domine adiuua nos. Kyrieleyson. Pater noster. Credo in Deum.* Preces. *Repleatur os meum.* Vsque *Domine exaudi orationem meam.* Subiungatur Ps. *Quicumque uult.* Quo decantato: dicat sacerdos *Benedicat nos Deus Deus noster benedicat.* or' *Omnipotens sempiterne Deus qui dedisti famulis.* In omnibus aliis diebus cantatur. *Quicumque uult* cum psalmis ante antiphonam. Et nisi fuerit festum duodecim lectionum: dicitur Cap. *Pacem et ueritatem.* et or' *Domine Deus qui ad principium.* ¶ In festis uero que cum duodecim lectionibus celebrantur: dicitur Cap. [[**fol.32v**]] *Regi autem seculorum.* et or' *In hac hora.*

Ad terciam. <ym' *Nunc sancte nobis.*> a' [5]*Alleluia.* Ps. *Legem pone.* et alie. <Ps. *Et ueniat super.* Ps. *Memor esto.*> Cap. *Deus caritas est.* V' *Ego dixi domine.* <or' [6]*Vota quesumus domine.*>[7]

<[Maior missa.] *Omnis terra adoret.* Ps. *Iubilate Deo omnis. Gloria.* or' *Omnipotens sempiterne Deus qui celestia.* Ep. *Habentes donationes.* R' *Misit dominus uerbum.* V' *Confiteantur domino. Alleluia* V' *Laudate Deum.* Euang. *Nuptie facte sunt.* Offert. *Iubilate Deo uniuersa.* Secr. *Vt tibi grata.*[8] Comm. *Dicit dominus implete.* Postcomm. *Augeatur in nobis.*>

---

[1] *Qui* (†): O
[2] *Quid michi . . . uino. evovae.*] *Deficiente. Quid. Implete.* a' *Omnis homo primum*: A, B2 / a' *Fili quid fecisti nobis.* Ps. *Magnificat. evovae.* a' *Maria autem conservabat. evovae.* a' *Puer Iesus proficiebat. evovae*: B1
[3] *Alleluia.ix.* over *Ortus conclusus* cancelled: A / *Ortus conclusus. alleluia*: B1 / *Alleluia*: B2
[4] *In aduentu domini . . . expectauimus*] not mentioned in B1
[5] *Alleluia.v.* over *Christi uirgo* cancelled: A / *Alleluia.ij.*: B2
[6] (from B1) / *Omnipotens sempiterne Deus qui celestia*: B2
[7] Ad processionem misse. a' *O Maria.* [Ad] introitum a' *O beata infancia.* modo accidat post octabas epiphanie: add.O, marg., l.h.
[8] Pref. *Semperque uirtutes tuas*: add.S

THE FÉCAMP ORDINAL

Ad sextam. <ym' *Rector potens uerax.*> a' [1]*Alleluia. Inter natos. evovae.* Ps. [2]*Defecit.* <Ps. *Porcio mea.* Ps. *Bonitatem.* Ps. *Manus tue.*> Cap. *Alter alterius.* V' *Dominus regit me.* or' [3]*Deus qui conspicis omni nos uirtute.*

Ad nonam. <ym' *Rerum Deus.*> a' [4]*Alleluia. Innuebant. evovae.* Ps. [5]*Mirabilia.* <Ps. *Defecit.* Ps. *In eternum.* Ps. *Quomodo.*> Cap. *Empti enim estis.* V' *Ab occultis meis.* or' [6]*Subueniat nobis* [7] *domine misericordia tua: ut ab imminentibus.*

¶ Ad vesperas. a' *Dixit dominus.* Ps. [8]*Domino meo. evovae.* a' *Fidelia. evovae.* Ps. *Confitebor.* a' *In mandatis. evovae.* Ps. *Beatus uir.* a' *Sit nomen domini.* Ps. *Laudate pueri. evovae.* [9] Cap. *Benedictus Deus et pater.* R' *Quam magnificata.* <V' *Omnis in sapientia. Gloria. Quam.*> ym. *Lucis creator optime. Qui mane uinctum uesperi. Ne mens grauata crimine. Celorum pulset intimum. Presta pater.* V' *Dirigatur domine.* a' [10]*Omnis homo primum. evovae.* Ps. *Magnificat.* <or' *Omnipotens sempiterne.*> Ad commemorationem de sancta Trinitate: a' *O beata et benedicta.* Alia a' *Gloria tibi trinitas.* or' *Concede quesumus omnipotens et misericors.*

Ad complectorium. Ps. *Cum inuocarem. et ceteri.* <Ps. *Qui habitat.* Ps. *Ecce nunc benedicite.*> ym' *Te lucis ante terminum.* Alius in hyeme feriatis diebus. a[tque] f[estis]. *Christe qui lux es et dies.* Cap. *Tu autem in nobis.* V' *Custodi nos domine. Kyrieleyson. Pater noster. Credo in Deum.* Preces. *Benedictus es domine Deus patrum nostrorum et.* et cetera. Post orationem. *Visita quesumus domine habitationem.* Dicatur. *Benedictio Dei patris et filii.*

---

[1] *Alleluia.v.* over *Inter natos* cancelled: A / *Inter natos. alleluia*: B1 / *Alleluia.ij.*: B2
[2] (†)
[3] This prayer, and or' *Subueniat nobis* for Nones below, are the first two of a series of 'orationes feriales cotidie ad omnes horas' in C (fol.79r). At this place (fol.23v) C has, without rubrics, or' *Conserua quesumus domine familiam*, and or' *Auxiliare domine populo tuo.*
[4] *Alleluia.vij.* over *Innuebant* cancelled: A / *Alleluia.ij.*: B2
[5] (†)
[6] See note above.
[7] *quesumus*: add.C, B2
[8] *Ipsum*: B2
[9] a' *Alleluia.ij.*: add.A
[10] *Fili quid fecisti. Vt supra*: B1

156

[i.] ¶ Feria secunda.

[Ad matutinas.] Inuit. *Venite exultemus domino*. Ps. [1]*Iubilemus Deo*. ym' *Somno refectis artubus*. In primo nocturno. a' *Rectos decet*. et alie. <Ps. *Exultate iusti*. Ps. *Benedicam dominum*. a' *Expugna impugantes*. Ps. *Iudica domine nocentes*. a' *Spera in domino*. Ps. *Noli emulari*. Ps. *Declina a malo*. a' *Ne in ira tua*. Ps. [2]*Domine ne in furore*.> V' *Domine in celo*. Lectiones: de epistolis Pauli. <*Iustificati ex fide pacem*.> R' *Quam magna*. <V' *Et perfecisti. Quam*.> R' *Benedicam dominum*. <V' *In domino. Semper*.> R' *Delectare in domino*. <V' *Spera in domino. Et dabit*.> [3]*Gloria*.>
In esta-[[**fol.33r**]]-te dicatur sola lectio *Consurge lauda in nocte*. Cum R' *Benedicam dominum*. <V' *Semper laus. Gloria*.>[4]
In secundo nocturno. a' [5]*Alleluia. Vt non delinquam*. Ps. *Dixi custodiam*. et ceteri. A septuagesima usque ad pascha: a' *Vt non delinquam*. et alie. <Ps. *Dixi custodiam*. Ps. *Expectans*. a' *Sana domine*. Ps. *Beatus uir qui intelligit*. Ps. *Quemadmodum*. a' *Eructauit cor meum*. Ps. *Deus auribus*. Ps. *Eructauit*.> Cap. *Vigilate state*. V' *Ego dixi domine*. or' [6]*Illumina quesumus domine tenebras*.

In laudibus. a'[1] *Miserere mei Deus*. et cetere. <Ps. [7]*Secundum magnum*. a'[2] *Intellige clamorem*. Ps. *Verba mea*. a'[3] *Domine in celo*. Ps. *Dixit iniustus*. a'[4] *Conuersus est*. Ps. *Confitebor*. a'[5] *In ecclesiis*. Ps. *Laudate*.> Cap. *Nox precessit*. R' *Domine in celo misericordia tua*. <V' [8]*Et usque ad. Gloria*.> ym' *Splendor paterne glorie*. In fine *Deo patri*. <V' *In matutinis domine*.> In euangelio. a' *Benedictus*. Ps. [9]*Ipsum*. Nisi proprie antiphone de euangelio transacte dominice. <*Kyrieleyson. Pater noster*. Preces. *Ego dixi domine*. Ps. *Miserere*. Ps. *Beati quorum*. Ps. *Inclina domine*. V' *Domine Deus uirtutum*.> or' *Matutina supplicum*. ¶ Commemoratio de Trinitate. a' *O beata benedicta*. et alia a' *Laus et perhennis gloria*.

---

[1] *Venite*: B2
[2] *Neque*, altered by l.h. to *Domine*: A
[3] (not indicated: B1)
[4] In hieme. Lectio prima. *Notum uobis facio fratres*: add.B1
[5] *Alleluia.ij.* interlined over *Ut non delinquam* cancelled: A / *Alleluia.ij*.: B2
[6] *Illumina domine quesumus in te corda*: B1, B2 (The prayer in O, which is that for Feria Tertia below, may be given in error.)
[7] *Ipsum*: B2
[8] *Et ueritas tua*: A, B1
[9] *Quia uisitauit*: B2

Ad primam. <ym' *Iam lucis orto.*> a' *Seruite domino.* Ps. *Beatus uir.* et alii. *evovae.* <Ps. *Quare fremuerunt.* Ps. *Domine ne in furore.j.* Ps. *Quicunque uult.*> Cap. *Pacem et ueritatem.* V' *Exurge domine.* or' *Domine Deus qui ad principium.*

Ad terciam. a' *Adiuua me. evovae.* Ps. *Lucerna pedibus.* <Ps. *Iniquos odio.* Ps. *Feci iudicium.*> Cap. *Sana me domine et sanabor.* V' *Adiutor meus esto domine.* [1] or' *Vox clamantis ecclesie.*

Ad sextam. a' *Aspice in me domine. evovae.* Ps. *Mirabilia.* et ceteri. <Ps. *Iustus es.* Ps. *Clamaui in toto.*> Cap. *Alter alterius.* V' *Dominus regit me.* or' *Propiciare domine supplicationibus.*

Ad nonam. a' *Fiat manus tua domine. evovae.* Ps. *Vide humilitatem.* et alii. <Ps. *Principes persecuti.* Ps. *Appropinquet.*> Cap. *Empti enim estis.* V' *Ab occultis.* or' *Propiciare* [2] *domine iniquitatibus nostris. et exorabilis.* Alia or' [3]*Fideles tuos domine quesumus corpore pariter et mente.* alia [4] *Dies nostros quesumus domine placatus intende.* [alia] *Quesumus omnipotens Deus ne nos tua misericordia derelinquat.* alia *Presta quesumus omnipotens Deus ut inter innumeros.* alia *Adesto domine supplicationibus nostris*[5]. *et spem tuam in tua misericordia collocantes.*[6]

¶ Ad vesperas. a' *Facta est Iudea. evovae.* Ps. *In exitu.* Alia antiphona in quadragesima. *Nos qui uiuimus. evovae.*[7] a' *Inclinauit dominus.* Ps. *Dilexi quoniam.* a' *Laudate* [[**fol.33v**]] *dominum. evovae.* Ps. *Credidi propter.* Ps. *Laudate dominum.* a' *Benediximus uobis. evovae.* Ps. *Sepe expugnauerunt.* Cap. *Benedictus Deus et pater.* R' *Adiutorium nostrum.* <V' *Qui fecit celum. Gloria. Adiutorium.*> ym' *Immense celi conditor. Firmans locum celestibus. Infunde nunc piissime. Lucem fides inueniat. Presta pater.* V' *Dirigatur domine.* a' *Magnificat anima.* <Ps. *Magnificat.*> or'

---

[1] Ad terciam in estate: add.B2, marg., l.h.
[2] *quesumus*: add.B2
[3] *Gaudeat domine plebs . . . consuete misericordie*: B2 / *Gaudeat domine quesumus plebs . . . optate misericordie*: C, with *optate* cancelled
[4] Ad nonam in estate: add.B2, marg., l.h.
[5] *supplicationibus nostris*] *supplicibus tuis*: C
[6] *Quesumus omnipotens Deus . . . collocantes*] Alia or' *Familie tue domine quesumus esto.* alia or' *Proficiat quesumus plebs tibi.* or' *Deus qui conspicis omni nos.* alia or' *Subueniat nobis.* ut supra.: B2
[7] Alia antiphona . . . *uiuimus. evovae*] om.B2

Oriatur domine nascentibus. Ad commemorationem de sancta trinitate. a' *O uera summa.* et alia. a' *Gloria laudis.*

[ii.] ¶ Feria tercia

[Ad matutinas.] Inuit. *Iubilemus Deo.* Ps. *Venite. Iubilemus ei.* Et sic terminantur alii uersus. tam in hac feria quam in omnibus aliis tocius ebdomade. ym' *Consors paterni luminis.*
In primo nocturno. a' *Adiutor in tribulationibus.* Ps. *Deus noster refugium.* et ceteri. <Ps. *Omnes gentes.* a' *Magnus dominus.* Ps.[1] *In ciuitate.* Ps. *Audite hec.*[2] a' *Deus deorum.* Ps.[3] *Et uocauit.* Ps. *Quid gloriaris.*> V' *Immola Deo.* Lectiones de epistolis Pauli. <*Fratres. Renouamini spiritu.*> R' *Auribus percipe.* <V' *Dixi custodiam. Quoniam.*> R' *Statuit dominus.* <V' *Expectans expectaui. Et immisit.*> R' *Ego dixi domine.* <V' *Domine ne in ira. Sana. Gloria.*>
In estate. Lect. *Dominus sapientia sua*[4]. R' *Deus in nomine tuo.* <V' *Et in uirtute. Gloria. Deus in nomine.*>[5]
In secundo nocturno. a' [6]*Alleluia alleluia. Iuste iudicate.* a' *Auertet dominus.* et alie. Ps. *Dixi insipiens.* et ceteri. <Ps. *Deus in nomine tuo.* a' *Intende in me.* Ps. *Exaudi Deus orationem.* Ps. *Miserere mei Deus quoniam.* a' *Iuste iudicate.* Ps. *Si uere.* Ps. *Eripe me de inimicis.* Euang. *Vigilate state in fide.*> V' *Deus uitam meam.* <or' *Illumina quesumus domine tenebras.*>

In laudibus. a'[1] *Secundum magnum.* et cetere. Ps. *Miserere mei Deus miserere.* <a'[2] *Salutare uultus.* Ps. *Iudica me.* a'[3] *Quoniam in te.* Ps. *Miserere mei Deus.* a'[4] *Cunctis diebus.* Ps. *Ego dixi.* a'[5] *Celi celorum.* Ps. *Laudare.* Cap. *Nox precessit.* R' *Miserere mei Deus.* V' *Quoniam in te. Gloria.*> ym' *Ales diei nuncius.* V' *In matutinis domine.* a' *Erexit dominus nobis.* Ps. *Benedictus.* or' *Emitte quesumus domine lucem tuam.* ¶ Ad commemorationem de sancta Trinitate. a' *O uera summa.* et alia. a' *Laus Deo patri.*

---

[1] *Ipsum*: B2
[2] a' *Magnus dominus . . . hec*] add.B2 by original hand in lower margin
[3] *Ipsum*: B2
[4] *fundauit terram*: B2
[5] R' *Deus in nomine . . . nomine*] cancelled: A
[6] *Alleluia.iij.* over *Iuste iudicate* cancelled: A / *Iuste iudicate.* a' *Alleluia*: B1 / *Alleluia.ij.*: B2

Ad primam. a' *Domine Deus meus.* Ps. ¹*Ipsum.* et alii. *evovae.* <Ps. *Domine dominus noster.* Ps. *Confitebor tibi.*> [Ps. *Quicunque uult.*] ²<Cap. *Pacem et ueritatem.* V' *Exurge domine adiuua.*>

Ad terciam. a' *Clamaui et exaudiuit.* <Ps. *Ad dominum cum.* Ps. *Leuaui oculos.* Ps. *Letatus sum.* Cap. *Sana me domine.* V' *Adiutorium.* or' *Gaudeat domine plebs tua.*>

Ad sextam. a' *Qui habitas in celis*³. <Ps. *Ad te leuaui.* Ps. *Nisi quia.* Ps. *Qui confidunt.* [Cap.] *Alter alterius.* V' *Domine regnauit.* or' *Fideles tuos domine.*>

Ad nonam. a' *Facti sumus. evovae.* <Ps. *In conuertendo.* Ps. *Nisi dominus.* Ps. *Beati omnes.* or' *Dies nostros quesumus domine placatus intende.*>

Ad vesperas. a'[1] *De profundis.* Ps. ⁴*Domine exaudi uocem meam.* a'[2] *Speret Israel. evovae.* Ps.[3] *Domine non est.* a'[4] *Et omnis mansuetudinis.* Ps. *Memento domine.* a'[5] *Ecce quam bonum.* Ps. ⁵*Habitare fratres in unum.* <Cap. *Benedictus.* R' *Adiutorium.*> ym' *Telluris ingens conditor. Vt germen aptum. Mentis peruste uulnera. Iussis tuis obtemperet. Presta pater.* V' *Dirigatur.* a' *In Deo salutari.* Ps. *Magnificat.* or' *Tuus est dies domine et tua est nox: concede solem iusticie.* [[fol.34r]] Ad commemorationem de sancta Trinitate. a' *Gloria et honor.* et alia a' *Ex quo omnia.*

[iii.] ¶ Feria quarta.

[Ad matutinas.] Inuit. *In manu tua domine.* Ps. *Venite.* ym' *Rerum creator optime.*
In primo nocturno. a' *Da nobis domine.* Ps. *Deus reppulisti nos.* et ceteri. <Ps. *Exaudi Deus deprecationem.* a' *Benedicite gentes.* Ps. *Nonne Deo.* Ps. *Iubilate Deo.* a' *In ecclesiis benedicite.* Ps. *Exurgat Deus.* Ps. *Benedictus dominus.*> V' *Benedicite gentes Deum nostrum.* <Lectiones *Quicunque baptizati sumus.*> R' *Paratum cor meum.* <V' *Exurge gloria. Cantabo.*> R' *Adiutor meus.* <V'

---

¹ *Saluum me fac*: B1, B2
² (from B1)
³ *celo*: A
⁴ *Ipsum*: B2
⁵ *Ipsum*: B2

Eripe me. Deus meus.> R' *Exaudi Deus.* <V' *Dum anxiaretur. A finibus. Gloria.>*
Lectio in estate. *Diligite iusticiam.* R' *In te domine speraui.* <V' *In iusticia tua. Gloria.>*[1]
In secundo nocturno. a' [2]*Alleluia. Quam bonus.* a' *Querite dominum.*[3] et cetere. Ps. *Saluum me fac Deus.* et alii. <Ps. *Exaudi me domine.* a' *Domine Deus in adiutorium.* Ps. [4]*Ad adiuuandum.* Ps. *In te domine speraui.ij.* a' *Quam bonus.* Ps. *Deus iudicium.* Ps. *Quam bonus.>* V' *Gaudebunt labia.* <or' [5]*Tua nos domine gracia.>*

In laudibus. a'[1] *Amplius laua me.* et cetere. <Ps. *Miserere.* a'[2] *A timore inimici.* Ps. *Exaudi Deus orationem.* a'[3] *Te decet ymnus.* Ps. *Et tibi.* a'[4] *Dominus iudicabit.* Ps. *Exultauit cor.* a'[5] *Cantate domino canticum.* Ps. *Laudate.* Cap. *Nox precessit.>* R' *Exaudi nos Deus salutaris.* <V' *Spes omnium. Gloria.>* ym' *Nox et tenebre et nubilia.* V' *In matutinis domine.* a' [6]*Salutem ex inimicis.* Ps. *Benedictus.* or' *Deus qui uigilantes.* Ad commemorationem de Trinitate: a' *Te iure laudant.* et alia a' *Libera nos salua.*

Ad primam. a' *Exurge domine.* <Ps.> [7]*Iudicentur gentes in conspectu tuo.* et alii <Ps. *In domino confido.* Ps. *Saluum me fac.* Ps. *Quicunque uult.>*

Ad terciam. a' *Vnde ueniat auxilium.* evovae. <Ps. *Ad dominum.* Ps. *Leuaui oculos.* Ps. *Letatus sum.* Versiculus et capitulum ut supra feria secunda. or' *Familie tue domine quesumus.*

Ad sextam. a' *Miserere nobis.* evovae. <Ps. *Ad te leuaui.* Ps. [8]*Dominus regnauit.* Versiculus et capitulum ut supra feria secunda. or' [9]*Presta quesumus omnipotens Deus ut inter.>*

---

[1] R' *In te domine ... Gloria*] cancelled: A / In hyeme. Lectio prima. *Nolite esse prudentes*: add.B1
[2] *Alleluia.ij.* over *Quam bonus* cancelled: A / *Alleluia.ij.*: B2
[3] a' *Alleluia ... dominum*] Alleluia. alleluia. Querite dominum: B1
[4] *Ipsum*: B2
[5] (Ms C has this prayer for Dominica XVIII post Pentecosten; but see p.166 fn.3.)
[6] *Erexit dominus nobis cornu*: B1
[7] *Ipsum*: B2 / (not indicated: B1)
[8] *Nisi quia.* Ps. *Qui confidunt*: B2
[9] *Nostris domine propiciare temporibus*: B1

Ad nonam. a' *Conuerte iam domine. evovae.* <Ps. *In conuertendo.* Ps. *Nisi dominus.* Ps. *Beati omnes.* Versiculus et capitulum[1] ut supra feria secunda. or' *Proficiat domine quesumus plebs tibi.*[2]>

Ad vesperas. a'[1] *Laudate nomen domini.* Ps. [3]*Laudate serui domini.* a'[2] *Quoniam.* Ps. *Confitemini. evovae.* a'[3] *Ymnum cantate. evovae.* Ps. *Super flumina.* a'[4] *In conspectu angelorum.* Ps. *Confitebor. evovae.* <capitulum et responsorium ut supra feria secunda.> ym' *Celi Deus sanctissime. Quarto die qui flammeam. Vt noctibus uel lumini. Illumina cor hominum. Presta pater.* V' *Dirigatur.* a' [4]*Magnificemus.* Ps. *Magnificat.* or' *Vespertina laudis officia.* ¶ Ad commemorationem de trinitate. a' *In patre manet.* et alia. a' *Karitas pater.*

[iv.] ¶ Feria quinta.

[Ad matutinas.] Inuit. *Dominum qui fecit nos.* Ps. *Venite.* ym' *Nox atra rerum contegit.*
In primo nocturno. a'[1] *Liberasti uirgam.* Ps. *Vt quid Deus reppulisti.* et ceteri. <Ps. *Confitebimur.* a'[2] *Tu es Deus.* Ps. *Voce mea.* a'[3] *Inclinate aurem.* Ps. *Attendite.* Ps. *Et dilexerunt*[5]. a'[4] *Propter nomen.* Ps. *Deus uenerunt.*> V' *Deus in sancto uia tua.* <Lect.[6] *Sicut per unius hominis.*> R'[1] *Deus in te speraui.* <V' *Esto michi. In tua.*> R'[2] *Repleatur os meum.* <V' *Gaudebunt labia. Dum.*> R'[3] *Gaudebunt labia mea.* <V' *Sed et lingua. Et anima. Gloria.*>[7]
Lectio in estate. *Qui confidunt in domino intelligent.* R' *Exultate Deo.* <V' *Iubilate Deo. Gloria.*>[8]
In secundo nocturno. a'[5] [9]*Alleluia. Benedixisti domine.* a'[6] *Exultate* ⟦ fol.34v ⟧ *Deo.* Ps. *Qui regis.* et ceteri. <Ps. *Exultate Deo.* a'[7] *Tu solus altissimus.* Ps. *Deus stetit.* Ps. *Deus quis similis.* a'[8] *Benedixisti domine.* Ps. *Quam dilecta.* Ps. *Benedixisti.*> V' *Beati qui habitant.* <or' *Salua nos omnipotens Deus et lucem.*>

---

[1] *Empti enim estis*: B1
[2] or' *Proficiat . . . tibi*] add.B2, marg., original hand
[3] *Ipsum*: B2
[4] *Fecit michi Deus meus*: A, B1, B2
[5] Ps. *Attendite.* Ps. *Et dilexerunt*] by l.h. over erasure: A
[6] In hyeme: add.B1
[7] R' *Deus in te speraui . . . Gloria*] cancelled: A
[8] R' *Exultate . . . Gloria*] cancelled: A
[9] *Alleluia.iij.* over *Benedixisti* cancelled: A / *Alleluia.iij.*: B1 / *Alleluia.ij.*: B2

In laudibus. [a' 1] *Tibi soli peccaui.* et cetere. <Ps. *Miserere.* a'[2] *Intret oratio mea.* Ps. *Domine Deus salutis.* a'[3] *Domine refugium.* Ps. [1]*A generatione.* a'[4] *In eternum dominus.* Ps. *Cantemus domino.* a'[5] *In sanctis eius.* Ps. *Laudate dominum.* Cap. *Nox precessit.*> R'[2] *Domine refugium factus.* <V' *A generatione. Gloria.*> ym' *Lux ecce surgit aurea.* V' *Repleti sumus mane.* a' *In sanctitate.* Ps. *Benedictus.* or' *Gracias tibi agimus domine sancte pater omnipotens* [3] *Deus qui.* Ad commemorationem de sancta trinitate. a' *Sanctus sanctus.* et alia. a' *Verax est pater.*

Ad primam. a' *Cantabo domino. evovae.* Ps. *Vsquequo domine.* et alii. <Ps. *Dixit insipiens.* Ps. *Domine quis habitabit.*> [Ps. *Quicunque uult.* et cetera ut supra.]

Ad terciam. a' *Auxilium meum. evovae.* <Ps. *Ad dominum.* Cap. *Sana me domine.* V' *Adiutorium.* or' *Protegat domine quesumus tua dextera.*>

Ad sextam. a' *Laqueus contritus est. evovae.* <Ps. *Ad te leuaui.* Cap. *Alter alterius.* V' *Dominus regnauit.* or' *Respice domine propicius plebem tuam.*>

Ad nonam. a' *Nisi tu domine. evovae.* <Ps. *In conuertendo.* or' *Adesto domine supplicationibus nostris.*>

Ad vesperas. a' *Domine probasti me.* Ps. [4]*Tu cognouisti sessionem meam et resurrectionem meam.* <Ps. *Ego dixi forsitan.*> a' *A uiro iniquo. evovae.* Ps. *Eripe me.* a' *Domine clamaui.* Ps. [5] *Intende cum clamauero ad te.* <Cap. *Benedictus.* R' *Adiutorium.*> ym' *Magne Deus potentie. qui. Dimersa limphis imprimens. Largire cunctis seruulis. Vt culpa nullum deprimat. Presta pater.* V' *Dirigatur.* a' [6]*Fecit michi Deus meus. evovae.* Ps. *Magnificat.* <or' *Exaudi domine famulos tuos uespertina.*> Commemoratio de trinitate. a' *Gloria et honor.* alia a' *Adesto Deus unus.*

---

[1] *Ipsum*: B2
[2] a' (†): O
[3] *eterne*: add.B2, C
[4] *Ipsum*: B2
[5] *Ipsum*: B2
[6] *Magnificemus Christum regem*: A, B2

[v.] Feria sexta.

[Ad matutinas.] Inuit. *Adoremus dominum*. Ps. *Venite*. ym' *Tu Trinitatis unitas*.
In primo nocturno. a' *Inclina domine*. Ps. [1]*Quoniam inops et pauper sum ego*. et ceteri. <Ps. *Fundamenta*. a' *Benedictus dominus*. Ps. *Misericordias domini*. Ps. *Tunc locutus es*. a' *Exaltare qui*. Ps. *Dominus regnauit*. Ps. *Deus ultionum*.> V' *Intret oratio mea*. <Lectiones. *Mortificate membra uestra*.> R' *Confitebor tibi domine*. <V' *Et eripuisti. Quia*.> R' *Misericordia*. <V' *Deus iniqui. Et liberasti*.> R' *Factus est michi*. <V' *Deus ultionum. Et Deus*. [2]*Gloria*.>
Lectio in estate. *Benignus es spiritus sapientie*. R' *Misericordias tuas domine*. <V' *A generatione. Gloria*.>[3]
In secundo nocturno. a' [4]*Alleluia alleluia. Quia mirabilia*. a' *Cantate domino*. Ps. *Cantate domino*.<j.> et ceteri. <Ps. *Dominus regnauit exultet*. a' *Quia mirabilia*. Ps. *Cantate.ij*. Ps. *Dominus regnauit irascantur*. a' *Iubilate Deo*. Ps. [5]*Seruite domino*. Ps. *Misericordiam*.> V' *Beatus homo*. <or' *Exaudi nos misericors Deus*.>

In laudibus. [a' 1] *Spiritu principali*. et cetere. <Ps. *Miserere*. a'[2] *In Israel magnum*. Ps. *Notus in Iudea*. a'[3] *Bonum est confiteri*. Ps. [6] *Et psallere*. a'[4] *Domine audiui*. Ps. [7]*Auditum tuum*. a'[5] *In tympano*. Ps. *Laudate*. Cap. *Nox precessit*.> R' *Ad annunciandum*. <V' *Et ueritatem. Gloria*.> ym' *Eterna celi gloria*. V' *Repleti sumus*. a' *Per uiscera misericordie*. Ps. *Benedictus*. <or' *Te lucem ueram et lucis auctorem*.> ¶ Commemoratio de trinitate. a' *Benedictio et claritas*. alia *Te unum in substantia*.

Ad primam. a' *Conserua me domine*. Ps. *Dixi domino. evovae*. <Ps. *Exaudi domine iusticiam*. Ps. *Diligam te domine*.> [Ps. *Quicunque uult*. et cetera ut supra.]

Ad terciam. a' *Letatus sum*. [[**fol.35r**]] *evovae*. <Ps. *Ad dominum*.> [Et cetera ut supra feria tercia.] <or' *Libera quesumus domine*[8] *a peccatis*.>

[1] *Ipsum*: B2
[2] (not indicated: B1)
[3] R' *Misericordias ... Gloria*] cancelled: A / [Lect.] in hyeme. *Cum essetis mortui delictis*: add.B1
[4] *Alleluia.iij*. over *Quia mirabilia* cancelled: A / *Alleluia.ij.*: B2
[5] *Ipsum*: B2
[6] *Ipsum*: B2
[7] *Domine probasti*: B1 / *Ipsum*: B2
[8] *quesumus domine*] tr.C

Ad sextam. a' *Adiutorium nostrum.* <Ps. *Ad te leuaui.*> [Et cetera ut supra feria tercia.] <or' *Excita domine tuorum corda fidelium.*>

Ad nonam. a' *Beati omnes. evovae.* <Ps. *In conuertendo.*> [Et cetera ut supra feria tercia.] <or' *Presta quesumus omnipotens Deus ut inter innumeros.*>

Ad vesperas. a' *Porcio mea domine. evovae.* Ps. *Voce mea.* a' *Benedictus dominus.* Ps. [1]*Qui docet.* Ps. *Deus canticum. evovae.* a' *Per singulos dies. evovae.* Ps. *Exaltabo te.* [Cap. *Benedictus.* V' *Adiutorium.*] ym' *Plasmator hominis Deus. Qui magna rerum corpora. Repelle a seruis tuis. Da gaudiorum premia.* <Presta pater.> V' *Dirigatur.* a' *Abraham et semini*[2] *eius.* Ps. *Magnificat.* <or' *Gratias tibi agimus domine custodiri per diem.*> [3] Commemoratio de sancta Trinitate. a' *Libera nos.* et alia. a' *Te semper idem.*

[vi.] ¶ Sabbato.

[Ad matutinas.] Inuit. *Dominum Deum nostrum.* Ps. *Venite.* ym' *Summe Deus clementie. Nostros pius cum canticis. Lumbos iecurque. Vt quique horas. Presta pater.*
In primo nocturno. a' *Clamor meus. evovae.* Ps. *Domine exaudi.* et alii. <Ps. *Benedic anima.*> a' *Benedic anima.* Ps. [4]*Domine Deus meus* [*magnificatus*] *es uehementer.* <Hoc mare.> a' *Letetur cor. evovae.* Ps. *Confitemini.* <Et intrauit.> V' *Domine exaudi.* <Lectiones *Non nosmetipsos predicamus.* R' *Misericordiam et iudicium.* V' *Perambulabam. In uia.* R' *Domine exaudi orationem.* V' *De profundis.* [5]*Et clamor.* R' *Velociter exaudi me.* V' *Dies mei. Quia.* [6]*Gloria.*[7]>
<In estate Cap. *Benefac iusto et inuenies.* R' *Domine exaudi orationem.* V' *Et clamor meus. Gloria.*>[8]

---

[1] *Ipsum*: B2
[2] *semen*: A, B2
[3] Ms C adds orationes uespertinales, in addition to those specified during the week, without rubrics; or' *Omnipotens sempiterne Deus uespere et mane.* alia. *Propiciare domine uespertinis supplicationibus.*
[4] *Ipsum*: A, B1 (by l.h.), B2
[5] *Quia. Gloria*: A
[6] om.A
[7] R' *Misericordiam ... Gloria*] R' *Misericordiam.* R' *Velociter.* R' *Domine exaudi*: A, all cancelled.
[8] R' *Domine ... Gloria*] cancelled: A

In secundo nocturno. a' ¹*Alleluia alleluia. Confitebor.* a' *Visita nos.* Ps. *Confitemini.* <Ps. *Et irritauerunt.*> a' *De necessitatibus.* evovae. Ps. *Confitemini.* <Ps. *Dixit et stetit.*> a' *Confitebor domino.* Ps. *Paratum cor.* Ps. *Deus laudem.* evovae. <Cap. *Vigilate state.*> V' *Beati qui custodiunt iudicium*². <or' *Auge quesumus domine in nobis.*>³

In laudibus. a'[1] *Benigne fac in bona.* Ps. *Miserere.* evovae. a'[2] *In ueritate.* evovae. Ps. *Domine exaudi.ij.* a'[3] *Et in seruis.* evovae. Cant. *Audite celi que loquor.* <Diuisio. *Ignis succensus est.* a'[4] *In cymbalis bene sonantibus.* Ps. *Laudate.* Cap. *Nox precessit.*> R' *Auditum fac michi.* <V' *Quia in te. Gloria.*> ym' *Aurora iam spargit. Phantasma noctis. Vt mane illud ultimum. Presta pater.* V' *Repleti sumus mane.* a' *In uiam pacis.* Ps. *Benedictus.* <or' ⁴*Exurgentes de cubilibus nostris.*> ¶ ⁵Ad commemorationem de Trinitate a' *Te inuocamus.* et alia. a' *Spes nostra.*

Ad primam. a' *Viuit dominus.* evovae. <Ps. *Cum sancto sanctus.* Ps. *Celi enarrant.* Ps. *Exaudiat te.*> [Ps. *Quicunque uult.*]

Ad terciam. a' *In domum domini.* evovae. <Cap. *Sana me domine.* V' *Adiutorium.* or' *Protector in te sperancium Deus.*>

Ad sextam. a' *Benigne fac domine.* evovae. <Cap. *Alter alterius.* V' *Dominus regnauit.* or' *Excita domine quesumus tuorum fidelium uoluntates.*>

Ad nonam. a' *Ecce sic* <*benedicetur.*> *evovae.* <Ps. *In conuertendo.* Cap. *Empti sunt estis.* V' *Ab occultis meis.* or' *Adesto domine fidelibus tuis et quibus.*>⁶

---

¹ *Alleluia.iiij.* over *Confitebor domino* cancelled: A / *Alleluia.iij.*: B2
² *custodiunt iudicium*] *habitant in domo tua*: B2
³ Ms C has 'Orationes ad nocturnos', all without rubrics, in addition to those specified in Mss O or B2: or' *Deus qui diem discernis.* or' *Tua nos domine ueritas semper.* or' *Veritas tua quesumus domine.*
⁴ *Emitte quesumus domine lucem tuam.* quere retro in quinto folio in tercia feria: B2
⁵ C has orationes 'ad matutinas' or 'ad laudes' additional to those in O and B2, all without rubrics: or' *Quesumus domine Deus noster diei.* or' *Adesto domine precibus nostris.* or' *Omnipotens sempiterne Deus apud quem.* or' *Exurgentes de cubilibus nostris.* or' *Gratias agimus uenerabili.* or' *Deus qui tenebras ignorantia.* or' *Auribus percipe quesumus domine uerba.* or' *Sensibus nostris quesumus domine lumen.*
⁶ In Ms C the series of 'orationes feriales cotidie ad omnes horas' includes the following, all without rubrics, in addition to those specified for recitation during the week: [or'] *Ecclesie tue domine uoces.* alia *Nostris domine quesumus propiciare.* alia *Purifica quesumus domine corda.* alia *Protegat domine quesumus tua dextera.* alia *Respice domine propicius plebem.* alia *Da salutem domine quesumus.* alia. *Tuere domine populum tuum.* alia *Conserua quesumus domine populum.* alia *Assit domine propiciatio tua.* alia *Adesto*

[XLVII.] ¶ Dominica tercia post Epiphaniam:

Sabbato. ad vesperas. a' *Regnum tuum.* et cetera. Vt supra. R' *Magnus dominus.* a' *Hoc fecit initium.* Ps. *Magnificat.* or' *Omnipotens* [[**fol.35v**]] *sempiterne Deus infirmitatem Nostram.*

[Ad matutinas.] Inuit. *Venite adoremus.* et cetera: sicut in precedente dominica. Euang. *Cum descendisset Ihesus de monte.* <Hom. *Docente in monte domino.* or' *Omnipotens Sempiterne.*>

[In laudibus.] In euang. a' ¹*Cum autem descendisset.* Ps. *Benedictus. evovae.* <or' *Omnipotens sempiterne.*>²

³<Ad processionem misse R' *O Maria.* [Ad] introitum *O beata infancia.* et in omnibus dominicis usque ad Purificationem.>

[Maior missa.] <*Adorate Deum omnes.* Ps. *Dominus regnauit exultet. Gloria.* or' *Omnipotens sempiterne Deus infirmitatem.* Ep. *Nolite esse prudentes.* R' *Timebunt gentes nomen.* V' *Quoniam edificauit. Alleluia* V' *Dominus regnauit exultet.* Euang. *Cum descendisset dominus de monte.* Offert. *Dextera domini.* Secr. *Hec hostis domine.* ⁴ Comm. *Mirabantur omnes.* Postcomm. *Quos tantis Domine.*>

[Ad vesperas.] <Ad Magnificat a' ⁵*Nam et ego homo sum.* Ps. *Magnificat.*>

---

domine populis tuis. alia *Respice propicius domine ad debitam.* alia *Presta quesumus omnipotens Deus ut semper.* alia *Benedictionem tuam domine populus.* alia *Porrige dexteram tuam.* alia *Conserua domine quesumus corda.* alia *Da populo tuo quesumus domine spiritum.* alia *Familiam tuam quesumus domine celesti.* alia *Preces populi tui quesumus domine clementer.* alia *Fac nos quesumus domine Deus noster.* alia *Da nobis quesumus ut et mundi.* alia *Exaudi nos Deus salutaris noster et dies.* alia *Guberna domine plebem.* alia *Percipiat domine quesumus populus tuus.* alia *Concede quesumus domine populo tuo.* alia *Pretende nobis domine misericordiam.*
¹ Ms A has this and the following seven antiphons written twice in extenso on fols.76v and 86r
² alia or' *Assit domine quesumus propiciatio tua*: add.C
³ (from Ms A, marg., l.h.)
⁴ Pref. *Et te in omni tempore*: add.S
⁵ *Multi ab oriente*: B2

Super ebdomadam[1]. a' *Domine si* [2] *uis. evovae.* a' *Domine puer meus.* a' *Domine non sum dignus.* a' [3]*Tantum domine dic uerbo. evovae.*[4] a' [5]*Dixit Ihesus centurioni. evovae.*

[XLVIII.] ¶ Dominica quarta post epiphaniam:

Sabbato ad vesperas. a' *Multi ab oriente.* [6] Ps. *Magnificat. evovae.* [or'] *Deus qui nos in tantis periculis Constitutus.*

[Ad matutinas.] Inuit. *Venite adoremus.* et cetera. Vt supra. ¶ Euang. *Ascendente*[7] *Ihesu in nauiculam.* <Hom. *Ingrediente domino in nauiculam.* or' *Deus qui nos in Tantis.*>

[In laudibus.] In euang. a' *Ascendente Ihesu.* Ps. *Benedictus. evovae.* <or' *Deus qui nos.*>

<[Maior missa.] *Adorate Deum.* et cetera [ut supra.] or' *Deus qui nos in tantis.* Ep. *Nemini quicquam debeatis.* Euang. *Ascendente domine Ihesu in nauiculam.* Secr. *Concede quesumus omnipotens Deus ut huius.* [8] Postcomm. *Munera tua nos Deus.*>

Ad vesperas. a' *Domine salua nos* <... *obediunt ei.*> Ps. *Magnificat.*

[Super ebdomadam.] a' *Domine salua nos* <... *tranquillitatem.*> Ps. *Benedictus.*

[XLIX.] ¶ Dominica quinta post Epiphaniam:

Sabbato ad vesperas. a' *Surgens Ihesus.* Ps. *Magnificat.* or' *Familiam tuam quesumus domine.*

---

[1] Super ebdomadam] om.A, B2
[2] *tu*: add.A, B2
[3] *Nam et ego homo*: B2
[4] a' *Domine si uis . . . evovae*] cancelled: A (on fol.76v; but not on fol.86)
[5] om.A
[6] alia a' *Dixit Ihesus centurioni*: add.A
[7] *Descendente*: B1 / *domino*: add.B2
[8] Pref. *Qui genus humanum*: add.S

¹[Ad matutinas.] Inuit. *Venite adoremus.* Ps. *Venite.* et cetera: vt supra. ¶ Euang. *Confiteor tibi pater domine.* <Hom. *Sanctum euangelium cum legeretur.* or' *Familiam tuam.*>

²[In laudibus.] In euang. a' *Benedicta sit creatrix.* Ps. *Benedictus.*

<[Maior missa.] *Adorate Deum.* [et cetera ut supra preter] or' *Familiam tuam quesumus domine.* Ep. *Induite uos sicut electi.* Euang. *Respondens dominus Ihesus: Confitebor tibi pater domine.* Secr. *Hostias tibi domine.* ³ Postcomm. *Quesumus omnipotens Deus ut illius.*>

⁴Ad vesperas. a' *Te Deum patrem.* Ps. *Magnificat.* He antiphone cantantur in euangelio pro defectu propriarum. Non tamen pretermittitur commemoratio de trinitate. In laudibus. et ad Vesperas.

[L.] <Dominica sexta post epiphaniam.>

<or' *Conserua populum tuum Deus.*>

<[Maior missa.] or' *Conserua populum tuum.* Secr. *Hec oblatio nos Deus.* ⁵ Postcomm. *Celestibus domine pasci deliciis.*>

[LI.] ¶ Dominica in septuagesima.

Sabbato ⁶ [ad vesperas.] a' ⁷*Alleluia. Sic ueniet.* Ps. *Confiteantur.* et alii. Cap. *Benedictus Deus et pater.* R'⁸ *Magnus dominus.* <V' *Magnus dominus.*> ym' *O lux beata trinitas.* V' *Vespertina oratio.* a' ⁹*Alleluia alleluia alleluia. Pater sancte.* Ps. *Magnificat.* or' *Preces populi tui quesumus domine clementer exaudi:*

---

[1] (Ms A omits Matins)
[2] (Ms A omits Lauds)
[3] Pref. *Et tibi hanc immolationis*: add.S
[4] (Ms.A omits Vespers)
[5] Pref. *Ad cuius immensam*: add.S
[6] Si acciderit festum aliquid sancti una antiphona ad psalmos et memoria de festo: add.O, marg., l.h.
[7] *Sic ueniet. Alleluia.ij.*: A / Non dic *Sic ueniet* sed dumtaxat *Alleluia*: add.A, interlined by l.h. / *Alleluia.xj.*: B1
[8] A duobus cantetur: add.A, interlined by l.h.
[9] *Alleluia.ij.*: B2 / *Alleluia.xj.*: A

[Ad matutinas.] Inuit. [1]*Adoremus* <*Deum quia ipse.*> Ps. *Venite.* ym'
Primo dierum. et cetera.
<In primo nocturno. a' *Domine in uirtute.* Ps. *Ipsum.* V' *Memor fui nocte.*> Lectiones
de libro Genesis: premisso prologo <*In principio creauit Deus.*> R'[1] *In
principio fecit Deus.* <V' *Formauit igitur. Ad ymaginem.*> R'[2] *In principio
Deus.* <V' *Igitur perfecti. Et uidit.*> R'[3] *Formauit igitur.* <V' *In principio. Et
inspirauit.*> R'[4] *Igitur perfecti* [[**fol.36r**]] *sunt.* <V' *Vidit Deus cuncta. Et
requieuit. Gloria.*>
In secundo nocturno. a' [2]*Dominus defensor* <et alie. V' *Media nocte
surgebam.*> R'[5] *Tulit ergo*[3]. <V' *Plantauerat autem. Vt operaretur.*>
Subscriptum R' *Plantauerat.* <V' *Plantauerat autem. In quo.*[4] > nec in
hac nec in sequenti dominica cantatur. sed in aliqua feriarum cum aliis
responsoriis in ordine suo. Sextum R' *Dixit dominus Deus non est.* <V'
Ade uero non. Faciamus.> R'[7] *Immisit dominus.* <V' *Hoc nunc os. Quia.*>
R'[8] *Dixit dominus ad Adam.* <V' *Precipitque ei. In quacunque. Gloria.*>
Ad cantica. a' *Ite et uos.* Cant. *Domine miserere.* <V' *Exaltare domine.*
Euang. *Simile est regnum celorum homini patrifamilias.* Hom. *Regnum celorum
patrifamilias.*> R'[9] *Dum deambularet.* <V' *Vocem tuam. Et abscondi.*> R'[10]
In sudore uultus. <V' *Quia audisti. Non.*> R'[11] *Ecce Adam.* <V' *Cherubin.
Videte.*> R'[12] *Vbi est Abel.* <V' *Maledictus. Quid fecisti. Gloria. Vbi.*> Euang.
Simile est regnum celorum homini patrifamilias qui exiuit. or' *Preces
populi.*

In laudibus. a'[1] *Miserere mei Deus.* evovae. a'[2] *Confitebor tibi
domine.* evovae. a'[3] *Deus Deus meus.* evovae. a'[4] *Benedictus es*[5] <*in
firmamento.*> Ps. *Benedicite.* Cantato huius psalmi uersu penultimo:
subiungatur a' *Benedictus es.* a'[5] *Laudate dominum de celis.* Ps.
[6]*Laudate eum in excelsis.* Cap. *Benedictio et claritas.* R' *Adiutor meus
esto Deus.* <V' *Neque despicias. Gloria. Adiutor.*> ym' *Eterne rerum conditor.*
V' *Dominus regnauit.* a' *Simile est regnum celorum* <*homini.*> evovae.
Ps. *Benedictus.* [or' *Preces populi.*>

Ad primam. a' *Conuentione*[7] *facta.* evovae. Cap. *Domine miserere.*

---

[1] *Adoremus dominum quoniam ipse*: B2
[2] *Illuminatio*: B2
[3] *igitur*: B2
[4] *Plantauerat. V' Plantauerat autem. In quo.*] cancelled: A
[5] om.A
[6] *Ipsum*: B2
[7] *autem*: add.A, B2

Ad processionem. [a'] *Cum sederit.* Ad introitum: de Trinitate.[1] <ad placitum. Ante orationem V' *Benedicamus.*>

¶ Ad terciam. a' *Dixit paterfamilias. evovae.* [or' *Preces populi.*]

<[Maior missa.] *Circumdederunt me.* Ps. *Diligam te. Gloria patri. Gloria in excelsis* non dicitur.[2] or' *Preces populi tui quesumus domine.* Ep. *Nescitis quod hii qui.* R' *Adiutor inopportunitatibus.* V' *Quoniam non.* Tr. *De profundis.* V' *Fiant aures.* V' *Si iniquitates.* V' *Quia apud te.* Euang. *Simile est regnum celorum homini patrifamilias.* Offert. *Bonum est confiteri.* Secr. *Muneribus nostris quesumus domine.*[3] Comm. *Illumina faciem.* Postcomm. *Fideles tui Deus.*>

Ad sextam. a' *Dixit autem paterfamilias. evovae.* <or' *Concede quesumus omnipotens Deus fragilitati.*>

Ad nonam. a' *Erunt nouissimi. evovae.* <or' *Deus qui per ineffabilem obseruantiam.*>

Ad vesperas. a' *Dixit dominus.* et cetera. R' *Spes mea domine.* <V' *In te confirmatus. A iuuentute. Gloria. Spes mea.* ym' *Lucis creator optime.* V' *Dirigatur domine.* In euangelio[4]> a' *Cum autem sero factum. evovae.* <Ps. *Magnificat.* or' *Preces populi tui.*>

[i.] Sequenti ebdomada et secunda et tercia cantabuntur de psalmorum. Inuitatorium. hymni. et uersiculi. antiphone tam ad nocturnos. quam ad laudes et uesperas. ¶ Lectiones uero erunt de libro Genesis et responsoria cotidie terna de suprascripta hystoria: nullo pretermisso. ¶ Ad laudes eciam cantabitur R' *Adiutor meus.* Et ad Vesperas. [R'] *Spes mea.* Et ad *Benedictus* quam ad *Magnificat.* subscripte antiphone. <Feria secunda.[5]> a' *Quid hic statis. evovae.* <Ps.

---

[1] Si dominica septuagesime. uel sexagesime uel quinquagesime euenerit ante purificationem; cantetur a' *O Maria.* * Si post purificationem; a' *Cum sederit.* Ad introitum; de Trinitate: add.O (marg., contemporary hand), P (adding 'et ad introitum [a'] *O beata infancia*' at *)

[2] non dicatur *Gloria in excelsis* usque in diem annunciationis beate Marie uirginis: add.O, marg., l.h.

[3] Pref. *Qui per ea que conspiciuntur*: add.S

[4] In euangelio] interlined by l.h.: A

[5] Feria secunda] interlined by l.h.: A

Benedictus. Ad uesperas¹ > a' *Voca operarios. evovae.* <Feria tercia.²> a' *Hi nouissimi. evovae.* a' *Amice non tibi facio.*³ *evovae.* a' *Non licet michi facere.*⁴ [[**fol.36v**]] *evovae.* <Feria quarta.⁵> a' *Tolle quod tuum est. evovae.* <Feria sexta.⁶> a' *Sic erunt nouissime. evovae.* <Sabbato⁷.> a' *Multi enim erunt primi. evovae.*

[LII.] Dominica in sexagesima.

Sabbato ad vesperas. a' *Regnum tuum.* et cetera. R' *In principio Deus.* <V' *Igitur perfecti sunt.*> post gloriam. r' *Et uidit.* ym' *O lux beata Trinitas.* V' *Vespertina oratio.* a' *Multi enim sunt uocati. evovae.* Ps. *Magnificat.* or' *Deus qui conspicis quia ex nulla* ⁸ *Actione.*

[Ad matutinas.] Inuit. *Adoremus dominum*⁹. Ps. *Venite.* ym' *Primo dierum.* et cetera vt supra. Lectiones. *Generationes celi et terre.* R' *In principio.* et alia: vt Supra distinctum est. pretermisso R' *Plantauerat autem.*¹⁰
<Ad cantica. a' *Semen cecidit in terram bonam.* Cant. *Domine miserere.*> Euang. *Cum turba plurima. conueniret.* <Hom. *Lectio sancti euangelii quammodo.* R' *Dum deambularet.* et cetera. duodecimum [R'] *Vbi est Abel.*¹¹ or' *Deus qui conspicis.*>

In laudibus. a' *Miserere mei.* et cetere. <a' *Confitebor.* et alie ut supra.> cum R' *Adiutor* sicut in precedenti dominica. ¶ In euangelio. a' *Cum turba plurima. evovae.* Ps. *Benedictus.* [or' *Deus qui conspicis.*]

Ad primam. a' *Exiit qui seminat. evovae.* Cap. *Domine miserere.*

---

¹ Ad uesperas] interlined by l.h.: A
² Feria tercia] interlined by l.h.: A
³ *tibi facio*] tr.B2
⁴ a' *Non licet michi facere*] placed after a' *Tolle quod* (below), and preceded by rubric 'Feria quinta': A
⁵ Feria quarta] interlined by l.h.: A
⁶ Feria sexta] interlined by l.h.: A
⁷ interlined by l.h.: A
⁸ *nostra*: add.B2, C
⁹ *Deum*: A
¹⁰ pretermisso ... *autem*] om.A
¹¹ duodecimum ... *Abel*] interlined by l.h.: A

Ad processionem. a' *Cum sederit.* Ad introitum: responsorium de Trinitate.[1]

¶ Ad terciam. a' *Semen est uerbum.* [or' *Deus qui conspicis.*]

<[Maior missa.] *Exurge quare obdormis.* Ps. *Deus auribus. Gloria patri.* or' *Deus qui conspicis quia ex nulla.* Ep. *Libenter suffertis insipientes.* R' *Sciant gentes.* V' *Deus meus pone.* Tr. *Commouisti domine terram.* V' *Sana contritiones.* V' *Vt fugiant.* Euang. *Cum turba plurima conueniret.* Offert. *Perfice gressus meos.* Secr. *Oblata domine munera.*
[2] Comm. *Introibo ad altare.* Postcomm. *Assit nobis domine.*>

Ad sextam. a' *Si uere fratres diuites. evovae.* <or' [3]*Tuere domine quesumus plebem tuam.*>

Ad nonam. a' *Si culmen ueri. evovae.* <or' [4]*Adesto domine quesumus supplicantibus.*>

Ad vesperas. R' *Spes mea.* In euang. a' *Vobis datum est. evovae.* Ps. *Magnificat.* [or' *Deus qui conspicis.*]

Sequenti ebdomada. In euang. a' *Semen cecidit* <... *sexagesimum.*> a' *Semen cededit* <... *paciencia.*> a' *Semen cecidit [... centuplum.] evovae.*[5] a' *Ihesus hec dicens. evovae.* [6] a' *Quod autem cecedit. evovae.*

[LIII.] Dominica in quinquagesima.

Sabbato ad vesperas. a' *Regnum tuum.* [et cetere.] Cap. *Benedictus Deus.* R' *Edificauit Noe.* <V' *Ecce ego.*> post gloriam. r' *Odoratus est.* a' *Qui uerbum Dei retinent. evovae.* Ps. *Magnificat.* or' *Preces nostras quesumus domine clementer exaudi atque a peccatorum.*

---

[1] Ad processionem ... Trinitate] Post purificationem ad processionem *Cum sederit.* Ad introitum de Trinitate: A, marg., l.h. / Ad processionem sicut dominica septuagesime. dominica quinquagesime similiter: P
[2] Pref. *Qui rationabilem creaturam*: add.S
[3] (from Ms C: none given in Ms B2)
[4] (from Ms C: none given in Ms B2)
[5] a' *Semen cecedit. evovae*] om.A, B1, B2
[6] a' *Semen est uerbum Dei*: add.B2 (but not A or B1)

[Ad matutinas.] Inuit. *Preoccupemus faciem.* Ps. *Venite.* vsque *Saluatori nostro.* Iterum *Preoccupemus.* V' *Quoniam Deus.* [usque] *Ipse conspicit.* r' *Et in psalmis.* V' *Quoniam ipsius est* [usque] *Pascue eius.* V' *Hodie si uocem* [usque] *Opera mea.* V' *Quadraginta* [usque] *Requiem meam.* V' *Gloria patri* [usque] [[**fol.37r**]] *Seculorum amen.* ym' *Primo dierum.* et cetera.

[In primo nocturno.] Lectiones *Noe cum quingentorum.* R'[1] *Noe uir iustus.* <V' *Noe autem. Et fecit.*> R'[2] *Quadraginta dies.* <V' *Noe uero. Ingressi.*> R'[3] *Edificauit Noe.* <V' *Ecce ego. Crescite.*> R'[4] *Per memetipsum.* <V' *Arcum meum. Ut non.*> post gloriam. r' *Pacti.*[1]

In secundo nocturno. a' [2]*Dominus defensor.* <Ps. *Dominus illuminatio.*> et cetera. <V' *Media nocte.*> R'[5] *Locutus est dominus.* <V' *Benedicens. Et faciam.*> R'[6] *Dum staret.* <V' *Tunc quippe. Tres uidit.*> R'[7] [3]*Temptauit Deus.* <V' *Vocatus quoque. Tolle.*> R'[8] *Angelus domini.* <V' *Cumque extendisset. Ne extendas.*> Post gloriam a capite repetatur.[4]

¶ Ad cantica. a' *Transite*[5] *domino.* Cant. *Domine miserere.* <V' *Exaltare domine.* Euang. *Assumpsit dominus Ihesus duodecim.* Hom. *Redemptor noster preuidens.*> R'[9] *Cecus sedebat.* <V' *Et qui preibant. Raboni.*> R'[10] *Domine puer meus.* <V' *Domine non sum. Amen dico.*> R'[11] *Deus domini mei.* <V' *Obsecro domine. Ut cum.*> R'[12] *Veni hodie.* <V' *Igitur puella. Tu prosperum.*> post gloriam iterum *Veni hodie.* Euang. *Assumpsit <dominus> Ihesus duodecim discipulos.* post euangelium or' <*Preces nostras.*>

¶ In laudibus. a'[1] *Secundum multitudinem.* <a'[2] *Deus meus es tu.* a'[3] *Ad te de luce.* a'[4] *Ymnum dicite.* a'[5] *Omnes angeli.*[6] [Cap.] *Benedictio et claritas.*> R' *Adiutor meus.* <ym' *Eterne rerum.*> a' *Ecce ascendimus Ierosolimam.* evovae. Ps. *Benedictus.* <or' *Preces nostras.*>

Ad primam. a' *Iter faciente.* <Cap. *Domine miserere nostri.* et cetera.>

---

[1] post gloriam. r' *Pacti*] (not indicated: B1)
[2] by contemporary hand over erasure: O / *Illuminatio mea*: B2 / (antiphons not indicated: B1)
[3] *Apparuerunt tres.* V' *Afferam pauxillum. Transite*: A (with 'Non dicitur' added by l.h.)
[4] Post gloriam a capite repetatur] (no indication in B1) / R' *Dixit dominus ad Noe.* V' *Fac tibi. Et ego.* R' *Ponam arcum meum.* V' *Cumque obduxero. Et recordabor.* R' *Apparuerunt tres.* V' *Afferam pauxillum. Transite.* R' *Vocauit angelus domini.* V' *Et benedicentur. Et multiplicabo. Gloria*: add.A, B1
[5] *Transeunte*: B1
[6] a' *Deus meus . . . angeli*] add.O, marg., contemporary hand

¶ Ad processionem. a' *Cum sederit filius.* Ad introitum: responsorium de Trinitate.

¶ Ad terciam. a' *Cum autem audiret. evovae.* <Cap. *Deus caritas est.* V' *Ego dixi domine.* or' *Preces nostras.*>

<[Maior missa.] *Esto michi in Deum.* Ps. *In te domine. Gloria patri.* or' *Preces nostras quesumus domine clementer.* Ep. *Si linguis hominum loquar.* R' *Tu es Deus.* V' *Liberasti.* Tr. *Iubilate domino.* V' *Intrate in conspectu.* V' *Scitote quod.* V' *Ipse fecit nos.* Euang. *Assumpsit dominus Ihesus duodecim discipulos.* Offert. *Benedictus es.* Secr. *Hec hostia quesumus domine.*[1] Comm. *Manducauerunt et satiasti.* Postcomm. *Quesumus omnipotens Deus ut qui celestia.*>

Ad sextam. a'[2] *Et qui peribant. evovae.* <Cap. *Alter alterius.* or' *De multitudine misericordie.*>

Ad nonam. a'[3] *Cecus magis ac.* <Cap. *Empti enim.* et cetera. or'[4] *Rege quesumus domine populum tuum.*>

Ad vesperas. R' *Spes mea domine.* a' *Stans autem Ihesus. evovae.* Ps. *Magnificat.* <or' *Preces nostras.*>

[i.] Feria secunda.[5]

de trinitate:[6] [Ad matutinas.] [Inuit.] *Venite.* hymnus et antiphone sicut in psalmorum. lectiones de libro Genesis. R' *Noe uir iustus.* R' *Dixit dominus ad Noe.* <V' *Fac tibi archam. Et ego.*> R' *Quadraginta.*[7]

In laudibus. R' *Adiutor.* a'[8][***].

---

[1] Pref. *Et maiestatem tuam cernua*: add.S
[2] *Cecus magis ac*: B2
[3] *Et qui peribant*: B2
[4] (from C; no prayer given in B2)
[5] Feria secunda de Trinitate: add.O, A (both marg., l.h.)
[6] de trinitate] by contemporary hand over erasure: O / Feria secunda de trinitate: add.O, marg., l.h., with the whole of this day's services cancelled
[7] *Venite ... Quadraginta*] cancelled: O
[8] space for incipit of antiphon left blank: O / *Tradetur enim gentibus.* Ps. *Benedictus*: A, B2 / (not indicated in B1)

Super horas diurnas sicut habetur in psalmorum.[1]

[2]<[Ad vesperas.] a' *Decus sedebat.* Ps. *Magnificat.*>

[ii.] ¶ Feria tercia:

fiet de sancta Maria. [3]<a' *Miserere mei fili.* Ps. *Benedictus.*>

Ad vesperas ipsius ferie: a' *De profundis.* et cetera de psalmorum. excepto. R' *Spes mea.* et a' *Omnis*[4] *plebs*[5] *ut uidit.* <Ps. *Magnificat.*>

[iii.] Feria quarta. Caput Ieiunii.

[Ad matutinas.] Inuitatorium et hymnus. antiphone ad nocturnos et laudes et horas diurnas: de psalmorum.
[In primo nocturno.] ¶ Lectiones. *Cum ieiunatis: nolite fieri.* R' *Locutus est dominus.* R' *Dum staret Abraham.* R' *Apparuerunt.* <V' *Afferam pauxillum. Transite.*> Post gloriam r' *Domine si inueni.*[6]
In secundo nocturno. Cap. *Conuertemini ad me in toto corde uestro.* or' *Exaudi quesumus domine gemitum populi supplicantis.*

In laudibus. Cap. *Conuertemini ad dominum Deum nostrum.* R' *Ad-*[[**fol.37v**]]*-iutor meus.* a' *Cum ieiunatis nolite.* Ps. *Benedictus.* Preces. *Ego dixi domine.* or' *Presta domine fidelibus tuis: ut ieiuniorum ueneranda.*

Super horas diurnas. tam in hac feria quam in subsequentibus dicantur capitula et orationes: sicut in quadragesima.

[7] ¶ Eodem die post sextam cantentur in choro a conuentu prostrato septem psalmi penitentiales:[8] cum a' [9]*Ne reminiscaris domine delicta*

---

[1] Super horas . . . psalmorum] cancelled: O
[2] (from A, B2)
[3] (from A, B2)
[4] excepto R' *Spes mea.* et a' *Omnis*] by contemporary hand over erasure: O
[5] *plex* (†): O
[6] R' *Locutus . . . inueni*] all incipits over erasure: O
[7] supplementary material within <angle brackets> in this service is taken from Ms P. For the complete text of the service in P, see Appendix 1.
[8] Eodem die . . . penitentiales] Feria quarta caput ieiunii hora nona eant in ecclesiam fratres. et canant septem psalmos penitentiales: C
[9] marg., l.h.: C

nostra uel parentum nostrorum neque uindica. <Psalmi *Domine ne in furore.j. Beati quorum. Domine ne in furore.ij. Miserere mei Deus. Domine exaudi.j. De profundis. Domine exaudi.ij. Gloria.*> ¶ Subiungatur altiori uoce[1] *Kyrieleyson. Christeleyson. Kyrieleyson.*[2] Et cantato sub silentio *Pater noster.* dicat se erigens apud altare abbas vel sacerdos reuestitus *Et ne nos.*[3] <Preces.> *Domine ne memineris iniquitatum nostrarum antiquarum. Cito anticipent. Adiuua nos Deus salutaris noster. Propter gloriam nominis tui domine libera. Saluos fac seruos tuos et ancillas tuas. Deus meus sperantes. Esto eis domine turris fortitudinis. A facie. Mitte eis domine auxilium de sancto. Et de Syon tuere eos. Domine exaudi orationem meam. Et clamor. Dominus uobiscum.* plane[4]. or' *Exaudi domine preces nostras.* et cetere. <*Preueniat nos famulos tuos. Adesto domine supplicationibus nostris nec sit ab hiis. Domine Deus noster qui offensione. Adesto domine supplicationibus nostris et sicut publicani.*> In fine: *Absolutionem et remissionem.* Et dicto ab omnibus *Amen*:[5] Surgentes cantent a' *Exurge domine.* Ps. *Deus auribus nostris.* Iterum *Exurge*[6]. Sine *Gloria* sollummodo die ista duobus interim sonantibus signis.[7] Conuentus prosternens se super formas et dicatur a sacerdote.[8] V' *Ne reminiscaris domine delicta nostra uel.* [Chorus.] *Neque uindictam.*[9] *Kyrieleyson. Christeleyson. Kyrieleyson.*[10] *Pater noster.* [Abbas] *Et ne nos.* <Chorus. *Sed libera nos.* Item abbas[11] Ps.> *Deus misereatur nostri.* Subiungat sacerdos[12]Cap. *Domine non secundum peccata nostra fecit* <nobis. Chorus *Neque secundum iniquitatem.* abbas premisso>[13] *Dominus uobiscum.* or' *Exaudi domine quesumus gemitum populi supplicantis.*[14] Qua expleta: incipiat cantor[15] a' *Exaudi nos domine.* In cuius explectione iterum prosternentur super formas [[**fol.38r**]] dicente sacerdote[16] Cap. *Domine*

[1] Subiungatur altiori uoce] marg., l.h.: C
[2] *Christeleyson. Kyrieleyson*] marg., l.h.: C
[3] Et cantato . . . *nos*] marg., l.h.: C
[4] marg., l.h.: C
[5] *Absolutionem . . . Amen*] marg., l.h.: C
[6] interlined by l.h.: C
[7] solummodo . . . signis] Postea dicit sacerdos: C, cancelled
[8] Conuentus . . . sacerdote] Conuentu prosternente se super formas dicatur a sacerdote: add.C, interlined by l.h.
[9] *nostra uel . . . uindictam*: om.C
[10] *Christeleyson. Kyrieleyson*] interlined by l.h.: C
[11] Chorus *Sed libera . . . abbas*] om.C
[12] Subiungat sacerdos] om.C
[13] *nobis . . . premisso*] om.C
[14] Require retro: add.C / totam scribe: add.C, marg., l.h.
[15] incipiat cantor] interlined by l.h. over 'Surgentibus cunctis inchoetur' (cancelled): C
[16] In cuius explectione . . . sacerdote] marg., l.h.: C

ne memineris iniquitatum. [Chorus.] *Cito <nos> anticipent.*[1]
Kyrieleyson. Christeleyson. Kyrieleyson.[2] <*Pater noster.* Deinde dicit abbas *Et ne nos.* Chorus *Sed libera.* Abbas incipit Ps.> *Deus in adiutorium.* <quem chorus finit cum *Gloria patri.* Quo finito: dicit abbas> V' *Ostende nobis domine misericordiam tuam. Et salutare.* <Abbas plane> [3]*Dominus uobiscum.* <Chorus *Et cum spiritu tuo.* Abbas. *Oremus.*> or' *Deus qui iuste irasceris.*[4] Qua finita: erigant se et sacerdos inclinato singulorum uultu super sedilia sua stans apud altare benedicat cinerem dicens plana uoce Dominus uobiscum.[5] [or'] *Omnipotens sempiterne Deus. qui misereris omnium. et nichil odisti.* Post cuius explectionem: imponat precentor[6] a' *Immutemur.* Ps. *Deus misereatur.* Iterum *Immutemur.* V' *Vt cognoscamus.* Iterum *Immutemur.* Nec dicatur hic *Gloria patri.* ¶ Et dum cantatur prescripta antiphona cum versibus: imponat sacerdos cinerem super capita astancium dicens per singulos[7] *Memento quia cinis es: et in cinerem reuerteris.* Deinde [***][8] *Propicius esto domine.* alia *Iuxta uestibulum.* alia *Iniquitate*[*s*] *nostre.* Inter cantandum has antiphonas ingrediantur ecclesia. et facta statione ante crucifixum: dicat sacerdos Cap. *Ostende nobis domine misericordiam tuam. Et salutare.*[9] *Dominus uobiscum.*[10] or' *Concede nobis domine presidia malicie.* Qua sollenniter dicta: subiungat cantor: a' *Saluator mundi salua nos.* Sacerdos [11] V' *Omnis terra adoret te Deus.* or' *Adesto nobis domine Deus noster et quos sancte crucis.*[12] Hac oratione finita: faciat abbas vel prior signum et ut moris est[13] breuiter orent. Factoque iterum signo:

---

[1] *Cito <nos> anticipent*] om.C
[2] *Christeleyson. Kyrieleyson*] interlined by l.h.: C
[3] interlined by l.h.: C
[4] vt supra: add.C / totam scribe: add.C, interlined by l.h.
[5] marg., l.h.: C (om.'plana uoce', and over cancelled original text 'Deinde incumbentibus cunctis super formas orationi. dicatur hec oratio a sacerdote super cineres plane')
[6] Post cuius explectionem; imponat precentor] marg., l.h., C (against cancelled original text 'At ubi dixerint antiphonam. surgentibus omnibus imponatur')
[7] Iterum *Immutemur* . . . singulos] marg., l.h., and omitting 'Nec dicatur *Gloria patri*': C
[8] erasure of one line: O / exeuntes faciant processionem per claustrum preeunte abbate et prioribus subsequentibus iunioribus. Imponat cantor hanc antiphonam: add.O, marg., l.h. / Tum demum exeuntibus de ecclesia cantatur: C, subsequently cancelled / Deinde exeuntes faciant processionem per claustrum preeunte abbate et prioribus concinente antiphona: add.C, marg., l.h.
[9] Et salutare] om.C
[10] Sollenniter: add.C
[11] dicat: add.C
[12] *et quos sancte crucis*] totam scribe: C
[13] ut moris est] om.C

incipiant duo pueri¹ letaniam. quam cantantes: reuertantur² et celebrant missam *Misereris omnium.* et cetera. Sicut habetur in libris.³

<[Missa maior.] *Misereris omnium.* Ps. *Miserere mei Deus. Gloria.* or' *Presta domine fidelibus tuis.* Lect. *Conuertimini ad me.* R' *Miserere mei.* V' *Misit de celo.* Euang. *Cum ieiunatis: nolite.* Offert. *Exaltabo te.* Secr. *Fac nos quesumus domine.* Per totam quadragesimam⁴ prefacio. *Qui corporali ieiunio.* Comm. *Qui meditabitur.* Postcomm. *Precepta nobis domine.* Super populum. *Oremus. Humiliate capita uestra Deo.* or' *Inclinantes se domine.*>

Ipso die ad vesperas: a' *Laudate nomen.* et alie. Cap. *Qui scit si conuertar.* Vel aliud de quadragesima. R' *Spes mea domine.* ym' [[fol.38v]] *Celi Deus sanctissime.* a' *Thesaurizate uobis. evovae.* Ps. *Magnificat.* or' *Inclinantes se domine.*

[iv.] ¶ Feria quinta.

[Ad matutinas.] <Lectiones. *Cum introisset dominus Ihesus in Capharnaum.*> R' *Temptauit Deus.* R' *Angelus domini.* R' *Domine puer meus.* Post gloriam r' *Amen.*⁵

In laudibus. <Cap. *Quis scit si conuertat.*> R' *Adiutor meus.* In euang. a' *Orate pro persecutoribus*⁶. <Ps. *Benedictus.*> or' *Deus qui culpa offenderis.*⁷

<[Maior missa.] *Dum clamarem.* Ps. *Exaudi Deus. Gloria.* or' *Deus qui culpa offenderis.* Lect. *Egrotauit Ezechias.* R' *Iacta cogitatum.* V' *Dum clamarem.* Euang. *Introisset dominus Ihesus Capharnaum.* Offert. *Ad te domine leuaui.* Secr. *Sacrificiis presentibus*

---

¹ Iuuenes: C
² reuertant in choro: C
³ Qua sollenniter dicta ... in libris] Postea dicant antiphonam et orationem in commemoratione sancti illius ecclesie. Qua finita prosternant se et orent cum silentio. Et facto signo Surgant. incipiantque duo pueri letaniam. Cum qua reuertentes ad matrem ecclesiam celebrent missam: C (cancelled, and replaced by rubric, marg., l.h., similar to that of Ms O, with minor variants as indicated in the notes above)
⁴ Per totam quadragesimam] om.S
⁵ R' *Temptauit ... Amen*] all incipits over erasures: O
⁶ *persequentibus*: A, B2
⁷ illegible note, marg., l.h.: A

domine. [1] Comm. *Acceptabis sacrificium.* Postcomm. *Celestis doni benedictione.* Super populum. *Parce domine parce populo.>*

Ad vesperas. R' *Spes mea domine.* a' [2]*Conuertimini* <ad me> *in toto. evovae.* Ps. *Magnificat.* or' *Parce domine parce populo tuo.*

[v.] ¶ Feria sexta.

[Ad matutinas.] <Lectiones *Audistis quia dictum est.*> R' *Vocauit angelus.* <V' *Et benedicentur in semine. Benedicam.*> R' *Deus domini mei.* R' *Veni hodie.* post gloriam r' *Dominum dicens.*[3]

[In laudibus.] In euangelio a' [4]*Estote ergo uos. evovae.* Ps. *Benedictus.* or' *Inchoata ieiunia.*

<[Maior missa.] *Audiuit dominus.* Ps. *Exaltabo te.* or' *Inchoata ieiunia quesumus domine benigno.* Lect. *Clama ne cesses.* R' *Vnam pecii a domino.* V' *Vt uideam.* Euang. *Audistis quia dictum est.* Offert. *Domine uiuifica me.* Secr. *Sacrificium domine obseruantie.*[5] Comm. *Seruite domino in timore.* Postcomm. *Tribue nobis omnipotens Deus.* Super populum. *Tuere domine populum.>*

Ad vesperas. a' *Cum facis elemosinam. evovae.* Ps. *Magnificat.* or' *Tuere domine populum tuum.*

[vi.] ¶ Sabbato.

[Ad matutinas.] <Lectiones *Cum sero esset factum est.*> R' *Ponam arcum.* <V' *Cumque obduxero. Et recordabor.*> R' *Locutus est dominus.* R' *Dum staret.* Post gloriam r' *Tres uidit.*

[In laudibus.] In euang. a' *Tu autem cum oraueris.* Ps. *Benedictus.* or' *Adesto domine supplicationibus.*

<[Maior missa.] *Audiuit dominus.* Ps. *Exaltabo te.* ut supra. or' *Adesto domine supplicationibus nostris.* Lect. *Si abstuleris de medio.* R' *Vnam pecii.* ut supra. Euang.

---

[1] Pref. *Quoniam illa festa remeant*: add.S
[2] *Estote ergo uos*: A2
[3] R' *Vocauit . . . dicens*] all incipits over erasures: O
[4] *Conuertimini ad me*: A / *Estote ergo*: add.A, marg., l.h.
[5] Pref. *Et maiestatem tuam suppliciter deprecari: ut intelligentie*: add.S

Cum sero esset factum. Offert. *Domine uiuifica me.* Secr. *Prepara nos quesumus domine.*
[1] Comm. *Seruite domino.* supra. Postcomm. *Celestis uite munere.* Super populum.
Fideles tui Deus.[2]>

¶ Ad vesperas. Cap. *Ortamur uos ne in uacuum.* R' *Emendemus in melius.* <V' *Peccauimus cum patribus.*> post gloriam. r' *Attende domine.* ym' *Summe largitor.* V' *Angelis suis Deus.* a' *Conuertimini ad dominum.* evovae. Ps. *Magnificat.* or' *Deus qui ecclesiam tuam annua.* Ad processionem <in capellam beate Marie>. R' [3]*Maria ut audiuit.* <V' *Quomodo fiet istud.*>

[LIV.] Dominica quadragesime.

[Ad matutinas.] Inuit. *Hodie si uocem* [4] *domini.* Ps. *Venite exultemus.* Iterum *Hodie si uocem.* V' *Quoniam Deus.* r' *Nolite obdurare.* V' *Quoniam ipsius.* Chorus. *Hodie si uocem.* Vsque in finem. Subiungant cantores. *Sicut in exacerbatione.* et cetera. ym' *Ex more docti.*
<In primo nocturno. a' *Domine in uirtute.* et alie.> V' *Scuto circumdabit.* Lectiones: de sermone. *Audistis* <fratres> *karissimi sicut* <ex lectione> *euangelica.* R'[1] *Ecce nunc tempus.* <V' *In omnibus. Per arma.*> R'[2] *In omnibus exhibeamus.* <V' *Ecce nunc. Ut non.*> R'[3] *Paradisi portas.* <V' *Ecce nunc. Ut in die.*> R'[4] *In ieiunio et fletu.* <V' *Inter uestibulum. Parce.*> post gloriam r' *Parce domine.*[5]
In secundo nocturno. a' [6]*Dominus defensor.* <Ps. [7]*Domine illuminatio.*> et alie. V' [8]*Scuto circumdabit me.* R'[5] *Emendemus in melius.* <V' *Peccauimus. Attende.*> R'[6] *Derelin-*[[**fol.39r**]]*-quat impius.* <V' *Scindite corda. Quia.*> R'[7] *Abscondite.* <V' *Date elemosinam. Quia.*> R'[8] *Tribularer.* <V' *Et Petrum. Qui.*> post gloriam r' [9]*Tu dixisti.*[10]

[1] Pref. *Et maiestatem tuam suppliciter deprecari: ut mentem*: add.S
[2] [alia] *Da populo tuo quesumus omnipotens Deus*: add.S
[3] over erasure, and with neumes above incipit: O / V' *Quomodo fiet istud.* In annunciatione dominica V' *Post partum uirgo.* or' *Concede nos famulos tuas.* Reponsorium uerte folium et inuenies *Maria ut uidit*: P / R' *Maria audiuit*: add.P, marg., l.h.
[4] *eius*: add.B2
[5] post gloriam r' *Parce domine*] *Gloria*: B1
[6] over erasure: B1
[7] *Ipsum*: B1
[8] *In manibus portabunt*: A, B2
[9] *Tribularer*: A
[10] post gloriam r' *Tu dixisti*] om.B1 / R' *Scindite corda.* V' *Derelinquat. Quia.* R' *Frange esurienti.* V' *Cum uideris. Tunc. Gloria*: add.B1, B2

Ad cantica. a' *Ihesus autem cum ieiunasset.* Cant. *Deducant oculi.*
<Aliud. *Recordare domine.* Aliud. *Tollam quippe uos.*> V' *Super aspidem.* <Euang.
Ductus est Ihesus in desertum. Hom. *Dubitari solet a quibusdam.*[1]> R'[9] *Ductus est
Ihesus.* <V' *Et cum ieiunasset. Et accedens.*> R'[11] *Cum ieiunasset.* <V' *Et
ecce accesserunt. Non.*> R'[12] *Angelis suis.* <V' *Super aspidem. In manibus.*>
R'[13] *Scapulis suis.* <V' *Angelis suis. Scuto.*> post gloriam a capite
repetatur.[2] <Euang. *Ductus est Ihesus in desertum.* or' *Deus qui ecclesiam tuam.*>

¶ In laudibus. a'[1] *Cor mundum crea in me.* et alie. <a'[2] *O domine
saluum me fac.* a'[3] *Sic benedicam te.* a'[4] *In spiritu humilitatis.* a'[5] *Laudate Deum
celi.*> Cap. *Ortamur uos.* R' *Participem me fac.* <V' *Aspice in me. Et
custodientium. Gloria. Participem.*> ym' *Dicamus omnes cernui.* V' *Domine
refugium.* a' *Ductus est Ihesus in desertum.* <Ps. *Benedictus.* or' *Deus qui
ecclesiam.*>

Ad primam. a' *Et accedens temptator.* evovae. Cap. *Domine miserere.*

Ad processionem. a' *Cum sederit filius.* Ad introitum. [a'] *Dimitte
nobis.*[3] <Ante orationem V' *Domine refugium.*>

Ad terciam. a' *Tunc assumpsit eum diabolus.* evovae. Cap. *Ortamur
uos.* V' *Dicet domino.* or' *Deus qui ecclesiam.*

¶ Missa maior.[4] <Offic. *Inuocabit me.* Ps. *Qui habitat. Gloria.* or' *Deus qui ecclesiam
tuam.* Ep. *Hortamur uos.* R' *Angelis suis.* V' *In manibus.* Tr. *Qui habitat.* V' *Dicet
domino.* V' *Quoniam ipse.* V' *Scapulis suis.* V' *Scuto circumdabit.* V' *A sagitta.* V'
Cadent a latere. V' *Quoniam angelis.* V' *In manibus.* V' *Super aspidem.* V' *Quoniam in
me.* V' *Inuocabit me.* V' *Eripiam eum.* Euang. *Ductus est dominus Ihesus in desertum.*
Offert. *Scapulis suis.* Secr. *Sacrificium quadragesimalis.*[5] Comm. *Scapulis suis.*
Postcomm. *Tui nos domine sacramenti.*>

¶ Ad sextam. a' *Vade Sathana.* evovae. Cap. *Ecce nunc tempus.* V' *Ipse
liberauit me.* <or' *Da nobis quesumus omnipotens Deus et eterne.*>

---

[1] *solet a quibusdam*] tr.2,3,1: B1
[2] post gloriam a capite repetatur] om.B1
[3] Ad processionem . . . nobis] add.A, l.h.
[4] Octo monachi tractum cantabunt; *Qui habitat*: add.O, marg., l.h.
[5] Pref. *Qui continuatis quadraginta diebus*: add.S

Ad nonam. a' *Relinquit Ihesum*[1]. *evovae.* Cap. *In omnibus exhibeamus.*
V' *Scapulis suis.* <or' *Deus qui solus es bonus.*>[2]

Ad vesperas. a' [3]*Dixit dominus.* et alie. Cap. *Ortamur uos.* R' *Ab omni uia mala.* <V' *A iudiciis tuis. Vt custodiam. Gloria.* R' *Ab omni.*> ym' *Summe largitor.* V' *Angelis suis.* a' *Ecce nunc tempus. evovae.* Ps. *Magnificat.* <or' *Deus qui ecclesiam.*>

[i.] ¶ Feria secunda.

[Ad matutinas.] Inuit. *Venite exultemus.* et cetera. ym' *Audi benigne conditor.*
In primo nocturno. a' *Rectos decet.* <Ps. *Exultate iusti.*> et alie. V' [4]*Scuto circumdabit.* Lectiones sunt proprie: <*Cum uenerit filius hominis.*> R' *Ecce nunc tempus.* R' *In omnibus.* R' *Paradisi portas.* post gloriam r' *Orantes.*
In secundo nocturno. a' *Vt non delinquam.* et alie. V' *In manibus portabunt te.*

In laudibus. <a'> *Miserere.* et cetere. <Capitulum ad libitum.> R' *Participem me fac.* ym' *Iam Christe sol.* V' *Domine refugium.* In euang. a' *Venite benedicti. evovae.* Ps. *Benedictus.* <*Kyrieleyson. Pater noster.*> Preces. *Oremus pro omni gradu ecclesie.* <Require in secunda feria aduentus domini. or' *Conuerte nos Deus salutaris noster. et ut nobis.*> *Psalmi prostrati.* Ps. *Domine ne in furore.j.* Ps. *Vsquequo domine.* Ps. *Ad dominum cum tribularer. Kyrieleyson. Christeleyson. Kyrieleyson. Pater noster. Et ne nos.* [5] V' *Ostende nobis domine misericordiam tuam.* [[fol.39v]] *Dominus uobiscum.* or' [6]*Vox nostra te domine* <semper> *deprecetur.*

Ad primam. a' *Aduenerunt. evovae. psalmi prostrati. Beati quorum.* V' *Leuaui oculos. Kyrieleyson. Pater noster.* V' *Et ueniat super nos*

---

[1] *eum*: B2
[2] Alie a' *Non in solo pane.* a' *Dominus Deum tuum adorabis*: add.A, subsequently cancelled
[3] (not indicated: B1)
[4] *Domine refugium*: A
[5] Cap[itcl]la ad Beneficia recolenda. *Ostende nobis. Esto nobis. Et ueniat. Fiat misericordia. Domine non secundum. Domine ne memineris. Adiuua nos. Ne reminiscaris*: add.C, followed by orationes as in p.185 fn.2 below.
[6] *Vt tuam domine*: B2

misericordia tua domine. or' ¹*Vt tuam domine misericordiam consequamur.*²

Ad terciam. ym' *Dei fide qua uiuimus.* a' *Viuo ego dicit dominus.* V' *Dicet domino.* Psalmi prostrati. *Domine ne in furore.ij.* Ps. *Letatus sum. Kyrieleyson. Pater noster.* V' *Esto nobis domine turris fortitudinis.* or' *Presta quesumus omnipotens Deus. ut liberis tibi mentibus.*

Ad sextam. ym' *Qua Christus hora sitiit.* a' *Commendemus nosmetipsos. evovae.* <V' *Ipse liberauit.*> Psalmi prostrati. *Miserere mei Deus.* Ps. *Ad te leuaui. Kyrieleyson.* <*Pater noster.* V' *Domine ne memineris.*> or' ³*Redemptor noster aspice Deus: et tibi nos iugiter.*

Ad nonam. ym' *Ternis ter horis numerus.* [a'] *Tunc inuocabis. evovae.* <V' *Scapulis suis.*> Psalmi prostrati. *Domine exaudi.j.* Ps. *Nisi quia dominus. Kyrieleyson.* V' ⁴*Adiuua nos Deus salutaris.* or' ⁵*Deus celi terreque dominator. auxilium nobis tue defensionis.*

<[Missa maior.] Sicut oculi seruorum. Ps. *Ad te leuaui. Gloria.* or' *Conuerte nos Deus salutaris noster.* Lect. *Ecce ego ipse requiram.* R' *Protector noster.* V' *Domine Deus uirtutum.* Euang. *Cum uenerit filius.* Offert. *Leuabo oculos.* Secr. *Munera domine oblata.* ⁶ Comm. *Voce mea.* Postcomm. *Salutaris tui domine.* Super populum. *Absolue quesumus domine nostrorum.*>

Ad vesperas. a' *Nos qui uiuimus.* Ps. *In exitu.* et cetera. R' *Ab omni uia mala.* ym' *Summe largitor premii.* V' *Angelis suis Deus.* a' *Quod uni ex minimis. evovae.* Ps. *Magnificat.* <or' *Absolue quesumus domine nostrorum uincula.*> Psalmi prostrati. *Qui confidunt.* Ps. *In conuertendo.* Ps. *De profundis.* Ps. *Domine clamaui ad te.* Ps. *Domine exaudi.ij. Kyrieleyson. Christeleyson. Kyrieleyson. Pater noster. Et ne nos.* V' *Domine non secundum peccata* <*nostra*> *facias.* or' *Presta quesumus misericors Deus: ut tibi placita mente.* alia [or'] *Iniquitates nostras ne respicias omnipotens Deus: sed sola.* alia [or'] *A cunctis iniquitatibus*

---

¹ (not indicated: B2)
² Missa matutinalis sollempniter [pro defunctis]. R'. Tractus. Orationes. Anniuersarium. Inclina. et cetera: add.O. marg., l.h.
³ (not indicated: B2)
⁴ *Ne reminiscaris*: B2
⁵ (not indicated: B2)
⁶ Pref. *Qui das escam omni carne*: add.S

THE TEMPORAL

nostris exue nos domine. et in tua fac. alia [or'] *Tua nos domine quesumus gratia*[1] *benedicat. et ad uitam perducat.*[2]

Capitula a capite ieiunii: Vsque ad terciam dominicam <tam ad horas quam ad matutinas>. *Conuertimi ad me in. Conuertimini ad dominum Deus. Quis scit si conuer-*[[**fol.40r**]]-*tatur et innoscat Deus. Canite tuba in Syon. Coadunate*[3] *senes. Inter uestibulum et altare. Quare*[4] *dicunt in populis. Ecce ego mittam uobis frumentum.* [5]*Clama ne cesses. Frange esurienti panem.* [6]*Cum uideris nudum.* [7]*Cum effuderis esurienti.*[8]

¶ Tercia et quarta ebdomade quadragesime <ad omnes horas>. Capitula.[9] *Ecce ego ipse requiram. Ego pascam oues.* [10]*Quod perirat requiram. Querite dominum dum inueniri.* [11]*Anima que peccauerit* <ipsa> *morietur. Si autem impius egerit penitentiam. Cum autem auerterit se impius. Leuamini mundi estote. Querite iudicium.* [12]*Ecce ego liberabo*[13] *oues.*

¶ Orationes tam ad nocturnos quam ad horas diurnas. a capite ieiunii Vsque ad passionem[14] domini. *Exaudi quesumus domine gemitum populi supplicantis. Succurre quesumus domine populo supplicanti.*

[1] *quesumus gratia*] tr.B2
[2] B2 and C have additional collects at the Psalmi prostrati, as follows (for those marked * the final *per* has been cancelled in C and *et ad beneficia* added marg., l.h.). Orationes in C only: *Suscipe domine preces nostras.* *Cunctas domine semper. *Adesto nobis misericors Deus. *Vincula domine quesumus humane. Fac nos domine quesumus mala. Delicta nostra domine quibus. Concede nobis domine quesumus ueniam. Vt a nostris excessibus. Aufer a nobis quesumus nostras. Vt cunctas nos domine foueas. Peccata nostra domine quesumus. Porrige nobis domine dexteram. Exaudi nos domine Deus noster. Intende domine quesumus supplices. Fac nos domine Deus noster tuis. Ascendant ad te domine. Orationes in B2 and C: *Purificet nos indulgentis tua. *Vide domine infirmitates nostras. Esto nobis propicius Deus. Preueniat nos quesumus domine. Celeri nobis quesumus domine. Clamantes ad te Deus dignanter. Oculi nostri ad te domine. Respice nos omnipotens et misericors Deus.* Oratio in B2 only: *Perpetua quesumus domine pace.*
[3] *Coadnate* (†): O
[4] *Auare* (†): B2
[5] om.B2
[6] om.B2
[7] om.B2
[8] *Tunc erumpet quasi. Tunc inuocabis*: add.C
[9] These ten capitula are given also in B2 and C
[10] marg., l.h.: B2
[11] Ad sextam capitulum: add.B2, marg., l.h.
[12] marg., l.h.: B2
[13] *uisitabo*: B2, C
[14] nocturnos quam ... passionem] horas quam ad matutinas usque ad pascha: B2

¹*Exaudi quesumus domine supplicum preces: et confitentium. Deus qui* <iuste> *irasceris et clementer ignoscis. Conserua quesumus domine populum tuum. et ab. Afflictionem familie tue quesumus domine.*² *Ab omnibus nos quesumus domine peccatis propiciatus absolue. Precibus nostris quesumus domine aurem tue pietatis.* ³*Quesumus omnipotens Deus ut qui nostris fatigamur. Deus qui nos conspicis in tot perturbationibus. Auxiliare quesumus domine querentibus misericordiam. Presta quesumus omnipotens Deus: ut qui offensa nostra per flagella. Deus qui peccantium animas non uis. Auerte quesumus domine iram tuam propiciatus. Memor esto* <quesumus> *domine fragilitatis.*⁴ *Deus qui culpa offenderis. penitentis placaris.*⁵

[[**fol.40v**]] [ii.] ¶ Feria tercia.

[Ad matutinas.] Inuit. *Iubilemus Deo.* Ps. *Venite.* ym' *Audi benigne conditor.*
In primo nocturno. a' *Adiutor in tribulationibus.* [et alie.] V' *Scuto circumdabit te.* <Lectiones *Cum intrasset dominus Ihesus Ierusalem.*> R' *In ieiunio et fletu.* R' *Emendemus.* R' *Derelinquat impius.* post gloriam r' *Quia benignus.*
In secundo nocturno. a' *Auertet dominus.* et cetere. V' *Super aspidem et basiliscum.*

In laudibus. R' *Participem me fac.* In euang. a' *Intrauit*⁶ *Ihesus.* Ps. *Benedictus.* <or' *Respice domine familiam tuam.*>

<[Missa maior] *Domine refugium.* Ps. *Priusquam montes.* Gloria. or' *Respice domine familiam tuam.* Lect. *Locutus est Ysaias.* R' *Dirigatur oratio mea.* V' *Eleuatio manuum.* Euang. *Cum intrasset dominus Ihesus Ierosolimam.* Offert. *In te speraui.* Secr. *Oblatis*

---

¹ Ad sextam: add.B2, marg., l.h.
² *familie tue quesumus domine*] tr.3,4,1,2: B2
³ illegible note, marg., l.h.: add.B2
⁴ *Deus qui nos conspicis . . . fragilitatis*] om.B2
⁵ *Clamantium ad te quesumus domine. Parce domine parce populo. Aures tue pietatis*: add.B2, C / *Presta populo tuo domine. Exaudi domine populum tuum tota. Subiectum tibi populum. Miserere iam quesumus domine populo. Presta quesumus omnipotens Deus ut qui iram. Tribulationem populi tui. Quesumus omnipotens Deus afflicti. Intende quesumus domine preces. Ne despicias omnipotens Deus. Exaudi domine gemitum populi ne plus. Omnipotens sempiterne misericordiam tuam. Deus refugium pauperum. Moueat pietatem tuam*: add.C.
⁶ *dominus*: add.B2

quesumus domine placare. [1] Comm. *Cum inuocarem.* Postcomm. *Quesumus omnipotens Deus: ut illius.* Super populum. *Ascendant ad te domine.*>

Ad vesperas. a' *Scriptum est enim.* Ps. *Magnificat.* <or' *Ascendant ad te domine preces.*>

[iii.] ¶ Feria quarta.

[Ad matutinas.] <Lectiones. *Dixerunt ad Ihesum quidam de scribis.*> R' *Scindite*[2] *corda uestra.* R' *Abscondite elemosinam.* R' *Frange esurienti.* post gloriam r' *Tunc erumpet.*

[In laudibus.] In euang. a' *Sicut fuit Ionas.* Ps. *Benedictus.* <or' *Preces nostras quesumus domine clementer exaudi: et contra.*>

<[Maior missa.] *Reminiscere miserationum.* Ps. *Ad te domine.* or' *Preces nostras quesumus domine.* Lect. *Dixit dominus ad Moysen. Ascende ad me.* R' *Tribulationes cordis.* V' *Vide humilitatem.* or' *Deuotionem populi tui.* Lect. *Venit Helyas in Bersabee.* Tr. *De necessitatibus.* V' *Ad te domine leuaui.* Euang. *Accesserunt ad Ihesum scribe.* Offert. *Meditabor in.* Secr. *Hostias tibi domine.* [3] Comm. *Intellige clamorem.* Postcomm. *Tui domine perceptione.* Super populum.[4] *Mentes nostras quesumus domine.*>

Ad vesperas. a' *Dixit quidam ad Ihesum. evovae.* Ps. *Magnificat.* <or' *Mentes nostras quesumus domine lumine.*>

[iv.] ¶ Feria quinta.

[Ad matutinas.] <Lectiones. *Dicebat dominus Ihesus ad eos.*> R' *Tribularer si nescirem.* R' *Ductus est Ihesus.* R' *Cum ieiunasset.*

[In laudibus.] In euang. a' *Si uos manseritis.* Ps. *Benedictus.* <or' *Omnipotens sempiterne Deus qui obseruatione.*>

<[Maior missa.] *Confessio et pulcritudo.* Ps. *Cantate domino. Gloria.* or' *Omnipotens sempiterne Deus qui obseruatione.* Lect. *Factum est uerbum domini ad Noe.* R' *Custodi*

---

[1] Pref. *In quo ieiunantium fides*: add.S
[2] *Cindite* (†): O
[3] Pref. *Qui in alimentum corporis*: add.S
[4] Super populum] Ad uesperas: S

me domine. V' *De uultu tuo.* Euang. *Dicebat dominus Ihesus ad eos.* Offert. *Immittit angelus.* Secr. *Sacrifica domine quesumus.* [1] Comm. *Panis quem ego.* Postcomm. *Tuorum nos domine.* Super populum. *Da quesumus domine populis.*>

Ad vesperas. a' *Ego enim ex Deo. evovae.* Ps. *Magnificat.* <or' *Da quesumus domine populis christianis.*>

[v.] ¶ Feria sexta.

[Ad matutinas. <Lectiones. *Erat dies festus Iudeorum.*> R' *Cum ieiunasset.* R' *Angelis suis.* R' *Scapulis suis.*

[In laudibus.] In euang. a' *Angelus domini.* Ps. *Benedictus.* <or' *Esto domine propicius plebi tue.*>

<[Maior missa.] *De necessitatibus.* Ps. *Ad te domine clamaui. Gloria.* or' *Esto domine propicius.* Lect. *Anima que peccauerit.* R' *Saluum me fac.* V' *Auribus percipe.* Euang. *Erat dies festus Iudeorum.* Offert. *Benedic anima mea.* Secr. *Suscipe quesumus domine munera.* [2] Comm. *Erubescant et conturbentur.* Postcomm. *Per huius domine operatio.* Super populum. *Exaudi nos misericors.*

Ad vesperas. a' *Qui me sanum fecit. evovae.* Ps. *Magnificat.* <or' *Exaudi nos misericors Deus. et mentibus.*>

[vi.] ¶ Sabbato.[3]

[Ad matutinas.] <Lectiones. *Post dies sex assumpsit Ihesus Petrum.*> R' *Abscondite elemosinam.* R' *Frange esurienti.* R' *Tribularer si nescirem.*

[In laudibus.] In euang. a' *Assumpsit Ihesus.* Ps. *Benedictus.* <or' *Populum tuum domine quesumus propicius.*>

[Ad horas.] Ad Primam a' *Domine bonum est. evovae.* Ad Terciam a' *Descendentibus illis. evovae.* Ad Sextam a' *Nemini dixeritis.* Ad Nonam a' *Visionem quam uidistis. evovae.*

---

[1] Pref. *Quia competenter atque salubriter*: add.S
[2] Pref. *Qui ieiunii obseruatione*: add.S
[3] in duodecim lectionibus: add.S

<[Maior missa.] *Intret oratio mea*. Ps. *Domine Deus salutis. Gloria*. or' *Populum tuum domine*. Lect. *Locutus est Moyses*. R' *Propicius esto domine*. V' *Adiuua nos*. or' *Deus qui nos in tantis*. Lect. *Dixit Moyses filiis Israel*. R' *Protector noster aspice*. V' *Domine Deus uirtutum*. or' *Protector noster aspice*. Lect. *Orationem faciebant sacerdotes*. R' *Ab occultis meis*. V' *Si mei non*. or' *Adesto quesumus domine supplicationibus*. Lect. *Miserere nostri Deus*. R' *Conuertere domine*. V' *Domine refugium*. or' *Preces populi tui*. Lect. *Angelus domini descendit cum Azaria*. Tr. *Benedictus es*. V' *Benedicite omnia*. V' *Ymnum dicite*. V' *Benedicite aque*. V' *Benedicite stelle*. V' *Benedicite ignis*. V' *Benedicite frigus*. V' *Benedicat terra*. V' *Benedicite Maria*. V' *Benedicite uolucres*. V' *Benedicat Israel*. V' *Benedicite spiritus*. V' *Benedicite anima. Benedictus es. Dominus uobiscum*. or' *Deus qui tribus pueris*. Ep. *Rogamus uos corripite*. [R'] *Laudate dominum*. V' *Quoniam confirmata*. Euang. *Assumpsit dominus Ihesus Petrum*. Offert. *Domine Deus salutis*. Secr. *Presentibus sacrificiis*.[1] Comm. *Domine Deus meus*. Postcomm. *Sanctificationibus nostris*[2].>

Ad vesperas. Cap. *Ortamur uos*. R' *Dum exiret Iacob*. ym' *Summe largitor*. V' *Angelis suis*. a' *Nubes lucida*. Ps. *Magnificat*. or' *Deus qui conspicis* <*omni nos uirtute*.> Ad processionem in capellam. R' [3]*Dixit angelus ad Mariam*.

[LV.] Dominica secunda quadragesime.

[Ad matutinas.] Inuit. *Non sit nobis uanum*. Ps. *Venite*. ym' *Ex more docti mistici*.
In primo nocturno. a' *Domine in uirtute*. et cetere. V' *Scuto circumdabit*. <Lect. *Portabat Rebecca geminos*.> R'[1] *Tolle arma tua*. <V' *Cumque uenatu. Et benedicat*.> R'[2] *Ecce odor*. <V' *Qui maledixerit. Et donet*.> R'[3] *Det tibi Deus*. <V' *Et incuruentur. Esto dominus*.> R'[4] *Quis igitur ille est*. <V' *Dominum tuum. Benedixitque. Gloria*. [4]*Et comedi*.>
In secundo nocturno. a' *Dominus defensor*. et cetere. R'[5] *Dum iret*. <V' *Edificauit ibi. Terram*.> R'[6] *Dum exiret*. <V' *Vere dominus. Non est*.> R'[7] *Si dominus Deus*. <V' *Surgens autem. Erit michi*.> [5] R'[8] *Apparuit Deus*. <V' *Apparuit iterum. Ego sum. Gloria. Apparuit*.>

---

[1] Pref. *Illuminator et redemptor animarum*: add.S
[2] *tuis*: S
[3] over erasure: O
[4] (not indicated: B1)
[5] R' *Erit michi dominus*. V' *Si dominus Deus*. Decima: add.A (with added note 'Feria iv', marg., l.h.), B1

[[**fol.41r**]] Ad cantica. a' *Missus sum.* <Cant. *Deducant oculi.* et ceteri. Euang. *Egressus dominus Ihesus: secessit in partes Tyri.* Hom. *Scribis et Phariseis.*> R'[9] *Orauit Iacob.* <V' *Deus in cuius. Erue me.*> R'[10] *Minor sum.* <V' *Domine qui. Libera me.*> R'[11] *Dixit angelus* <*ad Iacob.* V' *Cumque mature. Dimitte.*> R'[12] *Vidi dominum.* <V' *Et dixit. Et salua. Gloria.*> Post gloriam. a capite repetatur.[1] <Euang. *Egressus dominus Ihesus secessit.* or' *Deus qui conspicis.*>

¶ In laudibus. a'[1] *Domine labia mea.* et cetere. <a'[2] *Dextera domini.* a'[3] *Factus est adiutor.* a'[4] *Trium puerorum.* a'[5] *Statuit ea.*> Cap. [2]*Fratres rogamus uos et obsecramus.* R' *Bonum michi domine.* <V' *Manus tue. Bonum michi. Gloria. Bonum.* ym' *Dicamus omnes cernui.* V' *Domine refugium.*> In euang. a' *Egressus Ihesus.* Ps. *Benedictus.* <or' *Deus qui conspicis.*>

Ad primam. a' *Accedentes discipuli.* <Ps. *Beati immaculati.*>

Ad processionem per claustrum. a' *Christe pater misericordiarum.* Ad introitum. a' *Dimitte nobis domine.*[3] <Ante orationem V' *Domine refugium factus.*>

Ad terciam. a' *Missus sum. evovae.* Cap. *Fratres rogamus uos.* V' *Dicet domino.* <or' *Deus qui conspicis.*>

¶ Ad missam. <*Reminiscere miserationum.* Ps. *Ad te domine leuaui. Gloria patri.* or' *Deus qui conspicis omni nos.* Ep. *Rogamus uos et obsecramus.*> pro responsorio cantabitur Tractus hoc modo. Primus Versus. *De necessitatibus* inchoatus a duobus cantoribus: percantetur a conuentu. Subiungat illi duo. V' *Ad te domine.* Chorus: *Vide humilitatem.* Cantores: V' *Et enim.* Chorus *et dimitte.* Tunc cantores reincipiant *De necessitatibus.* Et eo cantato a conuentu: sequatur alius tractus <*Dixit dominus mulieri.* V' *At illa dixit.* V' *Ait illi Ihesus.* Euang. *Egressus dominus Ihesus secessit.*> ¶ Offert. *Meditabor.* <*in mandata.*> et V' *Miserere mei.*[4] <Secr. *Sacrificiis presentibus domine.*[5] Comm. *Intellige clamorem.* Postcomm. *Supplices te rogamus.*>

Ad sextam. a' *Non sum missus. evovae.* Cap. *Gaudete fratres.* <V' *Ipse liberauit.* or' *Familiam tuam domine quesumus propiciatus.*>

---

[1] [aliud] R' *Pater peccaui*: add.A
[2] *Ortamur uos ne in uacuum*: B1
[3] Ad processionem . . . *domine*] marg., l.h.; A
[4] et V' *Miserere mei*] not in M
[5] Pref. *Et maiestatem tuam suppliciter*: add.S

Ad nonam. a' *O mulier magna. evovae.* Cap. *Frange esurienti.* <V'
Scapulis suis. or' *Excita domine quesumus tuorum fidelium.*>

¶ Ad vesperas [1]. Cap. *Ortamur uos.* R' *Seruus tuus.* <V' *Ut discam. Da michi. Gloria.* [2]*Seruus.* ym' *Summe largitor.* V' *Angelis suis.*> a' *Dixit dominus mulieri.* Ps. *Magnificat.* <or' *Deus qui conspicis.*>

[i.] Feria secunda.

[Ad matutinas.] <Lectiones *Ego uado et queretis me.*> R' *Tolle arma tua.* R' *Ecce odor.* R' *Det tibi Deus.* post gloriam. r' *Seruiant.*

[In laudibus.] In euang. a' *Ecce ego uado.* Ps. *Benedictus.* <or' *Presta quesumus omnipotens Deus ut familia.*>

<[Maior missa.] *Redime me domine.* Ps. *Iudica me. Gloria.* or' *Presta quesumus omnipotens Deus ut familia.* Lect. *Orauit Daniel dicens.* R' *Adiutor meus.* V' *Confundantur.* Euang. *Dixit dominus Ihesus turbis Iudeorum. Ego uado.* Offert. *Benedicam dominum.* Secr. *Hec hostia domine.* Comm. *Domino dominus noster.* Postcomm. *Hec nos communio.* Super populum. *Adesto supplicationibus.*>

Ad vesperas. a' *Qui me misit. evovae.* Ps. *Magnificat.* <or' *Adesto supplicationibus nostris omnipotens Deus.*>

[ii.] Feria tercia.

[Ad matutinas.] <Lect. *Locutus est dominus Ihesus ad turbas.*> R' *Quis igitur ille est.* R' *Dum iret Iacob.* R' *Dum exiret Iacob.* post gloriam r' *Benedixitque.*

[In laudibus.] In euang. a' *Omnes enim uos. evovae.* Ps. *Benedictus.* <or' *Perfice quesumus domine benignus.*>

<[Maior missa.] *Tibi dixit cor.* Ps. *Dominus illuminatio. Gloria.* or' *Perfice quesumus domine benignus.* Lect. *Factus est sermo.* R' *Iacta cogitatum.* V' *Dum clamarem.* Euang. *Locutus est dominus ad turbas.* Offert. *Miserere mei domine.* Secr. *Sanctificationem*

---

[1] tota ebdomada: add.B1
[2] (not indicated: B1)

tuam. ¹ Comm. *Narrabo omnia.* Postcomm. *Ut sacris domine.* Super populum. *Propiciare domine supplicationibus.*>

Ad vesperas. a' *Qui maior* ² *uestrum.* Ps. *Magnificat.* <or' *Propiciare domine supplicationibus nostris.*>

[iii.] ¶ Feria quarta.

[Ad matutinas.] <Lectiones. *Ascendens dominus Ihesus Ierosolimam.*> R' *Si dominus Deus meus.* R' *Erit michi dominus.* <V' *Si dominus. Decimas.*> R' *Apparuit Deus Jacob.* post gloriam. r' *Crescere te.*

[In laudibus.] In euang. a' *Ecce ascendimus.* Ps. *Benedictus.* <or' *Populum tuum domine propicius.*>

<[Maior missa.] *Ne derelinquas me.* Ps. *Domine ne in furore. Gloria.* or' *Populum tuum domine propicius.* Lect. *Orauit Hester.* R' *Saluum fac populum.* V' *Ad te domine clamaui.* Euang. *Ascendens dominus Ihesus Ierosolimam.* Offert. *Ad te domine clamaui.* Secr. *Hostias domine quas.* ³ Comm. *Iustus dominus et iusticias.* Postcomm. *Sumptis domine sacramentis.* Super populum. *Deus innocentie restitutor.*>

Ad vesperas. a' *Quicumque uoluerit.* Ps. *Magnificat.* <or' *Deus innocentie restitutor et amator.*>

[iv.] Feria quinta.

[Ad matutinas.] <Lect. *Non possum a me.*> R' *Orauit Iacob.* R' [[**fol.41v**]] *Minor sum.* R' *Dixit angelus.* post gloriam. r' *Et benedixit.*

[In laudibus.] In euang. a' *Ego non ab homine.* Ps. *Benedictus.* <or' *Presta nobis domine quesumus auxilium.*>

[Maior missa.] <*Deus in adiutorium.* Ps. *Aduertantur retrorsum. Gloria.* or' *Presta nobis domine quesumus auxilium.* Lect. *Maledictus homo.* R' *Propicius esto domine.* V' *Adiuua nos.* Euang. *Dixit dominus Ihesus turbis Iudeorum. Non possum ego.*>
¶ Nota quod unus versus. offerende. *Precatus est Moyses* que cantatur

---

¹ Pref. *Qui ob animarum medelam*: add.S
² *est*: add.A, B1, B2
³ Pref. *Per quam humani generis*: add.S

in hac feria: reseruatur in estate cantandus.
<Secr. *Presenti sacrificio nomini tuo.* [1] Comm. *Qui manducat carnem.* Postcomm. *Gratia tua nos quesumus.* Super populum. *Adesto domine famulis tuis.*>

Ad vesperas. a' *Opera que ego facio. evovae.* Ps. *Magnificat.* <or' *Adesto domine famulis tuis.*>

[v.] ¶ Feria sexta.

[Ad matutinas.] <Lect. *Homo erat paterfamilias.*> R' *Dum exiret.* R' *Si dominus Deus meus.* R' *Apparuit Deus Iacob.*

[In laudibus.] In euang. a' *Cum autem uenerit dominus.* Ps. *Benedictus.*
<or' *Presta*[2] *quesumus omnipotens Deus: ut sacro.*>

<[Maior missa.] *Ego autem cum iusticia.* Ps. *Exaudi domine iusticiam. Gloria.* or' *Da quesumus omnipotens Deus: ut sacro.* Lect. *Audite sompnium meum quod uidi.* R' *Ad dominum cum tribularer.* V' *Domine libera animam.* Euang. *Homo quidam erat paterfamilias.* Offert. *Domine in auxilium.* Secr. *Hec in nobis sacrificia Deus.* [3] Comm. *Tu domine seruabis.* Postcomm. *Fac nos quesumus domine accepto.* Super populum. *Da quesumus domine populo.*>

Ad vesperas. a' *Malos male perdet.* Ps. *Magnificat.* <or' *Da quesumus domine populo tuo.*>

[vi.] Sabbato.

[Ad matutinas.] <Lect. *Homo quidam habuit duos filios.*> R' *Dixit angelus.* R' *Vidi dominum.* R' *Pater peccaui.* <V' *Quanti mercenarii. Fac.*> post gloriam r' *Iam non sum.*

[In laudibus.] In euang. a' *Vadam ad patrem.* Ps. [4]*Benedictus.* <or' *Da quesumus domine nostris effectum.*>

---

[1] Pref. *Et tuam cum celebratione*: add.S
[2] *Da*: C
[3] Pref. *Qui delinquentes perire*: add.S
[4] *Magnificat* (†): O

THE FÉCAMP ORDINAL

<[Maior missa.] *Lex domini*. Ps. *Celi enarrant. Gloria*. or' *Da quesumus domine nostris effectum*. Lect. *Dixit Rebecca filio suo*. R' *Bonum est confiteri*. V' *Ad annunciandum*. Euang. *Homo quidam habuit duos filios*. Offert. *Illumina oculos*. Secr. *Hiis sacrificiis domine*.[1] Comm. *Oportet te fili*. Postcomm. *Sacramenti tui domine*. Super populum. *Familiam tuam quesumus domine*.>

Ad vesperas. Cap. *Estote imitatores*. R' *Igitur Ioseph*. <V' *Misertus est enim. Per quem. Gloria*.[2] ym' *Summe largitor*. V' *Angelis suis*.> a' *Dedit pater penitenti*. Ps. *Magnificat*. or' *Quesumus omnipotens Deus uota humilium respice: atque ad defensionem*. Ad processionem <in capellam> R' *Quomodo fiet*.[3]

[LVI.] ¶ Dominica tercia quadragesime.

[Ad matutinas.] Inuit. *Quoniam Deus*. Ps. *Venite*. [usque] *Iubilemus ei*. chorus *Quoniam Deus magnus dominus et rex magnus super omnes Deos*. Subiungant cantores. V' *Quoniam non repellet dominus*. [usque] *Ipse conspicit*. Chorus *Et rex magnus*. V' *Quoniam ipsius est mare*. [usque] *pascue eius*.[4] *Hodie si uocem*. [usque] *opera mea*. V' *Quadraginta*. [usque] *In requiem meam. Gloria*. [usque] *Seculorum amen*. <ym' *Ex more docti*.>
In primo nocturno. a' *Domine in uirtute*. et cetere. <V' *Scuto circumdabit*. Lect. *Mittitur a Iacob patre*.> R'[1] *Videntes Ioseph*. <V' *Cumque uidissent. Venite*.> R'[2] *Dixit Iudas*. <V' *Cumque abisset. Caro*.> R'[3] *Extrahentes*. <V' *At illi. Reuersusque*.> R'[4] *Igitur Ioseph*.[5]<V' *Vide si. Fera*.>[6]
In secundo nocturno. a' *Dominus defensor*. et cetere. <V' *In manibus portabunt*.> R'[5] *Ioseph dum intraret*. <V' *Diuertit ab. Manus eius*.> R'[6] *Memento mei*. <V' *Tres enim. Ut suggeras*.> R'[7] *Merito hec patimur*. <V' *Dixit Ruben. Iccirco*.> R'[8] *Dixit Ruben*. <V' *Merito hec. En sanguis. Gloria. Dixit Ruben*.>
Ad cantica. a' *Beati qui audiunt*. R'[9] *Tollite hinc nobiscum*. <V' *Tollite de optimis. Deus*.> R'[10] *Iste est frater*. <V' *Attollens autem. Festinauitque*.> R'[11] *Dixit Ioseph*. <V' *Biennium est. Ite adducite*.> R'[12] *Nunciauerunt*

---

[1] Pref. *Et tuam iugiter exorare*: add.S
[2] *Per quem*: add.B1
[3] *Quomodo fiet*] over erasure: O
[4] Chorus: add.O, marg., contemporary hand
[5] V' *Misertus enim. Per quem. Gloria. Per quem*: A
[6] R' *Videns Iacob*: add.A

Iacob. <V' *Cumque audissent. Sufficit.*> post gloriam a capite repetatur.[1] <or' *Quesumus omnipotens Deus uota.* Euang. *Erat dominus Ihesus eieciens demonium.* Hom. *Demoniacus iste.*>

¶ In laudibus. a'[1] *Fac benigne.* et alie. <a'[2] *Dominus michi adiutor.* a'[3] *Deus misereatur.* a'[4] *Vim uirtutis.* a'[5] *Sol et luna.*> Cap. *Estote imitatores.* R'[2] *Declara super nos.* <V' *Declaratio. Tuam. Gloria. Declara.* ym' *Dicamus omnes cernui.* V' *Domine refugium.*> In euang. a' *Ihesus cum eiecisset.* Ps. *Benedictus.* <or' *Quesumus omnipotens Deus uota.*>

Ad primam. a' *Si in digito*[3] *Dei.*

Ad processionem. [R'] *Christe pater misericordiarum*[4]. [[**fol.42r**]] Ad introitum. R' *Igitur Ioseph.*

Ad terciam. a' *Dum fortis.* evovae. Cap. *Estote imitatores.* <or' *Quesumus omnipotens Deus uota.*>

Missa. *Oculi mei.* <V' *Ad te domine leuaui. Gloria.* or' *Quesumus omnipotens Deus uota.* Ep. *Fratres: Estote imitatores Dei.* R' *Exurge domine.* V' *In conuertendo.* Tr. *Ad te leuaui.* V' *Ecce sicut oculi.* V' *Ita oculi nostri.* V' *Miserere nobis domine.* Euang. *Erat dominus Ihesus eiiciens demonum.*> Offert. *Iusticie domini:* vsque *corda.* Hic interferatur Versus. *Preceptum domini.* Quo cantato: repetatur *Et dulciora.* <Secr. *Suscipe quesumus domine deuotorum.*[5] Comm. *Passer inuenit sibi.* Postcomm. *A cunctis nos domine.*>

Ad sextam. a' *Qui non colligit.* evovae. Cap. *Omnis sermo malus.* <V' *Ipse liberauit.* or' *Gaudeat quesumus domine populus.*>

Ad nonam. a' *Cum immundus spiritus.* evovae. Cap. *Eratis enim aliquando.* <V' *Scapulis suis.*> Orationes sunt proprie. <or' *Implorantes domine misericordiam tuam.*>

---

[1] R' *Salus nostra*: add.A / R' *Salus nostra.* V' *Venerunt quoque.* r' *Et securi*: add.B1
[2] Tota ebdomada R': B1
[3] *digo* (†): O
[4] *misericordia* (†): O
[5] Pref. *Et te suppliciter exorare ut cum abstentia*: add.S

¶ Ad vesperas. Cap. *Estote imitatores.* R' *Septies in die.* <V' *Erraui sicut. Ne perdas. Gloria.* ym' *Summe largitor.* V' *Angelis suis.*> a' *Extollens quedam. evovae.* Ps. *Magnificat.* [1]<or' *Quesumus omnipotens Deus uota.*>

[i.] Feria secunda.

[Ad matutinas.] <Lect. *Dixerunt Pharisei ad Ihesum.*> R' *Videns Ioseph.* R' *Dixit Iudas.* R' *Extrahentes.*

[In laudibus.] In euang. a' *Amen dico uobis quia nemo. evovae.* Ps. *Benedictus.* <or' *Cordibus nostris quesumus domine.*>

<[Maior missa.] *In Deo laudabo.* Ps. *Miserere mei. Gloria.* or' *Cordibus nostris quesumus domine.* Lect. *Naaman princeps milicie.* R' *Deus uitam meam.* V' *Miserere michi.* Euang. *Dixerunt Pharisei ad Ihesum.* Offert. *Exaudi Deus orationem.* Secr. *Munus quod tibi domine.* [2] Comm. *Quis dabit ex Syon.* Postcomm. *Presta quesumus omnipotens et misericors Deus.* Super populum. *Subueniat nobis domine.*>

Ad vesperas. a' *Surrexerunt Pharisei. evovae.* Ps. *Magnificat.* <or' *Subueniat nobis quesumus domine misericordia.*>

[ii.] ¶ Feria tercia.

[Ad matutinas.] <Lect. *Si peccauerit in te frater.*> R' *Videns Iacob.* <V' *Vide si tunica. Fera.*> R' *Ioseph dum intraret.* R' *Igitur Ioseph.*

[In laudibus.] In euang. a' *Si duo ex uobis.* Ps. *Benedictus.* <or' *Exaudi nos omnipotens et misericors Deus.*>

<[Maior missa.] *Ego clamaui quoniam.* Ps. *Exaudi domine. Gloria.* or' *Exaudi nos omnipotens et misericors Deus.* Lect. *Mulier quedam clamabat.* R' *Ab occultis meis.* V' *Si mei non.* Euang. *Respiciens dominus Ihesus in discipulos.* Offert. *Dextera domini fecit.* Secr. *Per hec ueniat quesumus domine.* [3] Comm. *Domine quis habitabit.* Postcomm. *Sacris domine misteriis.* Super populum. *Tua nos domine protectione defendi.*>

---

[1] (no oratio given in B2)
[2] Pref. *Et clementiam tuam cum omni*: add.S
[3] Pref. *Qui peccantium non uis*: add.S

Ad vesperas. a' *Vbi duo uel tres. evovae.* Ps. *Magnificat.* <or' *Tua nos domine protectione defendi.*>

[iii.] ¶ Feria quarta

[Ad matutinas.] <Lect. *Accesserunt ad Ihesum Pharisei.*> R' *Memento mei.* R' *Merito hec patimur.* R' *Dixit Ruben.*

[In laudibus.] In euang. a' *Audite et intelligite.* Ps. *Benedictus.* <or' *Presta nobis quesumus domine ut salutaribus.*>

<[Maior missa.] *Ego autem in domino.* Ps. *In te domine speraui. Gloria.* or' *Presta nobis quesumus domine ut salutaribus.* Lect. *Honora patrem tuum.* R' *Miserere michi.* V' *Conturbata sunt.* Euang. *Accesserunt ad Ihesum ab Ierosolimis.* Offert. *Domine fac mecum.* Secr. *Suscipe quesumus domine preces.*[1] Comm. *Notas michi.* Postcomm. *Sanctificet nos domine.* Super populum. *Concede quesumus omnipotens Deus: ut qui protectionis.*>

Ad vesperas. a' *Non lotis manibus.* Ps. *Magnificat. evovae.* <or' *Concede quesumus omnipotens Deus ut qui protectionis.*>

[iv.] ¶ Feria quinta.

[Ad matutinas.] <Lect. *Operamini non cibum qui periit.*> R' *Tollite hinc.* R' *Iste est frater.* R' *Dixit Ioseph.*

[In laudibus.] a' *Operamini non cibum.* Ps. *Benedictus.*[2] <or' *Concede quesumus omnipotens Deus: ut ieiuniorum.*>

<[Maior missa.] *Salus populi ego.* V' *Attendite popule. Gloria.* or' *Concede quesumus omnipotens Deus: ut ieiuniorum.*[3] Lect. *Factum est uerbum domini.* R' *Oculi omnium.* V' *Aperis tu manum.* Euang. *Cum cognouisset dominus Ihesus.* R' *Si ambulauero.* Secr. *Deus de cuius gratie.*[4] Comm. *Tu mandasti.* Postcomm. *Sacramenti tui domine ueneranda.* Super populum.[5]*Subiectum tibi populum.*>

[1] Pref. *Tuamque misericordiam suppliciter*: add.S
[2] R' *Tollite hinc . . . Benedictus*] incipits (but not rubric) by contemporary hand over erasures: O
[3] alia [or'] *Da quesumus domine rex eterne*: add.S
[4] Pref. *Et tuam immensam clementiam*: add.S
[5] *Deus qui peccantium animas.* alia. *Subiectum tibi populum*: S

[Ad vesperas.] a' *Panis enim.* Ps. *Magnificat.*[1] <or' *Subiectum tibi populum.*>

[v.] Feria sexta.

[Ad matutinas.] <Lect. *Ihesus fatigatus ex itinere.*> R' *Dixit Ioseph.* R' *Nunciauerunt.* R' *Salus nostra.* <V' *Venerunt quoque. Et securi.*>

[In laudibus.] In euang. [a'] *Aqua quam ego.* Ps. *Benedictus.*[2] <or' *Ieiunia nostra quesumus domine benigno.*>

<[Maior missa.] *Fac mecum domine.* Ps. *Inclina domine. Gloria.* or' *Ieiunia nostra quesumus domine benigno.* Lect. *Conuenerunt filii Israel.* R' *In Deo sperauit.* V' *Ad te domine clamaui.* Euang. *Venit dominus in ciuitatem Samarie.* Offert. *Intende uoci orationis.* Secr. *Respice domine propicius.*[3] Comm. *Qui biberit aquam.* Postcomm. *Huius nos domine perceptio.* Super populum. *Presta quesumus omnipotens Deus: ut qui in tua protectione.*>

[Ad vesperas.] a' *Veri adoratores.* [Ps.] *Magnificat.*[4] or' *Presta quesumus omnipotens Deus: ut qui in tua protectione.*

[vi.] ¶ Sabbato

[Ad matutinas.] <Lect. *Perrexit dominus Ihesus in montem Oliueti.*> R' *Memento mei.* R' *Merito hec patimur.* R' *Dixit Ruben.*

[In laudibus.] In euang. a' *Inclinauit se Ihesus.* Ps. *Benedictus.* <or' *Presta quesumus omnipotens Deus: ut qui se affligendo.*>

Ad primam. a' *Mulier nemo te. evovae.*

Ad ceteras horas: antiphone sicut in aliis diebus.

---

[1] a' *Panis enim.* Ps. *Magnificat*] incipits (but not rubric) by contemporary hand over erasure: O (palimpsest continuing from Matins and Lauds above)
[2] R' *Dixit Ioseph . . . Benedictus*] incipits (but not rubric) by contemporary hand over erasure: O (palimpsest continuing from Feria Quinta above)
[3] Pref. *Qui ad insinuandum humilitatis*: add.S
[4] a' *Veri adoratores.* Ps. *Magnificat*] incipits (but not rubric) by contemporary hand over erasure: O (palimpsest continuing from Lauds above)

<[Maior missa.] *Verba mea.* Ps. *Quoniam ad te. Gloria.* or' *Presta quesumus omnipotens Deus: ut qui se affligendo.* Lect. *Erat uir in Babylone.* R' *Si ambulem.* V' *Virga tua.* Euang. *Reuertit dominus Ihesus in montem Oliueti.* Offert. *Gressus meos.* Secr. *Concede quesumus omnipotens Deus: ut huius.* [1] Comm. *Nemo te condempnauit.* Postcomm. *Quesumus omnipotens Deus ut inter eius membra.* Super populum. *Pretende domine fidelibus tuis.*>

¶ Ad vesperas. Cap. *Fratres scriptum est quoniam Abraham.* R' *Stetit Moyses.* <V' *Dominus Deus.*> post gloriam r' *Hec dicit dominus.* <ym' *Summe largitor.* V' *Angelis suis.*> a' *Nemo te condemnauit. evovae.* Ps. *Magnificat.* or' [2]*Concede quesumus omnipotens Deus: ut qui ex merito.*

Ad processionem <in capella>: [R'] [3]*Dixit autem Maria.*

[LVII.] ¶ Dominica quarta quadragesime.

[Ad matutinas.] Inuit. *Populus domini.* Ps. *Venite.* [usque] *Iubilemus ei.* V' *Quoniam Deus magnus* [usque] ⟦ **fol.42v** ⟧ *ipse conspicit.* V' *Quoniam ipsius.* [usque] *pascue eius.* V' *Hodie si uocem.* [usque] *opera mea.* V' *Quadraginta.* [usque] *in requiem meam. Gloria.* [usque] *Seculorum. Amen.* <ym' *Ex more docti.*>
<In primo nocturno. a' *Domine in uirtute.* et alie. Lect. *Stabat Moyses in monte.*> R'[1] *Locutus est dominus.* <V' *Videns uidi. In manu.*> R'[2] *Stetit Moyses.* <V' *Dominus Deus. Dimitte.*> [4] R'[3] *Cantemus domino.* <V' *Dominus quasi.* [5]*Adiutor.*> R'[4] *Qui persequebantur.* <V' *Exclamauerunt. Et in. Gloria. In columpna.*>[6]
In secundo nocturno. a' *Dominus defensor.* et cetere. R'[5] *Ecce mitto.* <V' *Israel si me. Obserua.*> R'[6] *Moyses famulus.* <V' *Ascendit Moyses. Ut legem.*> R'[7] *Splendida facta est.* <V' *Descendit Moyses. Videntes.*> R'[8] *Audi Israel.* <V' *Obserua igitur. Et dabo.*[7]> post gloriam. r' *Audi Israel.* Ad cantica. a' *Saciauit dominus.* <Cant. *Deducant oculi.* V' *Super aspidem.* Euang. *Abiit dominus Ihesus trans mare Galilee.* Hom. *Qui signa et miracula.*> R'[9]

---

[1] Pref. *Qui ieiunii quadragesimalis*: add.S
[2] by contemporary hand over erasure: O
[3] by contemporary hand over erasure, and with neumes above incipit: O
[4] R' *In mari uia tua*: add.A (See Feria Tercia below)
[5] *Equum*: B1
[6] R' *In mari uia tua*: add.B1, B2 (See Feria Tercia below)
[7] [alius] V' *Terrorem meum*: add.B1

Attendite popule meus. <V' *Aperiam in parabolis. Inclinate.*>[1] R'[10] *Sicut fui cum Moyse.* <V' *Quoniam tecum. Confortare.*> R'[11] *Popule meus.* <V' *Ego eduxi. Et obliti.*> R'[12] *Adduxi.* <V' *Popule meus. Manna. Gloria.*> post gloriam a capite repetatur.[2] <Euang. *Abiit dominus Ihesus trans mare Galilee.* or' *Concede quesumus omnipotens.*>

¶ In laudibus. a'[1] *Tunc acceptabis.* et alie. <a'[2] *Bonum est sperare.* a'[3] *Benedicat nos Deus.* a'[4] *Potens es domine.* a'[5] *Reges terre et omnes.*> Cap. *Fratres scriptum est.* R' *Esto nobis domine.* <V' *A facie. Turris. Gloria. Esto.* ym' *Dicamus omnes.* V' *Domine refugium.*> a' *Cum subleuasset.* Ps. *Benedictus.* <or' *Concede quesumus omnipotens.*>

Ad primam. a' *Accepit ergo.*

Ad processionem. [R'] *Christe pater misericordiarum.* Ad introitum a' *Dimitte nobis domine.*[3]

Ad terciam. a' *De quinque panibus. evovae.* Capitulum de laudibus. <V' *Dicet domino.* or' *Concede quesumus omnipotens.*>

<[Maior missa.] *Letare Ierusalem.* Ps. *Letatus sum.* Gloria. or' *Concede quesumus omnipotens Deus: ut qui ex merito.* Ep. *Scriptum est qui Abraham.* R' *Letatus sum in hiis.* V' *Fiat pax.* Tr. *Qui confidunt.* V' *Montes in circuitu.* Euang. *Abiit dominus Ihesus trans mare Galilee.* Offert. *Laudate dominum.* Secr. *Suscipe domine sacrificium.*[4] Comm. *Ierusalem que edificatur.* Postcomm. *Da nobis misericors Deus.*>

¶ Ad sextam. a' *Saciauit dominus. evovae.* Cap. *Letare sterilis.* <V' *Ipse liberauit me.* or' *Deus qui in deserti regione.*>

Ad nonam. a' *Illi homines. evovae.* Cap. *Fratres non sumus filii* <ancille>[5] *sed libere.* V' *Scapulis suis.* or' *Conserua domine familiam tuam.*>

---

[1] R' *Vos qui transituri*: add.A (See Feria Quinta below)
[2] R' *Vos qui transituri*: add.B2 / R' *Vos qui transituri*. R' *Iosue animaduerte*: add.B1 (See Feria Quinta below)
[3] Ad processionem . . . *domine*] add.A, marg., l.h.
[4] Pref. *Et te creatorem omnium*: add.S
[5] *filii ancille*] tr.C

¶ Ad vesperas. Cap. *Fratres scriptum est quoniam.* R' [1]*Educ de carcere.* <V' *Periit fuga. Ut confiteatur. Gloria.* ym' *Summe largitor.* V' *Angelis suis.*> a' *Cum uidissent. evovae.* Ps. *Magnificat.* <or' *Concede quesumus omnipotens.*>[2]

[i.] Feria secunda.

[Ad matutinas.] <Lect. *Prope erat pascha Iudeorum.*> R' *Locutus est.* R' *Stetit Moyses.* R' *Cantemus domino.* post gloriam *Adiutor.*

[In laudibus.] In euang. a' *Auferte ista hinc. evovae.* Ps. *Benedictus.* <or' *Presta quesumus omnipotens Deus ut obseruationis.*>

<[Maior missa.] *Deus in nomine tuo.* V' *Quoniam alieni. Gloria.* or' *Presta quesumus omnipotens Deus. ut obseruationis.* Lect. *Venerunt due mulieres.* R' *Esto michi in Deum.* V' *Deus in te.* Euang. *Prope erat pascha Iudeorum.* Offert. *Iubilate Deo.* Secr. *Oblatum tibi domine.* [3] Comm. *Ab occultis meis.* Postcomm. *Sumptis domine salutaribus.* Super populum. *Deprecationem nostram.*>

Ad vesperas. a' *Soluite templum hoc. evovae.* Ps. *Magnificat.* <or' *Deprecationem nostram quesumus domine benignus.*>

[ii.] Feria tercia.

[Ad matutinas.] <Lect. *Iam die festo mediante.*> R' *In mari uia tua.* <V' *Illuxerunt choruscationes. Deduxisti.*>[4] R' *Qui persequebantur.* R' *Ecce mitto.*

[In laudibus.] In euang. a' *Mea doctrina.* Ps. *Benedictus.* <or' *Sacre nobis quesumus domine obseruationis.*>

<[Maior missa.] *Exaudi Deus orationem.* V' *Contritus sum. Gloria.* or' *Sacre nobis domine quesumus obseruationis.* Lect. *Locutus est dominus ad Moysen.* R' *Exurge domine fer opem.* V' *Deus auribus nostris.* Euang. *Iam die festo mediante.* Offert. *Expectans expectaui.* Secr. *Hec hostia domine quesumus emundet.* [5] Comm. *Letabimur.*

---

[1] over erasure: O
[2] alia [or'] *Concede nobis misericors Deus et devotus*: add.S
[3] Pref. *Et tua suppliciter misericordiam implorare*: add.S
[4] alius V' *Transtulisti illo. In manu. Gloria*: add.A, subsequently cancelled
[5] Pref. *Qui illuminatione sue fidei*: add.S

Postcomm. *Huius nos domine preceptio.* Super populum. *Miserere quesumus domine populo tuo.>*

Ad vesperas. a' *Nemo in eum misit.* Ps. *Magnificat.* <or' *Miserere quesumus domine populo tuo.>*

[iii.] Feria quarta.

[Ad matutinas.] <Lect. *Preteriens Ihesus uidit hominem.>* R' *Moyses famulus domini.* R' *Splendida facta est.* R' *Audi Israel.*

[In laudibus.] In euang. a' *Rabbi quis peccauit.* Ps. *Benedictus.* <or' *Deus qui et iustis premia.>*

<[Maior missa.] *Dum sanctificatus.* V' *Tollam quippe.* Gloria. or' *Deus qui et iustis premia.* Lect. *Sacrificabo nomen meum.* R' *Venite filii.* V' *Accedite ad eum.* or' *Presta quesumus omnipotens Deus: ut quos ieiunia.* Lect. *Leuamini mundi estote.* R' *Beata gens.* V' *Verbo domini.* Euang. *Preteriens dominus Ihesus uidit hominem.* Offert. *Benedicite gentes.* Secr. *Supplices domine te rogamus.* [1] Comm. *Lutum ex sputo.* Postcomm. *Sacramenta que sumpsimus.* Super populum. *Pateant aures misericordie.>*

Ad vesperas. a' *A seculo non est audite.* Ps. *Magnificat.* <or' *Pateant aures misericordie tue.>*

[iv.] Feria quinta.

[Ad matutinas.] <Lect. *Pater meus usquequo.>* R' *Attendite.* R' *Vos qui transituri.* <V' *Cumque intraueritis. Et offerte.>* R' *Iosue animaduerte.* <V' *Si uolueritis. Quam daturus.>* post gloriam. r' *Quia tu transibis.*

[In laudibus.] In euang. a' *Pater diligit.* Ps. *Benedictus.* <or' *Presta quesumus omnipotens Deus: ut quos ieiunia.>*

<[Maior missa.] *Letetur cor.* Ps. *Confitemini.* Gloria. or' *Presta quesumus omnipotens Deus: ut quos ieiunia.* Lect. *Venit mulier Sunamitis.* R' *Respice domine.* V' *Exurge domine.* Euang. *Pater meus usquemodo.* Offert. *Domine ad adiuuandum.* Secr. *Purifica nos misericors Deus.* Comm. *Domine memorabor.* Postcomm. *Celestia dona capientibus.* Super populum. *Populi tui Deus institutor.>*

---

[1] Pref. *Qui illuminatione sue fidei*: add.S

THE TEMPORAL

Ad vesperas. a' [[**fol.43r**]] *Sicut pater suscitat.* Ps. *Magnificat.* <or'
Populi tui Deus institutor et rector.>

[v.] Feria sexta.

[Ad matutinas.] <Lect. *Erat quidam languens Lazarus.*> R' *Sicut fui.* R'
Popule meus. R' *Adduxi uos.*

[In laudibus.] In euang. a' *Lazarus amicus.* Ps. *Benedictus.* <or' *Deus qui
ineffabilibus mundum.*>

<[Maior missa.] *Meditatio cordis.* Ps. *Celi enarrant. Gloria.* or' *Deus qui ineffabilibus
mundum.* Lect. *Egrotauit filius mulieris.* R' *Bonum est confiteri.* V' *Bonum est sperare.*
Euang. *Erat quidam languens Lazarus.* Offert. *Populum humilem.* Secr. *Munera nos
domine quesumus oblata.*[1] Comm. *Videns dominus flentes.* Postcomm. *Hec nos
quesumus domine participatio.* Super populum. *Da quesumus omnipotens Deus: ut qui
infirmitatis.*>

Ad vesperas. a' *Domine si hic fuisses.* Ps. *Magnificat.* <or' *Da quesumus
omnipotens Deus: ut qui infirmitatis.*>

[vi.] ¶ Sabbato.

[Ad matutinas.] <Lect. *Dicebat dominus Ihesus turbis Iudeorum. Ego sum lux.*> R'
Moyses famulus. et duo sequentia.

[In laudibus.] ¶ In euang. a' *Ego sum lux mundi.* <Ps. *Benedictus.* or' *Fiat
domine quesumus per graciam.*>

<[Maior missa.] *Sitientes uenite.* V' *Audite audientes. Gloria.* or' *Fiat domine quesumus
per graciam.* Lect. *In tempore placito exaudiui te.* R' *Tibi domine derelictus.* V' *Ut quid
domine.* Euang. *Ego sum lux mundi.* Offert. *Factus est dominus.* Secr. *Oblationibus
quesumus domine placare.*[2] Comm. *Dominus regit me.* Postcomm. *Tua nos quesumus
domine.* Super populum. *Deus qui sperantibus in te.*>

Ad vesperas: Capitulum de passione domini. *Attende domine ad me et
audi.* R' *Vsquequo exaltabitur.* V' *Qui tribulant me.* r' *Respice.* <sine

---

[1] Pref. *Qui est dies eternus*: add.S
[2] Pref. *Misericordie dator; et totius bonitatis auctor*: add.S

Gloria.> Iterum *Vsquequo.*[1] ym' *Vexilla regis prodeunt.* V' *Eripe me domine ab homine malo.* a' *Libera me domine. evovae.* Ps. *Magnificat.* or' *Quesumus omnipotens Deus familiam tuam.*[2] Ad processionem in capellam <R'> *Quomodo fiet istud.*[3]

[LVIII.] ¶ Dominica quinta in quadragesima.[4]

[Ad matutinas.] Inuit. *Quadraginta annis.* Ps. *Venite*[5] *exultemus.* [usque] *Iubilemus ei.* r' *Et dixi.* V' *Quoniam Deus.* [usque] *Ipse conspicit.* Iterum *Quadraginta.* V' *Quoniam ipsius est.* [usque] *Pascue eius.* r' *Et dixi.* V' *Hodie si uocem.* [usque] *Opera mea.* Chorus *Quadraginta. annis offensis*[6] *fui. generatione huis et dixi semper erant corde.* Cantores subiungant. *Ipsi uero non cognouerunt* vsque *in requiem meam.* Chorus *Et dixi.* Tunc cantores reincipiant. *Quadraginta.* Et precantetur a conuentu. pretermisso. *Gloria patri.* ¶ ym' *Pange lingua.*
In primo nocturno. a' *Domine in uirtute.* et alie. V' *Intende anime.* Lectiones: de libro Ieremie <*Verba Ieremie filii Elchie.*> R'[1] *Isti sunt dies.* <V' *Locutus est. Quarta decima.*> R'[2] *Multiplicati sunt.* <V' *Nequando dicat. Exurge.*> R'[3] *Vsquequo exaltabitur.* <V' *Qui tribulant. Respice.*>[7] R'[4] *Deus meus es tu.* V' *Deus deus meus.* r' *Quoniam tribulatio.* Iterum *Deus meus.*
In secundo nocturno. a'[8] *Dominus defensor.* et cetere. V' *Deus meus eripe me de manu peccatoris.* R'[5] *In proximo est.* <V' *Erue a framea. Ut narrem.*> R'[6] *Ne perdas cum impiis.* <V' *Ne tradideris. Redime.*> R'[7] *Tota die.* <V' *Et qui inquirebant. Et uim.*> R'[8] *Doceam iniquos.* V' *Domine labia.* r' *Libera.* Iterum *Doceam.*[9]

---

[1] Iterum *Vsquequo*] not indicated: B1
[2] [Non] fit commemoratio de cruce: add.A, marg., l.h.
[3] Nullum *Gloria* ad hinc usque ad Resurrectionem domini. sed post Versum reiteretur Responsorium uel Officium. Si autem festum beate Marie uel alia infra passionem occurrerit; tunc dicetur *Gloria patri* in Responsoriis et Officiis: add.O, marg., contemporary hand
[4] Dominica ... quadragesima] Dominica in passione: M
[5] Post primum uersum *Et dixi semper.* post secundum *Quadraginta*: add.A, marg., l.h.
[6] *offensus*: A, B2
[7] *Vsquequo*: add.B1 / R' *In te iactatus sum.* V' *Salva me. Quoniam*: add.A, B1 (See Feria Secunda below)
[8] *Illuminatio mea*: A, B1
[9] Iterum *Doceam*] not indicated: B1 / R' *Pacifice loquebantur.* V' *Ego autem. Vidisti.* R' *Ne auertas faciem.* V' *Intende anime. Quoniam*: add.A, B1 (See Feria Quarta and Feria Quinta below)

Ad cantica. a' *Tulerunt lapides*. Cant. *Deducant oculi*. V' *Deus ne elongeris a me*. <Euang. *Quis ex uobis arguet me*. Hom. *Pensate fratres karissimi mansuetudinem*.> R'[9] *Vide quia tribulor*. <V' *Libera me. Propter*.> R'[10] *Deus meus* [[**fol.43v**]] *eripe me*. <V' *Deus ne elongeris. Quoniam*.> R'[11] *Qui custodiebant*. <V' *Omnes inimici*. [1]*Deus derelinquit*.> R'[12] *Adiutor et susceptor*. V' *Iniquos odio*. r' *Declinate*. Iterum *Adiutor*. <Euang. *Quis ex uobis arguet me*. or' *Quesumus omnipotens Deus familiam tuam*.>

[In laudibus.] a'[1] *Vide domine afflictionem*. Ps. *Miserere*. et cetera. <a'[2] *Circumdantes circumdederunt*. a'[3] *Iudicasti domine*. a'[4] *Popule meus quid*. a'[5] *Nunquid redditur*.> Cap. *Christus assistens pontifex*. R' *Erue a framea Deus*. <V' *De ore leonis. Unicam*.> Sine *Gloria patri*. <*Erue*.> ym' *Lustra sex qui iam*. V' *Eripe me de inimicis meis Deus meus*. a' *Quis ex uobis arguet*. Ps. *Benedictus*. <or' *Quesumus omnipotens Deus familiam*.>

Ad primam. a' *Amen amen dico uobis*. evovae.

Ad processionem. [R'] *Christe pater*. Ad introitum a' *Dimitte nobis*.[2] <Ante orationem V' *Eripe me de inimicis meis Deus meus*.>

Ad terciam. a' *Abraham pater uester*. evovae. Capitulum de laudibus. V' *Erue a framea Deus animam*. or' *Quesumus omnipotens Deus*.

¶ Ad missam <*Iudica me Deus*. V' *Emitte lucem. Iudica me*. or' *Quesumus omnipotens Deus familiam tuam*. Ep. *Christus assistens pontifex*. R' *Eripe me domine*. V' *Liberator meus*. Tr. *Sepe expugnauerunt*. V' *Dicant nunc*. V' *Etenim non*. V' *Prolongauerunt*. Euang. *Quis ex uobis arguet me*. Offert. *Confitebor tibi*. Secr. *Hec munera quesumus domine et uincula*.>[3] dicto *Agnus Dei* aliquantulum celerius quam solet: cantetur post communionem[4] <Comm.> *Hoc corpus*. Sine Versu. <Postcomm. *Adesto nobis domine Deus noster*.>[5]

Ad sextam. a' *Ego demonium non habeo*. evovae. Cap. *Si enim sanguis hyrcorum*. V' *De ore leonis*. <or' *Omnipotens sempiterne Deus qui sic hominem*.>

---

[1] *Persequemini*: A
[2] Ad processionem . . . *nobis*] add.A, marg., l.h.
[3] Pref. *Maiestatem tuam prope*: add.S
[4] dicto . . . communionem] (not indicated in M)
[5] Alia. *Benedictio domine quesumus in tuos fideles*: add.S

Ad nonam. a' *Ego gloriam meam. evovae.* Cap. *Christus noui testamenti.* V' *Ne perdas cum impiis Deus animam meam.* <or' *Auge fidem tuam domine quesumus.*>

¶ Ad vesperas. Cap. *Christus assistens pontifex.* R' *De ore leonis.* <V' *Erue a framea. Humilitatem. De ore.*> ym' *Vexilla regis prodeunt.* V' *Eripe me domine ab homine malo.* a' *Amen amen dico uobis. evovae.* Ps. *Magnificat.* <or' *Quesumus omnipotens Deus.*>

Capitula de passione domini <usque feria quinta cene domini> ad omnes horas. *Dominus Deus auxiliator meus et ideo. Iuxta est qui iustificat me quis. Domine omnes qui derelinquunt confundentur. Domine demonstrasti michi et cognoui. Dixerunt impii Iudei iustus improperat nobis. Dixerunt impii Iudei uideamus si sermones. Omnes nos quasi oues errauimus. Faciem meam non auerti ab increpantibus.* et alie.[1]

[Versiculi ad horas.] Ad Terciam. V' *Erue a framea.* Ad Sextam. V' *De ore leonis.* Ad Nonam. V' *Ne perdas cum impiis.*

Orationes <feria secunda a passione domini usque feria quinta cene domini>. *Tua passio ueneranda nos domine pie faciat. Da ecclesie tue misericors pater.* [2]*Fac* [[**fol.44r**]] *nos unigeniti tui creator omnium Deus. Concede quesumus domine piissime pater. Omnipotens sempiterne Deus da nobis ita dominice passionis. Tui dilectissimi filii passio. Presta quesumus omnipotens Deus ut qui nostris excessibus incessanter. Omnipotens sempiterne Deus. qui Christi tui beata passione.* et cetera.[3]

---

[1] Capitula . . . increpantibus et] the series of Capitula in B2 is as in O, but following Feria Secunda below. Ms C adds the following Capitula: *Attende domine ad me et. Quis ex uobis timens Deum. Hec dicit dominus. effundam super. Dixerunt impii Iudei abstinet se. Dixerunt impii Iudei probemus pacienciam. Quem nos putauimus. Qui oblatus est quia ipse. Qui in morte tradidit animam.*
[2] om.B2
[3] *Concede populum tuum dominator. Adesto nobis domine Deus. Purifica quesumus domine familiam. Da quesumus domine Deus ut qui in tot. Deus qui pro nobis fiium. Largire sensibus nostris. Respice domine quesumus super hanc familiam. Presta quesumus omnipotens et misericors Deus ut sicut. Quesumus omnipotens Deus ne nobis in diuersis*: add.C.

[i. Feria secunda.]

[Ad matutinas.] In quinta ebdomada quadragesime. et feria secunda et tercia sexte ebdomade:[1] Inuit. *Adoremus dominum qui nos redemit.* Ps. *Venite. iubilemus ei.*
¶ Feria secunda. In primo nocturno. a' *Rectos decet.* et alie. V' *Intende anime me.* <Lect. *Magnum Ieremie sanctissimi.*> R' *Multiplicati sunt.* R' *Vsquequo exaltabitur.* R' *In te iactatus sum.* <V' *Salua me ex ore. Quoniam.*> In secundo nocturno. a' *Vt non delinquam.* et cetere. V' *Deus meus eripe me de manu.*

In laudibus. R' *Erue a framea Deus.* ym' *Lustra sex qui.* V' *Eripe me de inimicis meis.* In euang. a' *In die magno festiuitatis.* Ps. *Benedictus.* <or' *Sanctifica quesumus domine nostra ieiunia.*>

[Ad horas.] Ad Primam. a' *Anime impiorum.* evovae. Ad Terciam. a' *Libera me domine.* Ad Sextam. a' *Popule meus.* Ad Nonam. a' *Nunquid redditur.*

<[Maior missa.] *Miserere michi domine.* V' *Conculcauerunt me. Miserere.* or' *Sanctifica quesumus domine nostra ieiunia.* Lect. *Factum est uerbum domini ad Ionam.* R' *Deus exaudi orationem.* V' *Deus in nomine.* Euang. *Miserunt principes et Pharisei.* Offert. *Domine conuertere.* Secr. *Concede nobis domine Deus noster: ut hec hostia salutaris*[2]. [3]Comm. *Deus uirturum.* Postcomm. *Sacramenti tui quesumus domine.* Super populum. *Da quesumus domine populo tuo.*>

Ad vesperas. a' *Nos qui uiuimus.* et alie. R' *De ore leonis.* ym' *Vexilla regis prodeunt.* V' *Eripe me domine ab homine malo.* a' *Qui sitit ueniat.* evovae. Ps. *Magnificat.* <or' *Da quesumus domine populo tuo salutem.*>

[ii.] ¶ Feria tercia.

[Ad matutinas.] <Lect. [4]*Igitur Ieremias procedit ad populum: iussa domini constanter edicens.*> R' *Deus meus es tu.* R' *In proximo est.* R' *Ne perdas cum impiis.*

---

[1] In quinta ... ebdomade] Feria secunda per totam ebdomadam: A
[2] hostia salutaris] tr.M
[3] Pref. *Te suppliciter exoramus ut sic nostra*: add.S
[4] from B1 / *Non est dubium*: B2

In secundo nocturno. a' *Deus ne elongeris a me.* [et alie.]

[In laudibus.] In euang. a' *Tempus meum.* Ps. *Benedictus.* <or' *Nostra tibi quesumus domine sint accepta.*>

[Ad horas.] Ad Primam. a' *Iudicasti domine.* Ad Terciam. a' *Sicut exaltatus.* Ad Sextam. a' *Vulpes foueas.* Ad Nonam. a' *Non sis michi.*

<[Maior missa.] *Expecta dominum uiriliter.* Ps. *Dominus illuminatio. Expecta.* or' *Nostra tibi quesumus domine sint accepta.* Lect. *Congregati sunt Babilonii.* R' *Discerne causam.* V' *Emitte lucem.* Euang. *Ambulabat dominus Ihesus in Galileam.* Offert. *Sperent in te omnes.* Secr. *Hostias tibi domine deferimus.* [1] Comm. *Redime me Deus.* Postcomm. *Da quesumus omnipotens Deus: ut que diuina.* Super populum. *Da nobis domine quesumus perseuerantem.*>

Ad vesperas. a' *Quidam autem Iudei.* evovae. Ps. *Magnificat.* <or' *Da nobis domine quesumus perseuerantem.*>

[iii.] ¶ Feria quarta.

[Ad matutinas.] <Lect. [2]*Reuertere queso Israel.*> R' *Pacifice loquebantur.* <V' *Ego autem. Vidisti.*> R' *Tota die.* R' *Doceam.*

[In laudibus.] In euang. a' *Circumdantes.* Ps. *Benedictus.* <or' *Sanctificato hoc ieiunio Deus.*>

[Ad horas.] Ad Primam. a' *Oues mee.* Ad Terciam. a' *Tibi reuelaui.* Ad Sextam. a' *Inuocabo nomen tuum domine ne auertas aurem tuam a clamore meo.* Ad Nonam. a' *Recordare mei domine et tuere me.* evovae.

<[Maior missa.] *Liberator meus.* Ps. *Diligam te. Liberator.* or' *Sanctificato hoc ieiunio.* Lect. *Locutus est dominus ad Moysen.* R' *Exaltabo te.* V' *Domine Deus.* Euang. *Facta sunt encenia.* Offert. *Eripe me.* Secr. *Annue misericors Deus ut hostias.* [3] Comm. *Lauabo inter innocentes.* Postcomm. *Celestis doni benedictione.* Super populum. *Adesto supplicationibus nostris.*>

---

[1] Pref. *Et te deuotis mentibus supplicare*: add.S
[2] from B1 / *Renouemur per omnia*: B2
[3] Pref. *Et te supplici deuotione exorare*: add.S

Ad vesperas. a' *Multa bo-*[[**fol.44v**]]*-na opera operatus. evovae.* Ps. *Magnificat.* <or' Adesto supplicationibus nostris omnipotens Deus et quibus.>

[iv.] Feria quinta.

[Ad matutinas.] Lectiones de euangelio. *Rogabat Ihesum quidam Phariseus.* R' *Ne auertas.* <V' Intende anime. Quoniam.> R' *Vidi quia tribulor.* R' *Deus meus eripe me.*

[In laudibus.] In euang. a' *Rogabat Ihesum.* Ps. *Benedictus.* <or' Presta quesumus omnipotens Deus: ut dignitas.>

[Ad horas.] Ad Primam. a' *Libera me domine.* Ad Terciam. a' *Iudicasti domine.*[1] Ad Sextam. a' *Nunquid redditur.* Ad Nonam. a' *Infirmata est in me uirtus.*

<[Maior missa.] *Omnia que fecisti.* V' *Peccauimus inique. Omnia.* or' *Presta quesumus omnipotens Deus: ut dignitas.* Lect. *Orauit Daniel dicens. Domine Deus.* R' *Tollite hostias.* <V' *Reuelauit dominus.* Euang. *Rogabat Ihesum quidam Phariseus.* Offert. *Super flumina.* Secr. *Domine Deus qui in hiis.*[2] Comm. *Memento uerbi tui.* Postcomm. *Quod ore sumpsimus domine.* Super populum. *Esto quesumus domine propicius.*>

Ad vesperas. a' *Dixit autem dominus Symoni. evovae.* Ps. *Magnificat.* <or' *Esto quesumus domine propicius plebi tui.*>

[v.] ¶ Feria sexta.

[Ad matutinas.] <Lect. [3]*Cum apud patres nostros sicut liber Iudicium refert.*> R' *Deus meus eripe me.* R' *Qui custodiebant.* R' *Adiutor et susceptor.*

[In laudibus.] In euang. a' *Principes sacerdotum.* Ps. *Benedictus.* <or' *Cordibus nostris domine spiritum.*>

[Ad horas.] Ad Primam. a' *Quia ego tecum sum.* Ad Terciam. a' *Repleuit et inebriauit me.* Ad Sextam. a' *Rogaui patrem meum.* Ad Nonam. a' *Si oportuerit me mori.*

---

[1] Ad Terciam ... domine] omitted from text of B2, but added in lower margin by original hand
[2] Pref. *Qui sic nos tribuis sollemne*: add.S
[3] from B1 / *Colligerunt pontifices*: B2

<[Maior missa.] *Miserere michi domine.* Ps. *In te domine speraui. Miserere.* or' *Cordibus nostris domine benignus.* Lect. *Dixit Ieremias. Domine omnes qui.* R' *Pacifice loquebantur michi.* V' *Vidisti domine Deus.* Euang. *Collegerunt pontifices et Pharisei.* Offert. *Benedictus es domine.* Secr. *Presta nobis misericors Deus ut digne.*[1] Comm. *Ne tradideris me.* Postcomm. *Sumpti sacrificii domine.* Super populum. *Concede quesumus omnipotens Deus: ut qui protectionis.*>

Ad vesperas. a' *Appropinquabat autem dies festus. evovae.* Ps. *Magnificat.* <or' *Concede quesumus omnipotens Deus: ut qui protectionis.*>

[vi.] Sabbato.

[Ad matutinas.] <Lect. [2]*Quis non mirificum aduertat esse mysterium.*> R' *Ne perdas cum impiis.* R' [3]*Perfice gressus.* R' *Tota die.*

[In laudibus.] In euang. a' *Clarifica me pater.* Ps. *Benedictus. evovae.* <or' *Proficiat quesumus domine plebs tibi.*>

[Ad horas.] Ad Primam. a' *Nunc clarificatus est. evovae.* Ad Terciam. a' *Magister dicit. evovae.* Ad Sextam. a' *Desiderio desideraui.* Ad Nonam. a' *Ecce Sathanas.*

<[Maior missa.] *Liberator meus.* require supra [Feria Quarta.] or' *Proficiat quesumus domine plebs tibi.* Lect. *Dixerunt impii Iudei.* R' *Pacifice loquebantur michi.* require supra [Feria Sexta.] Euang. *Amen amen dico uobis: nisi manducaueritis.* Offert. *Recordare quod steterim*[4]. Secr. *Presta quesumus omnipotens Deus: ut ieiuniorum.* Comm. *Ne tradideris.* quere supra [Feria Sexta.] Postcomm. *Diuini satiasti muneris.* Super populum. *Tueatur quesumus domine dextera tua.*>

Ad vesperas. Cap. *Hoc sentite in uobis.* R' *Dominus Ihesus.*[5] <*Conuenerunt.* [6]*Quem.*> ym' *Vexilla regis prodeunt.* V' *Eripe me domine.* a' *Pater iuste.* Ps. *Magnificat. evovae.* or' *Omnipotens sempiterne Deus qui humano generi.* Ad processionem <in capellam> R' *Christi uirgo.*

---

[1] Pref. *Cuius nos misericordia preuenit*: add.S
[2] from B1 / *Amen amen dico uobis nisi manducaueritis*: B2
[3] altered by contemporary hand to *Pacifice loquebantur*: O
[4] *sterim* (†): O
[5] Versus duobus: add.O, A, interlined by l.h.
[6] *Dominus Ihesus*: B1

[LIX.] Dominica in ramis palmarum:

[Ad matutinas] Inuit. *Ipsi uero non cognouerunt.* Ps. *Venite.* r' *Quibus iuraui.* V' *Quoniam Deus.* Iterum *Ipsi uero.* V' *Quoniam ipsius est.* r' *Quibus iuraui.* V' *Hodie si uocem.* Chorus *Ipsi uero.* Cantores V' *Quadraginta. annis proximus fui generatione huic et dixi semper hi erant corde. ipsi uero non cognouerunt uias meas.* Subiungat chorus. r' *Quibus iuraui.* Et cantores reincipiant [[**fol.45r**]] uitatorium: et percantetur a conuentu. ym' *Pange lingua gloriosi.*
In primo nocturno. a' *Domine in uirtute.* et alie. V' *Intende anime mee.* Lectiones de tractatu Cassiodori super psalmos. *Deus Deus meus respice.* R'[1] *In die qua inuocaui.* <V' *In die tribulationis. Iudicasti.*> R'[2] *Fratres mei.* <V' *Derelinquerunt me. Quasi alieni.*> R'[3] *Attende domine.* <V' *Recordare quod. Quia.*> R'[4] *Saluum me fac.* <V' *Intende anime. Quoniam.*[1] *Saluum.*>
In secundo nocturno. a' [2]*Illuminatio.* et cetere. V' *Deus meus eripe me de manu.* R'[5] *Contumelias et terrores.* <V' *Iudica domine.* [3]*Et uideam.*> R'[6] *Deus Israel.* <V' *Improperia. Quoniam.*> R'[7] *Conclusit uias.* <V' *Factus sum. Vide.*> R'[8] *Insurrexerunt.* <V' *Et dederunt. Ego autem. Insurrexerunt.*>
Ad cantica. a' *Pueri Hebreorum uestimenta*[4]. Cant. *Domine miserere.* V' *Deus ne elongeris a me.* <Euang. *Cum appropinquassent Ierosolimis.* Hom. *Mediator Dei et hominum.*> R'[9] *Dominus Ihesus.* <V' *Conuenerunt. Quem.*> R'[10] *Cogitauerunt.* <V' *Testimonium. Propter.*> R'[11] *Cum audisset turba.* <V' *Et cum. Cum ramis.*> R'[12] *Ingrediente domino.* <V' *Cum audisset. Cum ramis. Ingrediente.* Euang. *Cum appropinquasset dominus Iesus ierosolimis.* or' *Omnipotens sempiterne Deus.*>

In laudibus. a'[1] *Turba multa.* et alie. Ps. *Dominus regnauit.* <a'[2] *Pueri Hebreorum uestimenta.* a'[3] *Osanna filio Dauid.* a'[4] *Cum angelis et pueris.* a'[5] *Omnes collaudant.*> Cap. *Hoc sentite in uobis.* R' *Principes persecuti sunt.* <V' *Quasi qui. Letabor. Principes.*> ym' *Lustra sex qui.* V' *Eripe me de inimicis.* a' *Occurent turbe.* Ps. *Benedictus.* <or' *Omnipotens sempiterne*

---

[1] *Gloria*: add.A, cancelled
[2] by l.h. over erasure: O
[3] *Quia tibi*: A
[4] *tollentes*: A, B1, B2

Deus.> ¶ Post suffragia sanctorum cantabuntur laudes de omnibus sanctis. sed pretermittatur *Verba mea:* et *Domine exaudi.*

Ad primam. a' *Pueri hebreorum uestimenta*[1]. *Cap. Domine miserere nostri.* V' *Exurge domine adiuua nos.*

Post[2] matutinas ponet Secretarius sepulchrum super altare sancte Trinitatis honeste ornatum philacteriis. Ante primam magister scolasticus cum clericis suis ueniens in ecclesiam. deferet illud cum reuerenda processione ad locum statutum a conuentu. cantans septem psalmi. ibique expectabunt: donec magna processio post terciam illuc accedat.

[Missa matutinalis.] Post capitulum cantabitur ut moris est Missa matutinalis. *Domine ne longe facias.* ¶ Ad quam uidelicet Missam moderni nostri asserunt et etiam inscriptum redegerunt tam in [[fol.45v]] hac die quam in Purificatione beate Marie duas tantum collectas debere dici. vnam in hac missa de die. et aliam de Trinitate. in epapanti uero domini post primam orationem: *Deus qui salutis eterne.* Et has singulas collectas tam hic quam ibi dicendum esse. *per dominum nostrum.* Quod institutioni canonice maiorumque nostrorum uidetur obuiare traditioni: a quorum doctrina et exemplo accepimus aut unam in omni missa. aut tres. aut quinque. aut septem orationes dici debere. [3]Vnam: iuxta Romani ordinis distinctionem. tres: quia dominus ante passionem suam ter orasse legitur. Quinque: propter quinque partitam eius passionem in cuius commemorationem eadem celebramus officia. Septem: quia apostoli septem petitiones dominice orationis ad consecrationem eorumdem misteriorum frequentasse leguntur. Prime siquidem diligentiores officii diuini obseruatores alium in orationibus ad missam numerum admittunt: nisi quem nos competenti misterio insignitum hic notauimus. <Euang. *Cum appropinquasset.*>

[4]Post *Sanctus* omnes in albis reuestientur. Et cum post explectionem misse aqua ut consuetudinis est. benedicta aspersus fuerit conuentus: per claustrum ibit processio sicut fieri solet in dominicis diebus.

---

[1] *tollentes*: A, B2
[2] (with decorated initial in gold and blue across six lines: O)
[3] Nota: add.O, marg., contemporary hand
[4] For the processional ritual of this day in Ms P, see Appendix 2.

cantans responsoria *Dominus Ihesus* et *Cogitauerunt autem* ¶ Ad
introitum ecclesie incipiet Abbas R' *Cum audisset turba.* Sacrista uero
unum de maioribus signis pulsabit. ¶ Finita processione. cum sacerdos
ebdomadarius. premisso verso *Eripe me de inimicis meis.* et consuetis
precibus: compleuit orationem. *Via sanctorum.*

[Ad terciam.] ¶ Incipiet terciam. et cantabitur sollenniter. ym' *Nunc
sancte nobis spiritus.*[1] a' *Pueri Hebreorum tollentes*[2]. *Cap. Hoc
senti-*[[fol.46r]]*-te in uobis.* V' *Erue a framea.* <or' *Omnipotens sempiterne
Deus.*> Interim dum preces dicuntur: ordinabit cantor processionem.

¶ Post terciam ibit processionem in nauem ecclesie concinens a'
Fratres hoc enim. et [a'] *In nomine enim Ihesu.* Conuersi preuntes
portabunt cruces et candelabra. et post eos unus diaconus dalmatica
indutus et secum ferens textum. Deinde abbas et pueri. quos sequuntur
seniores uti sunt priores. Et leget diaconus euangelium *Cum
appropinquaret Ierosolime et Bethanie.* ¶ Quo perlecto: benedicet
abbas ramos et flores primam orationem dicens sollenniter premisso
Dominus uobiscum. et alias mediocriter. et deinde eos aqua aspergens
benedicta. thurificabit: inchoabitque a' *Pueri hebreorum tollentes.*
Secretarius uero accipiens spicas. unam tradet abbati osculans eius
manum. Alii autem secretarii diuident senioribus. Incipietque cantor. a'
Cum appropinquaret . Exibitque processio ab ecclesia ordinate.
¶ Famuli primi uexilla ferentes. et post eos conuersi cum crucibus et
cereis. deinde pueri. post quos: nouicii et alii unusquisque in ordine
suo. vel sicut cantor cantores ordinauerit. Et in progressu processionis
cantabuntur antiphone cum predicta. *Ante sex dies solennitatis.* et *Ante
sex dies passionis.* et *Primam autem azimorum.* Cum autem ad locum
propositum accesserint: uenient obuiam clerici Sepulchrum cum
reliquiis ferentes et cantantes antiphonam *Cum appropinquaret
dominus.* Tunc cantor incipiet a' *Occurrunt turbe.* Seniores uero ex
semetipsis unam facient coronam. quam conuersi et clerici reliquias
ferentes perficient. Secretarius autem extendat unum in medio corone
tapetum [[fol.46v]] ad quod pueri cum magistris suis ibunt facientes
unam ex se ipsis lineam: uersis[3] contra reliquias uultibus flectentque
genua cantantes a' *Dignus es domine* . Respondeatque cantor V'

---

[1] et cantabitur ... *spiritus*] not mentioned: B1
[2] *uestimenta*: A, B1, B2
[3] ucsis (†): O

Quoniam magnus es tu.> [1][****] Postea pueri inclinabunt se cantantes iterato a' *Dignus es domine.* Ac deinde Cantor subiungens dicet uersum. *Te decet ymnus Deus.* Addens a' *Dignus es domine.* Flectentque[2] omnes genua. Postea pueri flexis iterum genibus adiciant a' *Osanna filio Dauid.* Cui cantor et conuentus subiungent uersum. *Confitebimur tibi Deus.* Et simul flectentes genua cantent. a' *Osanna filio Dauid.* ¶ His ita peractis: incipiente cantore a' *Cum audisset.* Ibunt pueri inter conuersos et clericos ferentes reliquias proficient coronam cantantes. V' *Hic est qui uenturus erat.* Et cum seniores dixerint versum istum *Salue rex fabricator.* ¶ Ibunt clerici portantes reliquias in medio corone. Deinde facto ad populum sermone: imponat Cantor a' *Aue rex noster.* Quam cantantes flexis prius genibus: redeant ad ecclesiam. precedentibus clericis et ferentibus reliquias inter conuersos et pueros. ¶ Post predictam antiphonam cantabuntur *Ceperunt omnes.* et *Turba multa.* et *Omnes collaudant.* Cum autem ad portas castelli appropinquauerint: incoabit precentor a' *Appropinquante Ihesu.* Porte autem dorsalibus et cortinis debent esse ornate. Ibi facient stationem domini. Reliquie ponentur super mensam pallio coopertam. Ibique cantore incipiente *Gloria laus:* pueri cum clericis V' *Israel es tu rex.* Et alii cantabunt. Postea cantore inchoante R' *Ingredien-*[[**fol.47r**]]*-te domino.* Venient ante ualuas ecclesie et tunc duo maiora signa sonare debent. iterumque ibi fiet statio. Tresque induti albas capas cantabunt R' *Colligerunt pontifices.* et Versum *Vnus autem.* Crucifixus autem esse debet discoopertus. Deinde cantor incipiet a' *Principes sacerdotum.* Quam concinendo paululum procedentes: facient iterato stacionem ante crucifixum. Ibique tres rubeas capas induti reuerenter cantabunt R' *Circumdederunt me.* et V' *Quoniam tribulatio.* ¶ Cum uero cantor a' *Multa turba.* Inde inchoauerit: tunc processio intrabit chorum. et cantabitur missa solleniter.

[Maior missa.] ¶ Abbas cantabit eam si affuerit. <Offic. *Domine ne longe facias.* Ps. *Deus Deus meus. Domine.* or' *Omnipotens sempiterne Deus qui humano generi.* Ep. *Fratres. Hoc sentite in uobis.* R' *Tenuisti manum dexteram.* V' *Quam bonus.* Tr. *Deus Deus meus.* V' *Longe a salute.* V' *Deus meus clamabo.* V' *Tu autem in sancto.* V' *In te sperauerunt.* V' *Ad te clamauerunt.* V' *Ego autem sum.* V' *Omnes qui uidebant.* V' *Sperauit in domino.* V' *Ipsi uero considerauerunt.* V' *Libera me de ore.* V' *Qui timetis dominum.* V' *Annunciabitur domino.* V' *Populus qui nascetur.*> Passio

---

[1] Erasure of one half-line: O
[2] Fletentque (†): O

<domini nostri Ihesu Christi secundum Matheum. *Scitis quia post biduum pascha fiet.*>
in analogio legetur. Ad offerendam <*Improperium expectauit.*>: cuncti offerent palmas. <Secr. *Concede quesumus domine ut oculis.*> Prefacio propria est.[1] <Comm. *Pater si non potest.* V' *Verumtamen non. Fiat uoluntas.* Postcomm. *Per huius domine.*[2]>

¶ Post prandium: ibunt dormitum. donec seruitores a cibo surgant.

¶ Ad sextam. a' *Osanna filio Dauid.* Cap. *Christus semetipsum exinaniuit.* V' *De ore leonis.* <or' [3]*Deus quem digne amare.*>

Ad nonam. a' *Omnes collaudant.* Cap. [4]*Deus pater exaltauit Christum.* V' *Ne perdas cum impiis.* <or' *Da misericors Deus ut quod.*>

Cantata nona: a priore percutietur cymbalum. et alii qui ad coquinam transacta seruierunt ebdomada: aquam portabunt per refectorium. Post hoc autem priore campanam percutiente: ibunt ad gradum predicti seruitores. ibique facientes ante et retro pergent sessum. nec mora: facto iterum a priore sono recedent sessuri in claustro vsque ad vesperas. Et hic ordo obseruatur: quamdiu huiusmodi potus fit post nonam.[5]

Ad vesperas. Cap. *Hoc sentite in uobis.* R' *Circumdederunt me uiri.* <V' *Quoniam tribulatio. Circumdederunt.*> ym' *Vexilla regis prodeunt.* V' *Eripe me domine de homine malo.* a' [[**fol.47v**]] *Scriptum est enim.* evovae. Ps. *Magnificat.* <or' *Omnipotens sempiterne Deus.*>

[i.] ¶ Feria secunda.

[Ad matutinas.] Inuit. *Adoremus dominum qui nos.* ym' *Pange lingua gloriosi.*
In primo nocturno. a' *Rectos decet.* et cetere. V' *Intende anime mee.*
Lectiones erunt de euangelio. *Ante sex dies pasche.* Sine pronunciatione

---

[1] Prefacio propria est] no Preface given: M / Pref. *Per quem indulgentia*: add.S / one line left blank: O
[2] alia *Deus quem diligere et amare*: add.S
[3] *Deus quem diligere et amare*: C
[4] *Christus factus est*: add.C, subsequently cancelled
[5] Cantata nona . . . post nonam] this passage placed before Sext above: O

euangelii. R' *Dominus Ihesus.* R' *Cogitauerunt autem.* R' *Cum audisset turba.*
In secundo nocturno. V' *Deus meus eripe me de manu.*

In laudibus. a'[1] *Faciem meam.* et alie. <a'[2] *Framea suscitare.* a'[3] *Appenderunt mercedem.* a'[4] *Inundauerunt aque.* a'[5] *Labia insurgentium.* Capitulum ad libitum.> R' *Principes persecuti.* ym' *Lustra sex qui iam.* V' *Eripe de inimicis meis.* In euang. a' *Sinite mulierem.* Ps. *Benedictus.* <or' *Da quesumus omnipotens Deus ut qui in tot.*>

[Super horas.] Ad Primam. a' *Dominus Deus auxiliator.* Ad Terciam. a' ¹*Confundantur qui me persecuuntur.* Ad Sextam. a' ²*Iudica causam meam defende.* Ad Nonam. a' *Quid molesti estis.*

<[Maior missa.] *Iudica domine nocentes.* V' *Effunde frameam. Iudica.* or' *Da quesumus omnipotens Deus ut qui in tot.* Lect. *Dominus Deus aperuit michi aurem.* R' *Exurge domine.* V' *Effunde frameam.* Euang. *Ante sex dies pasche.* Offert. *Eripe me de inimicis.* Secr. *Hec sacrificia nos.* ³ Comm. *Erubescant et reuereantur.* Postcomm. *Prebeant nobis domine.* Super populum. *Adiuua nos Deus salutaris noster.*>

Ad vesperas. a' *Nos qui uiuimus.* et alie. R' *Circumdederunt me.* a' *Mittens hec mulier.* Ps. *Magnificat.* or' *Adiuua nos Deus salutaris noster. et ad beneficia.*

[ii.] ¶ Feria tercia

[Ad matutinas.] Inuit. *Adoremus dominum.* et Lectiones. *Sermonem dilectissimi.* R' *Dixerunt impii.* <V' *Tanquam nugaces. Et gloriatur.*> R' *Viri impii.* <V' *Hec cogitauerunt. Et rei.*> R' *Noli michi esse*⁴ *domine.* <V' *Confundantur omnes. Et non.*>
In secundo nocturno. a' ⁵*Deus ne elongeris a me.*

In laudibus. a'[1] *Vide domine.* et cetere. <a'[2] *Discerne causam meam.* a'[3] *Dum tribularer clamaui.* a'[4] *Domine uim patior.* a'[5] *Dixerunt impii.*> In euang. a'

---

¹ *Iudica causam meam defende*: A, B2
² *Confundantur qui me persecuuntur*: A, B2
³ Pref. *Cuius nos humanitatis colligit*: add.S
⁴ *michi esse*] tr.A, B2
⁵ (not given in A or B2)

Ante diem festum. Ps. *Benedictus.* <or' Omnipotens sempiterne Deus da nobis ita.>

[Super horas.] Ad Primam. a' *Positis autem genibus.* Ad Terciam. a' *Symon dormis.* Ad Sextam. a' *Ihesus factus in agonia.* Ad Nonam. a' *Consilium fecerunt.*

<[Maior missa.] *Nos autem gloriari.* Ps. *Deus misereatur nostri. Nos autem.* or' *Omnipotens sempiterne Deus da nobis ita.* Lect. *Domine demonstrasti michi.* R' *Ego autem dum.* V' *Iudica domine nocentes.* Passio domini nostri Ihesu Christi secundum Marcum. *Erat pascha et azima post biduum.* Offert. *Custodi me domine.* Secr. *Sacrificia nos quesumus domine.* [1] Comm. *Aduersum me.* Postcomm. *Sanctificationibus tuis.* Super populum. *Tua misericordia Deus.*>

Ad vesperas. a' *Tanto tempore*[2] *uobiscum eram. evovae.* Ps. *Magnificat.* or' *Tua nos misericordia Deus et ab omni subreptione uetustatis expurget. et capaces.*

[iii.] ¶ Feria quarta

[Ad matutinas.] Lect. [3]*Ego uir uidens.* <R'> *Dominus mecum est.* <V' *Tu autem domine. Tibi.*> R' *Obprobium factus sum.* <V' *Locuti sunt. Adiuua.*> R' *Sinagoga populorum.* <V' *Iudica me. Consumetur.*[4]>

In laudibus. a'[1] *Libera me de sanguinibus.* <a'[2] *Contumelias et terrores.* a'[3] *Ipsi uero in uanum.* a'[4] *Omnes inimici mei.* a'[5] *Alliga domine in uinculis.*> In euang. a' *Cotidie apud uos.* Ps. *Benedictus.* <or' *Presta quesumus omnipotens Deus: ut qui nostris.*>

[Super horas.] Ad Primam. a' *Nemo tollet a me.* Ad Terciam. a' *Potestatem habeo.* Ad Sextam. a' *Ancilla dixit Petro. evovae.* Ad Nonam. a' [[**fol.48r**]] *Non haberes in me.*

¶ Post Nonam remanebit processio que feria quarta et sexta solet per claustrum fieri.

---

[1] Pref. *Cuius salutifere passionis*: add.S
[2] *Tanto tempore*: over erasure: O
[3] *Sacramentum dilectissimi dominice passionem*: B1 / *Exardescente ad effectum sui*: B2
[4] *Sinagoga*: add.B1

¶ Ad missam <*In nomine domini.* Ps. *Domine exaudi. In nomine.* or' *Presta quesumus omnipotens Deus: ut qui nostris.* Lect. *Dicite filia Syon.*> Vnus puer cantabit Responsorium <*Ne auertas faciem.* V' *Saluum me fac.* or' *Deus qui pro nobis filium.* Lect. *Dixit Ysaias. Domine quis credidit.*> Tres monachi tractum <*Domine exaudi orationem.* V' *Non auertas. Et clamor.* V' *In quacumque. Et clamor.* V' *Quia defecerunt. Et clamor.* V' *Percussus sum. Et clamor.* V' *Tu exurgens domine. Et clamor.* Repetatur *Domine exaudi.* Passio domini nostri Ihesu Christi secundum Lucam. *Appropinquabat dies festum azimorum.*> Et cum diaconus dixerit hunc uersum. *Velum templi scissum est.* duo Secretarii erunt iuxta altare. qui cortinam ibi extentam in duas partes trahent. Crucifixum autem super altare sancte trinitatis debet deponi. ut ab omnibus uideri possit. <Offert. *Domine exaudi orationem.* Secr. *Suscipe quesumus domine munus.* [1] Comm. *Potum meum.* Postcomm. *Largire sensibus nostris.* Super populum. *Respice domine quesumus super hanc.*>

¶ Post missam iam non cantabitur *Deus auribus.*

Ante vesperas ponentur tria candelabra ante altare. Pulsabuntur omnia signa ut in festiuitas.

¶ Ad vesperas. Antiphone de feria. Ps. *Laudate.* et alii. Cap. *Attende domine ad me.* <Require sabbato in passione domini.> Ebdomadarius cantabit [2] R' *Circumdederunt me.* <ut supra.> In euang. a' *Pilatus dicebat.* Ps. *Magnificat.* Preces *Ego dixi domine.* Cum solo psalmo. *Miserere mei Deus.* or' *Respice quesumus domine super hanc familiam.*[3] Nec iam nunc et deinceps dicentur psalmi prostrati.[4]

¶ Post uesperas de omnibus sanctis cantabuntur vespere pro defunctis absque antiphonis. ¶ Vigilia uero non dicetur post prandium.

¶ Ad complectorium: ym' *Te lucis ante terminum.* et consuete preces cum psalmis.

---

[1] alia [Secr.] *Purifica nos misericors Deus.* Pref. *Qui innocens pro impiis uoluit pati*: add.S
[2] solus: add.O, interlined by l.h.
[3] Hec oratio dicetur per totum subsequentis triduum ad omnes horas; exceptis primam et completorio: add.O, marg., contemporary hand
[4] Psalmi prostrati non dicuntur: add.O, marg., l.h.

[LX. Feria quinta in cena domini.]

Antequam Secretarius sonet matutinis. Secretarius ad cuius officium id pertinet: debet ponere uiginti quinque cereos super altare. Et tunc pulsato signo ueniet conuentus ad ecclesiam. et facient ut moris est. tres orationes. ac deinde quindecim psalmos sub silentio cantabunt. Signa interim pulsabuntur: uelut in festiuitate.

[Ad matutinas] ¶ Post classicum faciet abbas sonum. et ebdomadarius inchoabit a' *Zelus domus tue.* Cantore uero psalmum <*Saluum me fac.*> intonante: flectent omnes genua. ¶ In his tribus diebus non dicetur ut solet ad matutinas et ante horas [[**fol.48v**]] *Deus in adiutorium meum intende.* nec *Gloria patri.* nec benedictiones. et de lectionibus ipsis quique legentes finem facient. Ad unamquamque antiphonam dum percantatur: unus extinguetur cereus. Sed ad primum responsorium. et ad tercium. et ad sextum. et ad nonum. et ad eorum repeticiones: singuli extinguentur cerei. <a'[1] *Zelus domus tue.* Ps. *Saluum me fac.* a'[2] *Auertantur retrorsum.* Ps. *Deus in adiutorium.* a'[3] *Deus meus eripe me.* Ps. *In te domine speraui.*[1] V' *Homo pacis mee.* Lect. *Quomodo sedet sola.* R'[1] *Unus ex discipulis.* V' *Qui intingit. Melius illi esset*[2]. R'[2] *In monte Oliueti.* V' *Vigilate et orate. Spiritus.* R'[3] *Tristis est anima.* V' *Surgite eamus. Nunc uidebitis. Tristis est.*>
<In secundo nocturno. a'[4] *Liberauit dominus.* Ps. *Deus iudicium.* a'[5] *Cogitauerunt impii.* Ps. *Quoniam bonus.* a'[6] *Exurge domine.* Ps. *Ut quid Deus.* V' *Deus meus eripe me.* Lect. *Exaudi Deus orationem meam.* R'[4] *Seniores populi.* V' *Cogitauerunt. Cum gladiis.* R'[5] *Ecce turba.* V' *Filius quidem. Ad crucifigendum.* R'[6] *Magistrum Iudas.* V' *Melius illi. Infelix. Magistrum.*>
<In tercio nocturno. a'[7] *Dixi iniquis.* Ps. *Confitebimur.* a'[8] *Terra tremuit.* Ps. *Notus in Iudea.* a'[9] *In die tribulationis.* Ps. *Voce mea.* V' *Cogitauerunt et locuti sunt nequiciam.* Lect. *Conuenientibus nobis in unum.* R'[7] *Eram quasi agnus.* V' *Omnes inimici. Venite.* R'[8] *Tradiderunt me.* V' *Astiterunt reges. Et sicut.* R'[9] *Reuelabunt celi.* V' *In diem perditionis. Cum eis. Reuelabunt.*>

[In laudibus] Cantato nono responsorio cum versu. et repetitione sua: Incipiet ebdomadarius a'[1] *Iustificeris domine.* et cantore Ps. *Miserere mei Deus* inchoante: cunctorum genus flectuntur super formas. <a'[2] *Dominus tamquam.* Ps. *Domine refugium.* a'[3] *Contritum est cor.*> psalmus *Deus*

---

[1] a' *Zelus . . . speraui*] from B1 / a' *Auertantur retrorsum.* Ps. *In te domine speraui.ij*: B2
[2] *illi esset*] tr.B2

misereatur. Adiungetur psalmo *Deus Deus meus* ad unamquamque antiphonam. et ad *Deus misereatur:* unus extinguetur cereus. <a'[4] *Exortatus*[1] *es.* Ps. *Cantemus.* a'[5] *Oblitus est.*> Quando psalmus *Laudate dominum de celis* incipietur cantari: ibunt pueri ante altare inter magistros suos. et unus de magistris in capitulum cum lanterna lumen reponet. Dum incipitur psalmus *Cantate domino:* extinguat secretaris candelam que ante chorum pendet. Cum uero abbas inchoauerit a' *Traditor autem.* extremus extinguetur cereus. Et dum psalmus *Benedictus* decantatur: tres[2] seniores quibus id officii precentor iniunxiet: pergent ante abbatis stationem. cantaturi finita antiphona *Kyrieleyson.* V' *Qui discipulos.* Christeleyson. V' *Agnus innocens. Kyrieleison.* V' *Qui passurus adueniti.* Ad singulos autem uersus tres[3] iuniores fratres assistentes subiungent *Domine miserere.* <Christus dominus.> et euestigio a conuentu ter cantabitur *Factus est obediens.* <*Pater noster.*>

¶ His ita peractis: duo et duo super formas prostrati tam in hac quam in sequentibus duabus noctibus. et ad horas diurnas: dicent <sub silentio> preces *Ego dixi domine.* et psalmus *Miserere.* et oratio *Respice quesumus domine.*

¶ Post hec faciat abbas [[fol.49r]] signum. et magister puerorum cum lucerna ueniet in chorum. ibuntque pueri in dormitorium. Deinde abbas alium sonum faciente: conuentus preeuntibus cum custodibus suis iuuenibus ab ecclesia exibit dormitum iturus.

[Ad primam.] ¶ Cum autem ita dies inclinauerit ut pueri iuuenesque sine lanternis ad ecclesiam ire ualeant: Secretarius paruum sonabit signum. ibique conuentus ad ecclesiam. primam cantaturus canonice: cum his scilicet psalmis. *Deus in nomine tuo.* Ps. *Beati immaculati.* et aliis <usque ad *Legem pone.*>. Nec dicetur capitulum vel *Kyrieleison.* sed dicto ab uno puero V' *Exurge domine adiuua nos:* prostrati super formas bini dicent sub silentio premisso *Pater noster* et *Credo in Deum:* consuetas preces. cum oratione. *Domine Deus qui ad principium.*

¶ Postea cantabunt in audencia sicut in aliis feriis septem psalmos penitentiales. Adiuncto psalmo *Inclina domine aurem tuam.* et

---

[1] *Exaltatus*: B2
[2] cancelled: O / duo: add.O, interlined by l.h.
[3] cancelled: O / duo: add.O, interlined by l.h.

letaniam. Quibus finitis: sedebunt in choro. debetque unusquisque
priuatim septem psalmos cantare. ac deinde facto sono ab abbate:
egredientur in claustrum usque ad horam terciam sessuri.

¶ Cum autem tempus tercie fuerit: secretarius modicum signum sonabit.
pergentque fratres in dormitorio diurnales suos induturi. Et deinde apud
lauatorium abluent manus suas. pectinabunt capita. ac in ecclesiam
euntes ternas facient orationes.

[Ad terciam.] ¶ Quibus peractis: cantabitur tercia canonice usu. Ps.
Legem pone. et alii [usque *Defecit.*] V' *Homo pacis mee in quo speraui.*
or' *Respice quesumus domine.*
Postea sonabit prior capitulum. Puer lectionem sine benedictione leget.
et de ipsa lectione finem faciet. Subiunget sacerdos [[**fol.49v**]]
ebdomadarius ut consuetudinis est: *Isti et omnes sancti.* non
pretermisso *Deus in adiutorium. Kyrieleison:* sed *Gloria patri.*
solummodo.
¶ Postquam locuti fuerint de ordine: pulsata a priore tabula. et dicto
Benedicite sine *Verba mea:* residebunt in claustro. usque ad sextam
horam mutuo locuturi. Similiter post horam sextam: usque ad nonam. et
in die ueneris exibunt de capitulo: sine *Verba mea.* ¶ In sabbato
colloquium.

¶ Ad sextam. Ps. *Defecit in salutare.* [et alii usque *Mirabilia.*] V' *Deus
meus eripe me de manu peccatoris.* Preces sub silentio. *Ego dixi
domine.* or' *Respice quesumus domine.*

Ad nonam. Ps. *Mirabilia.* [et alii usque ad *Dominum cum tribularer.*]
V' *Cogitauerunt impii et locuti sunt nequitiam.* <or' *Respice quesumus
domine.*>

[1]¶ Post nonam: ibit conuentus in dormitorium. deinde ablutis manibus
et pectinatis capitibus: reuertentes in chorum breuiter et moris est
orabunt. Iam ante pulsari debuerunt duo maiora signa gratia
congregande multitudinis gentium ad absolutionem. Cum igitur oratio
fuerit terminata: reuestientur tam abbas quam hii qui ad missam
seruituri sunt. Qui cum uenerint in chorum: prosternent se ad gradum.

---

[1] For the Maundy Thursday ritual in Ms P, see Appendix 3.

et tam ipso quam alii solo prostrati cantabunt.¹ septem psalmos
penitentiales.² ¶ Post absolutionem abbate incipiente Ps. *Miserere mei
Deus.* ibit processio ad benedicendum ignem in claustrum. Abbas*:*
primus deinde pueri³. et prior ferens hastam et diaconus⁴ lanternam sine
lumine. et ceteri post eos reuestiti. deinde alii quisque in ordine suo
cantantes Psalmos *Miserere mei Deus.* et *Iudica me Deus.* ¶ Cum fuerit
ignis benedictus*:* iaciet abbas aquam benedictam desuper. Vnus autem
conuersus de igne benedicto in thuribulo ponens offert abbati.⟦ **fol.50r** ⟧
Et abbas thus in eo mittens thurificabit ignem. Tunc prior cereum in
hasta positum accendet. et diaconus eum qui in lanterna est cereum.
¶ Post hec remeabit processio eo ordine quo processit. cantans psalmos
Dominus illuminatio meam. et *Ad te domine clamabo.* Qua intrante⁵
ecclesiam*:* signa omnia ad missam solleniter celebrandum pulsabuntur.
Interim abbas induet casulam auream. et diaconus dalmaticam et
subdiaconus uestem suo officio competentem et frater⁶ qui chorum
tenebit cappam.

¶ Missa. *Nos autem gloriari.* Ps. *Deus misereatur nostri.* Sine *Gloria.*
⁷*Kyrieleison.* vna sola oratio dicetur.⁸ <*Deus a quo et Iudas.* Ep. *Fratres.
Conuenientibus uobis in unum.*> Duo fratres⁹ in albis cantabunt ad gradum R'
Christus factus est. <V' *Propter quod.*> et post*:* in loco consueto ante
altare pronunciabitur evangelium <*Ante diem festum pasche.*>. Dum cantatur
offerende *Dextera domini.* Solus prior faciet oblationem. Secretarius
uero debet ponere tot hostias super patenam*:* quot ea die et subsequenti
sufficiant omnibus communicandis. <Secr. *Ipse tibi quesumus domine.*>
¹⁰*Sanctus.* <Infra actionem *Communicantes et diem sacratissimum celebrantes. Hanc
igitur oblationem seruititutis.*> ¹¹*Agnus.* Comm. *Dominus Ihesus postquam
cenauit.* et Subiungetur¹² *Hoc corpus quod pro nobis tradetur.* Deinde
versus. *Accepit ergo Ihesus panes benedixit fregit et dedit discipulis*

---

¹ sine *Gloria patri*: add.O, interlined by l.h.
² *Ne reminiscaris domine Deus. Kyrieleison. Pater noster. Et ne nos.* Preces sicut in die
cinerum. Orationes sunt proprie: add.O, marg., contemporary hand
³ cancelled: O / diaconus: add.O, interlined by l.h.
⁴ cancelled: O
⁵ intrate (†): O
⁶ cancelled: O / praecentor: add.O, interlined by l.h.
⁷ with neumes above incipit: O
⁸ nec dicetur *Flectamus genua*: add.O marg., l.h.
⁹ Duo fratres] cancelled: O / pueri: add.O, interlined by l.h.
¹⁰ with neumes above the incipit: O
¹¹ with neumes above the incipit: O
¹² statim addatur: M

suis. dicens. Hoc corpus. <Postcomm. *Refecti uitalibus post alimentis.*>
¶ Post Sanctus ibunt et lauabunt altaria ii quibus iniunctum fuerint. et dum abluunt꞉ cantent R' *Circumdederunt me.* et versum *Quoniam tribulatio.* Deinde vnam antiphonam et orationem de sancto in cuius honore altare est consecratum. Et ita debent festinare ut sint in choro ad pacem. quam ea die omnes quicunque sunt intra septa monasterii fratres simul accepturi sunt. ¶ Dum communicant seniores꞉ percutiet secretarius unam tabulam ad vesperas. ac deinde fiet oratio. Cantata missa꞉ accepiet abbas corpus dominicum in patena et [[**fol.50v**]] [1] diaconus calicem. et portabunt illud ad altare sancto Taurini. astantibus tribus conuersis. quorum duo candelabra. et tercius thuribulum ferent. Conuentus uero dum abbas cum corpore dominico transit. se reuerenter prosternens꞉ inchoatum ab abbate psalmum. *Miserere mei Deus.* in choro cantabit. ¶ Abbas uero ponet corpus domini super altare predictum. cooperiens illud mantilibus preparatis honeste ut fieri decet. et apposito incenso recedet. ¶ Secretarius autem statim debet unum ponere cereum ante dominicum corpus. qui ibi ardeat donec sequento nocte extinguatur ad matutinas ultima candela. ¶ Postea abbas casula exutus. et diaconus dalmatica꞉ precincti mantilibus uenient ad altare sancti saluatoris. et incipiet abbas R' *Circumdederunt me.* quod cum uersu dum cantatur in choro a conuentu꞉ lauabit ipse abbas altare. diacono sibi aquam et uinum administrante. Deinde abluet altare sancte trinitatis꞉ conuentu iterato cantante predictum responsorium inchoatum ab abbate. Quo cum uersu decantato. et altari abluto꞉ subiunget abbas a' *Te Deum patrem ingenitum.* Qua percantata a conuentu꞉ dicet abbas V' *Benedica patrem et filium. Dominus uobiscum* sollenniter. et dicta qualibet oratione de trinitate et *Dominus uobiscum꞉* duo pueri cantabunt *Benedicamus domino.* ¶ His ita peractis꞉ prior ante refectorium percutiet tabulam. et ibit conuentus in refectorium. ibique in ordine suo sedentes expectabunt donec abbas ueniat. Refectorarii uero iam ante debuerunt tollere campanas de mensa [2] sua. et stans percuciet eandem mensam de martello. Et [[**fol.51r**]] conuentus dicet *Benedicite* Et abbas faciet benedictionem. Ante unumquemque priusquam uenirent in refectorium debuit poni unum quarterium panis. et sciphus plenus potu eiusmodi quem loci consuetudo exposcit. Interim cellerarius et hospitarius facient pauperes Christi uenire in claustrum. prius eorum pedibus ablutis. et ordinate sedere facient. ¶ Prior cum gustauerit de

---

[1] et (†): add.O
[2] erasure of one or two letters: O

apposito cibo et potu: factoque ante et retro ante stationem suam: foras
exibit. et percuciet tabulam. Ad cuius sonitum exibunt primus abbas
deinde priores et nouicii et extremi pueri. cantantes mediocriter uoce
psalmos *Miserere mei Deus* et *Deus misereatur nostri*. Sine *Gloria
patri*. ¶ Cumque finiti fuerint psalmi. inchoante [1] abbate antiphona:
Dominus Ihesus. Flectent omnes genua ante pauperes Christi. Famuli
camerarii debent aquam et mantilia ad mandatum faciendum preparare.
¶ Cum autem tam abbas quam fratres abluerint pedes presentium
pauperum Christi: lauabunt ipsi manus suas[2] sumentes aquam de
manibus famulorum. et deinde dabunt pauperibus Christi ad lauandum.
Et tunc percuciente priore tabulam: et dicto *Benedicite*. factaque ab
abbate benedictione: dabunt pauperibus potum. Inde distribuet
Camerarius pauperibus denarios et secundum consuetudinem huius
ecclesie dabit quatuor unicuique.[3] ¶ Facto autem mandato: et dicente
abbate V' *Suscepimus Deus misericordiam tuam:* cuncti respondentes
In medio templi tui. Flectent genua sua ante pauperes Christi. Et dicto
Pater noster. atque oratione *Adesto domine officio seruitutis*. ab abbate
suppleta: ibunt in ecclesiam decan-[[**fol.51v**]]-tantes psalmum
Miserere mei Deus. Iam ante circa finem mandati debuit secretarius
percutere tabulam unam ad uesperas. bis aut ter. Intrante autem
ecclesiam conuentu post mandatum: percucientur omnes tabule ante
fores ecclesie. Incipiente ebdomadario a' *Calicem salutaris accipiam*.
Iuuenibus alias preter antiphonam *Cenantibus* quam abbas inchoabit
incipientibus: cantabuntur vespere.

[Ad vesperas.] ¶ Antiphona prima. *Calicem salutaris*. Ps. *Credidi
propter. evovae*. Antiphona secunda. *Cum hiis qui oderunt. evovae*. Ps.
Ad dominum cum tribularer. Tercia antiphona. *Ab hominibus iniquis.
evovae*. Ps. *Eripe me domine ab homine*. Quarta antiphona. *Custodi me
a laqueo*. Ps. *Domine clamaui*. Quinta antiphona. *Considerabam*. Ps.
Voce mea. evovae. In euang. a' *Cenantibus autem. evovae*. Ps.
Magnificat. Preces *Ego dixi domine*. et Ps. *Miserere mei Deus*. et or'
Respice quesumus domine. Dicentur sub silentio.

---

[1] erasure of one or two letters: O
[2] by contemporary hand over erasure: O
[3] Trecenti pauperes eligentur cum timore Dei. centum uidelicet pro ducibus fundatoribus nostris. et eorum heredibus. centum pro abbatibus et monachis ecclesie nostro professis. centum pro amicis et benefactoribus nostris. et habebunt singuli pauperum quatuor denarios: add.O, marg., contemporary hand

¶ Post uesperas ibunt in refectorium. Nec sonabitur campana in hac die et in sequenti ut solet. sed Abbate faciente super mensam suam de martello sonum: conuentus dicet consuetum uersum *Edent pauperes et saturabuntur.*[1] Sine *Gloria patri.* et abbas dabit et hanc et omnes alias benedictiones. Lector uero mense inclinato Abbati capite ad gradum: statim ibit in pulpitum. et legens non accepta benedictione: cum innuerit ei abbas finem faciet de ipse lectione.

¶ Post cibum pergent in ecclesiam cantantes psalmum *Miserere mei Deus.* mediocri uoce. Et si necesse fuerit adiungetur *Deus misereatur nostri.* Sacrista autem percuciet tabulam unam in claustro ante fores ecclesie. Exeuntibus illis de ecclesia post uersum: conuocabit abbas duodecim seniores quod uoluerit. ipsosque preeunte pergent illi apud [[fol.52r]] elemosinam cantantes psalmum *Miserere mei Deus.* Elemosinarii autem introduxisse debuerunt duodecim pauperes in mandatum abbatis. in honore duodecim apostolorum. qui eundem cibum eundemque potum ea die debent habere: quem ad seniores in refectorio. Camerarius uero renouabit eos in uestibus et calciamentis ex toto. Interim dum faciat abbas mandatum suum: lauabit fratres reuertentes de dormitorio pedes suos aqua calida in claustro. Camerarius autem faciet deferri cuppam unam ante capitulum. et aqua calida repleri ex qua ipso lauabunt pedes suos. et ex qua mandatum fiet. Postea sedebunt in claustro: usque dum eant potatum more solito. ¶ He sunt antiphone et versus que debent cantari ad mandatum. Antiphona prima. *Dominus Ihesus postquam cenauit.* V' *Surgit autem a cena et ponit uestimenta sua et dum recubuisset iterum dicit eis.* r' *Scitis quid fecerim.* R' *Ante diem festum pasche.* V' *Venit ad Petrum.* Hoc responsorium cum suo versu et subscriptus hymnus nunquam cantantur nisi in hac die ad mandatum quod fit in capitulo.[2] a' *Rogabat Ihesus*[3] *quidam.* V' *Dum stetit in synagoga.* a' *In diebus illis mulier.* V' *Magnus dominus et laudabilis.* a' *Dixit autem dominus Symoni.* V' *Dixit insipiens.* a' *Sinite mulierem.* V' *Quod habuit hec fecit.* a' *Mittens hec mulier in corpus.* V' *Amen dico uobis ubicumque.* a' *Maria unxit ergo.* V' *Dimissa sunt ei.* V' *Miserator et misericors dominus.* V' *Non*

---

[1] dicet consuetum . . . saturabuntur] underlined: O / Nota: add.O, marg., l.h.
[2] Ad mandatum in cena domini quod dux Ricardus instituit habebunt duodecim prebendarii quisque sex telas lanee et vnam lanee et singuli sotulares monachorum bene unctas. de manu camerarii. et vnum panem quisque exellario (†: ? for 'ex cellerario'): add.O, marg., contemporary hand.
[3] *Ihesum* (†): O

secundum peccata nostra. V' *Benedixisti.* a' *Postquam surrexit dominus.* V' *Audite hec omnes gentes.* a' *Domine tu michi lauas.* V' *Venit Ihesus ad Symonem.* V' *Domine non tantum pedes.* a' *Vos uocatis me.* V' *Exemplum enim dedi.* a' *Si ego dominus et magister.* V' *Attendite populus meus.* a' *In hoc cognoscent omnes.* V' *Pacem meam do.* a' *Congregauit nos Christus.* V' *A solis ortu.* a' *Mandatum nouum do.* [[**fol.52v**]] V' *Beati immaculati.* a' *Diligamus nos inuicem.* V' *Miserere mei Deus.* a' *Vbi est caritas.* a' *Christus descendit mundum.* V' *Miserere mei Deus miserere.* a' *Karitas est summum bonum.* V' *Illa namque tenet.* V' *In qua qui manet.* a' *Karitas paciens est.* V' *Non irritatur non cogitat.* a' *Maneant in nobis.* V' *Nunc autem manet.* a' *Vbi fratres in unum.* V' *Ecce quam bonum.* a' *Congregauit.* ym' *Tellus ac ethera iubilent. Hac nocte sator omnium potenti. A celsis surgens dapibus prebet. Pallat seruis obsequio cum angelorum. Permitte Symon ablui. Lauator thoris accubat uerbisque. Trux lupe Iuda pessime. Nexi soluuntur hodie carnis. Victori mortis inclitam pangamus. laudem glorie.*

Quando[1] tempus mandati fuerit[2] percuciet prior tabulam ante capitulum et congregabantur ad mandatum. Secretarius autem iam adornare debuit capitulum bancheriis et dorsariis antequam fiat mandatum. Deinde ingredietur abbas capitulum. precinctus baltheo. peluem tenens in manibus incipietque antiphonam[3]. *Dominus Ihesus.* Et tunc non assurget ei conuentus residens. Ipse autem perueniens ad priorem sedentem in sede abbatis. Lauabit ei primus pedes. deinde cunctis per ordinem residens. Prepositi uero administrabunt ei aquam et manutergia. Ablutis igitur pedibus omnium etiam et prepositorum qui ei cuncta sumministrauerant: deponet ipse extra capitulum tersorium cum pelui ingredieturque capitulum assurgentibus ei cunctis et facto ante sedem suam ante et retro: resedebit. ¶ Prior autem capitulum egrediens. accinctus linteo et peluem tenens in man-[[**fol.53r**]]-ibus: ueniet ante abbatem lauabitque pedes eius. Inde egressus capitulum abluet manus suas. et accipiens aquam in bacinis defert eam ad abbatem ad abluendas manus eiusdem. Abbas autem lotis manibus suis: et accipiens aquam a priore: dabit ei primitus. deinde cunctis residentibus. ¶ Diaconus uero et conuersi qui reuestiendi sunt debent

---

[1] (with decorated initial in blue and red across two lines)
[2] hora quarta cum dimidia: add.O, marg., l.h.
[3] antiphona (†): O

festinare ad abluendas manus. et reuestiri celerius. Circa finem mandati ueniet sacrista ad gradum. et petita licentia sonandi discedet non faciens ante et retro. Abbas uero facto mandato ueniet cum prepositis qui ei ministrauerunt ad gradum assurgentibus ei tunc omnibus. ibique facto ante et retro: pergent sessum. Deinde percuciet sacrista tabulam ante fores ecclesie. Ad cuius sonitum exiet alter sacrista ex eadem ecclesia ferens analogium. post quem tres conuersi reuestiti portantes candelabra et thuribulum. et deinde diaconus dalmatica indutus et ferens textum super brachium suum. ¶ Sacrista uero deponet analogium ad gradum capituli. et toto conuentu assurgente: incipiet diaconus lectionem *Ante diem festum pasche.* Et ut perueniret ad uersum istum *Venit ergo ad Symonem Petrum.* Innuet abbas priori. et illi facto ante et retro exiet de capitulo. et percuciet tabulam ante refectorium. Tunc ibit processio in refectorium. precedente sacrista cum analogio. subsequentibusque conuersis reuestitis cum diacono. inde abbas. exinde sicut sunt in ordine prioribus precedentibus. ultimis uero nouiciis et infantibus. Sacrista igitur deponet analogium in medio refectorii.
incho-[[**fol.53v**]]-abitque diaconus legere ubi euenerat finis lectionis. ¶ Refectorarius autem percutiet semel tabulam. et prepositi replentes uasa uitrea uino deferent ea [ad] abbatem stantem in refectorio. Prior uero ueniens in refectorium ibit sessum in abbatis locum. ¶ Postea percuciet refectorarius tabulam. et dicto *Benedicite.* factaque ab abbate benedictione: accipiens ipse abbas caritatem dabit eam priori primitus. deinde cunctis per ordinem residentibus: deosculando ipsorum manus. Ad ultimum deferet eam diacono legenti et astantibus conuersis reuestitis. quam suscipientes de manibus ipsorum prepositi ad mensam portabunt abbatis. ¶ Dispertita itaque caritate ueniet abbas cum his qui ei uasa ministrauerunt ad gradum. et facto ante et retro pergent in locum suum. Et prior abbati cedens exurget. et afferet ei ex eadem caritate poculum. Postremo innuet Abbas diacono ut finiat lecccionem: qui ex eadem lectione faciat finem. ibique sessum ad dexteram abbatis et conuersi ad sinistram. Sic finita sacra cena: surget abbas a mensa. et dicto *Adiutorium nostrum in nomine domini.* Et ab omnibus responso *Qui fecit celum.* Facient ante et retro. et egredietur processio ordinate de refectorio: quemadmodum ingressa fuerat.

[Ad completorium.] Intrante uero conuentu[1] ecclesiam: percuciet sacrista ante foras eiusdem ecclesie tabulam. et facta ut consuetudinis

---

[1] conuente (†): O

est oratione dictoque *Confiteor:* complectorium sub silentio cantabitur. pueris cum magistris suis in modum corone ad gradum stantibus. quorum unus cantatis psalmis. scilicet. *Cum inuocarem. In te domine sperauti.j.* usque *Odisti obseruantes. Qui habitat. Ecce nunc benedicite. Nunc dimittis.* Subiunget ‖ **fol.54r** ‖ V' *Custodi nos domine ut pupillam oculi.* et pretermisso *Kyrieleyson:* <Credo et> cetera subsequentur sicut in aliis diebus. Peractis deinde tribus more solito orationibus: pergent in dormitorium.

[LXI.] ¶ De divino seruitio in parasceuem.

[Ad matutinas.] [1] Sequenti die: seruicium matutinorum fiet sicut transacta nocte. excepto quod sextum[2] responsorium cantabunt duo monachi. *Ingressus Pilatus.* et nonum similiter duo. *Agnus Christus.*
<In primo nocturno. a'[1] *Astiterunt reges.* Ps. *Quare fremuerunt.* a'[2] *Diuiserunt sibi.* Ps. *Deus Deus meus.* a'[3] *Insurrexerunt in me.* Ps. *Dominus illuminatio.* V' *Diuiserunt sibi.* Lectiones. *Quomodo obtexit caligine.* R'[1] *Tamquam ad latronem.* V' *Filius quidem. Ad crucifigendum.* R'[2] *Ihesus tradidit.* V' *Adduxerunt autem. Petrus.* R'[3] *Ecce quomodo moritur.* V' *In pace factus. Et erit. Ecce quomodo.*>
<In secundo nocturno. a'[4] *Vim faciebant.* Ps. *Domine ne in furore.ij.* a'[5] *Confundantur et.* Ps. *Expectans.* a'[6] *Alieni insurrexerunt.* Ps. *Deus in nomine.* V' *Insurrexerunt in me.* Lectiones. *Saluum me fac Deus.* R'[4] *Vinea mea.* V' *Ego quidam. Quomodo.* R'[5] *Omnes amici.* V' *Et dederunt. Aceto.* R'[6] *Ingresus Pilatus.* V' *Tunc ait illis. Et clamabunt. Ingressus.*>
<In tercio nocturno. a'[7] *Ab insurgentibus.* Ps. *Eripe me.* a'[8] *Longe fecisti.* Ps. *Domine Deus salutis.* a'[9] *Captabant in animam.* Ps. *Deus ultionum.* V' *Alieni insurrexerunt.* Lectiones. *Festinemus ingredi in illam.* R'[7] *Tenebre facte sunt.* V' *Et uelum. Tunc.* R'[8] *Velum templi scissum.* V' *Petre scisse. Latro.* R'[9] *Agnus Christus.* V' *Venite et. Hic solus. Agnus.*>

<In laudibus. a'[1] *Proprio filio.* Ps. *Miserere.* a'[2] *Anxiatus est.* Ps. *Domine exaudi.ij.* a'[3] *Ait latro.* Ps. *Deus Deus.* Ps. *Deus misereatur.* a'[4] *Dum conturbarta.* Ps. *Domine audiui.* a'[5] *Memento mei.* Ps. *Laudate.* [In euang.] a' *Posuerunt super caput.* Ps. *Benedictus.*> Preces. *Kyrieleyson.*[3] V' *Qui expansis in cruce.* <Domine miserere. Christus dominus factus est.> *Christeleyson.* V' *Qui latroni in cruce.*

---

[1] feria Sexta: add.O, marg., l.h.
[2] iij: add.O, interlined by l.h.
[3] Precentor et succentor cantabunt: add.O, marg., l.h.

<Domine miserere. Christus dominus factus est.> *Kyrieleyson.* V' *Fac nos tuam.*
<Domine miserere. Christus factus est obediens.> Et nota quod nec huius nec in subsequentis noctis precibus siue horis diurnis: dicetur. *Dominus uobiscum.*

¶ Ad primam nudis uenient pedibus. nisi ingruente frigore fiat eis indulgencia ab abbate. Prima sicut in precedenti die distinctum est sub silentio cantabitur.
Septem uero psalmi cum letania dicentur in audencia. Quibus cantatis: inchoabit abbas psalterium. et ueni[en]tes in claustrum. percantabunt illud bini vel terni seu singillatim. Quo finito: prostratis solotenus. cunctis abbas et ipse incuruatus dicet preces et orationes. que solent dici post letaniam. Deinde persistentes in oratione vel lectione. sedebunt in claustro vsque ad horam terciam. Sacrista uero pulsante tabulam: ibunt in dormitorium. et deinde ablutis manibus pergent in ecclesiam. Completisque tribus orationibus cantabitur. sicut in transacta die tercia.

[Ad horas.] <Psalmi ut supra.> Ad terciam. V' *Diuiserunt sibi uestimenta mea.* Ad sextam. V' *Insurrexerunt in me testes iniqui.* Ad nonam. V' *Alieni insurrexerunt in me.*

¶ Post nonam ibit processio eo ordine quo supra notauimus ad benedicendum ignem sacrista [ferens] hastam. cantabuntque eosdem psalmos qui in precedenti die dis-[[**fol.54v**]]-positi sunt. Crucifixus debet esse iuxta altare sancte trinitatis philacteriis decenter adornatus et candido pallio coopertus. Facta autem processione pulsabuntur omnes tabule ante foras ecclesie. Abbas uero et diaconus casulis induti procedent ad altare.[1] Inde dicto *Oremus.* Ab abbate. et a diacono *Flectamus genua* subiungente: cum finita fuerit oratio[2] *<Deus a quo et Iudas.>* leget subdiaconus lectionem. *In tribulatione.* Qua finita: quatuor fratres[3] albis induti cantabunt Tractum. *Domine audiui auditum.* <V' *In medio duorum.* V' *In eo dum conturbatur.* V' *Deus a Libano.* V' *Operuit celos. Domine*

---

[1] et praecentor tenebit chorum. cappam uero non induet nisi postquam sancta crux fuerit in sepulchrum translata: add.O, marg., l.h.
[2] Crucifixus debet esse . . . oratio] Hora nona procedunt omnes ad ecclesiam. et ponitur sancta crux retro altare cooperta. et egreditur sacerdos de sacrario cum sacris ordinibus nichil cantans. et ueniunt ante altare. et dicit sacerdos *Oremus.* et post paululum *Leuate.* Et dat sacerdos orationem solenniter dicens *Deus a quo et Iudas.* ut supra: M
[3] cancelled: O / pueri: add.O, interlined by l.h.

audiui.> Ad unumquemque uersum repetente choro. *Consideraui opera tua.* Postea dicetur oratio <*Deus qui peccati ueteris hereditariam.*> Legeturque secunda lectio. <*Dixit dominus ad Moysen et Aaron.*> Atque a sex fratris reuestitis cantabitur tractum.¹ *Eripe me domine ab homine malo.* <V' *Qui cogitauerunt.* V' *Et funes.* V' *Dixi domino.* V' *Domine domine.* V' *Ne tardas.* V' *Caput circuitus.* V' *Verumtamen iusti.*> Quo percantato: leget diaconus passionem <domini nostri Ihesu Christi secundum Iohannem. *Egressus est dominus Ihesus cum discipulis suis.*> non accepta benedictione. Assistente ei uno conuerso cum solo thuribulo. Cum autem ad versum illum peruenerit *Partiti sunt uestimenta mea.* Subintrabunt quasi furtim duo diaconi cappis albis super induti. et accipient duo mantilia que super altare extente erant deferentque ea in sepulchrum.² Passione perlecta: dicet abbas orationes que solent in hac die dici in sancta ecclesia.³ Ad quarum primam. <*Oremus dilectissimi nobis pro ecclesia.*> tam longa fiet genuflexio: ut a cunctis possit cantari psalmum. *Miserere mei Deus.* In aliis uero orationibus a quarum quamlibet preter illam que pro Iudeis profertur dicetur *Flectamus genua:* solita in genuflexione obseruabitur mora. <or' *Omnipotens sempiterne Deus qui gloriam.* or' *Oremus et pro beatissimo Papa. Oremus. Flectamus genua. Leuate.* or' *Omnipotens sempiterne Deus cuius iudicio. Oremus et pro omnibus episcopis. Oremus. Flectamus genua. Leuate.* or' *Omnipotens sempiterne Deus cuius spiritu. Oremus et pro Christianissimo Imperatore. Oremus. Flectamus genua. Leuate.* or' *Omnipotens sempiterne Deus in cuius manu. Oremus et pro cathecuminis. Oremus. Flectamus genua. Leuate.* or' *Omnipotens sempiterne Deus qui ecclesiam. Oremus dilectissimi Deum. Oremus. Flectamus genua. Leuate.* [or'] *Omnipotens sempiterne Deus mestorum consolatio. Oremus et pro hereticis et schismaticis. Oremus. Flectamus genua. Leuate. Omnipotens sempiterne Deus qui saluas. Oremus et pro perfidis Iudeis. Oremus. Omnipotens sempiterne Deus qui etiam Iudaicam. Oremus et pro paganis. Oremus. Flectamus genua. Leuate.* [or'] *Omnipotens sempiterne Deus qui non mortem.*>⁴ Finitis orationibus: deponet tam abbas quam diaconus casulas: uenientque in chorum. Tunc erunt apud altare sancte Trinitatis duo sacerdotes⁵ in casulis. duo quoque diaconi in cappis candidis. Qui

---

¹ Sciendum quod illi qui fuerint in tabula dominica transacta cantabunt tractum primum uersus quatuor. secundum alii et quatuor et duobus quibus cantor iniunxerit: add.O, marg., l.h.
² Cum autem . . . sepulchrum] cancelled: O
³ Statim subiungat sacerdos subscriptas orationes solennes que dicende sunt sexta feria maiore in Ierusalem; ita dices solenniter *Oratio*: add.M
⁴ Hiis expletis. sacerdos ibit cum candelabris et incenso: pro afferendo corpore domini. et rediens cantabit *Miserere mei Deus.* Et posito in calice uino et aqua. et facta supplicatione dictaque confessione: subiungat solenniter dicens *Oremus: Preceptis salutaribus*: add.M
⁵ scilicet cantor et succentor: add.O, interlined by l.h.

ac-[[**fol.55r**]]-cipient crucifixum. diaconi quidem ab inferiori. sacerdotes uero a parte superiori. qui et ipsi cantabunt. *Popule meus.* et versus. Diaconi uero respondebunt. *Agyos o Theos.* <*athanatos eleyson ymas.*> cum trina genuflexione. Chorus quoque subiunget *Sanctus Deus.* <*sanctus fortis sanctus et immortalis.*> Et ipsi flectendo ter genua sua uersus crucem. Sed et uia per quam eadem crux deferetur debet esse a sacristis tapetibus et banchetis decenter preparata. Postquam uero delata fuerit ad locum in quo debet adorari: tunc accedens abbas discooperiens eam baculo suo incipiet a' *Ecce lignum crucis.* Deinde prosternet se ad adorandam crucem tam abbas quam diaconus. et alter e duobus sacerdotibus altero eandem crucem interim sustenante. Prosternent uero se ut sunt reuestiti in choro ante sedem abbatis super tria tapeta preparata a sacristis. Interim non prostrati cantabunt a' *Ecce lignum crucis.* cum uersu. *Venite adoremus et procidamus.* Iterum *Ecce lignum.* Ps.[1] *Deus misereatur nostri.* vsque *misereatur nostri.* Iterum *Ecce lignum.* V' *Vt cognoscamus in terra.* Iterum *Ecce lignum.* a' *Tuam crucem adoramus domine.* V' *Confiteantur tibi populi Deus.* Iterum *Tuam crucem.* a' *Crucem tuam adoramus.* V' *Letentur et exultent.* vsque *in terra dirigis.* Iterum *Crucem tuam.* V' *Benedicat nos Deus Deus noster.* Iterum *Crucem tuam.* ¶ His decantantis: abbas perueniens ad crucem incipiat a' *Adoremus crucis signaculum.* Subiungantur a' *Cum rex glorie.* Item a' *Dum fabricator mundi.* Item a' *Aperto ergo militis lancea.* Item a' *O admirabile precium.* Postremo cantetur a' *Crux fidelis inter omnes.* ym' *Pange lingua.* Iterum *Crux fidelis.* V' *De parentis.* Iterum *Crux fidelis.* V' *Hoc opus nostre.* Iterum *Crux fidelis.* V' *Quando uenit.* Iterum *Crux fidelis.* [[**fol.55v**]] V' *Vagit infans inter.* Iterum *Crux fidelis.* V' *Lustra sex qui.* Iterum *Crux fidelis.* V' *Hic acetum fel.* Iterum *Crux fidelis.* V' *Flecte ramos.* Iterum *Crux fidelis.* V' *Sola digna tu fuisti.* Iterum *Crux fidelis.* V' *Gloria et honor Deo.* Iterum *Crux fidelis.* ¶ Postea quam sancta crux a cunctis fuerit reuerenter adorata: transferant eam tam abbas quam fratres in sepulchrum. tribus conuersis precedentibus cum thuribulo et candelabris. cooperientque eam mantilibus cum magna reuerentia. Abbas uero thurificabit eam inchoabitque a' *In pace in idipsum.* Postque egrediens clauso sepulchro incipiet R' *Sepulto domino.* quod cum uersu. *Ait Pilatus.* in choro cantabitur a conuentu. et dum percantatur: precedentibus conuersis reuestitis cum thuribulo et candelabris ibit in silentio abbas cum aliis reuestitis ad altare sancti

---

[1] V' (†): O

Taurini pro afferendo corpore domini. quod prius ipse thurificabit. et sic illud accipiens cum summa reuerencia incipiet Ps. *Miserere mei Deus.* et precedente altero e duobus sacerdotibus cum calice. ipse abbas cum patena in qua corpore domini seruatur subsequetur. et ita procedent ad altare sancti saluatoris. omnibus qui erunt in choro genua sua flectentibus simulque psalmum *Miserere cantantibus.* ¶ Dum hec aguntur: ponantur in loco solito[1] tria caldelabra. cum tribus cereis arsuri quousque diuinum consummetur seruitium. ¶ Diaconus interim displicabit corporalia. super quem ponetur tam calix quam patena posito in calice uino et aqua: ab eodem diacono. Tunc abbas apponet incensum. et facta supplicatione in qua dicendum est. *Ante conspectum diuine maiestatis.*[2] [[**fol.56r**]] dictaque confessione subiunget *Oremus: Preceptis salutaribus moniti.* et dicta oratione dominica: simulque *Libera nos quesumus domine.* postquam dixerit *Per omnia secula seculorum* Respondentibus cunctis *Amen:* Communicabit se et alios sine pacis osculo <et sine fractione a sacerdote in calice>.

[Ad vesperas.] ¶ Interim percutient[3] sacriste ante fores ecclesie tabulas. et communicati cantabunt sub silentio uesperas.[4] quinque scilicet antiphonas *Calicem salutaris.* et alias cum psalmis suis retro distinximus. Quibus et *Magnificat* silenter ut dictum est cantatis: sustinebunt usque dum communicatis omnibus incipiat abbas apud altare a' *Cum accepisset acetum.* Qua in altiori uoce decantata: dictisque precibus cum psalmo *Miserere mei Deus* et oratione. *Respice quesumus domine.* pergent in dormitorium. deferentesque nocturnales suos in claustrum lauabunt pedes suos aqua calida quam accipient de cuppa a camerariis ante capitulum parata.[5] Postea pergent in refectorium. sumpturi congruentem huic diei uictum. Et post cibum ibunt[6] in dormitorium. uaginas[7] apud lectos deposituri. Interea preparabunt sacrista ornamenta adornabuntque ecclesiam. Fratres autem post refectionem sedebunt in claustro. nec ibunt potatum more solito. sed sustinebunt usque ad collationem. et tunc habebunt caritatem

---

[1] over erasure: O
[2] Tunc precentor accipiet cappam et non ante: add.O, marg., l.h.
[3] by contemporary hand over erasure: O
[4] communicati . . . uesperas] so also M (adding 'uero' before 'cantabunt')
[5] Ad Mandatum Abbatis duodecim pauperes duodecim tunicas et totidem cappas habebunt videlicet quinque ulnas lance tele ex proprio sumptu abbatis: add.O, marg., contemporary hand
[6] cibum ibunt] cibunt inbunt (†): O
[7] by contemporary hand over erasure: O

ex uino. et hoc precipue propter sacrosanctam communionem. ne cruda esca herbarum et ceruisie potus que illo die assumunt aliquod incommodum contrahant. vel reuertantur in nausiam.

¶ Complectorium suprascripto ordine sub silentio cantabitur.[1] pueris in corona cum custodibus suis ante altare sicut precedenti uespere [[fol.56v]] astantibus.

[LXII. Sabbato sancto]

[Ad matutinas.] ¶ Sed et matutinale officium explebitur ut moris est fieri in sancta ecclesia his tribus noctibus.

¶ Sabbato <in primo nocturno. a'[1] *In pace in idipsum.* Ps. *Cum inuocarem.* a'[2] *Habitabit in tabernaculo.* Ps. *Domine quis habitabit.* a'[3] *Caro mea requiescet.* Ps. *Conserua.* V' *In pace in idipsum.* Lect. *Quomodo obscuratum est.* R'[1] *Animam meam.* V' *Insurrexerunt. Quia non.* R'[2] *Ierusalem luge*[2] *exue te.* V' *Deduc quasi. Quia in.* R'[3] *Plange quasi.* V' *Accingite uos. Quia. Plange.*>
<In secundo nocturno. a'[4] *Eleuamini porte.* Ps. *Domini est terra.* a'[5] *Credo uiuere bona.* Ps. *Dominus illuminatio.* a'[6] *Domine abstraxisti.* Ps. *Exaltabo te.* V' *In pace factus est.* Lect. *Deus laudem meam ne tacueris.* R'[4] *Agnus Dei Christus.* V' *Christus factus est. Nam.* R'[5] *Sicut ouis ad occisionem.* V' *Ipse autem. Ut uiuificaret.* R'[6] *Ecce uidimus eum.* V' *Vere languores. Cuius. Ecce.*>
<In tercio nocturno. a'[7] *Deus adiuuat me.* Ps. *Deus in nomine.* a'[8] *In pace factus.* Ps. *Notus in Iudea.* a'[9] *Factus sum sicut.* Ps. *Domine Deus salutis.* V' *Terra tremuit.* Lect. *Christus assistens pontifex.* R'[7] *Estimatus sum.* V' *Posuerunt me. Factus.* R'[8] *Sepulto domino.* V' *Ait Pilatus. Ponentes.* R'[9] *Recessit pastor.* V' *Destruxit quidem. Hodie. Recessit.*>

<In laudibus. a'[1] *O mors ero.* Ps. *Miserere.* a'[2] *Plangent eum.* Ps. *Iudica me Deus.* a'[3] *Attendite uniuersi.* Ps. *Deus Deus meus.* Ps. *Deus misereatur.* a'[4] *A porta inferi.* Ps. *Ego dixi.* a'[5] *O uos omnes.* Ps. *Laudate.* [In euang.] a' *Mulieres sedentes.* Ps. *Benedictus.*> preces. *Kyrieleyson.*[3] V' *Qui prophetice prompsisti.* <*Domine miserere. Factus est.*> *Christeleyson.* V' *Vita a ligno.* <*Domine miserere. Factus est.*> *Kyrieleyson.* V' *Quem sanctorum anime.* <*Domine miserere. Christus dominus factus est.*>

---

[1] hora sexta: add.O, marg., l.h.
[2] *et*: add.A
[3] cantatur ab iis qui in tabulis scribuntur: add.O, interlined by l.h.

[Ad horas.] Ad terciam. V' *In pace in idipsum.* Ad sextam. V' *In pace factus est locus eius.* Ad nonam. V' *Terra tremuit et quieuit.* et Cetera. vt Svpra. ¶ In vigilia Sancte pasche cantabuntur hore diurne vsque ad vesperas: sicut in precedentibus duobus diebus. Post horam uero nonam Conuentus post reditu de dormitorio ablutis manibus et facta oratione se albis induet[1] et precedentibus abbate et prioribus perget processio ordine supradicto ad ignem benedicendum cantans psalmos *Miserere mei Deus.* et *Iudica me Deus.* et *In reditu. Dominus illuminatio.* et *Ad te domine clamaui.* ¶ Cum uero subierint ecclesiam: pulsabuntur nunc ultimo omnes tabule ante fores eiusdem ecclesie. et abbas[2] chorum ingressus inchoabit a' *Sicut exaltatus est.* Qua decantata: diaconus indutus dalmatica astante sibi uno conuerso cum thuribulo benedicet cereum.

<Benedictio cerei. *Exultet iam angelica turba* [usque ad] *In huius igitur noctis gracia.* hic ponatur incensum in cereo.> Ad *Suscipe sancte pater incensum.* turificabit ipse leuita cereum. Et cum dixerit *Ignis accendit:* accendetur cereus columba desursum ferentem ignem et diacono inferius tenente hastam manu sua.[3] Completa benedictione: abbas interim casula indutus apud altare subiunget.[4] *Oremus. Deus qui diuitias.* Sine *Dominus uobiscum.* Et finita oratione sequetur lectio. *In principio creauit Deus.* Nec pronuntietur lectio libri Genesis. nec ad alias dicetur pronuntiatio que solet dici. Perlecta prima lectione: statim subinferet abbas or' *Deus qui mirabiliter creasti hominem.* [[**fol.57r**]] Sequitur lectio. *Factum est in uigilia matutina.* Tractus[5] *Cantemus domino.* <V' *Hic Deus meus.* V' *Domine conterens bella.*> or' *Deus cuius antiqua miracula.* Lectio. *Facta est super me manus domini.* or' *Deus qui nos ad celebrandum.* Lectio. *Scripsit Moyses canticum.* Tractus[6]. *Attende celum.* <V' *Expectetur sicut.* V' *Et sicut nix.* V' *Date magnitudinem.* V' *Deus fidelis.*> or' *Deus celsitudo humilium.* Lectio. *Factum est uerbum domini ad Ionam.* or' *Omnipotens sempiterne Deus qui in omnium operum tuorum.* Tr. *Sicut ceruus desiderat.* <V' *Sitiuit anima.* V' *Fuerunt michi.*> or' *Omnipotens sempiterne Deus respice propicius.* ¶ Hac oratione dicta:

---

[1] induent (†): O, with the 'n' marked for correction by two subscript dots
[2] cancelled: O / praecentor sine cappa: add.O, interlined by l.h.
[3] Ad *Suscipe* ... cereum. Et cum ... manu sua] these two sentences transposed (†): O
[4] Quere officium de nona qui hic deficit in principio huius libri: add.O, marg., l.h. (This is now lost.)
[5] Cantica: M
[6] Cantica: M

deponet abbas casulam et indutus cappa ueniet in choro. ¶ Inde sequentur letanie. Et prima quidem quam septenam dicimus letaniam. statim finita ultima oratione: ad interiorem chori gradum duo iuuenes cantabunt. Que sic incipiet. *Kyrieleyson. Christeleyson.* ¶ Qua finita ad gradum: duo de senioribus accendentes ibidem incipiant letaniam quinam. cantantes ter *Christe audi nos.* ¶ Quod conuentu tociens succinente dum illi duo subiunxerint *Sancta Dei genitrix:* Abbate preeunte. subsequentibus pueris et prioribus. et duobus in medio eorum cantoribus: ibit processio per inferius chori hostium quod est iuxta sedem abbatis in nauem ecclesie. vbi cum decantata fuerit letania: duo ebdomadarii[1] cantores in cappis reuestiti ante crucifixum incipiant letaniam ternam. Et cum dixerint *Gloria patri:* inclinatis omnibus redibit processio infantibus et nouiciis preeuntibus. ¶ Percantata uero ante sedem abbatis letania ebdomadarius cantor recedente socio suo excelsa uoce personabit [2] *Accendite* et statim accensis [[**fol.57v**]] omnibus cereis subsequetur [3]*Kyrieleyson* <iij. *Christeleyson.iij. Kyrieleyson.iij.*> Abbate autem incipiente cum pulsatione signorum omnium ter[4] *Gloria in excelsis Deo.* Flectent omnes genua. <or' *Deus qui hanc sacratissimam noctem.*> Epistola <*Fratres consurrexistis cum Christo.*> legetur in pulpito. et *Alleluia* V' *Confitemini.* et deinde tractus. *Laudate dominum omnes.* <V' *Quoniam confirmata est.*> ibidem cantabuntur. ¶ Ad euangelium <*Vespere sabbati que lucescit.*> pronuntiandum non[5] portabuntur cerei nisi tantum[6] thus. *Credo in unum Deum.* non dicetur. nec offertorium. <Secr. *Suscipe quesumus domine et plebis tue.*> [7] ¶ Post[8] *Sanctus*[9] duo signa pulsabuntur[10] ad vesperas. et facient communiter orationem: ad sonum prioris. <Infra actionem *Communicantes et noctem sacratissimam.* Item *Hanc igitur oblationem seruitutis.*> ¶ Dicente sacerdote *Pax domini sit.* solus diaconus accipiat pacem. omnesque alii eas die sine pacis osculo communicent. Nec dicetur *Agnus Dei:* dum communicant pulsabuntur signa in ordine. et communicatis omnibus pulsabitur classicum. et frater

---

[1] cancelled: O
[2] with neumes above the incipit: O
[3] with neumes above the incipit: O
[4] Abbate autem . . . ter] over erasure: O
[5] cancelled: O
[6] nisi tantum] cancelled: O
[7] Pref. *Et te omni quidem tempore*: add.S
[8] cancelled: O
[9] de beata: add.O, marg., l.h.
[10] duo signa pulsabuntur] cancelled: O

tenens[1] chorum incipiet[2] antiphonam [3]*Alleluia.* Sequetur psalmus
Laudate dominum omnes gentes. <V' *Quoniam confirmata est. Gloria patri.
Sicut erat.*> Quo decantato cum antiphona sine neuma.· [4] abbas apud
altare incipiet antiphonam *Vespere autem sabbati.* Que in choro
percantabitur a conuentu. et subiuncto psalmo *Magnificat.* Iterum sine
neuma cantabitur[5] altisone. ¶ Deinde subsequetur <*Dominus uobiscum* et>
postcommunio. *Presta quesumus omnipotens Deus.· ut diuino munere
saciasti.*[6] et dicto *Ite missa est* <a dyacono et responso a choro *Deo gratias.*>[7]
Factaque consueta supplicatione.· abbas deposita casula indutus cappa
ueniet in superiorem partem chori. Duo autem ebdomadarii cantores[8] in
cappis ante candelabra cantabunt[9] R' *Alleluia alleluia* <*alleluia.* chorus
repetit R' *Alleluia.* Et statim cantores cantant V' <*Exurge gloria.* chorus *Alleluia.*
Cantores *Gloria patri.* Chorus a capite. *Alleluya.*> Quibus cantatis.· abbas
subiunget sollenniter *Dominus uobiscum*[10] et orationem super incensum
<*Veniat omnipotens Deus super hoc incensum.*> Qua [11] finita et dicto *Dominus
uobiscum.·* illi duo cantabunt *Benedicamus domino.* <*Alleluya.*iij. *Deo
gratias Alleluya.*iij.> Ebdomadarius[12] uero sacerdos et quidam de
senioribus[13] [[**fol.58r**]] in cappis de incenso benedicto thurificabunt
altaria Sancti Saluatoris. et Sancte Trinitatis. et Abbatem. et Conuersi
conuentum. Interim post *Benedicamus domino.·* facient[14]
commemorationes de sancta Trinitate a' *Spes nostra.* <V' *Sit nomen domini.
Ex hoc.*> or' *Concede quesumus omnipotens et misericors Deus.·* Deinde
de sancto si cuius festiuitas euenerit.[15] ¶ Postea de cruce[16] a' *Crucem*

---

[1] frater tenens] cancelled: O / cantores tenentes: add.O, interlined by l.h.
[2] altered to plural form by l.h.: O
[3] This incipit with neumes above: O / *Crucifixus. Alleluia.vj.*: B1 / *Alleluia.vj.*: B2, M / *Alleluia.iij. Crucifixus*: S / *Crucifixus Alleluia.v.*: A
[4] V' *Pascha nostrum*: add.S
[5] a se et post *Gloria patri*] add.O, marg., l.h.
[6] alia. *Deus templum ignis eterne. Deus uere lucis*: add.S
[7] postcommunio . . . gratias] or' *Deus qui hanc sacratissimam noctem. Benedicamus domino. Alleluia*: B2
[8] cancelled: O
[9] Factaque . . . cantabunt] Finita missa a duobus ebdomadariis reuestitis in capis ante altare hoc *Alleluia* cum uersi pro responsorio decantetur: A
[10] abbas . . . *Dominus uobiscum*] (not in S)
[11] festiue: add.B1
[12] altered by l.h. to 'illi ebdomadarii': O
[13] sacerdos et quidam de senioribus] cancelled: O
[14] ficent (†): O
[15] Deinde de sancto . . . euenerit] et alie: P / om.A / De pace. [a'] *Da pacem*: add.A, interlined by l.h.
[16] cancelled: O / pace: add.O, interlined by l.h. / de cruce: add.O, marg., by the same l.h., to precede the following incipit

sanctam subiit. V' *Dicite in nationibus.* or' *Deus qui pro nobis filium tuum. De sancta Maria.* a' *Paradisi porta.* <Versus ad libitum. or'[1] *Beate et gloriose semperque uirginis.*> *De omnibus sanctis* a' *Lux perpetua.* <V' *Vox exultationis.*> or' *Da quesumus domine fidelibus populis. Quibus finitis:*[2] cantabunt duo pueri *Benedicamus domino alleluia* <*alleluia.* et chorus subiungit *Deo gratias alleluia alleluia.*> Postea: depositis albis ibunt in refectorium.[3] Et iam ex hoc nunc fient consuete benedictiones.

¶ Complectorium eciam sicut consuetudinis est: in festiuitatibus cantabitur. Adiuncto versu. *Quesumus auctor omnium in hoc paschali:* hymno. *Te lucis ante terminum.*[4]

[LXIII.] De nocte Resurrectionis dominice.[5]

¶ Antequam pulsentur matutine Sacrista excitabit abbatem et priorem et quodam de senioribus. qui ablutis manibus et induti albis uenient cum cereis et thuribulo ad sepulchrum[6] et abbas thurificabit. et erigent crucem cantantes a' *Christus resurgens.* et [a'] *Consurgit Christus.* et deferent ad locum ubi poni debet. et tunc pulsantibus omnibus signis. et accensis cereis uenient omnes in chorum et facient trinam orationem. reuestitis ante stantibus. ¶ Intra sepulchrum uero duo cereoli super candelabra ardebunt. vnus ad dexteram sepulchri: alter ad sinistram.[7]

[Ad matutinas.] ¶ Cum autem omnes reuestiti fuerint: incipiet abbas matutinale officium dicens in primis *Domine labia mea aperies.* et *Deus* [[**fol.58v**]] *in adiutorium meum.* Nec dicetur [Ps.] *Domine quid multiplicati.* Sex monachi [8] induti cappis cantabunt Inuit. *Alleluia alleluia. Christus hodie.* Ps. *Venite.* Deinde subsequetur ym' *Chorus noue Ierusalem.* Cantor et ebdomadarius postquam cantauerint *Venite*[9]

---

[1] ad libitum: add.B2
[2] sine processione: add.A
[3] Sabbato ad mandatum duodecim pauperes duodecim denarios habebunt: add.O, marg., contemporary hand
[4] De beata a' *Paradisi porta*] add.O, marg., l.h.
[5] For the ritual of Easter Day transmitted by Ms P, see Appendix 4.
[6] ad sepulchrum] by contemporary hand over erasure: O
[7] Antequam pulsentur matutine . . . sinistram] marked off, and with 'Non vtitur' added marg., l.h.: O
[8] seniores: add.O, interlined by l.h.
[9] ebdomadarius . . . *Venite*] cancelled: O / succentor: add.O, interlined by l.h.

tenebunt chorum et omnes antiphonas his qui eas inchoaturi sunt prius pronuntiabunt. <*a' Ego sum qui sum.* Ps. *Beatus uir.* a' *Postulaui patrem.* Ps. *Quare fremuerunt.* a' *Ego dormiui.* Ps. *Domine quid multiplicati.*> Duo pueri dicent V' *Surrexit dominus de sepulchro.* ¶ Diaconus indutus stola et dalmatica leget primam lectionem. <*Maria Magdalene et Maria Iacobi.* Hom. *Audistis fratres karissimi quod sancte mulieres.*> astantibus sibi duobus conuersis tenentibus candelabra lucentia donec finiatur lectio. quod et ad alias lectiones fiet. ¶ Que uidelicet lectiones dum incipiuntur legi duo sacerdotes ex his qui cantaturi sunt responsoria imposito thure ab abbate thurificabunt altare sancti saluatoris et deinde chorum.[1]
¶ Primum et secundum responsorium[2] cantabunt tres monachi. et tercium: quatuor. quorum singula dum inchoata fuerint: cantor ea reincipiet. et ad singula eorum cantabitur *Gloria patri.* et cantata repeticione post *gloria patri alleluia.* Reincipietur unumquodque responsorium ab his qui versum et Gloria cantauerint. <R' *Angelus domini descendit.* V' *Angelus domini locutus.* [3]*Venite.* R' *Angelus domini locutus.* V' *Ihesum queritis. Iam surrexit.* R' *Dum transisset sabbatum.* V' *Et ualde mane. Gloria. Dum transisset.*> [4]Finito ultimo Responsorio: tres fratri induti albis et dalmaticis tenentes in manibus pixides. coopertis capitibus candidis et decentibus amictis: chorum per inferiorem aditum intrabunt. summissa et quasi querela uoce dicentes. *O Deus quis reuoluet.* Et dum hoc lento passu progredientes cantauerint: quidam puer intra sepulchrum in eminentiori loco sedens coopertus stola candida. et tenens manu quasi sperulam luminis: aperto sepulchri hostio respondebit *Quem queritis.* Ad cuius uocem fratres illi formam mulierum preferentes iam quasi animequiores facti: paulatim procedendo subiun-[[**fol.59r**]]-gent. *Ihesum Nazarenum.* Quibus angelus *Non est hic surrexit.* Tunc illi uerso adhuc uultu apud sepulchrum alacrius subinferent *Alleluia resurrexit dominus.* Et angelus constanter idem respondebit *Alleluia resurrexit.* ¶ Item tres illi conuersi ad conuentum. adicient. *Alleluia resurrexit.* Tunc puer personam angeli gerens personabit *Venite et uidete locum.* Quo percantato: clanculo sublatus disparebit. ¶ Interim tres predicti alacriori progressu accedent ad sepulchrum. et ibi deponentes flexis ante appositas reliquias genibus quas gestabunt pixides: uenient modeste ante altare sancti Saluatoris et ibi stantes in

---

[1] Que uidelicet lectiones … chorum] 'non obseruatur' against this passage, marg., l.h.: O
[2] responsum (†): O
[3] *Iam surrexit. Gloria. Alleluia. Angelus*: A / *Iam surrexit*: B1
[4] (This passage marked off for cancellation in O: see p.239 fn.1)

superiori gradu uultibus uersis ad conuentum cantabunt a' *Surrexit dominus de sepulchro.*[1] ¶ Quo finito incipiet abbas *Te Deum laudamus.* Et eo cum pulsione omnium signorum celebriter decantato.· dicet uersum *Surrexit dominus de sepulchro.*

[In laudibus.] atque subiunget. *Deus in adiutorium meum intende.* Et pretermisso psalmo *Deus misereatur nostri.* incipiet ebdomadarius a'[1] *Et ualde mane.* Ps. *Dominus regnauit.* a'[2] *Et dicebant.* Ps. *Iubilate.* a'[3] *Et respicientes.* Ps. *Deus deus meus.* et *Deus misereatur.* a'[4] *Surrexit Christus.* Ps. *Benedicite.* a'[5] *Alleluia lapis.* Ps. *Laudate.* Cap. [2]*Expurgate uetus fermentum.* ¶ Ebdomadarius qui cum cantore tenebat chorum et alius ebdomadarius[3] cantabunt R' *Surrexit dominus de sepulchro.* <V' Quia pro nobis. Gloria. Surrexit.> ym' *Claro paschali gaudio.* V' *Hec* [4] *dies quam fecit dominus.* Dicetur a duobus pueris. Antiphona in euangelio [5]*Surrexit enim de sepulchro.* Ps. *Benedictus.* Qua dum cantatur.· duo sacerdotes thurificabunt altaria Sancti Saluatoris. et Sancte Trinitatis. et abbatem. et Conuersi.· conuentum. <or' *Deus qui hodierna die per unigenitum.*> Post *Benedicamus domino.* dabitur solita benedictio super eos qui trans-[[**fol.59v**]]-acta ebdomada seruierunt ad coquinam. et super abbatem. et alios transacta die pronunciatos ad ipsum in sequenti ebdomada seruitium. ¶ Et postea fiet commemoratio de sancta Trinitate et de sancto si cuius festiuitas interuenerit. a' *Ego sum uitis.* Deinde processio tam in hac quam in sequentibus tribus noctibus ad crucifixum. in qua cantabitur a' *Crucem sanctam.*[6] V' *Dicite in nationibus.* or' *Deus qui pro nobis filium.* Postea de sancta Maria. a' *Paradisi porta.* Et de omnibus sanctis. a' *Lux perpetua.*[7]

[Ad primam.] ¶ In die resurrectionis domini et tota ebdomada ad primam ym' *Te lucis auctor personent. Nobis dies hic innuit. Octaua*

---

[1] Finito ultimo Responsorio . . . *sepulchro*] marked off for cancellation, with 'non obseruatur' added marg., l.h.: O (see p.238 fn.4) / Finito ultimo responsorio abbas cappa indutus gestabit crucifixum. positum in sepulchro super altare sancti saluatoris cantando R' *Christus resurgens.* cum versu *Dicant nunc Iudei*: add.O, marg., the same l.h.
[2] *Si consurrexistis cum Christo*: B1, B2, C
[3] Ebdomadarius qui . . . ebdomadarius] cancelled, and altered by emendation and interlining to 'duo ebdomadaria' (†): O
[4] *est*: add.B2
[5] *Surrexit enim sicut dixit*: A, B2 / *Surrexit enim qui pro nobis*: P
[6] Deinde processio . . . *sanctam*] cancelled: O / a' de pace *Surrexit*: add.O, interlined by l.h.
[7] In hac ebdomada nulla festiuitas potest habere Matutinas. Neque Missam matutinalem. neque Maiorem. nec ad Natalem. nec ad Pentecostem. Nisi commemoratio tantum: add.O, marg., contemporary hand

*prima redditur. Dum*¹ *mane nostrum. Hec alma sit sollennitas. Quesumus auctor omnium. Gloria tibi domine* <qui surrexisti.> a' *Et ecce terremotus.* Ps. *Beati immaculati.evovae.* Cap. *Regi seculorum immortali.* or' *Omnipotens sempiterne Deus qui dedisti.* Et ceteris diebus in hac hora.

¶ Missa matutinalis: *Resurrexi.* et vna tantum oratio dicetur: nisi fiat commemoratio alicuius festiuitatis duodecim lectionum. vel trium: que superuenerit. Quod si contigerit: addetur tercia or' *Da quesumus omnipotens Deus ut sancta Dei genitrix.* ¶ Et premissa commemoratione ad uesperas et ad laudes. et ad missam matutinalem: festiuitas ipsa penitus dimittatur.² ¶ Dum aspergitur aqua benedicta cantetur a' *Vidi aquam egredientem.* Ps. *Confitemini domino. Gloria patri.* Iterum *Vidi aquam.*

¶ Ad terciam in hac die et in aliis octo diebus. ym' *Chorus noue Ierusalem.* a' *Fratres expurgate.* Cap. ³*Epulemur* <non> *in fermento.* V' *Hec*⁴ *dies quam fecit dominus.* or' *Deus qui hodierna die per unigenitum.*

Ad processionem. R' ⁵ *Maria Magdalena*⁶. *Sine versu.* a' *In die resurrectionis.* a' *Sedit angelus.* V' *Crucifixum:* In hac die a tribus ⟦ **fol.60r** ⟧ et in aliis dominicis usque ad ascensionem domini: a duobus senioribus cantetur ante crucifixum. ¶ Ad introitum chori: a' *Christus resurgens.* Deinde sacerdos qui benedixit aquam: dicat *Surrexit dominus de sepulchro.* Et post consuetas preces. or' *Via sanctorum omnium.*⁷

Missa maior. *Resurrexi et adhuc.* Ps. *Domine probasti me.* <Gloria.> *Kyrieleyson.* Antequam incipiatur *Gloria in excelsis.* cantetur a tribus senioribus *Ciues superni.* Sequitur *Gloria in excelsis Deo. Laus tua*

---

¹ *Cum*: B1
² Tota ebdomada Pasche Missa matutinalis erit de Resurrectione. In hac die cantabuntur duo versus de Alleluia. scilicet. *Pascha nostrum.* et *Epulemur.* Feria secunda; pretermittetur secundus et cantabitur primus. Feria tercia; pretermittetur primus et cantabitur secundus. et sic cantabitur de Die in diem: add.O, marg., contemporary hand
³ *Mortui enim estis*: B1
⁴ *est*: add.B2
⁵ Cancelled from here to the end of fol.59v: O / Ad processionem *Angelus domini. Dum transisset.* Ad introitum *Christus resurgens*: add.O, A (both marg., l.h.)
⁶ *Magdane* (†): O
⁷ Deinde sacerdos . . . *omnium*] cancelled: O

Deus cum prosa *Regnum tuum.* <or. *Deus qui hodierna die.*> Ep. *Expurgate.*
R' *Hec dies:* cantabunt tres[1] fratres. et quatuor: *Alleluia* V' *Pascha nostrum.* et [V'] *Epulemur.* Seq. *Fulgens preclara.* Euang. *Maria Magdalene.* Offert. *Terra tremuit.* <Sccr. *Suscipe quesumus domine.*>
Prefacio [2]*Te quidem omni.* Communicantes. Infra actionem. *Hanc igitur.* Comm. *Pascha nostrum.* <Postcomm. *Spiritum nobis domine.*[3]>

Ad sextam. a' *Angelus autem domini.* Cap. [4]*Si conresurrexistis*[5]. [V'] *Hec*[6] *dies quam.* or' *Concede quesumus omnipotens Deus: ut qui resurrectionis dominice sollennia colimus. in nouitate spiritus tui*[7] *a morte anime resurgamus.*

Ad nonam. a' *Respondens autem.* Cap. [8]*Mortui enim*[9] *estis.* V' *Hec* [10] *dies.* or' *Presta quesumus omnipotens Deus: ut qui resurrectionis dominice sollempnis*[11] *colimus ereptionis nostre suscipere leticiam mereamur. per evndem.*

Ad vesperas. a' [12]*Alleluia alleluia. Surrexit dominus.* evovae. Ps. *Laudate pueri dominum.* Ps. *Laudate dominum omnes.* Ps. *Laudate dominum quoniam bonus.* Ps. *Lauda Ierusalem.* Cap. *Expurgate uetus fermentum.* R' *Surrexit dominus de sepulchro.* ym' [13] *Iam pascha nostrum.* V' *Pascha nostrum.* a' *Epulemur fratres.* evovae. in duo diuidatur[14] ante *Gloria patri.* et post ab utroque choro repetatur. <Ps. *Magnificat.* or' *Deus qui hodierna die.* V' *Surrexit dominus uere alleluia.*[15]>

¶ Post Commemorationem de Sancta Trinitate. ibit processio in nauem ecclesie concinens a' *Sedit angelus.* et V' *Cru-*[[**fol.60v**]]*-cifixum.*

---

[1] altered to 'quatuor' by l.h.: O
[2] *Et te omni quidem.* alia *Te quidem omni*: S
[3] alia *Deus qui nos fecisti hodierna*: add.S
[4] *Expurgate uetus fermentum*: B1
[5] *consurrexistis*: B2
[6] *est*: add.B2
[7] *spiritus tui*] tr.B1
[8] *Epulemur non in fermento*: B1
[9] om.C
[10] *est*: add.B2
[11] *solennia*: B1
[12] *Surrexit dominus de sepulchro. Alleluia. viij.*: A / *Alleluia. ix.*: B1 / *Alleluia.iij.*: B2
[13] with neumes above incipit: O
[14] in duo diuidatur] Ms A indicates division at the first *Alleluia*
[15] V' *Surrexit dominus uere alleluia*] included in B2 apparently in error

Cantabitur ab his qui cantauerunt responsorium. Et deinde facta commemoratione de Sancta Maria[1] et de omnibus sanctis.[2] qualiter supradicum est: duo pueri cantabunt *Benedicamus domino alleluia.*[3]

[i.] ¶ Feria secunda.

[Ad matutinas.] Inuit. *Surrexit dominus.* Ps. *Venite.* ym' [4]*Aurora lucis rutilat*[5].
In primo nocturno. a' *Angelus autem domini.* Ps. *Beatus uir.* Ps. *Quare fremuerunt.* Ps. *Cum inuocarem.* Ps. *Verba mea.* Ps. *Domine dominus noster.* Ps. *In domino confido.* V' *Surrexit dominus de sepulchro.* Lectiones de evangelio. *Duo ex discipulis Ihesu ibant.* <Hom. *Audistis fratres karissimi quia duobus discipulis.*> R' *Maria Magdalene.* <V' *Et ualde mane. Ihesum.*> R' *Tulerunt dominum.* <V' *Dum ergo fleret. Noli flere.*> R' *Angelus domini.* V' *Angelus domini.*
In secundo nocturno. a' *Erat autem.* Ps. *Saluum me fac domine.* Ps. *Vsquequo domine.* Ps. *Dixit insipiens.* Ps. *Domine quis habitabit.* Ps. *Conserua me.* Ps. *Exaudi domine iusticiam.* Cap. *Si conresurrexistis*[6]. V' *Resurrexit dominus.* [R'] *Sicut dixit.* or' *Presta quesumus omnipotens.* vt supra.

In laudibus. a' *Et ualde mane.* Cap. *Expurgate uetus.* R' *Surrexit dominus.* ym' [7]*Claro paschali.* V' *Hec* [8] *dies quam.* a' *Ihesus iunxit se.* Ps. *Benedictus.* or' *Deus qui sollennitate paschali.* Facta commemoratione de sancta trinitate cantabitur uel ad processionem. vel ad commemorationem de cruce. a' *Crucem sanctam.* et cetera. Sicut retro distinctum est.

¶ Ad primam. ym' *Te lucis auctor personent.* a' *Tu solus peregrinus.*

Ad terciam. ym. *Chorus noue.* a' *Et coegerunt. evovae.* Cap. *Precepit nobis dominus.* V' *Hec* [9] *dies.* or' *Deus qui sollennitate.*

---

[1] *Paradisi porta*: add.A, l.h.
[2] *Lux perpetua*: add.A, l.h.
[3] Ad completorium commemoratio de beata a' *Regina celi*: add.O, marg., l.h.
[4] with neumes above incipit: O
[5] thus Ms A / *rutilans*: B2 / *rut'*: O
[6] *consurrexistis*: B2
[7] with neumes above incipit: O
[8] *est*: add.B2
[9] *est*: add.B2

Missa. *Introduxit me*[1]. <*V' Confortemini domino. Gloria.*> *Kyrieleyson. Te pater.* Sine prosis. *Gloria in excelsis. Christus surrexit.* cum prosa. <or' *Deus qui sollemnitate paschali.* Lect. *Stans Petrus in medio plebis.* R' *Hec dies.* V' *Dicat nunc. Alleluia* V' *Mane nobiscum.*> Seq. *Prome casta.* <Euang. *Duo ex discipulis.*> *Credo in unum.* Offert. *Angelus domini.* Versus *Euntes dicite.* Solummodo cantetur. Alius in ebdomada secunda canendus reseruetur.[2] <Secr. *Paschales hostias recensentes.*> Prefacio[3] et *Communicantes.* et *Hanc igitur.* Sicut in die [[**fol.61r**]] pasche et in tota ebdomada. *Sanctus. Perpetuo. Agnus Dei. Fons indeficiens.* <Comm. *Surrexit dominus.* Postcomm. *Impleatur in nobis.*[4]

¶ Ad sextam. a' *Nonne cor nostrum. evovae.* Cap. *Qui constitutus est.* V' *Hec*[5] *dies.* oratio propria. <*Concede quesumus omnipotens Deus: ut qui peccatorum.*>

¶ Ad nonam. a' *Et intrauit cum illis. evovae.* Cap. *Mortui enim*[6] *estis.* <V' *Hec*[7] *dies quam.* or' *Concede quesumus omnipotens Deus: ut paschalia festa*[8] *que uenerando.*>

Ad vesperas. a' [9]*Alleluia crucifixus.* Ps. *Laudate pueri.* et alii vt Supra. Cap. *Christus resurgens* <*ex*[10] mortuis.> R' *Surrexit dominus* <*de sepulchro.*> ym' *Chorus noue.* V' *Pascha nostrum.* a' *Qui sunt hi*[11] *sermones.* Antiphona ista *Qui sunt hi sermones.* non cantabitur diuisim in dextro choro et sinistro. sed communiter ab omnibus una uice tantummodo sine *Gloria patri* et sine regressu. <Ps. *Magnificat.* or' *Deus qui sollempnitate.*[12]> ¶ Post commemorationem de sancta Trinitate. fiat processio sicut in precedenti die.[13]

---

[1] *uos*: M
[2] Versus *Euntes . . . reseruetur*] om.M
[3] *Te quidem*: add.M / *Te quidem.* alia *Et te suppliciter exorare*: add.S
[4] alia *Concede quesumus omnipotens Deus ut festa*: add.S
[5] *est*: add.B2
[6] om.C
[7] *est*: add.B2
[8] *paschalia festa*] tr.C
[9] *Crucifixus alleluia*: A, B1
[10] *a*: C (*cf.* Feria V ad Nonam below)
[11] interlined: O
[12] or' *Paschale misterium recensentes*: add.C
[13] *Sedit angelus. Paradisi porta*: add.A, marg., l.h.

[ii.] ¶ Feria tercia.

[Ad matutinas.] <Inuit. *Surrexit dominus uere.* Ps. *Venite.* ym' *Aurora lucis rutilans.*>
In primo nocturno. a' *Pre timore autem.* Ps. *Domine dominus noster.* Ps. *Domine quis habitabit.* Ps. *Celi enarrant.* Ps. *Exaudiat te dominus.* Ps. *Domine in uirtute.* Ps. *Dominus regit me.* V' [1]*Surrexit dominus de sepulchro.* Lectiones de euangelio *Stetit Ihesus in medio discipulorum.* <Hom. *Gloriam sue resurrectionis.*> R' *Dum transisset.* V' *Et ualde mane.* <Alleluia.> R' *Et ualde mane.* <V' *Maria Magdalene. Veniunt.*> R' *Angelus domini.* V' *Ihesum quem*[2] *queritis.* <*Iam surrexit. Gloria. Angelus.*>
In secundo nocturno. a' *Respondens autem.* Ps. *Domini est terra.* Ps. [3]*Iudica me Deus quoniam ego.* Ps. *Ad te domine clamabo*[4]. Ps. *Afferte domino.* Ps. *Exaltabo te domine.* Ps. *Exultate iusti.* Cap. *Si conresurrexistis*[5]. <V'> *Christus mortuus est propter delicta.* <or' *Deus qui populum tuum de hostis.*[6]>

In laudibus. a' *Et dicebant ad inuicem.* Cap. *Expurgate.* <R' *Surrexit dominus.* ym' *Claro paschali.* V' *Hec*[7] *dies quam.*> a' *Stetit Ihesus in medio.* Ps. *Benedictus.* or' *Deus qui ecclesiam tuam nouo semper.*

Ad primam. a' *Pax uobis ego sum alleluia.*

Ad terciam. a' *Videte manus meas. evovae.* Cap. *Et nos nobis annunciamus.* <V' *Hec*[8] dies quam.> or' *Deus qui ecclesiam.*

Missa. *Aqua sapientie.* <V' *Confitemini domino. Gloria.*> *Kyrieleyson. Clemens.* Sine prosis. *Gloria in excelsis. Qui deus et rector.* cum versu [[fol.61v]] *Rex pie quadrifidi.* <or' *Deus qui ecclesiam.* Lect. *Surgens Paulus: et manu silentium.* R' *Hec dies.* V' *Dicat nunc. Alleluia* V' *Oportebat pati.*> Seq. *Laudes Christo.* <Euang. *Stetit dominus Ihesus in medio discipulorum.*> Credo. Offert. *Intonuit de.* cum versibus[9]. <Secr. *Suscipe domine fidelium.* Pref. *Te*

---

[1] *Surrexit dominus uere*: B2
[2] om.B1, B2
[3] *Iudica me domine*: B1
[4] *clamaui*: B2
[5] *consurrexistis*: B2
[6] alia or' *Paschale misterium*: add.C
[7] *est*: add.B2
[8] *est*: add.B2
[9] (no versus mentioned in M)

THE TEMPORAL

quidem.[1]> Sanctus. *Clemens uerbi sator.* <Infra actionem *Communicantes. Hanc igitur.*> *Agnus Dei. Omnipotens eterna Dei.* <Comm. *Si conresurrexistis.* Postcomm. *Concede quesumus omnipotens Deus: ut paschalis.*[2]>

Ad sextam. a' *Palpate et uidete.* evovae. Cap. *Epulemur.* <V' *Hec*[3] *dies quam.* or' *Concede quesumus omnipotens Deus¶ ut qui paschalia.*>

Ad nonam. a' *Spiritus carnem et ossa.* Cap. *Mortui estis.* <*Hec*[4] *dies quam.* or' *Presta quesumus omnipotens Deus¶ ut per hec paschalia.*>

Ad vesperas. a' [5]*Alleluia Surrexit.* Ps. *Laudate pueri.* et ceteri. Cap. *Christus resurgens.* <R' *Surrexit dominus.*> ym' *Iam pascha.* <V' *Pascha nostrum.*> a' *Obtulerunt discipuli.* Ps. *Magnificat.* <or' *Deus qui ecclesiam.*> Processio ut supra.[6]

[iii.] ¶ Feria quarta.

[Ad matutinas.] <Inuit. *Surrexit dominus uere.* Ps. *Venite.* ym' *Aurora lucis.*> In primo nocturno. a' *Nolite expauescere.* Ps. *Celi enarrant.* Ps. *Domine in uirtute.* Ps. *Domini est terra.* Ps. *Exultate iusti.* Ps. *Benedicam dominum.* Ps. *Dixit iniustus.* V' *Surrexit dominus.* Euang. *Manifestauit se iterum.* <Hom. *Lectio sancti euangelii que modo.*> R' *Ecce uicit leo.* <V' *Dignus est. Et soluere.*> R' *Surgens Ihesus.* <V' *Una ergo. Pax uobis.*> R' *De ore prudentis.* <V' *Quam dulcia. Fauus. Gloria.*> In secundo nocturno. a' *Scio quod Ihesum.* Ps. *Quemadmodum.* Ps. *Iudica me Deus et discerne.* Ps. *Eructauit cor.* Ps. *Deus noster refugium.* Ps. *Omnes gentes.* Ps. *Magnus dominus.* Cap. *Et nos uobis annunciamus.* [V'] *Resurrexit dominus.* [R'] *Sicut dixit.* <or' *Deus qui es*[7] *ecclesie tue redemptor.*>

In laudibus. a' *Et respicientes.* Cap. *Si conresurrexistis*[8]. <R' *Surrexit dominus.* ym' *Claro paschali.* V' *Hec*[9] *dies quam.*> a' *Mittite in dexteram.* Ps.

---

[1] alia *Qui oblationem sui corporis*: add.S
[2] *Ad fontes. Presta quesumus omnipotens Deus ut per hec*: add.S
[3] *est*: add.B2
[4] *est*: add.B2
[5] *Surrexit alleluia*: B1
[6] *Sedit. Paradisi. Lux perpetua*: add. A, marg., l.h.
[7] *qui es*] om.C / *es*] om.B1 (but interlined by l.h. after '*perfector*')
[8] *consurrexistis*: B2
[9] *est*: add.B2

245

Benedictus. or' *Deus qui nos resurrectionis.* Processio et commemorationes. Vt Supra.

¶ Ad primam. a' *Symon Petrus cum audisset. evovae.*

Ad terciam. a' *Hoc iam tercio. evovae.* Cap. *Deus qui prenunciauit.* <V' *Hec*[1] *dies quam.* or' *Deus qui nos resurrectionis.*>

Missa. *Venite benedicti.* <V' *Cantate domino. Gloria.*> *Kyrieleyson. Cunctipotens. Gloria in excelsis. Qui celicolas.* <or' *Deus qui nos resurrectionis.* Lect. *Aperiens Petrus os suum.* R' *Hec dies.* V' *Dextera domini.* Alleluia V' *Venite benedicti.*> Seq. *Hec est sancta.* <Euang. *Manifestauit se dominus Iesus.*> *Credo in unum Deum.* Offert. *Portas celi.* cum uersibus.[2] <Secr. *Sacrificia domine paschalibus.* Pref. *Te quidem.*[3]> *Sanctus. Deus pater omnipotens.* <Infra actionem. *Communicantes. Hanc igitur.*> *Agnus Dei. Qui sedes.* <Comm. *Christus resurgens ex mortuis.* Postcomm. *Ab omni nos.*[4]>

Ad sextam. a' *Nonne sic oportuit.* Cap. *Expurgate.* <V' *Hec*[5] *dies quam.* or' *Presta quesumus omnipotens Deus: ut huius paschalis.*>

Ad nonam. a' *Mane nobiscum.* Cap. *Epulemur.* <V' *Hec*[6] *dies quam.* <or' *Deus qui nos per paschalia festa letificas.*>

¶ Ad vesperas. a' [7]*Alleluia crucifixus.* Ps. *Laudate pueri.* et alii. Cap. *Christus resurgens.* et cetera. <R' *Surrexit dominus.*> ym' *Chorus noue Ierusalem.* <V' *Pascha nostrum.*> a' *Dixit Ihesus discipulis suis. afferte.* Ps. *Magnificat.* oratio vt supra. <*Deus qui nos resurrectionis.*> [[**fol.62r**]]

[iv.] Feria quinta.

[Ad matutinas.] <Inuit. *Surrexit dominus.* Ps. *Venite.* ym' *Aurora lucis rutilans.*>
In primo nocturno. a' [8]*Ihesum qui crucifixus.* Ps. *Domine in uirtute.* Ps. *Dominus regit me.* Ps. *Iudica me Deus et discerne.* Ps. *Eructauit cor.*

---

[1] *est*: add.B2
[2] (no versus mentioned in M)
[3] alia *Et pietatem tuam*: add.S
[4] alia *Deus qui nos per paschalia*: add.S
[5] *est*: add.B2
[6] *est*: add.B2
[7] *Crucifixus alleluia*: A, B1, B2
[8] *Ihesum qui crucifixus est queritis*: A, B1 / *Ihesum queritis qui crucifixus est*: B2

Ps. *Miserere mei Deus miserere.* Ps. *Exaudi Deus deprecationem.* V'
¹*Surrexit dominus de sepulchro.* Euang. *Maria stabat ad monumentum.*
<Hom. *Maria Magdalene que fuerat.*> R' *Virtute magna.* <V' *Repleti quidem.*
Testimonium.> R' *Isti sunt agni nouelli.* <V' *In conspectu agni. Repleti.*> R'
Expurgate. <V' *Non in fermento. Epulemur.* ²Gloria.>
In secundo nocturno. a' *Venite et uidete locum.* Ps. *Exaudi Deus orationem meam cum deprecor.* Ps. *Te decet.* Ps. *Deus iudicium.* Ps. *Quam bonus.* Ps. *Confitebimur.* Ps. *Notus in Iudea.* Cap. *Precepit nobis.* V' *Resurrexit dominus.* <or' *Tribue quesumus omnipotens Deus: ut illuc tendat.*>

In laudibus. [a'] *Surrexit Christus.* Cap. *Et nos uobis annunciamus.* <R' *Surrexit dominus de sepulchro.* ym' *Claro paschali.* V' *Hec dies.*> a' *Maria stabat ad monumentum.* Ps. *Benedictus. Kyrieleyson.* <or' *Deus qui diuersitatem gentium.*> Suffragia sanctorum. et laudes de omnibus sanctis et *Verba mea.* et *Domine exaudi:* dicantur.

¶ Ad primam. a' *Dum ergo fleret inclinauit se.*

Ad terciam. a' *Alleluia Quem queris mulier.* evovae. Cap. *Deus pacis qui eduxit.* <V' *Hec dies.* or' *Deus qui diuersitatem.*>

Missa. *Victricem manum.* <Ps. *Confitemini domino. Gloria.*> *Conditor kyrie. Gloria in excelsis. Quem cuncta laudant.* <or' *Deus qui diuersitatem.* Lect. *Angelus domini locutus est.* R' *Hec dies.* V' *Lapidem quem. Alleluia.* V' *Surrexit dominus.*> Seq. *Dic nobis.* <Euang. *Maria stabat ad monumentum.*> *Credo in unum Deum.* non dicetur. Prefatio autem <*Te quidem.*> et *Communicantes.* et *Hanc igitur oblatio.* tota ebdomada dicantur. Offert. *In die sollennitatis.* cum versibus.³ <Secr. *Suscipe quesumus domine munera.*> Comm. *Populus adquisitionis.* <Postcomm. *Exaudi domine preces.*⁴>

Ad sextam. a' *Tulerunt dominum meum.* Cap. *Qui constitutus est a Deo.* <V' *Hec dies quam.* or' *Da quesumus omnipotens Deus: ut ecclesia tua.*>

---

¹ *Virtute magna*: A
² (not mentioned in B1)
³ cum versibus] (no versus given in M)
⁴ Ad fontes *Da quesumus omnipotens Deus ut ecclesia*: add.S.

Ad nonam. a' *Venit Maria nuncians. evovae.* Cap. ¹*Christus resurgens a mortuis.* <V' *Hec dies quam.* or' *Multiplica quesumus domine fidem populi tui.*>

¶ Ad vesperas. a' ²*Alleluia Surrexit dominus.* Ps. *Laudate pueri.* et alii. Cap. ³*Christus resurgens.* <R' *Surrexit dominus.*> ym' *Iam pascha nostrum.* <V' *Pascha nostrum.*> a' *Dixit Ihesus mulier quid ploras.* Ps. *Magnificat. Kyrieleyson.* <or' *Deus qui diuersitatem.*> Suffragia sanctorum et vespere de omnibus sanctis dicentur. pretermissa processione: vsque ad uesperas Sequentis sabbati.

[v.] ¶ Feria sexta.

[Ad matutinas.] <Inuit. *Surrexit dominus uere.* Ps. *Venite.* ym' *Aurora lucis rutilans.*> In primo nocturno. a' *Venite et uidete.* Ps. *Domine quis habitabit.* Ps. [[fol.62v]] *Conserua me domine.* Ps. *Exaudi domine iusticiam.* Ps. *Ad te domine clamabo.* Ps. *Afferte domino.* Ps. *Te decet.* V' *Surrexit dominus* <de sepulchro. R' *Qui pro nobis.*> Euang. *Undecim discipuli abierunt.* <Hom. *Non uacat a misterio.*> R' *Surrexit pastor bonus.* <V' *Surrexit dominus. Et pro.*> R' *Christus resurgens.* <V' *Mortuus est. Mors illi.*> R' *Ecce uicit leo.* V' *Dignus est domine*⁴. <*Et soluere. Gloria. Ecce uicit.*> In secundo⁵ nocturno. a' *Cito euntes dicite.* Ps. *Exultate Deo.* Ps. *Deus stetit.* Ps. *Quam dilecta.* Ps. *Benedixisti.* Ps. *Inclina domine.* Ps. *Fundamenta.* Cap. ⁶*Et nos uobis.* V' *Christus mortuus est propter delicta.* <or' *Multiplica quesumus domine.*>

In laudibus. a' *Alleluia lapis reuolutus.* Cap. ⁷*Deus pacis qui eduxit.* <R' *Surrexit dominus.* ym' *Claro paschali.* V' *Hec dies.*> In euang. a' *Undecim discipuli.* Ps. *Benedictus.* or' *Omnipotens sempiterne Deus qui paschale sacramentum.*

Ad primam. a' *Data est michi.*

Ad terciam. a' *Ecce ego uobiscum sum.* Cap. *Christus semel pro peccatis.* <V' *Hec dies quam.* or' *Omnipotens sempiterne Deus qui paschale.*>

---

¹ *Virtute magna*: B1 (over erasure), B2
² *Surrexit dominus alleluia*: A, B1, B2
³ over erasure: B1
⁴ *agnus*: B2
⁵ primo (†): O
⁶ *Virtute magna*: B1 (over erasure), B2
⁷ over erasure: B1

Missa. *Eduxit eos dominus.* <Ps. *Attendite popule. Gloria.*> *Kyrieleyson.*
Summe pater. Gloria in excelsis. Vt possimus. <or' Omnipotens *sempiterne*
Deus qui paschale. Lect. *Christus semel pro peccatis.* R' *Hec dies.* V' *Benedictus qui*
uenit. Alleluia V' *Surrexit altissimus.*> ¶ Seq. *Iubilans.* <Euang. *Undecim discipuli*
abierunt.> Offert. *Erit uobis.* Cum uersibus suis.¹ *Credo in unum Deum:*
non in hac die sicut nec in precedenti nec in subsequenti cantabitur.
<Secr. *Hostias quesumus domine.*> ¶ Prefacio. <*Te quidem.*² Infra actionem>
Communicantes. Hanc igitur oblationem. dicantur. *Sanctus. Ingenitus.*
Agnus Dei. Omnipotens pater. <Comm. *Data est michi.* Postcomm. *Respice*
*quesumus domine populum.*³>

Ad sextam. a' *Oportebat* [*pati*] *Christum.* Cap. *Precepit nobis domine.*
<V' *Hec dies quam.* or' *Deus per quem nobis et redemptor uenit.*>

Ad nonam. a' *Isti sunt sermones.* Cap. *Qui constitutus est.* <V' *Hec*⁴ *dies.*
or' *Adesto quesumus domine familie tue.*>

¶ Ad vesperas. a' ⁵*Alleluia. Crucifixus.* Ps. *Laudate pueri.* et alii. Cap.
Christus resurgens. <R' *Surrexit dominus.*> ym' *Chorus noue.* <V' *Pascha*
nostrum.> a' ⁶*Euntes in mundum.* Ps. *Magnificat.* <or' Omnipotens *sempiterne*
deus qui paschale.>

[vi.] ¶ Sabbato.

[Ad matutinas.] Inuit. ⁷*Alleluia alleluia* <*alleluia.*> Ps. *Venite.* <ym' *Aurora*
lucis.>
In primo nocturno. a' ⁸*Alleluia postulaui.* Ps. *Domini est terra.* Ps.
Omnes gentes. Ps. *Notus in Iudea.* Ps. *Benedixisti.* Ps. *Bonum est.* Ps.
Deus ultionum. V' *Surrexit dominus de sepulchro.* Euang. *Una sabbati*
Maria Magdalene. <Hom. *Lectio sancti euangelii quam modo fratres audistis.*> R'
Dum transisset. V' *Et* [[**fol.63r**]] *ualde.* <*Alleluia alleluia.*> R' *Surgens*

---

¹ Cum uersibus suis] (no versus given in M)
² alia *Qui secundum promissionis*: add.S
³ Ad fontes *Adesto quesumus domine familie*: add.S
⁴ *est*: add.B2
⁵ *Crucifixus alleluia*: B1
⁶ with neumes above the incipit: O
⁷ with neumes above this incipit and that of *Venite*: O
⁸ *Postulaui patrem meum alleluia*: A / *Postulaui alleluia alleluia*: B1 / *Alleluia.ij.*: B2

Ihesus. <V' *Una sabbatorum. Pax.*> R' [1]*Si conresurexistis.* <V' *Cum enim.* [2]*Que sursum. Gloria.*>
In secundo nocturno. a' [3]*Alleluia. Erat autem.* Ps. *Cantate domino.j.* Ps. *Dominus regnauit exultet.* Ps. *Cantate domino.ij.* Ps. *Dominus regnauit irascantur.* Ps. *Misericordiam.* Ps. *Paratum.* Cap. *Christus semel pro peccatis.* V' *Resurrexit dominus.* <or' *Deus nos*[4] *ad celebrandum.*>

¶ In laudibus. a' [5]*Alleluia. Angelus autem.* Cap. *Deus qui prenunciauit.* <R' *Surrexit dominus.* ym' *Claro paschali.* V' *Hec dies.*> a' *Currebant duo.* Ps. *Benedictus. evovae.* or' *Concede quesumus omnipotens Deus: ut qui festa* <*paschalia*[6] *uenerando.*>

Ad primam. a' *Alleluia. Pre timore.*[7]

Ad terciam. a' [8]*Alleluia. Scio quod.* Cap. *Fratres deponentes omnem malum.* <V' *Hec dies quam.* or' *Concede quesumus omnipotens Deus.*>

¶ Missa. *Eduxit dominus populum.* <Ps. *Confitemini domino. Gloria.*> *Kyrie. Rex genitor. Gloria. Hanc quesumus.* <or' *Concede quesumus omnipotens Deus ut qui festa.* Lect. *Fratres: Deponentes omne maliciam.* R' *Hec dies.* Alleluia V' *Laudate pueri.* V' *Sit nomen domini.*> Seq. *Sempiterno deuote.* <Euang. *Una sabbati Maria Magdalene.*> Offert. *Benedictus.* cum uersibus.[9] <Secr. *Concede quesumus domine semper.* Prefacio [10]*Te quidem.*> *Sanctus. Qui regnas.* <Infra actionem *Communicantes. Hanc igitur.*> *Agnus Dei:* sine prosis. <Comm. *Omnes qui in Christo.* Postcomm. *Redemptionis nostre.*[11]>

¶ Ad sextam. a' [12]*Alleluia. Ihesum quem queris*[13]. Cap. *Vos autem gens sancta.* <V' *Hec dies quam.* or' *Deus qui conspicis familiam tuam.*>

---

[1] (thus A) / *Si consurrexistis*: B2
[2] *Ubi Christus*: A
[3] *Erat autem alleluia*: A, B1 / *Alleluia*: B2
[4] *qui nobis*: B1 / *nobis*: C
[5] *Angelus. Alleluia*: A, B1 / *Angelus autem alleluia*: B2
[6] *festa paschalia*] tr.C
[7] *Pre timore*] over erasure: O / *Alleluia. Pre timore*: *Pre timore Alleluia*: A / *Pre timore alleluia alleluia*: B1
[8] *Sio* (†) *quod* : O, by contemporary hand over erasure / *Scio quod Ihesum alleluia*: A
[9] (no versus given in M)
[10] *Per quem supplices*: S
[11] Ad fontes *Deus qui multiplicas*: add.S
[12] *Ihesum quem queris Alleluia*: A / *Ihesum quem queris Alleluia alleluia*: B1
[13] *Ihesum quem queris*] by contemporary hand over erasure: O

Ad nonam. a' *Alleluia. Cito euntes.*[1] Capitulum. [2]*Deus qui prenunciauit.* <V' Hec dies. or' Deus qui multiplicas ecclesiam.>

¶ Ad vesperas. a' [3]*Alleluia. Surrexit.* Ps. *Laudate pueri.* et alii. Cap. *Christus resurgens.* R' *Surrexit dominus.* ym' *Chorus noue.* V' *Pascha nostrum.* a' *Cum esset sero die illo.* Ps. *Magnificat. evovae.* or' *Concede quesumus omnipotens Deus: ut qui festa.*[4]
¶ Facta solita commemoratione de sancta Trinitate: eat processio in nauem ecclesie concinens a' *Christus resurgens.* et si placuerit cantetur versus. *Dicant nunc Iudei.* Deinde fiat commemorationes De sancta Maria a' *Paradisi porta.* De omnibus sanctis. a' *Lux perpetua.* or' *Da quesumus domine fidelibus populis.*

[LXIV.] ¶ In octabis pasche.

[Ad matutinas.] Incipiet abbas matutinas Sicut in nocte pasche. Vitatorium: quatuor monachi in capis cantabunt [5]*Alleluia alleluia <alleluia.>* Ps. *Venite.* Solus[6] cantor[7] In capa reuestitus tenebit[8] chorum. et omnibus qui antiphonas inchoaturi sunt: qui et ipsi reuestiti ⟦ **fol.63v** ⟧ erunt: eas prius pronunciabit. ¶ ym' *Chorus noue Ierusalem.* [In primo nocturno.] Ad singulos psalmos in loco antiphonarum dicetur *Alleluia.* Prima [9]*Alleluia ego sum.* Ps. *Beatus uir.* Secunda [10]*Alleluia postulaui.* Ps. *Quare fremuerunt.* Tercia [11]*Alleluia Ego dormiui.* Ps. *Domine quid multiplicati.* V' *Surrexit dominus de sepulchro.* Lectiones de euangelio. *Cum esset sero.* sicut in nocte paschali legetur. <Hom. Prima lectionis huius euangelice.> Et sancti Saluatoris altare pariterque

---

[1] *Cito euntes Alleluia*: A / *Cito euntes alleluia. iij.*: B1
[2] *Et nos uobis annunciamus*: B1, B2
[3] *Surrexit*] by contemporary hand over erasure: O / *Surrexit dominus alleluia*: A / [***] *alleluia alleluia*: B1, partially erased
[4] alia R' *Deus totius conditor creature*: add.C
[5] with neumes above this incipit and that of *Venite*: O
[6] cancelled: O
[7] *et succentor*: add.O, interlined by later hand / *in hoc tempore cantor et succentor*: add.O, marg., l.h.
[8] reuestitus tenebit] altered to 'reuestiti tenebunt' by l.h.: O
[9] *Ego sum qui sum alleluia*: A, B1
[10] *Postulaui alleluia*: A, B1
[11] *Ego dormiui alleluia*: A, B1

chorus a duobus sacerdotibus ad unamquamque lectionem thurificabitur.[1] Primum R' *Dum transisset sabbatum.* cum uersu [2]*Et ualde mane.* Secundum R' *Et ualde mane.* Tercium R' *Surgens Ihesus.*[3] Singula eorum cantabunt tres monachi in capis reuestiti. sed duo prima sine *Gloria patri* nec ea reincipient: ut in nocte paschali. ¶ Cantor uero tercium responsorium a capite repetet post *Gloria patri.*[4] Quo finito: Abbas incipiet. *Te Deum laudamus.* Et hoc cantato: subiunget V' *Surrexit dominus de sepulchro.*

[In laudibus.] Ac deinde *Deus in adiutorium.* Et pretermisso psalmo *Deus misereatur.* inchoabit ebdomadarius [5] [a'] [6]*Alleluia alleluia. Et ualde.* <Ps. Dominus regnauit.> Sequitur [a'] [7]*Alleluia alleluia. Et dicebant.* <Ps. Iubilate.> [a'] [8]*Alleluia alleluia. Et respicientes.* Ps. *Deus Deus meus.* [Ps.] *Deus misereatur.* [a'] [9]*Alleluia. Surrexit Christus.* <Ps. Benedicite.> [a'] *Alleluia lapis.* <Ps. Laudate.> Cap. *Omne quod natus est ex Deo.* R' *Surrexit dominus.* ym' *Claro paschali gaudio.* V' *Hec dies.* a' *Post dies octo.* Ps. *Benedictus.* or' *Presta quesumus omnipotens Deus: ut qui paschalia.* ¶ Post exeuntium et intrantium ad coquine seruientium benedictionem. [10] Facta commemoratione de Sancta trinitate et de sancto si cuius festiuitas interuenerit: perget processio in nauem ecclesie sicut in nocte dominice resurrectionis. cantando. a' *Crucem sanctam*[11]. Et dicta oratione de cruce: fient commemorationes de sancta Maria et de omnibus sanctis: ut retro dispositum est.

¶ Ad primam. ym' [[**fol.64r**]] *Te lucis auctor personent.* a' [12]*Alleluia alleluia. Et ecce terremotus.*

---

[1] Et sancti Saluatoris . . . thurificabitur] cancelled: O
[2] with neumes above incipit: O / om.B2
[3] non reiteretur post *Gloria*: add.A, marg., l.h.
[4] Cantor uero . . . patri] cancelled: O
[5] Deinde sacerdotes: add.A, interlined by l.h.
[6] *Et ualde mane Alleluia*: B1
[7] *Et dicebant Alleluia*: B1
[8] *Et respicientes Alleluia alleluia*: B1
[9] *Surrexit Christus Alleluia*: B1
[10] Commemoratio Trinitatis. commemoratio de pace. a' *Surrexit.* a' *Paradisi porta.* a' *Lux perpetua*: add.A, marg., l.h.
[11] pergat processio . . . sanctam] cancelled: O / [. . .] *Surrexit dominus*: add.O, marg., l.h. / cancelled: A / Ad processionem in diem *Sedit. Christus resurgens*: add. A, marg., l.h.
[12] *Et ecce terremotus Alleluia*: B1

¶ Missa matutinalis. *Quasimodo geniti.* <V' *Exultate Deo. Gloria.*> Post primam collectam <*Presta quesumus omnipotens Deus ut qui paschalia.*>: dicatur *Deus qui hodierne die unigenitum.* Deinde de Trinitate. ¶ Si alicuius sancti festiuitas euenerit eo die: obmissa oratione *Deus qui hodierne.* que dicetur ad maiorem missam: post orationem de sancta Trinitate: fiat de sancto postea. De sancta Maria. de sancto Taurino. de omnibus sanctis. In fine. *Sanctorum.* Ep. *Omne quod natum est.* vnum *Alleluia* V' *Post dies octo.* tantummodo cantabitur. <V' *Angelus domini descendit.* V' *Respondens autem.*> ¶ Euang. *Cum esset sero die illo.* totum legatur. in sequentibus uero feriis diuidetur.[1] Offert. *Angelus domini.* Sine Versibus. <Sccr. *Suscipe munera.*[2] Comm. *Mitte manum.* Postcomm. *Quesumus domine Deus noster ut sacrosancta.*>[3]
Cum benedicta et aspersa fuerit aqua: Vbi cantabitur *Vidi aquam egredientem.* et *Gloria patri:* cantabitur tercia.

Hymnus ad terciam. *Chorus noue.* a' [4]*Alleluia alleluia. Post dies octo.* Cap. *Omne quod natum est.* V' *Hec dies.* or' *Presta quesumus omnipotens Deus.*

¶ Ad processionem.[5] a' *In die resurrectionis.* et *Sedit angelus.* cvm Versu *Crucifixus.* quam sicut in die sancto pasche cantabunt tres seniores. In reditu. *Christus resurgens.* Ante orationem *Via sanctorum.*[6] Tam in hac quam in aliis dominicis diebus vsque ad ascensionem domini: dicetur V' *Surrexit dominus de sepulchro.*

Maior missa. *Resurrexi. Kyrieleyson. Gloria in excelsis. Qui de morte tuum uoluisti.* or' *Deus qui hodierna die.* Epistola et responsorium. et *Alleluia.* et euangelium: sicut in die resurrectionis dominice.
¶ Seqventia. *Mane prima sabbati.* versus [offertorii] [7]*Ibi confregit.* si

---

[1] Diuisio. *Thomas autem unus*: add.M
[2] Pref. *Et te suppliciter obsecrare*: add.S
[3] Ad uesperas *Deus qui renatis baptismate morte.* Missa in pascha annotino. or' *Deus prouidentiam.* alia [or'] *Deus qui renatis fonte baptismatis.* Sccr. *Clementiam tuam domine.* Pref. *Et redemptionis nostre festa.* Hanc igitur oblationem *famulorum.* Ad compl. *Tua nos quesumus domine:* add.S (the two orationes also in C, both marked 'non' by l.h.)
[4] *Post dies octo Alleluia*: B1
[5] Omnibus diebus dominicis inter pascha et ascensionem. fit ante missam processio in nauem sicut in die pasche. excepto quod duo tantum fratres cantant uersum in medio nauis ante crucifixum. Ad uesperas autem non fit processio. nisi in octabas pasche: add.P (fol.57r)
[6] Ante orationem *Via sanctorum*] cancelled, and 'non dicitur' interlined by l.h.: O
[7] cancelled, and 'non dicitur' interlined by l.h.: O

nondum cantatus fuerit: cantetur pro offertorio. Cetera omnia dicantur: Sicut in die pasche.

¶ Ad sextam. a' [1]*Alleluia alleluia. Mitte manum.* Cap. *Quis est qui uincit.* V' *Hec dies.* Orationes proprie.[2]

¶ Ad nonam. a' [3]*Alleluia alleluia. Isti sunt sermones.* Cap. *Si testimonium hominum.* V' *Hec dies.*

¶ Ad vesperas. a' [[**fol.64v**]] [4]*Alleluia. Crucifixus.* Ps. *Laudate pueri.* et alii. Cap. [5]*Omne quod natum est.* R' *Surrexit dominus.* ym' *Iam pascha.* V' *Pascha nostrum.* a' *Multa quidem.* Ps. *Magnificat.* or' *Presta quesumus omnipotens Deus.* Preces et commemorationes fient sicut in precedenti die.[6]

[7]<Super ebdomadam. Ad uesperas. a' *Mitte manum tuam.* Ps. *Magnificat.* a' *Misi digitos meos.* Ps. *Magnificat.* a' *Quia uidisti me Thoma.* Ps. *Magnificat.*>

Hec[8] est dispositio capitulorum de resurrectione domini.[9] Prima quatuor. scilicet. [1] *Si conresurrexistis*[10]. [2] *Mortui* [11] *estis.*

---

[1] *Mitte manum Alleluia alleluia*: B1
[2] sicut in die pasche: add.B2 / [or'] *Deus qui nos exultantibus.* [or'] *Presta quesumus omnipotens Deus ut qui sollenni.* [or'] *Populus tuus quesumus domine renouata*: add.C, the last oratio marked 'non dicitur' by l.h.
[3] *Isti sunt sermones Alleluia alleluia*: B1
[4] *Surrexit Alleluia*: B1
[5] *Christus resurgens*: B1, B2
[6] Ad processionem in nauem *Christus resurgens. Paradisi porta. Lux perpetua*: add.O, A (both marg., l.h.)
[7] (from B1 fol.86r)
[8] (with decorated initial in blue and red across two lines: O)
[9] Hec est dispositio ... domini] Mss B1 and C give series of Chapters, differing in some respects from the series in O, as follows (numerals relate to the series in the main text):
   B1. (Per totam resurrectionem ad omnes horas) 1–5, 27, 10, 12–14, 11, 9, 8, 6, 7, 15–20: (Dominica I post oct. pasc.) 21–23: (Dominica II post oct.) 24–26: (Dominica III post oct.) *Obsecro uos tanquam aduenas. Conuersationem uestram inter gentes. Subiecti estote omni humane creature*: (Dominica IV post octabas) *Omne datum optimum. Fratres abicientes omnem immundiciam*: (Dominica V) *Estote factores uerbi et non auditores. Religio munda et immaculata.*
   C. (with rubrics added by another s.xii hand) 1–5, 27, 10: (Feria VI in ebd. pasc. ad terciam) 12: 15–18: (In ebd. pasc. Sabbato ad terciam) 13: (ad sextam) 14: 5: (feria IV ad terciam) 9: (feria III ad terciam) 8: (feria II ad terciam) 6: (ad sextam) 7: (Dominica prima) 21: 22–26: (Dominica III) *Obsecro. Conversationem. Subiecti*: (Dominica IV) *Omne datum. Fratres.* (Dominica V) *Estote. Religio.*
[10] *consurrexistis*: B1 (emended to '*conresurrexistis*' by interlining), B2, C
[11] *enim*: add.B2

[3] *Expurgate uetus.* [4] *Epulemur:* in prima tantummodo ebdomada pasche. et maxime primis quatuor diebus et noctibus: dicuntur. ¶ In feriis uero ipsius ebdomade nisi propria capitula habentur de epistola: dicuntur ad terciam et sextam et nonam. sicut supra in locis suis distinctum est. ¶ Ad uesperas autem tota eadem ebdomada et omnibus sabbatis et dominicis diebus usque ad ascensionem domini: dicitur Cap. [5] *Christus resurgens a[1] mortuis.* ¶ Ab octabis pasche usque ad ascensionem domini: feriatis diebus tam ad nocturnos et ad laudes quam ad horas diurnas: dicentur indifferentur subscripte capitula: [6] *Precepit nobis domine predicare.* [7] *Qui constitutus est a Deo.* [8] *Et nos uobis annunciamus.* [9] *Deus qui prenunciauit.* [10] *Deus pacis qui eduxit de mortuis.* [11] *Christus resurgens[2] a mortuis primicie.* [12] *Christus semel pro peccatis.* [13] *Fratres deponentes omnem maliciam.* [14] *Vos autem gens sancta populus acquisitionis.* Capitula uero de libro apocalipsi non dicantur: donec hystoria *Dignus es domine.* cantetur. Qua cantata: dici solent deinceps etiam frequentius quam prescripta. Que sunt ista: [15] *Quatuor animalia.* et uiginti quatuor seniores cantabant canticum. [16] *Facte sunt uoces* [[**fol.65r**]] *magne in celo dicentes.* [17] *Facta est uox magna in celo quasi uox tubarum.* [18] *Beatus et sanctus qui habet partem in resurrectione.* [19] *Vox de throno exiuit dicens. laudem dicite.* [20] *Facta est uox magna in celo dicens beati qui ad cenam.* Capitula etiam de dominica prima post pascha. [21] *Omne quod natum est ex Deo.* [22] *Quis est[3] qui uincit mundum.* [23] *Si testimonium hominum.* et precipue capitula. [24] *Christus passus est pro nobis.* [25] *Tradebat autem iudicanti se.* [26] *Eratis enim aliquando sicut oues errantes.* Que sunt de epistola tercia dominice: consueuimus dicere cum prescriptis. postquam in loco suo dicta fuerint. ¶ Cap. [27] *Virtute magna reddebant apostoli.* Ideo pretermisimus: quia uix solet dici nisi in festis Sanctorum Marci euangeliste et apostolorum Philippi et Iacobi.

---

[1] *ex*: B2
[2] *resurrexit*: B, C
[3] *autem*: add.B2

¶ Orationes in Resurrectione domini.[1] [1] *Deus qui omnes in Christo renatos genus regium.* [2] *Deus qui credentes in te fonte baptismati.* [3] *Deus reparator innocentie et amator dirige.* [4] *Deus qui credentes in te populos gratie tue.*[2] [5] *Omnipotens sempiterne Deus deduc nos ad societatem.* [6] *Concede quesumus omnipotens Deus ut ueterem cum suis.* [7] *Presta nobis omnipotens et misericors Deus. ut in resurrectione.* [8] *Repelle*[3] *domine conscriptum peccati lege cyrographum.* [9] *Deus qui nos fecisti paschalia festa celebrare. fac nos quesumus in celesti.* [10] *Solita quesumus domine quos saluasti pietate custodi.* [11] *Fac omnipotens Deus ut qui paschalibus remediis innouati.* et alie.

Incipiunt *Alleluia* cantanda in loco antiphonarum ad matutinas et ad omnes horas diei.[4] [a'] *Alleluia* <ix> *Ego sum. evovae.* a' *Alleluia* <viij> *Postulaui. evovae.* a' *Alleluia* <viij> *Ego dormiui. evovae.* a' *Alleluia* <ix> *Angelus autem. evovae.* a' *Alleluia* <viii> *Erat autem.* a' *Alleluia* <vij> *Pre timore.* a' *Alleluia alleluia* <vj> *Scio quod Ihesum.* a' *Alleluia* <x> *Ihesum quem queritis.* a' *Alleluia* <v> *Cito euntes.* a' *Alleluia* <vij> *Et ualde.* a' *Alleluia* <viij> *Et dicebant.* a' *Alleluia alleluia* <viij> *Et respicientes.* a' *Alleluia* <vij> *Surrexit Christus.* a' *Alleluia* <ix> *Lapis. evovae.* a' *Alleluia alleluia* <vij> *Et ecce terremotus.* a' *Alleluia* <ix> *Surgens Ihesus.* a' *Alleluia alleluia* <viij> *Isti sunt sancti.* a' *Alleluia alleluia* <vij> *Et coegerunt.* a' *Alleluia* <vj> *Mane nobiscum.* a' *Alleluia alleluia* <vij> *Nonne sic.* a' *Alleluia* <vij> *Nonne cor nostrum.* a' *Alleluia* <viij> *Stetit Ihesus.* a' *Alleluia* <vj> *Oportebat.* a' *Alleluia* <viij> *Quem queris.* a' *Alleluia* <vj> *Venit Maria. evovae.* a' *Alleluia*

---

[1] Orationes in Resurrectione domini] Mss B1 and C give series of prayers, differing in some respects from the series in O, as follows (numerals relate to the series in the main text):
 B1. 1–5, 7, 6, 8, *Deus humani generis conditor et redemptor, Gaudeat domine plebs fidelis, Deus qui renatis aqua*, 11, 9, *Adesto quesumus domine tue familie et dignanter impende, Conserua in nobis quesumus domine tuam misericordiam*, 10.
 C. 1, 2, *Deus qui pro salute, Deus qui ad eternum*, 3–5, *Omnipotens sempiterne Deus qui humanam naturam*, 7, 6, 8, *Deus qui ad eternam uitam, Gaudeat domine plebs, Deus humani generis, Deus qui renatis aqua*, 11, 9, *Familiam tuam quesumus domine dextera*, 10, *Conserua in nobis quesumus domine, Paschalibus nobis domine quesumus remediis, Presta quesumus omnipotens Deus ut percipientes, Omnipotens sempiterne Deus propensius his, Maiestatem tuam domine supplices.*
[2] gratie tue] tr.B
[3] *Depelle*: B1, B2, C
[4] Mss A, B1 and B2 give the incipit of the antiphon whose chant was adopted, underlaid to the opening of the chant. B1 and A then continue with the word *Alleluia* repeated in full as many times as the chant melody requires. The total number of statements given in B1 is indicated in the text by the Roman numerals in angle-brackets.

<v> *Et ingresse. evovae.* a' *Alleluia* <v> *Data est michi. evovae.* a'
Alleluia <xj> *Ite nuntiate. evovae.* a' *Alleluia* <vij> *Post dies octo.* a'
Alleluia <ix> *Mitte manum.* a' *Alleluia* <ix> *Ego sum pastor.* a' *Alleluia*
<xij> *Modicum.* a' *Alleluia alleluia* <viij> *Iterum uidebo.* a' *Alleluia* <v>
Vsquemodo. evovae. Alleluia alleluia <x> de antiphona. *Vespere autem*
sabbati. quod ab octauis pasche usque ad ascensionem in sabbatis ad
vesperas super psalmos cantant. et *Alleluia* <ix> *Surrexit dominus de*
sepulchro. et *Alleluia* <vi> *Crucifixus.* Que duo alterata uice unum
uidelicet uno die et aliud altero cantantur in ebdomada pasche et
dominicis usque ad ascensionem. Aliis non duximus interferendas. cum
illa indifferenter in suo ordine. ista uero uix nisi predictis diebus soleant
cantari. ¶ Quociens autem ipsa alias fuerint cantanda: nos suo loco
assignabimus. ¶ Alleluia uero ad ascen-[[**fol.66r**]]-sione domini et de
pentecoste et in nataliciis sanctorum cantanda: in locis suis annotanda
reseruamus.

[i.] ¶ Feria secunda post octabas pasche.

[Ad matutinas.] Inuit. [1]*Alleluia alleluia alleluia.* Ps. *Venite. Iubilemus*
ei. ym' *Rex eterne domine.*
[In primo nocturno.] ¶ Hoc incipiunt cantari prescripta *Alleluia Ego*
sum qui sum. et alie. Psalmi Feriales[2]. *Exultate iusti.* et alii. V' *Surrexit*
dominus de sepulchro. ¶ Lectiones et capitula erunt tota ebdomada de
libro actuum apostolorum. <[3]*Primum quidem sermonem feci de omnibus o*
Theophile.> ¶ Predicta secunda feria [4] R' *Dum transisset sabbatum.* V'
[5]*Et ualde mane.* R' *Et valde mane.* R' *Angelus domini.* V' [6]*Angelus*
domini.
In secundo nocturno. <a' *Postulaui patrem alleluia.* Ps. *Dixi custodiam.* et alii.
Capitulum ad libitum de communibus.> V' *Resurrexit dominus* <*sicut dixit.*>

<In laudibus. a' *Ego dormiui Alleluia.* Ps. *Dominus regnauit.* et alii. Capitulum de
communibus ad libitum. R' *Resurrexit dominus alleluia alleluia.* V' *Sicut dixit uobis*
alleluia alleluia. ym' *Aurora lucis rutilat.* V' *Dicite in nationibus.* a' *Surgens Ihesus*
mane. Ps. *Benedictus.*>

---

[1] over erasure, and with neumes above this incipit and those of *Venite* and of the hymn: O
[2] Feriaeles (†), over erasure: O
[3] *Stans Petrus cum undecim*: B2
[4] Ad matutinas historia huius ebdomade ita sunt in breuiario diuisi: add.A2, marg., l.h.
[5] With neumes above this verse-incipit: O.
[6] *Ihesum queritis. Gloria. Angelus domini*: B2

[ii.] <Ab octauis pasche usque ad ascensionem.>

<Super horas. Ad terciam. V' *Cantate domino.* Ad sextam. V' *Iubilate Deo.* Ad nonam. V' *Gauisi sunt discipuli.*>

<Ad vesperas. R' *Gauisi sunt discipuli. Alleluia alleluia.* V' *Viso domini.* ym' *Ad cenam agni.* V' *Mane nobiscum.* a' *Mitte manum.*>

[iii.] ¶ Feria tercia.

[Ad matutinas.] <Lectiones. ¹*Exurgens Petrus in medio fratrum.*> R' ²*Expurgate.* R' ³*Surrexit pastor.* R' ⁴*Ecce uicit leo.* V' *Surrexit dominus.* In secundo nocturno. V' *Christus mortuus est propter delicta nostra.*⁵

[iv.] ¶ Feria quarta.

[Ad matutinas.] <Lectiones. ⁶*Et statuerunt duos. Ioseph qui uocabitur Barnabas.*> R' ⁷*Maria Magdalene.* R' ⁸*Angelus domini locutus est.* R' ⁹*Surgens Ihesus.* In secundo nocturno. V' *Resurrexit dominus.*

[v.] ¶ Feria quinta.

[Ad matutinas.] <Lectiones. *Per manus apostolorum.*> R' ¹⁰*Virtute magna.* R' ¹¹*Isti sunt agni.* R' ¹²*Expurgate.* In secundo nocturno V' *Christus mortuus est.*

---

[1] *Multa prodigia et signa*: B2
[2] *Ecce uicit leo.* V' *Dignus iam agnus. Et soluere*: B2
[3] *Surgens Ihesus*: B2
[4] *De ore prudentis*: B2
[5] Feria tercia; erit missa de Spiritu sancto. Feria quinta; de Trinitate si cantor placuerit. Matutine non erunt de Trinitate nisi post Pentecosten: add.O, marg., contemporary hand.
[6] *Stans Petrus in medio plebis*: B2
[7] *Virtute magna*: B2
[8] *Isti sunt agni*: B2
[9] *Expurgate uetus*: B2
[10] *Surrexit pastor*: B2
[11] *Christus resurgens*: B2
[12] *Ecce uicit leo*: B2

[vi.] ¶ Feria sexta.

[Ad matutinas.] <Lectiones. *Surgens Paulus et manu silentium indicens.*> R'
¹*Surrexit pastor.* R' ²*Christus resurgens.* R' ³*Ecce uicit leo.* In secundo nocturno. V' *Resurrexit dominus.*⁴

Sabbato: Seruitium de beata Maria. celebrabitur.

¶ In laudibus cotidie [a'] *Alleluia* de communibus. Ps. *Dominus regnauit.* et alii. R' *Resurrexit dominus alleluia.* V' *Sicut dixit uobis. Gloria.* ym' ⁵*Aurora lucis.* et ⁶*Claro paschali.* V' *Dicite in nationibus.* Ad *Benedictus*⁷ a'*[1] Surgens Ihesus.* evovae. [Ps.] *Benedictus.* a'[2] *Et ingresse.* evovae. a'[3] *Et ecce Ihesus.* evovae. a'[4] *Alleluia quem queris.* evovae. a'[5] *Ihesum quem queris.* evovae. a'[6] *Ardens est cor.* evovae. a'[7] *Tulerunt dominum meum et nescio ubi posuerunt eum noli flere.* evovae. a'[8] *Alleluia noli flere.* evovae. a'[9] *Dum flerem ad monumentum.* evovae. a'[10] *Ite nunciate.* evovae. a'[11] *Et recor-*[[**fol.66v**]]-*date sunt.* evovae. a'[12] *Precedet uos in Galileam.* evovae. Ps. *Benedictus.*

¶ Ad commemorationem de cruce: a' *Surrexit Christus et illuxit.* alia *Christus mortuus est propter delicta.* alia *Surrexit [dominus] de sepulchro.* V' *Dicite in nationibus.* or' *Deus qui pro nobis filium.*

¶ Omni sabbato et die dominica a pascha usque ad pentecosten: et in ipsa ebdomada pasche et pentecoste. feria quinta. et sexta. et sabbato: et

---

[1] *Dum transisset*: B2
[2] *Surgens Ihesus*: B2
[3] *Si consurrexistis*: B2
[4] Feria sexta post Octabas Pasche cantetur ad Missam. *Alleluia* [V'] *Surrexit dominus.* et Euangelium de feria: add.O, marg., contemporary hand
[5] over erasure, but using original initial *A*, and with neumes above the incipit: O
[6] with neumes above the incipit: O
[7] Ad *Benedictus*] Ms A also contains a list of gospel antiphons under the rubric 'Hec antiphone canende sunt a pascha usque ad rogationes ad *Benedictus*', with the added comment (marg., l.h.) '[Vide] tabulam que [***] in finem libri'. (This table is no longer in A.) The list of antiphons in A contains, in order, those items numbered editorially 2–12 inclusive in the text above, and adds to this series five more not in O: a'[13] *Christus surrexit.* a'[14] *Christus mortuus est propter.* a'[15] *Surrexit Christus et illuxit.* a'[16] *Surrexit dominus de sepulchro . . . alleluia.* a'[17] *Crucem sanctam subiit.* Those antiphons here numbered 2, 3, 5, 6, 7, 8, 9, 14 and 16 are marked in the margin of A by l.h. with 'non dicitur', with a cross, or with both.

ad nocturnales processiones que in aliis earundem ebdomadarum diebus fiunt et in Inuentione¹ sancte crucis cantatur ad matutinas. et ad vesperas a' *Crucem sanctam subiit.*

¶ Ad poscenda suffragia sanctorum dicetur per totam resurrectionem de apostolis ad matutinas. a' *Si manseritis.* Ad vesperas. a' *Ego sum uitis uera.* De martiribus ad matutinas. a' *Lux perpetua.* et uesperas. a' *In uelamento.* De confessoribus: antiphona ad matutinas. *Spiritus et anime iustorum.* Ad vesperas a' *Sancti qui sperant.*

Ad laudes de omnibus sanctis: una antiphona super psalmos. *In celestibus regnis.* vel *In uelamento.*²

Ad terciam. V' *Cantate domino canticum.* Ad sextam. V' *Iubilate Deo. Omnis.* Ad nonam. V' *Gauisi sunt discipuli.*

Ad vesperas. R' *Gauisi sunt discipuli alleluia.* V' *Viso domino. Gloria.* ym' ³*Ad cenam agni.* et *Iam pascha [nostrum] Christus.* V' *Mane nobiscum.* [R'] *Quoniam advesperascit.* a' *Mitte manum tuam. evovae.* alia a' *Misi digitos meos.* a' *Quia uidisti me.* a' *Ihesum quem queris.* a' *Ardens est cor meum.* Ps. *Magnificat.* ¶ Ad commemorationem de cruce a' *Crucifixus.* [V'] *Surrexit dominus.*

[vii.] ¶ Sabbato prima post octabas pasche:

Ad vesperas super psalmos a' ⁴*Alleluia. Vespere autem.* Ps. *Confiteantur.* et alii. Cap. *Christus resurgens.* R' *Ego sicut uitis.* V' *In me omnis.* ym' ⁵*Ad cenam agni prouidi.* V' *Mane nobiscum domine.* a' *Hec autem scripta sunt.* Ps. *Magnificat. evovae.* or' *Deus qui in filii tui* [[**fol.67r**]] *humilitate iacentem mundum erexisti.*

---

¹ in Inuentione] over erasure: O
² Ad Benedictus a' *Si manseritis.* vel *Ego sum uitis uera.* vel *Sancti et iusti in domino gaudete.* Ad vesperas a' *Sancti tui domine florebunt.* Ad Magnificat a' *Alleluia. Ego sum uitis*: add.O, marg., contemporary hand
³ with neumes above the incipit: O
⁴ *Vespere autem Alleluia alleluia*: B1
⁵ with neumes by l.h. above the incipit, over earlier erased neumes: O / Cantetur solenniter: add.O, marg., l.h.

[LXV. Dominica prima post octabas pasche.]

[Ad matutinas.] Inuit. [1]*Alleluia.* [Ps.] *Venite.* [ym'] [2]*Aurora.*[3] <V' Surrexit dominus de sepulchro.>
In primo nocturno. a' *Alleluia. Post dies octo.* Ps. *Domine in uirtute.* et alii. V' *Surrexit dominus de sepulchro.* Lectiones de libro apocalipsis <*Apocalipsis Ihesu Christi quam dedit.*> R' *Dignus es domine.* V' *Fecisti enim*[4] *nos.* <*In sanguine.*> Alius uersus *Parce domine.* <*In sanguine*>*:* dicetur in sequenti feria.[5] [R'2] *Ego sicut uitis.* V' *In me omnis.* <*Transite.*> alius V' *Ego diligentes me.* <*Transite.*>[6] R'[3] *Audiui uocem in celo tanquam uocem.* V' *Vidi angelum Dei.* <*Regnabit.*> alius V' *Et uox de throno.* <*Quia.*>[7] R'[4] *Surrexit dominus de sepulchro.* V' *Qui pro nobis.* <*Alleluia.*> *Gloria.* <*Surrexit.*>
In secundo nocturno. a' *Alleluia alleluia. Mitte manum.* <Ps. *Dominus illuminatio.* et alii.> V' *Resurrexit dominus. Sicut dixit.* R'[5] *Audiui uocem in celo angelorum.* V' *Vidi angelum Dei uolantem.* <*Timete.*> alius V' *Et exiuit uox magna.* <*Timete.*>[8] R'[6] *Ostendit michi angelus.* V' *Postquam audissem.* r' *Deum adora.* alius V' *Vidi angelum Dei.* <*Hic Deum.*>[9] R'[7] *Locutus est ad me.* V' *Et sustulit me.* r' *Et uidi.* R'[8] *Resurrexit dominus alleluia* <*alleluia.*> V' *Sicut dixit* <*uobis alleluia alleluia.*> [10]*Gloria.*
Ad cantica. a' [11]*Alleluia. Ego sum pastor.* Cant. *Quis est iste qui uenit de Edom.* <Cant. *Venite et reuertamur.* Cant. *Expecta me dicit.*> V' *Christus mortuus est propter peccata*[12] *nostra.* <R' *Et resurrexit.* Euang. *Ego sum pastor bonus.* Hom. *Audistis fratres karissimi ex lectione euangelica eruditionem nostram.*>
R'[9] *Vidi Ierusalem descendentem.* V' *Et erat structura.* <*Et lapidibus.*> alius V' *Ab intus in fimbriis.* <*Et lapidibus.*>[13] R'[10] *Vidi portam*

---

[1] with neumes above the incipit: O
[2] over erasure, but using original inital 'A', and with neumes above the incipit: O
[3] Solummodo cantetur: add.O, interlined by l.h.
[4] om.B2
[5] alius V' *Parce . . . feria*] om.B2
[6] alius V' *Ego . . . Transite*] om.B2
[7] alius V' *Et uox . . . Quia*] om.B2
[8] alius V' *Et exiuit . . . Timete*] om.B1, B2
[9] alius V' *Vidi . . . Deum*] om.B1, B2
[10] om.B1
[11] om.B2 (†)
[12] delicta: B1
[13] alius V' *Ab intus . . . lapidibus*] om.B2

261

ciuitatis. V' *Vidi sanctam ciuitatem.*[1] <*Et super.*> alius V' *Claritas Dei.*[2]
R'[11] *Hec est Ierusalem.* V' *Porte eius non claudentur.* <*Quoniam.*>
R'[12] *Gauisi sunt discipuli alleluia.* V' *Viso domino.* <*Alleluia. Gloria.* or'
Deus qui in filii tui.>

In laudibus. [a'] *Alleluia.* Post illud quod fuit dictum in sabbatum Ad nonam.[3] <Ps. *Dominus regnauit.* et alii.> Cap. [4]*Christus passus est pro nobis.* R' *Surrexit dominus uere alleluia.* V' *Et apparuit* <*Symoni alleluia alleluia. Gloria.*> ym' [5]*Claro paschali.* V' *Dicite in nationibus.* In euangelio a' *Ego sum pastor bonus.* Ps. *Benedictus.* or' *Deus qui in filii tui humilitate.*

Ad primam. a' *Alleluia* [6] *alleluia.* primum post illud quod fuit dictum In laudibus nocte illa.[7]

¶ Missa matutinalis erit de resurrectione. et in omnibus dominicis diebus a pascha: usque ad ascensionem. nisi aliquot festum superuenerit[8] [[**fol.67v**]] in dominica.[9]

¶ Ad terciam. a' *Alleluia. Ego sum pastor.* Cap. *Christus passus est.* V' *Cantate domino.* or' *Deus qui in filii tui humilitate.*

Ad aquam benedictam aspergendum. a' *Vidi aquam.*

Ad processionem per claustrum [10] a' *In die resurrectionis.* et *Sedit angelus.* cum uersu. Ad introitum a' *Christus resurgens.*

---

[1] *sanctam ciuitatem*] tr.A
[2] alius V' *Claritas Dei*] om.A, B1, B2
[3] *Alleluia* ... *nonam*] over erasure and cancelled: O / *Alleluia Modicum*: add.O, marg., l.h.
[4] (thus in B1) / over erasure: O
[5] over erasure, and with neumes above incipit: O
[6] *Alleluia Surgens Iesus*: add.O, marg., l.h.
[7] *primum post* ... *illa*] over erasure and cancelled: O
[8] *nisi* ... *superuenerit*] cancelled: O / *Etiam si aliquot festum superuenerit missa de dominica reseruatur super ebdomadam*: add.O, marg., l.h.
[9] *Si in die dominica aliud festum venerit missa matutinalis erit de resurrectione. secunda oratio de dominica. tercia de sancta Maria. quarta Da quesumus. quinta Sanctorum*: add.O, marg., l.h.
[10] In die. *Dedit angelus. Crucifixum* [***]: add.A, interlined by l.h.

THE TEMPORAL

¶ Missa maior. *Misericordias domini.* <Ps. *Exultate iusti. Gloria.*¹ or' *Deus qui in filii tui.* Lect. *Christus passus est.*> *Alleluia* V' *Surrexit pastor. Alleluia* V' *Dicite in gentibus.* <In dominicis diebus per totam resurrectionem Seq. *Victime paschali.* Euang. *Ego sum pastor bonus.*> Offert. *Deus deus meus.* Cum versibus *Sitiuit in te.* et *In matutinis.*² <Secr. *Benedictionem domine nobis.*> ³ Comm. *Ego sum pastor bonus.* Postcomm. *Presta nobis omnipotens Deus.*>

Ad sextam. a' *Alleluia.* primum post illud quod fuit ad primam.⁴ ¶ Cap. *Tradebat autem.* V' *Iubilate Deo.* <Oratio de communibus.⁵>

Ad nonam. a' *Alleluia.* de communibus. ¶ Cap. *Eratis enim aliquando.* V' *Gauisi sunt discipuli.* <Oratio de communibus.⁶>

¶ Ad vesperas. a' *Alleluia.* ⁷*Surrexit.* vel *Crucifixus.*⁸ Ps. *Dixit dominus.* et alii. Cap. *Christus resurgens.* R' *Surrexit dominus de sepulchro.* <V' *Qui pro nobis pependit. Gloria.*> ym' ⁹*Ad cenam agni.* V' *Mane nobiscum.* a' *Ego sum pastor* <*ouium.*> Ps. *Magnificat.* or' *Deus qui in filii tui.*

Sequenti ebdomada Inuitatorium. hymnus. alleluia super psalmos. oratio. et versiculi: dicentur sicut in precedenti ebdomada notauimus.
¶ Ad matutinas uero hac et sequenti ebdomada lectiones erunt de libro apocalipsis. nisi aliqua duodecim lectionum interfuerit festiuitas.
¶ Et si alicuius sancti fuerit festiuitas que tres lectiones habeat: nichilominus eadem apocalipsis legetur. Responsoria terna de hystoria *Dignus es domine* cantabuntur cum secundis uersibus ubi sunt: semel.
¶ Capitula de eodem libro apocalipsis. supranotata tam ad nocturnos et ad laudes quam ad horas diurnas dicentur. ¶ Ad *Benedictus* cantabitur de suprascriptis antiphonis *Surgens Ihesus.* et ceteris. ¹⁰ Ad *Magnificat:*

---

¹ *Kyrie. Glora. Sanctus. Agnus.* ut in duodecim lectionibus. Pref. *Te quidem*: add.O, marg., l.h.
² cum uersibus . . . matutinis] (no verses given in M)
³ Pref. *Et immensam bonitatis*: add.S
⁴ primum post . . . primam] *Isti sunt*: add.A2, interlined by l.h.
⁵ Oratio de communibus] *Deus in cuius precipuis miraculis*: add.C (without rubric)
⁶ Oratio de communibus] *Familiam tuam quesumus.* ut supra: add.C (without rubric)
⁷ partially erased: O
⁸ *Surrexit.* uel *Crucifixus*] *Crucifixus alleluia*: A, B1, B2
⁹ solenniter: add.O, interlined by l.h. / with neumes above the incipit: O
¹⁰ Ad primam [ym'] *Iam lucis orto sidere.* vel [***] vsque ad pentecosten: add.O, marg., l.h.

a' *Ego sum pastor bonus alleluia. qui pasco. evovae.* a'[1] *Pastor bonus animam.* 〚 **fol.68r** 〛 *evovae.* a' *Mercenarius est. evovae.* a' *Sicut nouit me. evovae.* a' *Alia oues. evovae.*

[LXVI. Dominica secunda post octabas pasche.]

Sequenti sabbato dicentur sicut in precedenti. [Ad vesperas.] a' [2]*Alleluia. Vespere autem.* super psalmos. <*Confitebor.* et alii.> et Capitulum. <*Christus resurgens a mortuis.*> et R' *Surrexit dominus de sepulchro.* [ym'] *Ad cenam.* V' *Mane nobiscum.* a' *Ego sum alpha et omega. evovae.* Ps. *Magnificat.* or' *Deus qui errantibus ut in uiam.*[3]

[Ad matutinas.] Inuit. [4]*Alleluia* ut Supra. Ps. *Venite.* <ym' *Aurora lucis.*> In primo nocturno. a' *Alleluia. Post dies octo.* <Psalmi de dominica.> V' *Surrexit dominus.* Lectiones de apocalipsis. <*Ego Iohannes cum uidissem similem.*> R'[1] *Dignus es domine.* et primus uersus. R'[2] *Ego sicut uitis.* cum primo uersu. R'[3] *Audiui uocem.* R'[5] [4] *Surrexit dominus de sepulchro.*[6]
In secundo nocturno. a' *Alleluia. Mitte manum.* <Ps. *Dominus illuminatio.* et alii.> V' *Resurrexit*[7] *dominus.* <R'[5] *Audiui uocem.* R'[6] *Ostendit michi.* R'[7] *Locutus est.* R'[8] *Resurrexit dominus.* V' *Sicut dixit.*>
Ad cantica. a' *Alleluia. Ego sum pastor.* <Cant. *Quis est iste qui uenit.* et alia.> V' [8]*Christus mortuus.* <Euang. *Modicum etiam non uidebitis me.* Hom. *Leta domini et saluatoris noster.*> R'[9] *Platee tue.* V' *Luce splendida.* <*Et per omnes.*> alius versus sequenti ebdomada. [V'] *Quoniam confortauit.*[9] R'[10] *Decantabat.* <V' *Sanctificati.* [10]Et Dauid.> R'[11] *Veniens a Libano.* V' [11]*Fauus distillans.* <*Et odor.*> alius V' [12]*Speciosa facta.* <*Et odor.*>[13] R' *Gauisi sunt.* <or' *Deus qui errantibus.*>

[1] (This antiphon occurs twice in A and B1, to two different melodies)
[2] *Vespere autem Alleluia*: B1
[3] Processio *Regina celi*: add.A, marg., l.h.
[4] with neumes above the incipit: O
[5] V' (†): O
[6] *de sepulchro*] *uere*: B2
[7] *Surrexit*: B2
[8] *Gauisi sunt*: B2
[9] alius uersus ... *Confortauit*: om.B1, B2
[10] (thus A, B1) / *Et laudes Deo*: B2
[11] *Speciosa facta*: A
[12] *Fauus distillans*: A
[13] alius V' ... *odor*] om.B1, B2

In laudibus. a' *Alleluia. Modicum.* Cap. *Obsecro uos tanquam aduenas.*
R' *Surrexit dominus uere.* ym' ¹*Claro paschali.* V' *Dicite in nationibus.*
a' *Modicum et non uidebitis. evovae.* Ps. *Benedictus.* <or' Deus qui errantibus.>

Ad terciam. a' *Alleluia. Iterum uidebo.* Cap. *Obsecro uos.* <V' Cantate domino. or' Deus qui errantibus.>

¶ Missa. *Iubilate Deo.* V' *Dicite Deo quam terribilia.* <or' Deus qui errantibus. Lect. Obsecro uos tanquam aduenas.> *Alleluia* V' *In die resurrectionis. Alleluia* V' *Christus resurgens a mortuis.* Sunt in gradalibus alia tria *Alleluia* V' *Crucifixus surrexit.* [*Alleluia* V'] *Surrexit Christus. Alleluia* [V'] *Crucifixus surrexit.* Que feriatis diebus subsequentis ebdomade cantantur.² <Euang. Modicum et iam non uidebitis me.> Offert. *Lauda anima mea.* cum versibus³ *Qui custodit ueritatem. Dominus erigit Elisos.* <Secr. His nobis Domine misteriis.> Comm. *Modicum et non uidebitis.* <Postcomm. Sacramenta que sumpsimus.>

Ad sextam et ad nonam. [a'] *Alleluia alleluia.* et orationes: de communibus. Capitula uero sunt propria. <Ad sextam. Cap. *Conuersationem uestram.* Ad nonam. Cap. *Subiecti estote.*>⁴

¶ Ad vesperas. a' *Alleluia. Surrexit dominus.* Cap. *Christus resurgens.* et cetera vt supra. a' ⁵*Iterum uidebo uos. evovae.* Ps. *Magnificat.* <or' Deus qui errantibus.> Alia antiphona super ebdomadam ⁶*Amen amen* [[fol.68v]] *dico uobis. evovae.* a' *Iterum autem uidebo. evovae.* a' *Ihesum quem queris.* a' *Ardens est*⁷ *cor nostrum.* a' *Tulerunt dominum meum.* a' *Ite nunciate.*⁸ Ps. *Magnificat.* Cetera: de libro apocalipsis legentur. et cantabuntur ut supra notatum est.

---

¹ by l.h. over erasure, and with neumes above incipit: O
² Sunt in gradalibus ... cantatur] (these Alleluias are not included in M)
³ cum versibus] (these verses are not included in M)
⁴ [or'] *Tibi placitum Deus.* [or'] *Gaudeat domino plebis*: add.C
⁵ cancelled: O / *Amen amen dico uobis. Magnificat*: add.O, interlined by l.h. / *Amen amen dico uobis*: B2
⁶ Hec antiphona dicitur ad vesperas in ista dominica: add.O, marg., l.h.
⁷ interlined by original hand: O
⁸ a' *Ihesum quem queris ... nunciate*] cancelled: O / Duo (†) antiphone tantum super ebdomadam ad uesperas. Feria secunda *Iterum uidebo uos.* Feria tercia *Iterum autem.* Feria quarta *Amen amen dico uobis.* Feria quinta *Iterum autem*: add.O, marg., l.h.

[LXVII.] Dominica tercia post octabas pasche.

Sabbato ad vesperas. [a'] *Alleluia. Vespere.* Ps. *Confiteantur.* et ceteri. Cap. *Christus resurgens.* R' *Ymnum cantate.* ym' *Ad cenam agni.* V' *Mane nobiscum.* a' *Iterum uidebo uos* <cor uestrum alleluia alleluia alleluia.> Ps. *Magnificat.* or' *Deus qui fidelium mentes unius efficis.*[1]

[Ad matutinas.] Inuit. *Alleluia.* Ps. *Venite.* ym' *Aurora.*
In primo nocturno. a' *Alleluia. Post dies octo.* <Ps. Domine in uirtute. et alii.> V' *Surrexit dominus.* ¶ Ad has matutinas incipiunt legi Epistole canonice. et usque ad pentecosten leguntur: exceptis solummodo festiuitatibus duodecim lectionum. et Sabbatis quibus fit de sancta Maria. <Lectiones. *Iacobus Dei et domini nostri.*> R'[1] *Si oblitus fuero.* <V' *Super flumina. Adhereat.*> R'[2] *Hymnum cantate.* <V' *Illic interrogauerunt. Quomodo.*> R'[3] *Narrabo nomen.* <V' *Qui timetis. In medio.*> R'[4] *Surrexit dominus de sepulchro.*
In secundo nocturno. a' *Alleluia. Mitte manum.* V' *Resurrexit dominus.* R'[5] *Cantate Deo.* <V' *Benedicite nomini. Psalmum.*> R'[6] *In ecclesiis benedicite.* V' *Cantate domino.* <Alleluia.> versus alius. Psalmum dicite.[2] R'[7] *Viderunt te aque Deus.* <V' *Illuxerunt. Alleluia.*> R' *Resurrexit dominus* <alleluia. V' Sicut.>
Ad cantica. a' *Alleluia. Ego sum pastor.* V' *Christus mortuus est propter.* <Euang. *Vado ad eum qui misit me.* Hom. *Sicut ex lectione euangelica.*> R'[9] *Bonum est confiteri.* <V' *Ad annunciandum. Alleluia.*> R'[10] *Dicant nunc qui redempti.* <V' *Quos redemit. Alleluia.*> R'[11] *In uia mandatorum.* <V' *Adhesi testimoniis.*[3] Alleluia alleluia.> R'[12] *Gauisi sunt discipuli.* <or' *Deus qui fidelium.*>

In laudibus. a' *Alleluia. Modicum.* <Ps. *Dominus regnauit.* et alii.> Cap. *Omne datum optimum.* <R' *Surrexit dominus uere.* ym' *Claro paschali.* V' *Dicite in nationibus.*> In euangelio a' *Vado ad eum qui misit.* Ps. *Benedictus.* <or' *Deus qui fidelium.*>

Ad terciam. [a'] *Alleluia. Iterum.* Capitulum de laudibus. <V' *Cantate domino.* or' *Deus qui fidelium.*>

---

[1] Ad processionem *Regina celi*: add.A, marg., l.h.
[2] versus alius. *Psalmum dicite*] (not in A, B1 or B2)
[3] *Cum dilatores*: A

¶ Missa. *Cantate domino.* V' [1]*Subiecit populos.* <or' *Deus qui fidelium mentes.* Lect. *Omne datum optimum.*> *Alleluia* V' *Ego ueritatem. Alleluia* V' *Surrexit dominus et occurrens.* Sequenti ebdomada *Alleluia* V' *Crucifixus surrexit.*[2] <Euang. *Vado ad eum qui me misit.*> Offert. *Iubilate Deo.* <Secr. *Deus qui nos per huius.* [3] Comm. *Dum uenerit paraclitus.* Postcomm. *Adesto nobis domine.*>

Ad sextam habetur proprium capitulum. <*Fratres abicientes omnem.*> Cetera: dicantur de communi.[4]

<Ad nonam. Cap. de Resurrectione quod uolueris. V' *Gauisi.*>

¶ Ad vesperas. a' [5]*Alleluia. Crucifixus.* Cap. *Christus resurgens.* <R' *Surrexit dominus de sepulchro.* ym' *Ad cenam agni.* V' *Mane nobiscum.*> a' *Ego ueritatem.* evovae. Ps. *Magnificat.* <or' *Deus qui fidelium.*>

¶ Sequenti ebdomada [[fol.69r]] ad *Benedictus* et *Magnificat.* a'[1] *Vado ad eum* <*qui misit me et nemo.*> evovae. a'[2] *Vado ad eum qui me* <*misit*[6] et iterum.> evovae. a'[3] *Tristicia uestra* <*alleluia.*> evovae. a'[4] *Tristicia impleuit.* evovae. a'[5] *Tristicia uestra uertetur.* evovae. a'[6] [7]*Dum uenerit paraclitus.* evovae. a'[7] [8]*Adhuc multa habeo.* evovae. [9] a'[8] *Non enim loquetur.* evovae. a'[9] *Ille me clarificabit.* evovae.

[LXVIII.] Dominica quarta post octabas pasche.

Sabbato ad vesperas. a' *Alleluia. Vespere.* Ps. *Confiteantur.* et ceteri. Cap. *Christus resurgens.* R' *Surrexit dominus de sepulchro.* <ym' *Ad cenam.* V' *Mane nobiscum.*> a' *Cum autem uenerit.* evovae. Ps. *Magnificat.* or' *Deus a quo bona cuncta procedunt.*

---

[1] *Saluauit tibi dextera*: M
[2] *Sequenti ebdomada . . . surrexit*: (not given in M)
[3] Pref. *Et tui misericordiam muneris*: add.S
[4] [or'] *Christianum quesumus domine respice plebem*: add.C
[5] *Crucifixus Alleluia*: B1
[6] *me misit*: tr.A, B1
[7] *Adhuc multa habeo*: B2
[8] *Dum uenerit paraclitus*: B2
[9] a' *Cum autem uenerit*: add.A (with 'Sabbato', marg., l.h.), B1 (with 'Sabbato in euang.', marg., l.h.), B2

[Ad matutinas.] Inuit. *Alleluia.* Ps. *Venite.* <ym' *Aurora lucis.*>
In primo nocturno. a' *Alleluia. Post dies octo.* <Ps. *Domine in uirtute.* V'
Surrexit dominus de sepulchro.> Lectiones de canonicis Epistolis <*Quod fuit ab initio.*> R'[1] *Si oblitus.* R'[2] *Hymnum cantate.* R'[3] *Narrabo nomen.*
R'[4] *Surrexit dominus de sepulchro.*
In secundo nocturno. a' *Alleluia. Mitte manum.* <V' *Resurrexit dominus.*>
R'[5] *Amputa obprobrium.* <V' *Ecce concupiui.* [1]*Alleluia alleluia.*> R'[6]
Ambulabam in latitudine. <V' *Et meditabar. Alleluia.*> R'[7] *Cantate Deo.*
R'[8] [2]*Resurrexit dominus.*
Ad cantica. a' *Alleluia. Ego sum pastor.* <Euang. *Amen amen dico uobis si quid petieritis.* Hom. *Potest mouere infirmos auditores.*> R'[9] *Letabor ego.* <V' *Iniquitatem. Sicut qui.*> R'[10] *Alleluia audiuimus.* <V' *Inuenimus enim. Adorabimus.*[3]> R'[11] *Deus canticum nouum.* <V' *Qui das salutem. In psalterio.*> R'[12] *Gauisi sunt discipuli.* <or' *Deus a quo bona.*>

¶ In laudibus. a' *Alleluia alleluia.* [4]*Vsquemodo.* Cap. *Estote factores uerbi.* In euang. a' *Vsquemodo non petistis.* evovae. Ps. *Benedictus.* <or' *Deus a quo bona.*>

Ad terciam. a' *Alleluia.* [5]*Vsquemodo.* Capitulum de laudibus. <V' *Cantate domino.* or' *Deus a quo bona.*>[6]

¶ Missa. *Vocem iocunditatis.* V' *Iubilate Deo omnis terra.* predictus. <or' *Deus a quo bona cuncta.* Lect. *Estote factores uerbi.*> *Alleluia* V' *Surrexit Christus iam non moritur. Alleluia* V' *Christus mortuus est propter delicta.* <Euang. *Amen amen dico uobis: si quid petieritis.*> Offert. *Benedicite gentes.* In fine: *Alleluia.* <Secr. *Suscipe domine fidelium.*> [7] Comm. *Cantate domino.* <Postcomm. *Tribue nobis domine celestis.*>

Ad sextam. Cap. *Religio munda.* <V' [8]*Iubilate Deo.*> In ceteris: recurrantur de commune.

---

[1] *Quia*: A
[2] *Surrexit dominus uere*: B1
[3] [alius] V' *Surge domine. Alleluia*: add.A, B1
[4] *Modicum*: A, by l.h. over erasure
[5] by contemporary hand over erasure: O / marg., l.h.: A
[6] Processio. *In die*: add.A, marg., l.h.
[7] Pref. *Et maiestatem tuam*: add.S
[8] over erasure: B1

<Ad nonam. Capitulum de resurrectione ad libitum. V' *Gauisi sunt discipuli.*>

¶ Ad vesperas. a' [1]*Alleluia. Surrexit.* Cap. *Christus resurgens.* et cetera. <R' *Surrexit dominus de sepulchro.* ym' *Ad cenam.* V' *Mane nobiscum domine.*> a' *Ecce nunc palam. evovae.* Ps. *Magnificat.* <or' *Deus a quo bona.*[2]>

[LXIX.] In tribus diebus Rogationum.

Missa matutinalis de ieiunio cantabitur ad maius altare. et post [[**fol.69v**]] orationes que solent dici ad magnam missam: dicentur alie pro defunctis.[3] et in fine: [4]*Sanctorum tuorum.* Prima. et secunda die. officium misse. *Exaudiuit de templo sancto suo.* Ps. *Diligam te domine uirtus.* vsque *liberator meus.*[5] *Gloria patri.* or' *Presta quesumus omnipotens Deus: ut qui in afflictione.* Ep. *Confitemini alterutrum peccata. Alleluia* V' *Confitemini.* Euang. *Quis uestrum habebit.* Offert. *Confitebor domino.* versus *Adiuua me.* et *Qui insurgunt.* cantentur prima die ad missam matutinalem. <Secr. *Sacrificium nostre penitudinis.*>
[6] Comm. *Petite et accipientis.* <Postcomm. *Vota nostra quesumus domine.*>

In his diebus Rogationum dicentur ad omnes horas diei et noctis capitula et orationes de resurrectione. solummodo ad nonam capitulum et oratio de ieiunio. et prima die ad *Benedictus:* a' *Petite et accipietis ut gaudium.* <Ad terciam et nonam. Cap. *Confitemini alterutrum peccata.*[7] V' *Gauisi sunt.* or' *Presta quesumus omnipotens Deus: ut qui in afflictione.* Ad vesperas totum fiat de resurrectione excepta> Ad *Magnificat* a' *Petite et dabitur uobis querite.*

¶ Secunda uero die[8] nisi placuerit seruicium fieri de sancta Maria: ad Benedictus dicetur. a' *Omnis qui petit accipit.* <Ad nonam Cap. *Helyas homo erat similis.*[9] V' *Gauisi sunt.* or' *Presta quesumus.* ut supra.> Ad *Magnificat:* a' *Si ergo* [10] *cum sitis mali.*

---
[1] *Surrexit Alleluia*: B1
[2] [or'] *Deus qui misericordie ianuam*: add.C
[3] dicentur alie pro defunctis] cancelled: O
[4] cancelled: O / *Ecclesie*: add.O, interlined by l.h.
[5] usque *liberator meus*] om. M, P.
[6] Pref. *Et te auctorem et sanctificatorem*: add.S
[7] Aliud capitulum in rogationibus *Si quis autem errauerit ex uobis*: add.C
[8] Secunda die tabula fiet de feria. Sabbato de sancta Maria: add.O, marg., contemporary hand.
[9] [Aliud] Cap. *Si quis autem errauerit*: add.C
[10] *uos*: add.B1

Si in his tribus diebus festiuitas duodecim lectionum euenerit: Missa matutinalis et totum seruicium erit de sancto. nec fiet ad vesperas neque ad laudes commemoratio de rogationibus. ¶ Si autem festiuitas trium lectionum euenerit: ad vesperas et ad matutinas totum fiet seruicium de sancto: pretermissa commemoratione de rogationibus. ¶ Missa uero matutinalis de Rogationibus dicetur. et commemoratio de sancto. Sciendum quoque quia missa de Rogationibus semel ante capitulum dicta: sufficit. et in crastino si aliqua festiuitas trium lectionum superuenerit: de sancto missa matutinalis cantabitur.[1]

[2]¶ Post sextam facta oratione:[3] cantetur in choro hec antiphone. *Exurge domine adiuua.* et [Ps.] *Deus auribus.* et *Gloria patri.*[4] Iterum *Exurge.* Subiun-[[**fol.70r**]]-gat sacerdos V' *Ostende domine misericordiam tuam. Et salutari. Kyrieleyson. Christeleyson. Kyrieleyson. Pater noster. Et ne nos.* Ps. *Deus in adiutorium meum.* vel [Ps.] *Deus misereatur.* V' *Domine non secundum peccata nostra fecit. Dominus uobiscum. Oremus.* or' [5]*Parce domine quesumus populo tuo.* alia. *Deus qui culpas delinquentium.* alia *Deus qui culpas nostras.*[6] ¶ Dicta super formas una superscriptarum orationum: Incipiat cantor a' *Propicius esto peccatis.* nec adiungatur psalmus sed *Gloria patri.* et sic cum eadem *Gloria* decantatur egrediatur processio [7]repetens ipsam antiphonam et adiciens has antiphonas.[8] [a'] *De Ierusalem.* a' *Cum iocunditate.* a' *Ego sum Deus.* a' *Populus Syon.* a' *Domine Deus noster qui cum patribus nostris.* et alie. ¶ Ad pluuiam poscendam. a' *Domine rex Deus Abraham dona nobis pluuiam.* a' *Nunquid es in ydolis.* a' *Exaudi domine populum tuum.* a' *Aspice domine quia aruit terra.* a' *Domine rigans montes.* a' *Si clauso celo.* ¶ Ad postulandum

---

[1] Si in his tribus diebus . . . cantabitur] underlined: O
[2] Feria secunda. Ad Processionem. *Benedicat nos.* or' *Felix namque.* V'. or' *Dum uero adhuc.* V'. or' *Te sanctum dominum.* V'. or'. Feria tercia. *Honor uirtus.* V'. or' *Ad nutum domini. O Pastor eterne. Te sanctum dominum.* Feria quarta. *Summe trinitati.* V'. *Felix namque.* V' *Hoc lignum crucis. O beata trinitas. Isti sunt uiri. Te sanctum dominum. Martyr domini.* [***] *Laudem dicite.* V': add.O, marg., l.h.
[3] Post sextam facta oratione] (for the ritual of the three Rogation days as transmitted by Ms P, see Appendix 5)
[4] et *Gloria patri*] cancelled: O
[5] (This oratio and the following in inverted order in C)
[6] or' *Adesto domine supplicationibus nostris . . . beato Petro.* or' *Presta quesumus omnipotens Deus ut ad te . . . beato Petro*: add.C
[7] non: add.O, interlined by l.h.
[8] et adiciens has antiphonas] cancelled: O

serenitatem: a' *Inundauerunt aque.* a' *Non nos dermeget Deus.* a'
Exaudi nos domine. a' *Libera domine populum.* Feria secunda a'
Omnipotens Deus supplices te rogamus. ¶ Feria tercia. a' *Timor et
tremor.* Feria quarta. a' *Oremus dilectissimi.* Intrando cimiterium illius
ecclesie ad quam itur a' *Clementissime exaudi.* Si quid monasterium in
itinere fuerit: intrabat conuentus cantans responsorium ipsius sancti. et
facta commemoratione egredientur cum antiphonis de Rogationibus.
¶ Si uero e uicino fuerit monasterium et non in uia: pertransientes
cantabunt antiphonam vel responsorium in honore sancti cuius titulo
idem dedicatum est monasterium. Cum autem peruentum fuerit ad
locum propositum: in introitum ecclesie in qua fiet statio Incipiat cantor
responsorium ad honorem sancti cuius titulo ea insignitur ecclesia. et
ipso festiue cantato: subiunget sacerdos versiculum et orationem
[[fol.70v]] sollenniter sine *Dominus uobiscum.* Statimque facta ut
moris est oratione: et signo ab abbate vel priore: cantetur hora nona. ad
quam ut predictum est dicetur primum capitulum de epistola: et oratio
de missa. Qua finita: Incipiat ebdomadarius officium misse. Et post
primam collectam: fiet commemoratio de sancto cuius altari assistitur.
et addetur de omnibus sanctis oratio: *Concede quesumus omnipotens
Deus ut intercessio nos. sancte Dei genitricis.* ¶ Post explectionem
misse die prima et secunda Rogationum. inchoabit precentor. a'
Saluator mundi salus nos omni. et cunctis astantibus ibi celebriter
cantabitur. et ea finita: tres fratres quibus iniunxerit cantor ante altare
incipient In festo quidem sancti Marci hanc letaniam.[1] *Christe audi nos.*
Ter. *Sancta Maria.* In prima uero die Rogationum cantabitur.
*Kyrieleyson. Christeleyson. Domine miserere. Miserere nobis. Christe
audi nos. Sancta Maria.* ¶ In die autem secunda: a quatuor strenuis
fratribus cantabuntur *Humili prece* ¶ Ad singulas uero predictarum
letaniarum cum in reditu processionis percantante fuerint in naui
ecclesie: duo fratres reuestiti in capis subiungent letaniam. *Agnus Dei
qui tollis.* et Quando cantauerint *Gloria patri.* processio in chorum
redebit. et ibi finita letania: cantabunt psalmos familiares.

[i.] IN Vigilia ascensionis domini:

[Ad matutinas.] Inuitatorium. hymnus. *Alleluia.* psalmi feriales.
versiculi. lectiones de canonicis epistolis[2]. responsoria de hystoria

---

[1] hanc letaniam] (the text of the Fécamp litanies is printed in Appendix 7)
[2] lectiones de canonicis epistolis] (no lessons given in B2)

transacte Dominice. ¶ Capitula et orationes de Resurrectione dicentur sicut in precedentibus diebus. ¶ In evangelio a' *Exiui a patre*. Ps. *Benedictus*. <Oratio de resurrectione.> Ad nonam tantummodo proprium de epistola habetur capitulum. *Multitudinis credentium*. et or' ¹*Presta quesumus omnipotens Deus pater*.

¶ Missa tam matutinalis quam maior: erit *Omnes gentes*. V' *Subiecit*. <*Gloria*.> Et ad [missam] matutinalem dicentur orationes [[**fol.71r**]] que solent dici ad missam magnam. et pro defunctis ut moris est: et in fine: ²*Sanctorum tuorum*. Ep. *Receperunt Iudei sermonem*.³ ¶ Ad maiorem uero missam: fiet memoria de sancto in cuius sunt ecclesia. et addetur oratio de omnibus sanctis. *Concede quesumus omnipotens Deus ut intercessio nos sancte Dei genitricis*. Ep. *Multitudinis credentium*. <*Alleluia* V' *Omnes gentes*. Euang. *Subleuasset*⁴ *dominus Ihesus oculis*. Offert. *Portas celi aperuit*. Secr. *Sacrificium domine pro filii*. ⁵ Comm. *Pater cum essem*. Postcomm. *Tribue quesumus domine ut per hoc sacramenta*.>

¶ Post missam pretermittatur a' *Saluator mundi*. Que dicebatur aliis diebus. et dum Sacerdos et diaconus deponunt uestimenta sua: cantore incipiente cantetur⁶ R' *Benedicat nos Deus*. Quo cantato: cum inceperit R' *Felix namque es*. redeat processio concinens illud et sequentia. R' *Te sanctum dominum*. R' *Inter natos*. R' *In omnem terram*. R' *O ueneranda martirum*. R' *Sancte Taurine*. R' *Sacerdotes Dei*. uel *Sint lumbi uestri*.⁷ R' *Offerentur regi*. Intrante autem ecclesia processione: inchoabit cantor R' *Laudem dicite*. et eo decantato: subsequuntur psalmi familiares.

¶ Ad vesperas super psalmos a' ⁸*Alleluia. Surrexit dominus*. Ps. *Dixit dominus*. Ps. *Confitebor*. Ps. *Beatus uir*. Ps. *Laudate pueri*. Cap. *Primum quidem sermonem feci*. R' ⁹*Non relinquam*. V' ¹⁰*Nisi ego*

---

¹ Thus B2, C / *Tribue quesumus domine* (†): O
² cancelled: O / *ecclesie*: add.O, interlined by l.h.
³ Ep. *Receperunt Iudei sermonem*] (not in M or S)
⁴ *Subleuatis*: S
⁵ Pref. *In hac precipue die*: add.S
⁶ a' *O beata trinitas. Isti sunt uiri sancti. Te sanctum dominum. In omnes ter[ram]. Martir domini sancte Leodega[re]. Laudem dicite*. uel: add.O, marg., l.h.
⁷ R' *Sacerdotes Dei*. uel *Sint lumbi uestri*] cancelled: O
⁸ *Surrexit Alleluia*: B1
⁹ the text-incipits of R', V', and r' by l.h. over erasure: A, B1, O
¹⁰ *Cantabimus et psallemus*: A

abiero. r' *Et gaudebit.* ym' *Hymnum canamus glorie. Transit triumpho nobis*[1]. *Apostoli tunc mistico. Hoc persecuti lumine.* [2] *A uobis ad celestia. Quo nos precamur tempore. Da nobis illuc sedula.* [3] *Gloria tibi domine qui scandis super sidera.* V' *Exaltare super celos Deus.* a' *Pater manifestaui. evovae.* Ps. *Magnificat.* In tribus diuidatur.[4] *Pater manifestaui.* § *Nunc autem pro eis.* § *Quia ad te uado.* or' *Presta quesumus omnipotens pater*[5] *ut nostre mentis intentio.* Ad processionem que fiet in nauem ecclesie: cantabitur R' *Christus resurgens* Sine uersu. et ibi fient commemorationes [a'] *Paradisi porta.* a' *Lux perpetua.*

Ad complectorium et ad [[fol.71v]] horas diurnas sequenti diei et totius ebdomade: hymnus intereretur versus *Nunc te precamur supplices Ihesu redemptor omnium ut nos tuis in ethera seruis benignus aggreges. Gloria tibi domine.*[6]

[LXX.] IN die ascensionis domini

ad matutinas: cantabunt sex monachi reuestiti in capis Inuit. *Alleluia. Regem ascendentem.* Ps. *Venite.* ym' *Ihesu nostra redemptio.* Antiphone et psalmi. versiculi et lectiones. et responsoria: vt sunt in libris ordinata.

<In primo nocturno. a'[1] *Eleuata est magnificantia.* Ps. *Domine dominus noster.* a'[2] *Dominus in templo.* Ps. *In domino confido.* a'[3] *A summo celo.* Ps. *Celi enarrant.* a'[4] *Exaltare domine.* Ps. *Domine in uirtute.* a'[5] *Exaltabo te domine.* Psalmus ipsum. a'[6] *Ascendit Deus in iubilatione.* Ps. *Omnes gentes.* V' *Eleuata est.* Lectiones. *Placet fratres karissimi ut aliquid de presentis.* R'[1] *Non* [7]*turbetur cor.* V' *Ego rogabo patrem. Spiritum.* R'[2] *Ego rogabo patrem.* V' *Si enim non abiero. Spiritum.* R'[3] *Si enim non abiero.* V' *Non enim loquetur. Omnem.* R'[4] *Non relinquam uos.* V' *Nisi ego abiero. Et gaudebit. Gloria.* [8]*Et gaudebit.*[9]>

---

[1] *glorie*: A, B1, B2
[2] *Quos alloquentes angeli*: add.B1 (in text), O (marg., l.h.)
[3] Hoc uersus dicatur tantummodo ad horas per totam ebdomadam. *Hic te precamus supplices*: add.B2
[4] In tribus diuidatur] (no indications in B1)
[5] *Deus*: B2, C
[6] Ad completorium. a' *Regina celi*: add.O, marg., l.h.
[7] *conturbetur*: A, B1
[8] *Alleluia*: A
[9] *Gloria. Et gaudebit*] (not indicated in B1)

<In secundo nocturno. a'[7] Nisi ego abiero. Ps. Quam dilecta. a'[8] Non turbetur cor. Ps. Cantate.j. a'[9] Nimis exaltatus es. Ps. Dominus regnauit.j. a'[10] Pacem meam do. Ps. Cantate.ij. a'[11] Dominus in Syon. Ps. Dominus regnauit irascantur. a'[12] Dominus in celo. Ps. Benedic anima.[j]. V' A summo celo. R'[5] Exaltare domine. V' Cantabimus et psallemus. In uirtute. R'[6] Ponis nubem. V' Qui facis. Qui ambulas. R'[7] Ascendit Deus in iubilatione. V' Ascendens in altum. Alleluia. R'[8] Ascendens in altum. V' Ascendit Deus. Dedit. Gloria.>
<Ad cantica. a' Sic ueniet quemadmodum.> Cant. *Quis est iste qui uenit de Edom.* <V' Exaltare domine. Euang. Recumbentibus cum undecim. Hom. *Quod resurrectionem dominicam.* R'[9] Eduxit dominus saluator. V' Et factum est. Et ferebatur. R'[10] Post passionem suam. V' Et conuescens. Et uidentibus. R'[11] Cumque intuerentur. V' Hic est enim. Alleluia. R'[12] Viri Galilei quid. V' Cumque intuerentur. Quemadmodum. Gloria. Viri Galilei.¹> *Post euangelium. Recumbentibus:* or' *Concede quesumus omnipotens Deus ut qui hodierna die unigenitum tuum redemptorem.*

In laudibus. <a'[1] Eleuatis Ihesus manibus. a'[2] Videntibus illis. a'[3] Cunque intuerentur. a'[4] Viri Galilei. a'[5] Collaudate regem.> Cap. ² *Primum quidem.* R' *Ascendit Deus in iublatione.* <V' Dominus in uoce tube. Alleluia alleluia. Gloria.> ym' *Eterne rex altissime.* V' *Ascendens Christus in altum.* a' *Ascendo ad patrem meum.* Ps. *Benedictus.* or' *Concede quesumus omnipotens Deus:* vt supra.
Ad processionem.³ a' ⁴*Crucem sanctam.* et [a'] *Paradisi porta.* et [a'] *Lux perpetua.*

Ad primam. ym' *Iam lucis orto sidere.*⁵ a' *Expectate promissum.*

¶ Missa matutinalis. *Viri Galilei.* Ps. *Omnes gentes plaudite.* <Gloria.> or' *Concede quesumus omnipotens Deus:* sola: nisi aliqua festiuitas superuenerit. Que si euenerit: addetur tercia or' *Da quesumus omnipotens Deus ut sancta Dei genitricis.* Ep. *Primum quidem.* ⁶*Alleluia* V' *Ascendit Deus in iubilatione.* Euang. *Recumbentibus.* Offert. *Viri Galilei.* cum versibus⁷ nisi magistro placuerit eos reseruari

---

¹ *Gloria. Viri Galilei*] (not indicated in B1)
² *Et conuescens precepit eis*: B2
³ Ad processionem] cancelled: O / Tunc fit processio: add.O, interlined by l.h.
⁴ cancelled: O / Surrexit: add.O, interlined by l.h.
⁵ Infra octabas in fine ymnorum uersus *Nunc te precamur. Gloria tibi domine*: add.B2
⁶ (not in M; but see the Missa Maior below p.275)
⁷ *Hic Ihesus. Sic ueniet*: add.S

ad magnam missam. ¶ Prefacio non dicatur. <Secr. *Suscipe domine munera.*>
Comm. *Psallite domino.* <Postcomm. *Presta nobis quesumus omnipotens et misericors Deus.*>

Ad terciam. ym' *Nunc sancte nobis.* a' *Domine si in tempore. evovae.*
Cap. *Primum quidem.* V' *Exaltare super celos Deus.* or' *Concede quesumus omnipotens.*

[Ad processionem.][1] Preparetur processio festiue. precedant uexilla. deinde aqua benedicta. et cruces. inde [[**fol.72r**]] candelabra. et thuribula. post hec textus. Sic ordinata processione: in choro cantetur a tribus senioribus *Salue festa dies*. Istum uersum ad gradum dicetur tribus uicibus. ¶ Ad secundum uersum exeat per inferiorem chori aditum processio preeunte post textum abbate. subsequentibus pueris et prioribus aliisque in ordine suo. et tribus predictis in medio eorum cantantibus uersibus: usquequo perueniatur ad locum ubi debeat fieri statio. Vbi cum alia occurrerit processio: intermittantur uersus. et allatis feretris incipiat cantor. a' *Isti sunt uiri sancti.* dicto autem ab abbate vel sacerdote versu *Exultabunt sancti in gloria. Dominus uobiscum.* Sollenniter. et or' *Propiciare quesumus domine nobis famulis tuis per sanctorum tuorum* <*merita gloriosa.*> Tunc processio redeat tres predicti monachi incipient V' *Christe salus.* Precedentibus his qui sacras ferunt reliquias et subsequentibus pueris et nouiciis: redibunt ad ecclesiam cantantes de supradictis uersibus. Qui uero portant feretra: stabunt in limine porte. transuersum eleuans illa sursum. et subtergredientur omnes summiso capite. ¶ Postea cum ante crucifixum uenerint. et quod cantant finierint: incipiat precentor. a' *O rex glorie domine uirtutum.* Quam concinentes intrent chorum et celebrent missam festiue.

[Maior missa.] *Viri Galilei.* V' *Cumque intuerentur.* <*Gloria.*> *Kyrieleyson.* prout cantor placuerit. *Gloria in excelsis. Rector ab arce.* cum prosa. or' *Concede quesumus omnipotens Deus.* <Ep.> *Primum quidem. Alleluia* V' *In assumptione. Alleluia* V' *Ascendens Christus.* Seq. *Rex omnipotens.* <Euang. *Recumbentibus undecim discipulis.*> *Credo in unum Deum.* [[**fol.72v**]] <Offert. *Viri Galilei quid.* Secr. *Suscipe domine munera.*> Prefacio <*Qui post resurrectionem.*> et *Communicantes* dicentur.

---

[1] Ad processionem] (for the ritual of the Ascension Day procession in Ms P, see Appendix 5)

Sanctus et *Agnus:* qualia uolueris. Comm. *Psallite domino.* <Postcomm. *Presta nobis quesumus omnipotens et misericors Deus.*[1]>

Ad sextam. a' *Euntes in mundum.* Cap. [2]*Et conuescens.* V' *Nimis exaltatus es.* <R'> *Super celos Deus.* or' [3]*Deus qui ad declaranda tue maiestatis.*

Ad nonam. a' *Illi autem prefecti. evovae.* Cap. [4]*Iohannes quidem baptizauit aqua.* V' *Dominus in celo parauit sedem suam. et* R' <*Et regnum.*> <or'> [5]*Tribue quesumus omnipotens Deus: ut munere festiuitatis.*

Capitula de ascensione Christi. [6]*Igitur qui conuenerant. Non est uestrum nosse tempora.* [7] *Cumque intuerentur in celum. Vnicuique nostrum data est gratia.* [8]*Ascendens Christus in altum captiuam. Fratres qui descendit ipse est qui ascendit.*[9]

Orationes. [10]*Deus cuius filius in alta celorum potenter ascendens.*[11] [12]*Adesto domine supplicationibus nostris. ut sicut humani generis saluator consedere. Da quesumus omnipotens Deus illuc subsequi tuorum membra.* [13]*Deus qui nos resurrectionis dominice et ascensionis.*[14]

¶ Ad vesperas. [a'] *Alleluia. Sic ueniet.* Ps. *Dixit dominus.* Ps. *Confitebor.* Ps. *Beatus uir.* Ps. *Laudate pueri.* Cap. *Videntibus illis eleuatus est.* R' *Ascendens Christus in altum alleluia.* V' *Captiuam duxit.* <Gloria.> ym' *Eterne rex altissime.* V' *Ascendit Deus in*

---

[1] alia *Deus cuius filius in alta*: add.S
[2] *Iohannes quidem baptizauit aqua*: B2 (*cf.* Nones below)
[3] *Adesto domine supplicationibus nostris: ut sicut humani generis saluatorem*: B1
[4] *Et conuescens*: B2 (*cf.* Sext above).
[5] *Adesto domine supplicationibus nostris*: B2 (*cf.* fn.3 *supra*) / *Deus cuius filius in alta celorum potenter ascendens*: B1
[6] om.B1, B2
[7] *Videntibus illis*: add.B1, B2
[8] om.B1
[9] *Videntibus illis*: add.C
[10] om.B1
[11] *Tribue quesumus omnipotens Deus; ut munere*: add.B1, B2
[12] om.B1
[13] om.B1
[14] Quere in sequenti dominice: add.B2

THE TEMPORAL

iubilatione. a' *O rex glorie domine uirtutum.* Ps. *Magnificat.* Diuidatur in tribus.¹ *O rex glorie.* § *Ascendisti.* § *Sed mitte.* <or' *Concede quesumus.*>
¶ Processio et Commemorationes fient sicut in precedenti die.²

Si aliqua festiuitas duodecim lectionum euenerit in die ascensionis: in crastino fiet. qualiscumque sit illa: et in vigilia et in die ascensionis post orationem de sancta trinitate. fiet commemoratio de uentura sollennitate. Deinde processio. Ad laudes et ad utrasque vesperas. et in sequenti die fiet commemoratio de ascensione. et Missa matutinalis. *Viri Galilei.* V' *Omnes gentes plaudite.* [[**fol.73r**]] *Alleluia* V' *Dominus in Synai.* et cetera. Si uero fuerit festiuitas trium lectionum qualiscumque in die ascensionis: in vigilia ad vesperas. et in die ad laudes et ad missam matutinalem. *Viri Galilei.* tantummodo fiet commemoratio de presenti festo.

¶ Post ascensionem domini ad nocturnas et ad horas diurnas cantabuntur usque ad pentecosten in loco antiphonarum *Alleluia* <ix>. De *Surgens Ihesus.* et de aliis que secuntur vsque in finem.³ ¶ Et sciendum quod septem diebus infra octabas ascensionis cantabitur ad laudes *Alleluia* <vj>. *Pater sancte.* et Ad vesperas super psalmos *Alleluia* <vj>. *Sic ueniet.*

[i.] Prima die post ascensionem domini:

et infra octabas feriatis diebus: [ad matutinas.] Inuit. *Ascendit Christus in altum. alleluia.* Ps. *Venite. Iubilemus ei.* ym' *Ihesu nostra redemptio.* In primo nocturno. a' *Alleluia. Surgens Ihesus.* ⁴ Psalmi feriales. <V' *Eleuata est magnificentia.* Lectiones de epistolis canonicis.⁵ R' *Ponis nubem.* R' *Ascendit Deus.* R' *Ascendens in altum.*
In secundo nocturno. <a' *Oportebat. Alleluia.*> V' *A summo celo.*⁶ <Capitula et orationes qualia uolueris.>

---

¹ Diuidatur in tribus] (no indication in B1)
² *Christus resurgens*: add.O, marg., l.h. / *Christus resurgens. Paradisi porta. Lux perpetua*: add.A, marg., l.h.
³ De *Surgens Ihesus* . . . finem] by contemporary hand over erasure: O
⁴ Et postea sicut sunt in ordine in primo nocturno et in secundo et ad omnes horas preter ad uesperas et ad laudes: add.A, marg., l.h.
⁵ de epistolis canonicis] de ascensione: B2 (but no lessons given)
⁶ R' *Ponis . . . celo*] om.B2

In laudibus. Capitulum et oratio: de suprascriptis que uolueris. excepta oratione: *Concede quesumus omnipotens Deus.* In laudibus a' *Alleluia. Pater sancte.* <Alleluia.> R' *Ascendit Deus in iubilatione.* ym' *Eterne rex altissime.* V' *Ascendens Christus in altum.* In euang. a' *Nisi ego abiero.*[1] Ps. *Benedictus.* ¶ Ad commemorationem de cruce: a' *Surrexit Christus et illuxit.* vel quelibet alia de supranotatis.

¶ Ad primam et ad alias horas [a'] *Alleluia.* Post *Surgens Ihesus.*[2]

Missa. *Viri Galilei.* Ps. *Omnes gentes.* <Gloria.> or' *Concede quesumus.* <Ep. *Primum quidem.*> *Alleluia* V' *Ascendit Deus in iubilatione. Alleluia* V' *Dominus in Synai.* vel[3] *Alleluia* V' *In assumptione.* Aliud uero *Alleluia* [V'] *Ascendens Christus.* non cantatur nisi in die ascensionis et in octauis. [Et cetera ut in festo.]

Ad vesperas. a' *Alleluia. Sic ueniet.* Psalmi de feria.[4] R'[5] *Ascendens Christus in altum.* ym'[6] *Hymnum canamus glorie.* V' *Ascendit Deus in iubilatione.* a' *Expectate.*[7] <Ps. *Magnificat.*> Commemoratio de cruce. a' *Crucifixus.* uel *Surrexit dominus.* Deinde [[**fol.73v**]] de sancta Dei genitrix. et cetera.

[ii.] ¶ Sabbato

[Ad matutinas.] Inuitatorium et cetera vt Supra. R' *Eduxit dominus.* R' *Post passionem.* R' *Viri Galilei.* In secundo nocturno V' *Exaltare domine.*

---

[1] Ut supra in secundo nocturno [ascensionis]: add.B2
[2] Ad primam . . . *Ihesus*] Ad primam. ad terciam. ad sextam. et ad nonam dicentur a' *Alleluia alleluia.* sicut in aliis diebus usque ad Pentecosten: B1 / Ad omnes horas a' *Alleluia.* capitulum. uersiculus et oratio de ascensione ad libitum: B2
[3] *Alleluia* V' *Ascendit* . . . vel] om.M, S
[4] *Voce mea ad dominum*: add.A, interlined by l.h.
[5] de octaua: add.A, interlined by l.h.
[6] Cap.(†): O
[7] ut supra ad primam [de ascensione]: add.B2

In laudibus. a' *Alleluia. Pater sancte.*[1] et cetera vt supra. ¶ In euangelio[2] a' *Eleuatis Ihesus manibus.* Ps. *Benedictus.*[3]

[LXXI.] Dominica prima post ascensionem domini.

Sabbato ad vesperas.[4] Capitulum de ascensione domini quodlibet.[5] R' *Ascendens Christus.* ym' *Hymnum canamus.* V' *Ascendit Deus in iubilatione.* a' *Non uos relinquam orphanos.* Ps. *Magnificat. evovae.* or' *Omnipotens sempiterne Deus fac nos tibi semper et deuotam gerere.* Post orationem de sancta trinitate: fiat commemoratio de ascensione[6]. a' [7]*Euntes in mundum.* Deinde a' *Crucem sanctam.* ¶ Ad processionem R':[8] prout cantor uoluerit.[9]

[Ad matutinas.] ¶ Inuit. [10]*Alleluia regem ascendentem.* Ps. *Venite.* ym' *Ihesu nostra redemptio.*
In primo nocturno. a' *Alleluia. Post dies octo.* Psalmus de ascensione.[11] V' *Eleuata est magnificentia.* Lectiones de sermonibus ascensionis <*Sacramentum dilectissimi salutis nostre.*> R'[1] *Eduxit dominus.* R'[2] *Post passionem.* R'[3] *Viri Galilei.* R'[4] *Ascendit Deus in iubilatione.* V' *Dominus in uoce tube.* <*Gloria.*>
In secundo nocturno. a' *Alleluia. Mitte manum.*[12] V' *A summo celo.* R'[5] *Cumque intuerentur.* R'[6] *Sic ueniet.* <V' *Videntibus illis. Alleluia.*> R'[7] *Dominus Ihesus* <postquam. V' *Sic ueniet. Et sedet.*> R'[8] *Ascendens Ihesus*[13] *in altum.* V' *Captiuam duxit. Gloria.*
Ad cantica. a' *Alleluia. Sic ueniet.* Cant. *Quis est iste qui uenit.* [et cetera.] V' *Exaltare domino.* Euang. *Cum uenerit paraclitus.* <Hom. *Et*

---

[1] Inuitatorium ... *Pater sancte*] cancelled: O / Fiet seruicium de sancta Maria si non fuerit festiuitas duodecim lectionum. Post orationem de Trinitate. fiet memoria de ascensione: add.O, marg., l.h., with connection indicated to a' *Eleuatis* below.
[2] In euangelio] cancelled: O
[3] Eodem die fiet de sancta Maria: add.B2
[4] [a'] *Alleluia. Sic ueniet.* Ps. *Confiteantur*: add.A, interlined by l.h.
[5] (an illegible note interlined by l.h. in O)
[6] domini: add.O, interlined by l.h.
[7] (with neumes above incipit, but text cancelled: O)
[8] *Regina celi*: add.O (interlined by l.h.), A (marg., l.h.)
[9] Commemoratio de ascensione domini si in tempore: add.A, marg., l.h.
[10] (with neumes above the incipits of both antiphon and psalm: O)
[11] Psalmi de ascensione domini *Dominus noster*: add.A, marg., l.h.
[12] Ps. *Quam dilecta*: add.A, marg., l.h.
[13] *Christus*: B1

multis sancti euangelii locis.> R'[9] *Ascendit Deus.* R'[10] *Ascendens in altum.* R'[11] *Omnis pulchritudo domine.* <V' *A summo celo. Et nomen.>* R'[12] *Dominus in celo parauit.* V' *Et regnum.* <*Alleluia.*> *Gloria.*
<Euang. *Cum uenerit paraclitus.* or' *Omnipotens sempiterne Deus.>*

In laudibus. a' *Alleluia. Pater sancte.* Cap. [1]*Estote prudentes. et uigilate.* R' *Ascendit Deus in iubilatione.* ym' *Eterne rex altissime.* V' *Ascendens Christus.* In euang. a' *Dum uenerit paraclitus.* Ps. *Benedictus.* or' *Omnipotens sempiterne Deus.* ¶ Ad commemorationem de trinitate[2] a' [3]*Videntibus illis eleuatus.* Oratio: de communibus ascen[sionis.][4]

<Ad processionem ante terciam R' *In die resurrectionis.* Item aliud R' *Sedit angelus.* sine uersu. et ad introitum R' *Christus resurgens.*[5] Ante orationem V' *Ascendens Christus in altum.*>

<Ad terciam. [6] Cap. *Estote prudentes.* V' *Exaltare domine.* or' *Omnipotens sempiterne.*>

<Missa maior. *Exaudi domine.* Ps. *Dominus illuminatio. Gloria.* or' *Omnipotens sempiterne Deus fac nos tibi.* Ep. *Estote prudentes.* Alleluia V' *Christus resurgens.* Alleluia V' *Regnabit dominus.* Euang. *Cum uenerit paraclitus.* Offert. *Ascendit Deus in iubilatione.* Secr. *Sacrificia nos domine.* Pref. *Qui generi humano nascendo.* Comm. *Pater cum essem.* Postcomm. *Repleti domine muneribus.*>

<Ad sextam. Cap. *Unusquisque sicut accepit gratiam.* V' *Nimis exaltatus es.* or' [7]*Deus qui nos resurrectionis dominice et ascensionis eius letabunda.*>

<Ad nonam. Cap. *Si quis loquitur quasi sermones.* V' *Dominus in celo.* or' [8]*Deus uita fidelium. gloria humilium. et beatitudo iustorum.*>

---

[1] (in B1, but not in C)
[2] cancelled: O / Ascensione: add.O, marg., l.h.
[3] marg., l.h.: A
[4] (Folio 73v of O ends at this point, and the subsequent page has been cut out. Ms O resumes (fol.74r) with the antiphon *ad cantica* of the octave, cap.LXXII below. Details given here of the services missing from O are taken from Mss A, B1, B2, M, S and P.)
[5] ante terciam . . . *resurgens*] in die *Sedit angelus* et *Christus resurgens*: A, marg., l.h.
[6] a' *Pater sancte. Alleluia*: add.A
[7] *Deus uita fidelium gloria humilium*: B2
[8] *Deus qui nos resurrectionis dominice et ascensionis*: B2

<Ad vesperas. a' *Sic ueniet Alleluia.* Ps. *Dixit dominus.* Capitulum de ascensione.[1] R' *Ascendens Christus in altum alleluia.* V' *Captiuam duxit.* ym' *Eterne rex altissime.* V' [2]*Exaltare super celos Deus.* a' *Sed hec locutus sum uobis.* Ps. *Magnificat.* or' *Omnipotens sempiterne.*>

<[i.] Feria secunda.>

<[Ad matutinas.] R' *Cumque intuerentur.* R' *Dominus Ihesus.* R' *Sic ueniet.* V' *Videntibus illis.*[3]>

<In laudibus.[4] a' *Videntibus illis.* Ps. *Benedictus.*>

<Ad vesperas.[5] a' *Domine si in tempore.* Ps. *Magnificat.*>

<[ii.] Feria tercia.>

<[Ad matutinas.] R' *Ponis nubem.* R' *Ascendit Deus.* R' *Ascendens in altum.*>

<In laudibus. a' *Collaudate.* Ps. *Benedictus.*>

<Ad vesperas. a' *Euntes in mundum.* Ps. *Magnificat.*>

<[iii.] Feria quarta.>

<[Ad matutinas.] R' *Eduxit dominus.* R' *Post passionem suam.* R' *Viri Galilei quid.*>

<In laudibus. a' *Pater sancte serua.* Ps. *Benedictus.*>

---

[1] de ascensione] *Fratres qui descendit*: B2
[2] *Ascendit Deus in iubilatione*: add.A, marg., l.h.
[3] [Cap.] *Igitur qui conuenerant.* [Cap.] *Non est uestrum nosse terra.* [Cap.] *Cunque intuerentur in celum.* [Cap.] *Unicuique nostrum data est.* [Cap.] *Ascendens Christus in altum*: add.C
[4] [ym'] *Eterne rex altissime*: add.A, interlined by l.h.
[5] [ym'] *Ymnum canamus glorie*: add.A, interlined by l.h.

<[LXXII.] In octavis ascensionis.>

<Ad vesperas. a' *Alleluia. Sic ueniet.* [1] Cap. *Primum quidem.* R' *Ascendens Christus in altum.* ym' *Hymnum canamus.* V' *Ascendit Deus in iubilatione.* a' *Nunc autem ad te uenio.* Ps. *Magnificat.* or' *Concede quesumus omnipotens Deus.*>

<Ad matutinas. Inuit. [2]*Alleluia. Regem ascendentem.* Ps. *Venite.* ym' *Ihesu nostra redemptio.*>
<In primo nocturno. a' *Alleluia. Post dies octo.* Psalmi de ascensione.[3] Lect. *Et dominus quidem Ihesus.* R'[1] *Eduxit dominus.* R'[2] *Post passionem.* R'[3] *Viri Galilei.* R'[4] *Ascendit Deus in iubilatione.* V' *Dominus in uoce.*>
<In secundo nocturno. a' *Alleluia. Mitte.* V' *A summo celo.* R'[5] *Cumque intuerentur.* R'[6] *Sic ueniet.* V' *Videntibus. Alleluia.* R'[7] *Dominus Ihesus postquam.* V' *Sic ueniet. Et sedet.* R'[8] *Ascendens Christus.* V' *Captiuam. Gloria.*>
[[fol.74r]] Ad cantica. a' *Alleluia. Sic ueniet.* Sicut in precedenti Dominica. Psalmi de ascensione.[4] Lectiones de sermonibus ascensionis.
<Euang. *Ecce mitto ego.* Hom. *Promissum patris: graciam dicit.*> Responsoria eadem que in precedenti dominica notauimus cantabuntur. <R'[9] *Ascendit Deus in iubilatione.* R'[10] *Ascendens in altum.* R'[11] *Omnis pulchritudo.* V' *A summo celo. Et nomen.* R'[12] *Dominus in celo parauit.* V' *Et regnum.*> Euang. *Ecce ego mitto.* post euangelium: or' <*Concede quesumus omnipotens Deus.*>

¶ In laudibus. a' *Alleluia. Pater sancte.* et cetera sicut in die ascensionis. ¶ In euangelio a' [5]*Vado ad eum.* Ps. *Benedictus.* or' *Concede quesumus.*[6]

Ad terciam. a' *Alleluia. Pater sancte.* et cetera sicut in die ascensionis.

[Missa maior.] <*Viri Galilei.* V' *Cumque intuerentur.* Cetera omnia ut in die ascensionis excepto euangelio *Ecce ego mitto promissum patris.*>

---

[1] [Ps.] *Laudate nomen domini.* [Ps.] *Laudate*: add.A, interlined by l.h.
[2] (written twice to different melodies in A)
[3] sicut in die: add.A, interlined by l.h.
[4] Psalmi de ascensione] Cant. *Quis est iste.* V' *Exaltare domine*: A, B2
[5] *Vado parare uobis locum*: A, B1, B2
[6] Ad primam [a'] *Alleluia* de communibus: add.O marg., contemporary hand / Hore sicut in festo: B2

¶ Ad vesperas. a' *Alleluia. Sic ueniet.* [Ps.] *Dixit dominus.* et ceteri.
Cap. *Fratres qui descendit.* vel aliud. et cetera.' sicut in die ascensionis.
[1] a' *Dominus quidem Ihesus. evovae.* Ps. *Magnificat.* or' *Concede quesumus omnipotens Deus:*

Si festiuitas beatorum apostolorum Philippi et Iacobi. vel inuentionis sancte crucis. In his octabis euenerit.' nichil de ascensione domini fiet preter commemorationem ad vesperas et ad laudes et ad missam matutinalem. Si autem aliud alicuius sancti eadem die superuenerit festum.' quod debeat celebrari cum duodecim lectionibus.' dicto [a'] *Alleluia. Sic ueniet.* cum psalmis de feria.' subsequetur capitulum de sancto. et fiet commemoratio de ascensione a' *Nunc autem pro eis.* or' *Concede.* Eruntque octo lectiones et responsoria de sancto. et quatuor de octabis ascensionis. Fietque memoria de sancto.' ad laudes. ¶ Missa matutinalis *Viri Galilei.* V' *Cumque intuerentur.* Et euangelium *Ecce ego mitto.* ¶ Maior missa.' erit de sancto. et omnes hore diei.

Si uero trium lectionum in his octabis euenerit festiuitas de sancto fiet ad vesperas et in laudibus commemoratio. et de ipso cantabitur missa matutinalis. Maior autem.' de ascensione. ad quam uidelicet missam. pronunciabitur euangelium. *Ecce ego mitto.*[2] Cetera omnia.' sicut in die ascensionis. excepto quod non[3] cantabitur Sequencia.' nec dicetur *Credo in unum Deum.* nec prefacio.[4] [[fol.74v]] nec *Commmunicantes.*

[i.] Prima die post octabas ascensionis.'
[ad matutinas.] Inuit. *Alleluia alleluia.* Ps. *Venite. Iubilemus ei.* ym' *Ihesu nostra redemptio.*

Ad nocturnos et laudes et horas diei. tam in hac quam in sequenti feria.' *Alleluia alleluia* de a' *Surgens Ihesus.* et aliis que secuntur. Lectiones.' *Fratres nolite mirari.* R' *Ponis nubem.* R' *Ascendit Deus.* R' *Ascendens in altum.* In secundo nocturno. V' *A summo celo.*

In laudibus. a' *Alleluia alleluia.* de communibus. Capitulum.

---

[1] ym' *Eterne rex altissime*: add.O, A (both marg., l.h.)
[2] *Alleluia* [V'] *In assumptione. Alleluia* [V'] *Ascendens Christus*: add.O, marg., l.h.
[3] cancelled: O / *Sequentia de die ascensionis*: add.O, marg., l.h.
[4] (an illegible note in lower margin of O)

responsorium. et hymnus. et uersiculus: de ascensione. antiphona in euangelio *Non turbetur cor uestrum.* Ps. *Benedictus.*[1]

Ad vesperas.[2] a' *Spiritus sanctus docebit.* Ps. *Magnificat.*[3]

[LXXIII.] IN[4] Vigilia pentecostes.

[Ad matutinas.] Inuit. *Alleluia alleluia* <*alleluia.*> Ps. *Venite.* <Ymnus de ascensione. antiphone *Alleluia.* psalmi de feria. uersiculi. et capitula et orationes. ad matutinas et ad omnes horas de ascensione.> lectiones tres de euangelio. *Si diligitis me.* quod legetur sine pronunciatione euangelii. R' *Non conturbetur*[5]*. R' Ego rogabo.* R' *Si enim non abiero.* Cetera omnia de ascensione erunt. In secundo nocturno V' *Exaltere domine.*

[In laudibus.] In euang. [a'] *Rogabo patrem meum.* Ps. *Benedictus.* or' *Deus qui nos resurrectionis dominice.*

Ad omnes horas diei sicut et noctis cantabuntur *Alleluia alleluia.* que incipientur ubi hesterna finierunt. et capitula. et uersiculi et orationes: de ascensione.

¶ Missa matutinalis: erit de sancta Maria.[6]

Post sextam ibunt fratres in dormitorium: deinde ablutis manibus reuertentes in ecclesiam facient orationem. et postea reuestient se albis. ¶ Abbas autem reuestitus ad missam: solus sine diacono perget ad altare. et baiulus eius eum sequens librum deferet. Ante altare autem unus solus cereus tunc erit accensus. Perueniens siquidem abbas ad altare: statim dicet sollenniter Oremus. *Da nobis quesumus domine per graciam sancti spiritus.* Subsequetur lectio. *In principio creauit.* et tunc magnus cereus accendatur. et ardeat [[fol.75r]] usque post

---

[1] Maior Missa erit de transacta dominica si non fuerit festiuitas: add.O, marg., contemporary hand.
[2] Ps[almi] de feria: add.O, interlined by l.h. / *Voce mea*: add.A, l.h.
[3] [a'] *Alleluya de communibus.* hymnus de ascensione: add.O, marg., l.h. / [***] *Paradisi porta* [***]: add.A, l.h.
[4] (with decorated initial in blue and red: O)
[5] *turbetur*: B2
[6] Missa matutinalis; erit de sancta Maria] underlined: O

completorium sequentis diei. Finita lectione: subiunget abbas or' *Deus qui sacramento festiuitatis.* Lect. *Mense tercio egressionis Israel.* Cant.[1] *Attende celum.* <V' *Expectetur sicut.* V' *Et sicut nix.* V' *Date magnificentiam.* V' *Deus fidelis in quo.*> or' *Omnipotens sempiterne Deus qui paschale sacramentum.* Lect. *Nuntiauit Moyses uerba populi.* or' *Deus qui nos ad celebrandum.* Lect. *Apprehendent septem mulieres.* Cant.[2] *Vinea facta est.* <V' *Et maceriam.* V' *Et torcular.*> or' *Deus qui in omnibus.* Lect. *Hec est hereditas.* or' [3]*Deus qui per prophetarum ora.* Cant.[4] *Sicut ceruus.* <V' *Sitiuit anima.* V' *Fuerunt michi.*> or' *Concede quesumus omnipotens Deus.* his finitis: cantent duo fratres ad gradum letaniam cotidianam *Kyrieleyson. Christeleyson.* Cui adiungatur *Per aduentum spiritus sancti paracliti. libera.* Et cum percantauerint ultimum eiusdem letanie *Agnus Dei* [5]<non fit processio in nauem ecclesie nisi fontes debent benedici. sed lectis lectionibus et cantatis tractibus et letanis statim misse introitus inchoatur.> Ebdomadarius indutus cappa excelsa uoce incipiat *Kyrieleyson.* et abbas ad altare cum ministris accedat. factaque supplicatione et confessione: post *Kyrieleyson. Gloria in excelsis Deo* incipiat. Dicta autem oratione <*Presta quesumus omnipotens Deus: ut claritatis.*> et lecta in ambone epistola <*Factum est cum Apollo esset Corinthi.*> et cantato *Alleluia* V' *Confitemini:* Sequatur Tr. *Laudate dominum.* <V' *Quoniam conformata.*> Euang. *Si diligitis me.* Offert. *Emitte spiritum.* Primi duo uersi dicantur. Tercius in futura ebdomada ad magnam missam in loco offertorii cantandus.[6] *Credo in unum Deum.* non dicetur. <Secr. *Hostias populi tui.*> *Sanctus* et *Agnus Dei* sine prosis. <Comm. *Ultimo festiuitatis.* Postcomm. *Presta quesumus omnipotens Deus: ut spiritus.*> *Ite missa est* dicatur.

Si festiuitas duodecim lectionum uel trium euenerit in isto die: ad vesperas et ad laudes et ad missam matutinalem fiet commemoratio de sancto. et eodem modo fiet quocumque die sequentis ebdomade aliqua superueniente festiuitas. nec habebit plus uel minus quam dictum est. nisi forsitan sollennitas dedica-[7][[**fol.75v**]]-tionis tunc temporis acciderit. quam in quacumque die euenerit oportebit celebrari.

---

[1] Tractus: M
[2] Tractus: M
[3] (thus S, but cancelled) / *Omnipotens sempiterne Deus multiplica*: M, S (marg., contemporary hand)
[4] Tractus: M
[5] (from P fol.91r)
[6] Primi duo uersi ... cantandus] (no verses indicated in M)
[7] Si festiuitas ... dedica-] the whole of this paragraph underlined to the end of the page: O

[1]<Ordo secundum Gregorium in uigilia Pentecosten sabbato ante descensum fontis. In primis dicatur Lect. *Temptauit Deus Abraham.* or' *Deus qui in Abrahe famuli tui.* Lect. *Scripsit Moyses canticum.* Cant. *Attende celum.* or' *Deus qui nobis per prophetarum ora.* ut supra. Lect. *Apprehendent.* Cant. *Vinea facta est.* or' *Deus qui nos ad celebrandum presentem festiuitatem.* ut supra. Lect. *Audi Israel mandata uite.* or' *Deus incommutabili uirtus et lumen.* Cant. *Sicut ceruus.* or' *Concede quesumus omnipotens Deus. ut qui sollenitatem doni sancti spiritus.* ut supra. Deinde eant a fonte cum letania. Oratio ad [missam] post ascensum fontis *Presta quesumus omnipotens Deus. ut claritatis.* Secr. *Hostias populi tui quesumus domine.* Pref. *Vere dignum. eterne Deus. Qui sacramentum paschale.* Infra actionem *Communicantes et diem sacratissimum pentecosten.* Item infra actionem *Hanc igitur oblationem seruitutis nostra. sed et cuncte.* Ad compl. *Presta quesumus omnipotens Deus. ut spiritus sanctus.>*

¶ Ad vesperas. a' *Alleluia. Sic ueniet.* Ps. *Dixit dominus.* Ps. *Confitebor.* Ps. *Beatus uir.* Ps. *Laudate pueri.* Cap. *Cum complerentur dies pentecostes.* vsque *ubi erant sedentes.* R' *Non relinquam uos orphanos.* V' *Eleuatis manibus Ihesus.* r' *Et gaudebit. Gloria. Alleluia.* ym' *Iam Christus astra ascenderat. Sollennis urgebat dies. Dum hora cunctis tercia. De patris ergo lumine. Impleta gaudent uiscera. Ex omni gente cogniti. Iudea tunc incredula. Sed signis et uirtutibus. Hic Christe nunc paraclitus. Sit laus patri cum filio.* V' *Spiritus domini repleuit orbem terrarum.* a' *Si quis diligit me. Diuidatur in tribus. Si quis diligit.* § *Et pater meus.* § *Et ad eum ueniemus.* <Ps. *Magnificat.*> or' *Presta quesumus omnipotens Deus. ut claritatis tue super nos splendor.* ¶ Ad processionem que fieri debet in hac et in subsequentibus quatuor diebus: cantabitur[2] *Christus resurgens.* Sine uersu. et fient commemorationes. a' *Paradisi porta.* a' *Lux perpetua.* or' *Da quesumus domine fidelibus.*[3]

[LXXIV.] IN die sancto pentecoste.

matutinale servitium sicut in nocte dominice resurrectionis celebrabitur in albis. et idem ordo qui in predicta nocte obseruabitur in incipiendis

---

[1] (from S fol.61v)
[2] Ad processionem ... cantabitur] Factis commemorationibus sollempnibus. fit processio in nauem ecclesie R': P / illegible note, marg., l.h.: A
[3] commemorationes ... fidelibus] interim commemorationes sicut in paschali: P / [***] *Paradisi porta. Lux perpetua. Ad completorium. Regina celi*: add.A, marg., l.h.

matutinis¹ et antiphonis et in legendo evangelii et thurificando altare et chorum et cantandis responsoriis: excepto quod non dicitur *Gloria patri*. nisi tantum ad tercium responsorium nec repetentur duo prima responsoria.
<Inuit. *Alleluia Spiritus domini repleuit.* Ps. *Venite.* ym' *Veni creator spiritus.*>
<In primo nocturno. a' *Factus est repente.* Ps. *Magnus dominus.* a' *Confirma hoc Deus.* Ps. *Exurgat Deus.* a' *Emitte spiritum tuum.* Ps. *Benedic anima mea.*² V' *Factus est repente.* R' *Aduenientis spiritus uehementis.* Euang. *Si quis diligit me.* Hom. *Licet fratres karissimi euangelice uerba.* R' *Dum complerentur dies.* V' *Dum ergo essent. Tanquam.*³ R' *Spiritus sanctus procedens.* V' *Aduenit ignis. Ut in ore.* R' *Ite in orbem.* V' *Paraclitus autem. Et qui. Gloria. Ite in orbem.*> Post *Te Deum laudamus*. dicet abbas V' ⁴*Spiritus domini repleuit orbem terrarum.*

[In laudibus.] et subiunget *Deus in adiutorium*. Et deinde incipiet Ebdomadarius antiphonam: <a'[1] *Dum complerentur dies.* Ps. *Dominus regnauit.* a'[2] *Spiritus domini repleuit.* Ps. *Iubilate.* a'[3] *Repleti sunt omnes.*> pretermisso vsque ad *Deus Deus meus. Deus misereatur.* <a'[4] *Fontes et omnia.* a'[5] *Loquebantur uariis.*> Cap. *Apparuerunt apostoli dispertite.* R' *Spiritus domine repleuit.* <V' *Et hoc quod. Alleluia. Gloria.*> ym' [[**fol.76r**]] *Beata nobis gaudia.* V' *Spiritus sanctus procedens a patre.* a' *Cum autem complerentur dies pentecostes.* Ps. *Benedictus.* or' *Deus qui hodierna die corda fidelium.* Commemoratio de cruce. a' ⁵*Crucem sanctam subiit.*⁶

Ad primam. ym' *Iam lucis.* et addatur versus. *Hic Christe nunc paraclitus. Sit laus patri cum filio.* a' *Dum complerentur. evovae.*

Missa matutinalis. *Spiritus domini.* <V' *Exurgat Deus. Gloria.*> cum una sola collecta. <*Deus qui hodierna die corda.*> ¶ Si aliqua festiuitas ea die euenerit. post primam collectam fiet commemoratio de sancto. et addetur tercia oratio. *Da quesumus omnipotens Deus ut sancta Dei*

---

¹ *Domine labia mea* [***]: add.O, marg., l.h.
² Ps. *Benedic anima mea*] Ps. *Benedic anima mea domino domine Deus meus Magnificatus*: A, interlined by l.h.
³ [alius] V' *Repleti sunt. Tanquam*: add.A, B1
⁴ marg., l.h.: A
⁵ cancelled: O / *Surrexit*: add.O, interlined by l.h.
⁶ *Commemoratio de cruce . . . subiit*] *Commemorationes Da pacem. Surrexit. Paradisi. Lux perpetua*: A, marg., l.h.

genitricis. Ep. *Cum*[1] *complerentur. Alleluia* V' [2]*Emitte spiritum.* Cetera sicut ad magnam missam.

¶ Ad aquam benedictam aspergendam. cantabitur a' *Vidi aquam.* V' *Confitemini. Gloria.*

Ad terciam. ym' *Veni creator spiritus.*[3] <a'> *Spiritus domini repleuit.* evovae. Cap. *Cum complerentur.* vsque in eodem loco. V' *Factus est repente de celo sonus.* or' [4]*Deus qui hodierna die.*

Ad processionem.[5] a' *Alleluia alleluia. hodie omnes apostoli.* et <R'> *Loquebantur uariis linguis.*[6] <sine uersu.> Ad introitum a' *Hodie completi sunt.* Qua in choro finita: subiunget sacerdos[7] V' *Spiritus domini repleuit orbem terrarum.* et or' *Via sanctorum.*

¶ Missa maior. *Spiritus domini repleuit.* V' *Omnium est enim artifex.* <Gloria.> *Kyrieleyson. Pater creator omnium.* Sine prosis. *Gloria in excelsis. Deus inuisibilis.* <or' *Deus qui hodierna die corda.* Lect. *Cum*[8] *complerentur dies.*> primum *Alleluia* V' *Veni sancte spiritus.* Cantetur a quatuor senioribus. et aliud *Alleluia* V' *Non uos relinquam.* a quatuor cantetur. <Seq. *Sancti spiritus assit nobis.* Euang. *Si quis diligit me.*> Offert. <*Confirma hoc Deus.* Secr. *Munera quesumus domine oblata.* Pref. *Qui ascendens.*> *Sanctus. Pater ex quo.* <Infra actionem. *Communicantes et diem sacratissimum pentecosten. Hanc igitur oblationem seruitutis nostre sed et cuncte.*> *Agnus Dei. Qui sedes.* <Comm. *Factus est repente.* V' *Et appareurunt illis. Et repleti sunt*[9] Postcomm. *Sancti spiritus domine corda.*[10]>

---

[1] *Dum*: S
[2] (not in M) / [alius] *Spiritus domini repleuit*: add.S (in addition to the two for the Missa Maior below)
[3] Hic uersus *Sit laus patri.* non dicitur: add.B2
[4] *Deus qui corda fidelium*: B1, B2
[5] Ad processionem] Post terciam non fit processio sollempnis in nauem et exit de choro eadem uia qua die ascensionis. et in motione incipit cantor et chorus percantat: P
[6] *Alleluia alleluia hodie . . . linguis*] cancelled: O / *Dum complerentur.* V' *Dum ergo essent.* Introitum a' *Ite in orbem.* V' *Paraclitus*: add.O, interlined by l.h. / Ad processionem *Dum complerentur. Ite in orbem.* require quarta pasche. Ad introitum *Hodie completi sunt*: add.O, marg., another l.h. / *Alleluia alleluia Hodie omnes apostoli*] cancelled by one l.h., with 'non dicitur', and '*Dum complerentur*' interlined by another l.h.: A
[7] Qua in choro . . . sacerdos] deinde sacerdos ante orationem: P
[8] *Dum*: B2
[9] V' *Et appareurunt illis. Et repleti sunt*] (thus S) / om.M
[10] [alia] *Annue misericors Deus. ut qui diuina*: add.S

Ad sextam. a' *Repleti sunt.* Cap. *Facta autem hac uoce.* V' *Loquebantur uariis linguis apostoli.* <or' Omnipotens sempiterne Deus qui paschale sacramentum.>

Ad nonam. a' *Loquebantur uariis. evovae.* Cap. *Spiritus domini repleuit.* V' *Repleti sunt omnes.* <or' Deus qui sacramento festiuitatis hodierne.>

Ad vesperas. [a'] *Alleluia.* [[**fol.76v**]] *Dum complerentur.* <Ps. Dixit dominus. Ps. Confitebor. Ps. Beatus uir. Ps. Laudate pueri.> Cap. *Dum*[1] *complerentur.* Sicut ad alias uesperas. R' *Loquebantur uariis linguis.* <V' Magnalia Dei. Alleluia. Gloria.> ym' *Veni creator spiritus.* V' *Spiritus domini repleuit.* a' *Hodie completi sunt.* In quatuor diuidatur ante *Gloria patri.* Item. *Hodie completi sunt.* § *Hodie spiritus sanctus.* § *Misit*[2] *eos.* § *Qui crediderit.* <Ps. Magnificat. or' Deus qui hodierna.>
Processio fiet et commemorationes: sicut in transacta die.[3]

¶ Quatuor primis diebus huius ebdomade et pasche. et Natalis domini. duo sacerdotes reuestientur ad vesperas et ad laudes ad thurificanda altaria Sancti saluatoris et Sancte Trinitatis. Reliquis uero diebus: unus ad laudes et duo ad vesperas.

¶ Tota ebdomada ad nocturnos et ad horas diurnas:[4] Cap.[1] *Repleti sunt omnes spiritu sancto.* Sequenti feria: et deinceps: Cap.[2] *Loquente Petro cecidit.* Aliud.[3] *Obstuperunt ex circuncisione.* Item aliud.[4] *Ait Petrus.* ¶ Feria tercia. et quolibet subsequenti die: Cap.[5] *Cum audissent apostoli.* Aliud.[6] *Qui baptizati erant.* Aliud.[7] *Predicantibus apostolis uerbum domini.* Aliud.[8] *Dum*[5] *orassent apostoli motus est.* Aliud.[9] *Tribulatio pacienciam operatur.*

Orationes. *Annue misericors Deus ut qui diuina.* Alia *Illo nos igne quesumus domine spiritus.* Alia [6]*Concede quesumus omnipotens Deus*

---

[1] *Cum*: B1, B2
[2] *Missit* (†): O
[3] Processio fiet . . . die] Processio *Christus*. et in [***]: A / Istis quatuor diebus ad processionem. *Da pacem. Christus resurgens. Paradisi porta. Lux perpetua*: add.A, marg., l.h. / Ad processionem. a' *Alleluia alleluia hodie omnes apostoli pariter in unum congregati erant*: add.B1
[4] Tota ebdomada . . . diurnas] Ms C (fol.105v) gives a series of Chapters 'super ebdomadam', without further rubric, as follows (numbers refer to the numeration in the main text): 1, 8, *O patientia autem probationem*, 2, 3, 4, 7, 5, 6.
[5] *Cum*: B1, B2
[6] Cancelled: O / om.B1, B2

ut qui sollennitatem. doni spiritus sancti colimus. Alia. *Presta quesumus omnipotens* [1] *Deus: ut spiritus sanctus adueniens.*[2]

[i.] ¶ Infra octabas

[ad matutinas.] Inuit. *Repleti sunt omnes.* Ps. *Venite.* et ad nocturnos ym' *Veni creator spiritus.*

[ii.] ¶ Feria secunda.

[Ad matutinas.] In primo nocturno. a' *Alleluia. Post dies octo.* Ps. *Beatus uir.*[3] et alii sicut habentur in ebdomada pasche. V' [4]*Factus est repente de celo.* Euang. *Sic Deus dilexit mundum.* <Hom. *Ergo quantum in medico.*> R' [5]*Dum complerentur dies.* V' *Dum ergo.* R' [6]*Spiritus sanctus procedens.* V' *Aduenit* ⟦ **fol.77r** ⟧ *ignis.* R' [7]*Apparuerunt apostolis.* V' *Loquebantur uariis.* <*Seditque. Gloria.*>[8]
In secundo nocturno. a' *Alleluia. Mitte manum.* Ps. *Saluum me fac.*[9] et ceteri. prima Nocte. <Capitulum quodlibet.> V' *Confirma hoc Deus.* Alia *Emitte spiritum.*[10] <Oratio ad libitum.>

In laudibus. a' *Alleluia. Spiritus domini.* Cap. *Loquente Petro.* Responsorium <*Spiritus domini repleuit.*> hymnus <*Beata nobis gaudia.*> et uersiculus <*Spiritus sanctus procedens.*> Sicut in die pentecostes. In euang. a' *Sic Deus dilexit mundum.* Ps. *Benedictus.* or' *Deus qui apostolis tuis.*

Ad primam. a' *Alleluia. Crucifixus.*

Ad terciam. ym' *Veni creator.* a' *Alleluia. Loquebantur.* Cap. *Loquente Petro.* V' *Factus est repente.* or' *Deus qui apostolis.*

---

[1] *et misericors*: add.B1, B2, C
[2] *Da quesumus ecclesie tue misericors*: add.B1, B2
[3] *Post dies octo. Ps. Beatus uir*] (thus in B1) / incipits over erasures: O
[4] over erasure: O
[5] *Spiritus sanctus repleuit.* V' *Dum ergo essent. Et repleti*: B1, B2
[6] *Apparuerunt illis dispertite.* V' *Loquebantur uariis. Seditque.* alius V' *Et ceperunt. Alleluia*: B1, B2
[7] *Repleti sunt.* V' *Ecce omnes. Alleluia. Gloria*: B1, B2
[8] [alius] V' *Et ceperunt loqui. Seditque*: add.A
[9] *Mitte manum. Ps. Saluum me fac*] over erasure: O
[10] *Confirma hoc Deus.* Alia *Emitte spiritum*] over erasure: O / V' *Confirma hoc Deus*: B1

¹ Ad sextam. a' *Alleluia. Surrexit dominus.* Cap. *Obstuperunt.* V'
²*Repleti sunt omnes.* Oratio <ad libitum.>

Ad nonam. a' *Alleluia. Ego sum pastor.* Cap. *Ait Petrus nunquid aquam.* V' ³*Loquebantur uariis linguis.*

In eadem [die] missa. *Cibauit eos.* <Ps. *Exultate Deo. Gloria.*> *Kyrieleyson. Cunctipotens.* Sine prosis. *Gloria in excelsis. O laudabilis rex.* <or' *Deus qui apostolis tuis.* Lect. *Aperiens Petrus os suum.*> *Alleluia* V' *Spiritus sanctus docebit. Alleluia* V' ⁴ *Spiritus paraclitus.* <Seq. *Alma chorus domini.* Euang. *Sic Deus dilexit mundum.* Offert. *Intonuit de celo.* Secr. *Propicius domine quesumus hec dona.* Pref. ⁵*Qui promissum spiritum.*> *Sanctus. Perpetuo.* <Infra actionem Communicantes. *Hanc igitur.*> *Agnus Dei. Omnipotens eterne Deus.* <Comm. *Spiritus sanctus docebit.* Postcomm. *Adesto quesumus domine populo.*>

Ad vesperas. a' *Alleluia. Dum complerentur.* Ps. *Dixit dominus.* et ceteri. Sicut in die pentecostes. Cap. *Apparuerunt apostoli.* <R' *Loquebantur.*> ym' *Beata nobis gaudia.* <V' *Spiritus domini repleuit.*> a' *Non enim misit Deus.* Ps. *Magnificat.* <or' *Deus qui apostolis tuis.*>

[iii.] Feria tercia.

[Ad matutinas.] In primo nocturno. a' *Alleluia. Modicum.* Ps. *Domine dominus noster.* et alii. <V' *Factus est repente.* Euang. *Amen amen dico uobis qui non intrat.* Hom. *Contra Phariseos specialiter.*> R' ⁶*Repleti sunt omnes.* <V' *Ecce omnes. Alleluia.*> R' ⁷*Loquebantur uariis.* <V' *Repleti sunt omnes. Magnalia.*> R' ⁸*Facta autem hac uoce.* <V' *Stupebant omnes. Magnalia. Gloria.*> In secundo nocturno. a' <*Alleluia.*> *Iterum uidebo.* Ps. *Domini est terra.* et ceteri. <Capitulum et oratio ad libitum.> V' ⁹*Emitte spiritum.*

---

¹ (for the Mass in O, see below after Nones)
² (thus B1) / over erasure: O / *Loquebantur uariis*: B2
³ (thus B1) / over erasure: O / *Repleti sunt*: B2
⁴ *Paraclitus spiritus sanctus*: M
⁵ *Qui ascendens:* M
⁶ *Loquebantur uariis.* V' *Repleti sunt. Magnalia*: B1, B2
⁷ *Facta autem.* V' *Stupebant autem. Magnalia*: B1, B2
⁸ *Spiritus sanctus procedens.* V' *Aduenit*: B1, B2
⁹ *Confirma hoc Deus*: B2

In laudibus. a' *Alleluia. Emitte spiritum.* Cap. *Cum audissent apostoli.*
In euang. a' *Amen amen dico uobis.* Ps. *Benedictus.* or' *Assit nobis domine quesumus uirtus.*

Ad primam. a' *Alleluia alleluia. Vsquemodo.*

Ad terciam. ym' *Veni creator spiritus.* a' *Alleluia. Dum complerentur.*
Cap. *Cum audissent.* <V' *Factus est repente.* or' *Assit nobis domine.*>

¶ Missa. *Accipite iocunditatem.* <Ps. *Attendite popule. Gloria.*> *Kyrieleyson.*
Te pater. Sine prosis. *Gloria in excelsis. Qui Deus et rector.* <or' *Assit nobis domine.* Lect. *Cum audissent apostoli.*> *Alleluia* V' *Spiritus qui*
[[**fol.77v**]] *a patre procedit. Alleluia* V' *Factus est repente.* Seq. *Eya musa.* <Euang. *Amen amen dico uobis: qui non intrat.* Offert. *Portas celi aperuit.* Secr. *Purificet nos quesumus domine.* Pref. ¹*Qui spiritus sanctus infusione.*> *Sanctus. Deus pater.* <Infra actionem *Communicantes. Hanc igitur.*> *Agnus Dei. Fons indeficiens.* <Comm. *Spiritus qui a patre.* Postcomm. *Mentes nostras quesumus domine spiritus.*>

Ad sextam. a' *Alleluia. Sic ueniet.* Cap.² *Qui baptizati erant.* <V' *Loquebantur uariis.*>

Ad nonam. a' *Alleluia. Pater sancte.* Capitulum de communibus.

¶ Ad vesperas. a' *Alleluia. Spiritus domini.* Ps. *Dixit dominus.* et cetera omnia sicut in die pentecostes excepta a' [in euang.] *Ego sum ostium.*
Ps. *Magnificat.* or' *Assit nobis domine quesumus.*

[iv.] Feria quarta [Quatuor Temporum.]

[Ad matutinas.] In primo nocturno. a' *Alleluia. Post dies octo.* Ps. *Celi enarrant.* et alii. <Euang. *Nemo uenit ad me.* Hom. *Trahit Deus pater.*> R'
³*Spiritus sanctus repleuit.* <V' *Dum ergo essent. Et repleti.*> R' ⁴*Aduenit ignis.* <V' *Inuenit eos concordes. Et tribuit.*> R' ⁵*Spiritus domini repleuit.* V' *Omnium est enim. Et hoc. Gloria.*>

---

¹ *Qui ascendens*: M
² Capitula et orationes ad sextam et ad nonam ad libitum: B2
³ *Spiritus domini repleuit.* V' *Omnium est. Et hoc*: B1, B2
⁴ *Disciplinam et sapientiam.* V' *Repentino namque. Et intellectu*: B1, B2
⁵ *Aduenit ignis.* V' *Inuenit eos. Et tribuit. Gloria*: B1, B2

In secundo nocturno. a' *Alleluia. Mitte manum.* Ps. *Quemadmodum.* et ceteri.

In laudibus. a' *Alleluia. Loquebantur.* In euang. a' *Amen amen dico uobis qui credit.* Ps. *Benedictus.* or' *Mentes nostras quesumus domine.*

Ad primam. [1] a' *Alleluia. Crucifixus.*

Ad terciam. ym' *Veni creator.* a' *Alleluia. Spiritus domini.* Capitulum quodlibet.

¶ Missa matutinalis. *Deus dum egredereris.* <Ps. *Exurgat Deus. Gloria.*> *Kyrieleyson. Regnum summe. Gloria in excelsis. Qui celicolas.* <or' *Mentes nostras quesumus domine paraclitus.* Lect. *Per manus apostolorum.*> *Alleluia* V' *Spiritus paraclitus.* Item *Alleluia* V' *Loquebantur uariis.* Seq. *Christe saluator.* <Euang. *Nemo postest uenire ad me.*> Offert. *Confirma hoc Deus.* <Secr. *Accipe*[2] *quesumus domine munus.* Pref. [3]*Per quem discipulis.*> *Sanctus. Pater lumen eternum.* <Communicantes. *Hanc igitur.*> *Agnus Dei. Qui patris.* <Comm. *Pacem meam do.* Postcomm. *Sumentes domine celestia.*>

Ad sextam. a' *Alleluia. Surrexit.*

¶ Missa de ieiunio.[4] *Deus dum egredereris.* <Ps. *Exurgat de Deus. Gloria.* or' *Mentes nostras quesumus domine paraclitus.* ut supra.[5] Lect. *Dixit Salomon filiis Israel. diligite iusticiam.*> *Alleluia* V' *Emitte.*[6] <or' *Presta quesumus omnipotens et misericors Deus ut spiritus.*[7] Lect. *Audi Iacob serue meus.*> *Alleluia* V' *Spiritus paraclitus.*[8] <Euang. *Accedentes discipuli ad Ihesum.*> Offert. *Meditabor.* <Secr. *Solennibus ieiuniis expiatos.*> [9] Comm. *Pacem meam.* <Postcomm. *Concede quesumus domine populo.*>

---

[1] Ad omnes horas et ad uesperas antiphone *Alleluia.* capitulum et oratio ad libitum: B2
[2] *Suscipe*: M
[3] *Qui ascendens*: M
[4] Missa de ieiunio] Missa matutinalis (†): M / Nota quod omnis conuentus insimul cantetur *Alleluia.* Diaconus et subdiaconus erunt in albis sine seruitoribus ecclesie. et prima oratio dicetur sine prefatione: add.O, marg., l.h. / (The Quatuor Tempora masses in Ms S are placed after Dominica Tercia post Pentecosten)
[5] or' *Omnipotens et misericors Deus; apta nos*: add.S
[6] *Alleluia* V' *Emitte*] Gr. *Venite filii*: S
[7] alia or' *Da nobis mentem domine*: add.S
[8] *Alleluia* V' *Spiritus paraclitus*] Gr. *Beata gens*: S
[9] Pref. *Qui post illos leticie dies*: add.S

Ad nonam. a' *Alleluia. Ego sum pastor.*

Ad vesperas. a' *Alleluia. Dum complerentur.* Ps. *Dixit dominus.* et ceteri. ym' *Beata nobis gaudia.* a' *Ego sum panis uiuus.* Ps. *Magnificat.* or' *Mentes nostras.*

[v.] ¶ Feria quinta.

[Ad matutinas.] In primo nocturno. a' *Alleluia. Modicum.* Ps. *Domine in uirtute.* et ceteri. <Euang. *Conuocatis Ihesus duodecim apostolis.* Hom. *Concessa primum potestate.*> R' *Disciplinam.* <V' *Repentino namque. Et intellectu.*> R' *Iam non dicam uos.* <V' *Quorum remiseritis. Accipite.*> R' *Ite in orbem.* <V' *Paraclitus.*>
In secundo nocturno. a' *Alleluia. Iterum.* Ps. *Exaudi Deus orationem.* et alii.

In laudibus. a' *Alleluia. Emitte.* In euangelio a' *Conuocatis Ihesus.* Ps. *Benedictus.* [[**fol.78r**]] *Kyrieleison.* et cetera. or' *Presta quesumus omnipotens Deus ut claritatis.* sicut in uigilia pentecostis.

¶ Ad primam. a' *Alleluia. Vsquemodo.*[1]

Ad terciam. ym' *Veni creator.* a' *Alleluia. Loquebantur.*

Missa. *Spiritus domini.* <Ps.> [2]*Omnium est enim. Kyrieleyson. Teoricam. Gloria in excelsis. Angelica iam pater.* <or' [3]*Illo nos igne quesumus domine.* Lect. *Philippus descendens in ciuitatem.*> *Alleluia* V' *Emitte.* Item *Alleluia* V' *Veni sancti spiritus.* Seq. *Prome casta.* <Euang. *Conuocatis dominus Ihesus duodecim.*> In loco offertorii V' *Extendens celum.*[4] <Secr. *Virtute sancti spiritus.* Pref. [5]*Per quem pietatem.*> *Sanctus. Rex eternus.* <Communicantes. *Hanc igitur.*> *Agnus Dei.* Sine prosis. <Comm. *Factus est repente.* Postcomm. *Sacris celestibus cooperiante.*[6]>

---

[1] Missa matutinalis. *Spiritus domini. Alleluia* [V'] *Spiritus domini repleuit.* et cetera: add.O, marg., l.h.
[2] Ps. *Exurgat Deus*: M
[3] *Presta quesumus omnipotens Deus; ut claritatis*: M
[4] In loco offertorii V' *Extendens celum*] Offert. *Emitte spiritum tuum*: M
[5] *Qui ascendens*: M
[6] alia. *Presta quesumus domine ut a nostris*: add.S

¶ Ad sextam. [a'] *Alleluia. Sic ueniet.*

Ad nonam. a' ¹*Alleluia. Pater sancte.*

¶ Ad vesperas. a' ²*Alleluia. Spiritus domini.* Ps. *Dixit dominus.* et ceteri. ym' *Iam Christus.* a' *Egressi duodecim.* Ps.*Magnificat. Kyrieleyson.* <or' Presta quesumus omnipotens Deus.> et Suffragia sanctorum. et vespere de omnibus sanctis. dicantur.

[vi.] Feria sexta [Quatuor Temporum.]

[Ad matutinas.] In primo nocturno. a' *Alleluia. Post dies octo.* Ps. *Domine quis habitabit.* [et alii.] <Euang. Factum est in una dierum. Hom. De paralitico per tegulas.> R' ³*Repleti sunt.* R' ⁴*Loquebantur uariis.* R' ⁵*Facta autem hac.*
In secundo nocturno. a' *Alleluia. Mitte manum.* Ps. *Exultate Deo.* et alii. <Capitulum et oratio ad libitum.>

[In laudibus.] ⁶ In euangelio a' *Factum est in una dierum.* Ps. *Benedictus.* or' ⁷*Da quesumus ecclesie tue misericors pater ut sancto spiritu congregata.*

Ad primam.⁸ a' *Alleluia. Crucifixus.*

Ad terciam. ym' *Veni creator.* a' *Alleluia. Spiritus domini.*

¶ Missa <matutinalis>. *Repleatur os meum.* <Ps. In te domine speraui. Gloria.> *Kyrieleyson. Summe pater. Gloria in excelsis. Hinc laudando.* <or' Da quesumus ecclesie tue. Lect. Aperiens Petrum os suum. Alleluia V' Repleti sunt. Alleluia V' Factus est repente.> Seq. *Iubilans concrepa.* <Euang. Factum est in una dierum. Offert. Lauda anima mea. Secr. Sacrificia domine tuis oblata.> ⁹ *Sanctus.*

---

¹ *Ego sum pastor. Alleluia*: B1
² *Dum complerentur. Alleluia*: B1
³ *Dum complerentur.* V' *Repleti sunt*: B1, B2
⁴ *Spiritus sanctus repleuit.* V' *Dum ergo*: B1 / *Spiritus domini repleuit*: B2
⁵ *Apparuerunt apostolis.* V' *Et ceperunt*: B1, B2
⁶ In Laudibus. a' *Alleluia. Confirma hoc Deus*: add.O, marg., contemporary hand / om.B2
⁷ *Concede quesumus omnipotens Deus; ut qui solennitatem doni*: B1
⁸ Ad primam] Ad omnes horas antiphona *Alleluia.* ad sextam et ad nonam capitulum et oratio ad libitum: B2
⁹ Pref. *Et maiestatem tuam suppliciter*: add.S

Pater ingenitus. Agnus Dei. ter. <Comm. *Spiritus ubi uult.* Postcomm. *Sumpsimus domine sacri dona.*>

¶ Ad sextam. a' *Alleluia. Surrexit.*

Missa de ieiunio. *Repleatur os meum.* <or' [1]*Deus qui ecclesie tue ut sancto.* ut supra. Lect. *Exultate filie Syon.*> *Alleluia* V' *Repleti sunt.* <Euang. *Venit ad Ihesum uir qui nomen Iairus.*> Offert. *Benedic anima mea domino.* <Secr. *Ut accepta tibi sint.*> Comm. *Spiritus ubi uult spirat.* <Postcomm. *Annue quesumus omnipotens Deus: ut sacramentorum.*>

Ad nonam. a' *Alleluia. Ego sum pastor.*

¶ Ad vesperas. a' *Alleluia. Dum complerentur.* ym' *Iam Christus astra ascenderat.* a' [2]*Audistis quia ego.* Ps. *Magnificat.* <or' *Da quesumus ecclesie tue.*>

[vii.] Sabbato [Quatuor Temporum.]

[Ad matutinas.] In primo nocturno. a' *Alleluia. Modicum.* Ps. *Domini est terra.* et ceteri. <Euang. *Surgens Ihesus de synagoga.* Hom. *Si uirum a demonio.*> R' [3]*Spiritus sanctus procedens.* R' [4]*Aduenit ignis diuinis.* R' [5]*Spiritus domini.*
In secundo nocturno. a' *Alleluia. Iterum.* Ps. *Cantate.j.* ⟦ fol.78v ⟧ et ceteri. <Capitulum et oratio ad libitum.>

In laudibus. a' *Alleluia. Factus est repente.* In euang. a' *Venit enim princeps.* Ps. *Benedictus.* or' *Mentibus nostris domine spiritum.*

Ad primam. a' *Alleluia. Vsquemodo.*

Ad terciam. ym' *Veni creator.* a' *Alleluia. Loquebantur.*

Missa matutinalis. *Karitas Dei.* <Ps. *Domine Deus salutis. Gloria.*>
Kyrieleison. Conditor kyrie. Gloria in excelsis. Hanc quesumus nobis.

---

[1] *Ut nobis domine terrenarum.* alia *Da quesumus ecclesie tue.* ut supra: S
[2] *Audistis quia dixi uobis*: B1
[3] *Loquebantur.* V' *Repleti*: B1, B2
[4] *Facta autem.* V' *Stupebant*: B1, B2
[5] *Spiritus sanctus procedens.* V' *Aduenit*: B1, B2

<or' *Mentibus nostris domine spiritum.* Lect. *Conuenit uniuersa ciuitas.*> *Alleluia* V' *Karitas Dei diffusa.* Item *Alleluia* V' *Loquebantur.* Seq. *Sempiterno deuote.* <Euang. *Surgens dominus Ihesus de synogoga.*> Offert. *Confirma hoc.* <Secr. *Hec oblatio domine.* Pref.[1] *Ut tuam omnipotentiam.*> *Sanctus* et *Agnus* ad libitum. Comm. *Non uos relinquam.*[2] <Postcomm. *Prebeant nobis domine.*>

Ad sextam. a' *Alleluia. Sic ueniet.*

Missa de ieiunio. *Karitas Dei.* <or' *Presta quesumus domine tales nos*[3]. Lect. *Effundam de spiritu meo.*> *Alleluia* V' *Spiritus sanctus docebit.* <or'[4] *Deus qui ad animarum.* Lect. *Locutus est dominus ad Moysen dicens. Loquere.*> *Alleluia* V' *Spiritus qui a patre.* <or' *Presta quesumus omnipotens Deus ut salutaribus.* Lect. *Dixit Moyses filiis Israel.*> *Alleluia* V' *Spiritus paraclitus.* <or' *Deus qui misericordia tua.* Lect. *Dixit dominus ad Moysen. Si in preceptis.*> *Alleluia* V' *Karitas Dei.* <or' *Deus qui non despicis corde.* Lect. *Angelus domini descendit cum Azaria.* require in aduentu domini. et> Tr. *Benedictus es domine Deus.* <or' *Deus qui tribus pueris.* Ep. *Iustificati ex fide.*> Item Tr. *Laudate dominum.* <V' *Quoniam confirmata.* Euang. *Egrediente domino Ihesu ab Iherico.*> Offert. *Domine Deus salutis.* <Secr. *Domine Deus noster qui in hiis.*>[5] Comm. *Non uos relinquam.* <Postcomm. *Sumptum quesumus domine uenerabile.*>[6]

[7] Si hoc ieiunium placuerit vel oportuerit obseruari post pentecosten: cantabitur ad missam feria quarta. [Offic.] *Deus cum egredereris.* R' *Venite filii.* Item R' *Beata gens.* Offert. *Meditabor.* Comm. *Pacem meam.* Feria sexta [Offic.] *Repleatur os meum.* R' *Propicius esto.* Offert. *Benedic anima mea.* Comm. *Spiritus ubi uult.* Sabbato [Offic.] *Karitas Dei diffusa.* R' *Domine refugium.* R' *Ab occultis meis.* R' *Protector noster.* R' *Conuertere domine.* Tr. *Benedictus es domine.* Tr. *Laudate dominum.* Offert. *Domine Deus salutis.* Comm. *Non uos relinquam orphanos.*

---

[1] *Qui ascendens*: M
[2] *uos relinquam*] tr.M
[3] *Mentibus nostris domine.* ut supra: M / *Mentibus nostris domine*: add.S, marg., contemporary hand
[4] *Illo nos igne.* ut supra: M / *Illo nos igne*: add.S, marg., contemporary hand
[5] (no Preface given in S)
[6] Ad Nonam. a' *Alleluia*: B1 / *Pater sancte*: add.O, marg., contemporary hand.
[7] ¶ Si dedicatio sancte Trinitatis in ebdomada pentecostes. feria quarta. uel sexta. uel sabbato euenerit; reseruetur ieiunium usque in sequentem ebdomadam. quia eo die non debemus ieiunium celebrare: add.O, marg., contemporary hand

Suprascriptam[1] Responsorium. ad matutinas ebdomade Pentecostes distinctionem. in libello quem usus uocant inuenimus. et ideo eam huic opusculo nostro ne noua cudere uideamus apponendum duximus. Sed mirum. si liber ille est autenticus: qua ratione in omnibus ecclesie nostre antiphonariis seu breuariis non illa sed alia ordinatio eorumdem responsoriorum habetur. uidelicet in feria secunda R'[1] *Spiritus sanctus.* R'[2] *Apparuerunt apostolis.* R'[3] [[**fol.79r**]] *Repleti sunt omnes.* Feria tercia. R'[1] *Loquebantur uariis.* R'[2] *Facta autem hac uoce.* R'[3] *Spiritus sanctus procedens.* Feria quarta. R'[1] *Spiritus domini repleuit.* R'[2] *Disciplinam et sapientiam.* R'[3] *Iam non dicam.* Feria quinta. R'[1] *Disciplinam et sapientiam.* R'[2] *Aduenit ignis diuinus.* R'[3] *Ite in orbem terre.* Feria sexta. R'[1] *Dum complerentur.* R'[2] *Spiritus sanctus repleuit.* R'[3] *Apparuerunt apostolis.* Sabbato. R'[1] *Loquebantur uariis.* R'[2] *Facta autem hac uoce.* R'[3] *Spiritus sanctus procedens.* ¶ Habita igitur sub oculis utraque dispositionem: que magis approbanda uidebitur obseruetur.

[LXXV.] IN octabis pentecosten [De Sancta Trinitate.[2]]

ad Vesperas Super psalmos. a' [3]*Spes nostra.* Ps. *Dixit dominus.* Ps. *Confitebor.* Ps. *Beatus uir.* Ps. *Laudate pueri.* Cap.[4] *Gratia domini nostri.* R' *Honor uirtus.* <V' Trinitati.> ym' [5]*Adesto sancta trinitas.* V' [6]*Benedictus es domine.* <R' Et laudabilis.> a' *Gracias tibi Deus.* Ps. *Magnificat.* Ante *Gloria patri.* In duabus partibus diuisa cantetur.[7] *Gratias tibi.* vsque *Trinitas. Vna et summa.* vsque in finem. or' [8]*Omnipotens sempiterne Deus* <qui dedisti.> Post *Benedicamus domino.* Ibit processio in nauem ecclesie concinens a' [9]*Summe. Sine uersu.* et

---

[1] (with decorated initial in red and blue across two lines: O)
[2] De Sancta Trinitate] (thus in running headline to fol.79r of O)
[3] by later hands over erasure: A, O / *Dum complerentur. Alleluia*: B1
[4] by l.h. over erasure: O / *Karitas Dei diffusa est*: B1
[5] by l.h. over erasure: O / *Veni creator spiritus*: B1
[6] by l.h. over erasure: O, A, B1
[7] In duabus ... cantetur] (Ms A indicates two divisions, one after *una trinitas*, the other after *una et summa ueritas*, giving a total of three sections.)
[8] by l.h. over erasure: O / *Concede quesumus omnipotens et misericors Deus; ut sicut in nomine*: B1
[9] by l.h. over erasure: O

dicta oratione ¹*Domine Deus pater omnipotens.* addetur a' ²*Fons ortorum.* et ³*Exultabunt.* or' *Da quesumus domine fidelibus.*⁴

¶ Si in crastino euenerit festiuitas cuiuslibet sancti: ad has vesperas post *Benedicamus domino* et similiter ad laudes et missam matutinalem. de eo fiet commemoratio. Et inchoata de ipso sancto antiphona: dicetur *Gloria patri.* ante orationem. *Dominus uobiscum.* Quod si duodecim lectionum fuerit festiuitas: eodem modo fiet commemoratio ad dominice diei ad uesperas. et sequenti feria secunda plenarium de eadem festiuitate seruicium celebrabitur. Similiter fiet et in sequenti dominica quelibet et alicuius sancti vel plurimorum euenerit festiuitas. [[fol.79v]]

[Ad matutinas.] Sex monachi reuestiti in cappis cantabunt vitatorium. *Deum uerum unum.* Ps. *Venite.* Hymnus. ⁵*O pater sancte.*
In primo nocturno. a'[1] *Gloria tibi trinitas.* Ps. *Domine dominus noster.* a'[2] *Laus et perhennis.* Ps. *Celi enarrant.* a'[3] *Gloria laudis.* Ps. *Domine in uirtute.* a'[4] *Laus Deo patri.* Ps. *Domini est terra.* a'[5] *Ex quo omnia.* Ps. *Eructauit.* a'[6] *Libera nos.* Ps. *Deus noster refugium.* V' ⁶*Verbo domini.* Lect. ⁷*Scire debetis fratres karissimi.* R'[1] *Benedicat nos Deus.* <V' *Deus misereatur. Et metuant. Gloria patri. Et metuant.*> R'[2] *Benedictus dominus.* <V' *Replebitur maiestate. Et benedictum. Gloria patri. Et benedictum.*> R'[3] *Quis Deus magnus.* <V' *Notam fecisti. In eo. Gloria.*> R'[4] *Honor uirtus.* <V' *Trinitati lux.* ⁸*In perhenni. Gloria. Honor.*⁹ >
In secundo nocturno. a'[7] *Karitas pater est.* Ps. *Magnus dominus.* a'[8] *Verax est pater.* Ps. *Exaudi Deus orationem meam cum deprecor.* a'[9] *Adesto Deus.* Ps. *Te decet.* a'[10] *Te unum.* Ps. *Cantate.j.* a'[11]

---

¹ by l.h. over erasure: O
² by l.h. over erasure: O
³ by l.h. over erasure: O
⁴ Post *Benedicamus domino . . . fidelibus*] De cruce. de beate. de omnibus sanctis: add.O, marg., l.h. / Postea fiant commemorationes de cruce de sancta Maria et de omnibus sanctis: B2 / R' *Summe trinitati.* deinde fiunt commemorationes de cruce a' *Crux alma.* de sancta Maria. a' *Sicut lilium.* et de omnibus sanctis a' *Te gloriosus.* uel alia: P / [***] Ad processionem *Summe* [*trinitati*] de omnibus sanctis: add.A, marg., l.h.
⁵ by l.h. over erasure: O / incipit erased: B1
⁶ (thus B1) / by l.h. over erasure: O, A
⁷ *Ingenio summe inquisitionis perscrutatum*: B1
⁸ om.A
⁹ uel *In perhenni*: add.A

Te semper idem. Ps. *Dominus regnauit exultet.* a'[12] *Te inuocamus.*
Ps. *Cantate.ij.* Alia in libris habetur a'[13] *Una igitur* <*pater logos patrisque*[1] *substancia.*> Que solummodo ad commemorationem Trinitatis cantatur.[2] V' [3]*Sit nomen.* R'[5] *Magnus dominus.* V' *Magnus dominus.* <*Et sapientie. Gloria.*> R'[6] *Gloria patri geniteque.* <V' *Da gaudiorum. Omni tempore. Gloria.*> R'[7] *Tibi laus.* <V' *Et benedictum. In secula. Gloria. In secula.*> R'[8] *Summe trinitati.* <V' *Prestet nobis. Qui totum. Gloria.* [4]*Qui.*>
Ad cantica. a' *Spes nostra.* Cant. [5]*Domine miserere.* V' [6]*Benedicat nos.* Omnes lectiones erunt de predicto sermone. R'[9] *Magnus dominus.* V' *Qui numerat.* <*Et sapientie.*> R'[10] *Benedicamus patrem.* <V' *Benedictus es. In secula. Gloria. In secula.*> R'[11] *Te Deum patrem.* <V' *Quoniam magnus. Tibi.* [7]> R'[12] *O beata trinitas.* <V' *Tibi laus tibi. O beata. Gloria. O beata.*> Euang. *Cum uenerit paraclitus.* <quere in dominica post ascensionem.> or' [8]*Omnipotens sempiterne.*

In laudibus. a'[1] *O beata et benedicta.* <Ps. *Dominus regnauit.*> V' *Tibi laus.* <*O beata.*> a'[2] *O beata.* V' *Miserere.* <*O beata.*> a'[3] *O uera.* V' *Tibi laus.* <*O uera.*> a'[4] *O uera.* V' *Miserere.* <*O uera.*> a'[5] *Te iure laudant.* V' *Tibi laus.* <*Te iure.*> Capitulum. Responsorium. et Versiculus et hymnus.[9] sicut in die pentecostes. ¶ In euangelio a' *Benedicta sit creatrix.* Ps. *Benedictus.* or' [10]*Omnipotens sempiterne Deus.* ¶ Ad [11][***] Commemorationes sicut ad uesperas.

¶ Ad primam. a' [12]*Gloria laudis.*

---

[1] *paraclitusque*: A (interlined by l.h.), B2
[2] *que solummodo . . . cantatur*] om.B2
[3] by l.h. over erasures: O, A
[4] *Summe trinitati*: B2
[5] by l.h. over erasure: O / erased: A, B1
[6] by l.h. over erasure: O, A, B1
[7] *Gloria. Tibi*: add.A
[8] by l.h. over erasure: O / *Deus qui hodierna die corda fidelium*: B1
[9] [Cap.] *Gratia domini nostri.* [R'] *Verbo domini.* [V'] *Benedicamus patrem.* [ym'] *Adesto*: add.O, marg., l.h.
[10] by l.h. over erasure: O, adapting initial '*D*' of original incipit / *Deus qui hodierna die*: B1
[11] erasure of one half of a line: O / *Da pacem* [***] *Flos* [***] *Beati pauperes* [***]: add.A, marg., l.h.
[12] by l.h. over erasure: O, A / *Dum complerentur Alleluia*: B1

THE TEMPORAL

Missa matutinalis. ¹*Spiritus domini.* or' ²*Deus qui [hodierna die] corda fidelium.*³ **[[fol.80r]]** ⁴[***] Sola nisi aliquod festum superuenerit. et tunc agatur oratio de sancto. et de omnibus sanctis. Ep. *Dum complerentur.* R' *Beata gens. Alleluia* V' *Veni sancte.* Euang. *Si quis.*⁵ Offert. *Confirma.*⁶ vsque *Spiritus est Deus et eos qui adorant eum in spiritu et ueritate: oportet adorare.*⁷ <Secr. *Remotis obumbrationibus.*>
⁸ Comm. ⁹*Factus est.* <Postcomm. *Letificet nos domine.*>
Dum aspegatur aqua benedicta cantetur a' ¹⁰*Asperges me domine.*

Ad terciam. ym' ¹¹*Veni creator spiritus.* a' ¹²*Laus Deo.* V' ¹³*Verbo domini celi firmati sunt.* Capitula. versiculi. et orationes tam ad¹⁴ istam tam ad alias horas: sicut in die Pentecostes.¹⁵

Ad processionem: ¹⁶ R' *Benedicat nos Deus.* Cum versu. R' ¹⁷*Benedictus dominus.* R' *Honor uirtus.* Ad introitum. R' *Summe Trinitati.*¹⁸

Missa. *Benedicta sit.* V' *Benedicamus.*¹⁹ <Gloria.> *Kyrieleyson. Cunctipotens.* sine prosis. *Gloria. Laus tua Deus.* <or' *Omnipotens sempiterne Deus qui dedisti.*> Ep. ²⁰*Vidi ostium.* R' *Benedictus.*²¹ Item²²

---

¹ by l.h. over erasure: O, with initial '*D*' of original incipit visible
² by l.h. over erasure: O, with initial '*O*' of original incipit visible
³ alia *Timentium te domine saluator.* alia *Omnipotens sempiterne Deus cuius beatitudinem*: add.S
⁴ erasure (probably of end of incipit of original oratio): O / Post primam orationem quatuor orationes: add.O, marg., l.h.
⁵ *Dum complerentur . . . si quis*] all incipits by l.h. over erasures: O
⁶ Offert. *Confirma*] over erasure: O
⁷ vsque *Spiritus . . . adorare*] cancelled: O (probably signalling the termination of the original Evangelium in John 4:24)
⁸ Pref. *Qui cum unigenito filio tuo*: add.S
⁹ by l.h. over erasure: O
¹⁰ by l.h. over erasure: O
¹¹ by l.h. over erasure: O
¹² by l.h. over erasures: A, O / *Spiritus domini Alleluia*: B1
¹³ by l.h. over erasures: A, O
¹⁴ ab (†): O
¹⁵ Capitula . . . pentecostes] *Capitulum et oratio ut supra ad laudes*: B2
¹⁶ *Benedicat nos Deus.* cum uersu. In statione. *Honor uirtus*: add.A, marg., l.h.
¹⁷ cancelled: O
¹⁸ Ante orationem V' *Benedicamus patrem*: add.P
¹⁹ *Benedicta sit.* V' *Benedicamus*] by l.h. over erasures: O
²⁰ *Si crucifixus est Christus*: S
²¹ R' *Benedictus*] by l.h. over erasure: O
²² cancelled: O

Alleluia V' *Benedictus es.*[1] *spiritus sanctus.*[2] Seq. [3]*Benedicta sit beata.* Euang. *Cum uenerit paraclitus.* Offert. [4]*Benedictus sit.* addatur versus *Regna terre.* et post finem *Alleluia* dicatur. <Secr. *Sanctifica quesumus domine.*> Prefacio [5] *Qvi ascendens super omnes celos. Communicantes.* et *Hanc igitur oblationem. Sanctus. Pater. Agnus Dei. Fons indeficiens.* Comm. [6]*Benedicite Deum.* <Postcomm. *Proficiat nobis ad salutem.*[7]>

Ad sextam. a' [8]*Ex quo omnia.* <Cap. *Quatuor animalia.*> V' [9]*Sit nomen domini.* <or' *Domine Deus pater omnipotens.*>

Ad nonam. a' [10]*Libera nos.* <Cap. *O altitudo diuiciarum.*> V' [11]*Benedicat nos Deus Deus.* <or' *Deus qui per coeternam.*>

Ad vesperas. a' *Alleluia.* [12]*Dum complerentur.* [Ps.] [13]*Dixit dominus.* et alii. <a' *In patre.* Ps. *Confitebor.* a' *Sanctus sanctus.* Ps. *Beatus uir.* a' *Gloria et honor.* Ps. *Laudate pueri.*[14]> Capitulum <[15]*Apparuerunt apostoli.*> Responsorium <[16]*Loquebantur uariis linguis.*> Versiculus <[17]*Spiritus domini repleuit.*> sicut in die pentecostes. ym' [18][***] a' [in euang.] *Te Deum patrem.* Non[19] diuidatur. or' [20][***].[21]

---

[1] *Benedictus* es] by l.h. over erasure: O
[2] *spiritus sanctus*] cancelled: O
[3] by l.h. over erasure: O, with the initial '*S*' of the original incipit visible
[4] by l.h. over erasure: O
[5] de trinitate: add.O, marg., l.h.
[6] by l.h. over erasure: O
[7] alia *Domine Deus pater omnipotens*: add.S
[8] by l.h. over erasures: A, O / *Sic ueniet Alleluia*: B1
[9] by l.h. over erasures: A, O
[10] by l.h. over erasures: A, O / *Loquebantur Alleluia*: B1
[11] by l.h. over erasures: A, O
[12] cancelled: O / *Gloria et honor Deo*: A (by l.h. over erasure), B2
[13] over erasure: A, O
[14] a' *In patre . . . pueri*] by l.h. over erasure: A
[15] *Gratia domini nostri*: B2
[16] *Magnus dominus*: B2
[17] *Benedictus es domine*: B2
[18] incipit erased and alteration illegible: O / *Veni creator*: B1 / *Adesto sancta trinitas*: B2
[19] cancelled: O
[20] erasure of one half of a line, with subsequent alteration now illegible: O / *Deus qui hodierna die*: B1 / *Omnipotens sempiterne Deus*: B2
[21] Ad processionem in naui *Summe trinitati.* de cruce. de beata. de omnibus sanctis: add.O, marg., l.h.

[1]<Super ebdomadam ad vesperas In evangelio. *Gloria et honor Deo. In patre manet eternitas. Sanctus sanctus sanctus dominus Deus. Gloria et honor et benedictio sedenti. Benedictio et claritas.*>

[LXXVI. Capitula et orationes de sancta Trinitate.]

Capitula de sancta Trinitate. *O altitudo diuiciarum. Gracia domini nostri Ihesu Christi. Benedictio et claritas. Qvatuor animalia. Cum darent* [[**fol.80v**]] *animalia gloriam et honorem. Fratres tres sunt qui testimonium.*

Orationes. [2]*Concede quesumus omnipotens et misericors Deus ut sicut in nomine.* Hec oratio prima dicetur in omnibus Sabbatis et dominicis diebus totius anni tam ad vesperas quam in Laudibus. ad commemorationem sancte Trinitatis. Alia oratio dicenda ad Missam quociens cantatur uel commemoratio fit de sancta Trinitate. et diebus dominicis ad primam. et In octabis ad vesperas et matutinas et terciam. [3]*Omnipotens sempiterne Deus qui dedisti.* Qve uero secuntur orationes: indifferenter dicuntur super horas ad horas diei et ad Nocturnos et Laudes. et per totum annum ad commemorationem Sancte Trinitatis. *Domine Deus pater omnipotens nos famulos tue maiestatis. Deus qui coeternam tibi sapientiam. Infunde quesumus domine. Deus qui misisti filium tuum. Sancti spiritus gracia domine corda. Deus cui omne cor patet. Concede quesumus omnipotens Deus sanctum nos spiritum.*[4]

[LXXVII.] ¶ INfra Octauas Sancte Trinitatis.

[i.] Feria secunda.

[Ad matutinas.] Inuit. *Deum uerum unum.* Ps. *Venite. Iubilemus ei.* ym' *O pater sancte. Trinitas sancta. Seruiunt tibi. Gloria.*

---

[1] (from B1 fol.113v)
[2] om.B1
[3] om.C
[4] *Concede quesumus omnipotens et misericors Deus*: add.B1

In primo nocturno. a' *Gloria tibi trinitas.* Psalmis ferialibus. ¹*Exultate Deo.* V' *Verbo domini celi firmati sunt.* Lectiones proprie.² R' *Benedicat nos Deus.* R' *Benedictus dominus.* R' *Quis Deus magnus.* In secundo nocturno. a' *Laus et perhennis gloria.* V' *Sit nomen domini benedictum.*

In laudibus. a' *O beata.* Ps. *Dominus regnauit.* Capitulum vt supra. R' *Verbo domini celi firmati.* [V'] *Et spiritus oris eius. Gloria patri.* ym' *Adesto sancta trinitas.* V' *Benedicamus patrem et filium.* In euang. <a'> *Veniens Nichodemus.* Ps. *Benedictus.* Orationes ut supra.

Ad primam. a' *Gloria laudis.*

Ad terciam. a' *Laus Deo patri.* V' *Verbo domini.*[[**fol.81r**]]

¶ Feria secunda. Missa. *Benedicta sit sancta trinitas.* Ps. *Benedicamus.* or' *Omnipotens sempiterne Deus qui dedisti.* Deinde sequantur alie que cotidie ad missam maiorem priuatis diebus dici consueuerunt. Ep. *Gracia domini nostri.*³ Euang. *Erat homo ex Phariseis.* Offert. *Benedictus sit Deus.* Comm. *Benedicite Deum celi.* Feria tercia. *Benedicta.* Ep. *Vidi ostium.* Euang. *Cum uenerit.* Pro offerenda uel post offerenda: cantabitur versus primus ipsius offerendo. si nondum cantatus fuerit. Similiter si in sequenti feria alter versus debet cantari.⁴ Et obseruandum: ut una die sicut iam descripsimus dicatur ad missam. Ep. *Gracia domini nostri.* et Euang. *Erat homo.* Alia uero die. [Ep.] *Vidi ostium.* et [Euang.] *Cum uenerit paraclitus.*

Ad sextam. a' *Ex quo omnia.* V' *Sit nomen domini benedictum.*

Ad nonam. a' *Libera nos.* V' *Benedicat nos Deus Deus.*

Ad vesperas. a' *Karitas pater est.* Psalmi de feria.⁵ R' *Magnus dominus noster.* <V' *Et sapientie eius. Gloria. Magnus.*> ym' *Adesto sancta trinitas.* V' *Benedictus es domine in firmamento celi.* In euang. a' *Gloria et honor* <*Deo.*> Ps. *Magnificat.*

---

¹ *Exultate iusti*: A, B1
² Lectiones proprie] (no lessons given in B2)
³ Sequentia non cantetur: add.O, marg., l.h.
⁴ Pro offerenda . . . cantari] cancelled: O
⁵ *In exitu*: add.O, interlined by l.h.

[ii.] ¶ Feria tercia.

[Ad matutinas.] Inuit. *Deum uerum vnum.* Ps. *Venite.*
In primo nocturno. a' *Verax est pater.* V' *Verbo domini.* R' *Magnus dominus.* R' *Gloria patri.* R' *Honor uirtus.*
In secundo nocturno. a' *Adesto Deus unus.* V' *Benedicat nos Deus Deus.*

In laudibus. a' *O beata.* Ps. *Dominus regnauit.* R' *Verbo domini celi.*
<ym' *Adesto sancta trinitas.*> V' *Benedicamus patrem et filium.* In euang.
<a'> *Quod natum est ex carne.* Ps. *Benedictus.*

Ad primam. a' *Te unum.*

Ad terciam. a' *Te semper idem.* <V' *Verbo domini celi.*>[1]

Ad sextam. a' *Te inuocamus.* <V' *Sit nomen domini.*>

Ad nonam. a' *Vna igitur.* <V' *Benedicat nos Deus.*>

Ad vesperas. a' *Spes nostra.* R' *Magnus dominus.* V' *Benedictus es domine in firmamento.* [[**fol.81v**]] In euang. a' *In patre manet.* Ps. *Magnificat.*

[iii.] ¶ Feria quarta.

[Ad matutinas.] R' *Tibi laus.* R' *Magnus dominus noster.* R' *Summe trinitati.*

[In laudibus.] In euang. a' *Non mireris.* Ps. *Benedictus.*

Ad vesperas. a' *Sanctus sanctus.* Ps. *Magnificat.*

[iv.] ¶ Feria quinta.[2]

[Ad matutinas.] R' *Benedicamus patrem.* R' *Te Deum patrem.* R' *O beata Trinitas.*[3]

---

[1] (for the mass, see under Feria Secunda above)
[2] Quinta. [De] Sacramento sicut in libris: add.O, marg., l.h.
[3] *Benedicamus . . . Trinitas*] cancelled: O

[In laudibus.] In euang. a' *Spiritus ubi uult spirat.* Ps. *Benedictus.*[1]

[Ad vesperas.] In euang. a' *Gloria et honor* <*et*>. Ps. *Magnificat.*
Et quando ystoria per terna cotidie Responsoria percantata fuerit׃ reincipientur.

[v. Feria sexta.][2]

[Ad matutinas.] R' *Magnus dominus.* R' *Gloria patri.* R' *Tibi laus.*

[In laudibus.] In euang. a' *Nemo ascendit.* Ps. *Benedictus.*

Ad vesperas. a' *Benedictio et claritas.* Ps. *Magnificat.*

[vi.] Sequenti Sabbato׃
fiet seruicium de sancta Maria.

¶ Si aliqua trium lectionum festiuitas in his diebus euenerit׃ solummodo ad vesperas et laudes fiet commemoratio. et Missa matutinalis de eodem festo cantabitur. Maior missa de Trinitate. Si autem fuerit festiuitas duodecim lectionum commemoratio et missa tantum matutinalis erit de Trinitate. Et ad vesperas super psalmos. a' *Spes nostra.*
¶ Si uero sollennitas Dedicationis tunc temporis superuenerit׃ omittentur Octaue uel eciam festiuitas Trinitatis. et seruicium De dedicatione sollenniter celebrabitur. Missa tamen matutinalis De Trinitate et Maior de dedicatione cotidie cantabitur. nisi duodecim lectionum festiuitas superueniens impedierit. Que si euenerit׃ tercium tantummodo Nocturnum et Missa matutinalis de Dedicatione erit. et de ipsa ad utrasque vesperas post commemorationem sancta Trinitatis fiet memoria. cetera omnia festum accidens obtinebit.

---

[1] Missa ma[ior] de Sacram[ento]: add.O, marg., l.h.
[2] Sexta de Sacramento sicut in libris. Missa matutinalis de Trinitate nisi et cetera: add.O, marg., l.h.

[LXXVIII.] ¶ In Octabis Sancte Trinitatis.¹

Ebdomadarius Incipiet Ad Vesperas. a' *Spes nostra*. Ps. *Confiteantur tibi domine*. et alii. Cap. *O altitudo*. Duo² ebdomadarii reuestiti in cappis: [[**fol.82r**]] cantabunt R' *Honor uirtus*. ym' *Adesto sancta trinitas*. V' *Benedictus es domine in firmamento celi*. a' *Gratias tibi Deus*. Ps. *Magnificat*. or' *Omnipotens sempiterne Deus qui dedisti*. Non dicetur *Kyrieleyson*. Statim post orationem. nisi de superueniente festiuitate fiat commemoratio.³ eat processio in capellam cantans quodlibet responsorium de sancta Maria. et ibi fiat commemoratio de cruce. a' *Saluator mundi*. Item de omnibus sanctis. a' *Te gloriosus apostolorum*.⁴

[Ad matutinas.] Inuit.⁵ *Deum uerum unum*. Ps. *Venite*. ym' *O pater sancte*.
In primo nocturno. a' *Gloria tibi Trinitas*.⁶ Ps. *Domine dominus noster*. et alii <de festo> cum vna antiphona. V' *Verbo domini celi firmati sunt*. Lectiones sunt proprie de Trinitate. ⁷*Fidei unius*. Responsoria: sicut sunt superius disposita.
In secundo nocturno. a' *Laus et perhennis gloria*. sola. Ps. *Magnus dominus*. et ceteri cum sola antiphona. *Sit nomen domini benedictum*. Ad cantica a' *Spes nostra*. Cant. *Domine miserere nostri*. <V' Benedicat nos Deus.> Euang. *Cum uenerit paraclitus*. or' *Omnipotens sempiterne Deus*.

In laudibus. a' *O beata et benedicta*. Sola: sine versu. Cap. ⁸*Gracia domini nostri*. R' *Verbo domini celi firmati*. ym' *Adesto sancta trinitas*.

---

¹ Si festum sancti Iohannis baptiste euenerit in die octauarum eucharistie fiet seruicio de eodem festo et sollummodo commemoratio ad utrasque uesperas de sacramento. missa matutinalis de sancto Iohanne commemoratio de sacramento. et crastino celebretur eucharistie festum. hoc accidit 1593. Festum sancti Eligii reseruatum fuit die sabbato et ad canticum de martiribus Iohanne et Paulo et missa matutinalis erit de ipsis: add.O, l.h., in lower marg. of fol.81v
² Cancelled, and 'et tres' interlined by contemporary hand: O (with 'triplex (cancelled) prepositi' added marg., l.h.)
³ Commemoratio de sacramento. *Paratur nobis mensa*: add.A, marg., l.h.
⁴ eat processio ... *apostolorum*] fient processiones sicut in die: P
⁵ Quatuor monachi Invitatorium: add.O, marg., contemporary hand
⁶ sola antiphona: add.O, marg., l.h.
⁷ (not given in B2)
⁸ *O altitudo diuiciarum*: B1, B2

V' *Benedicamus patrem et filium.* In euang. a' *Beata sit creatrix.* Ps. *Benedictus.* or' *Omnipotens sempiterne Deus qui dedisti.* Processio non erit. Commemoratio fiet de dominica[1] a' *Homo quidam erat diues.* V' *Dominus regnauit decorem induit. Dominus uobiscum.* or' *Deus in te sperantium fortitudo.* Deinde de cruce. a' *Per signum crucis.* Postea de sancta Maria. [a'] *Venit dilectus meus.* De omnibus sanctis. [a'] *O quam gloriosum est regnum.*

Si alicuius sancti uel plurimorum hac dominica euenerit festiuitas: Sabbato ad vesperas et dominica ad Laudes et ad Missam matutinalem[2] fiet de illo commemoratio. Quod si festiuitas illa fuerit trium Lectionum que proprium habeat seruicium: [[fol.82v]] tunc Missa matutinalis de ea cantabitur. Si uero duodecim lectionum: factis predictis de ea commemorationibus. in crastinum celebranda reseruabitur. nisi festiuitas illa sit Natiuitas sancti Iohannis baptiste. que nunquam differtur. Hec igitur si in his octabis euenerit: festiua solummodo commemoratio ad vtrasque vesperas. et in Laudibus post orationem de dominica fiet de trinitate cum antiphonis ponantur in euangeliis: et oratione. *Omnipotens sempiterne Deus qui dedisti famulis.* et Missa matutinalis que propria habet de sancto Iohanne cantabitur: atque post primam collectam dicetur de dominica. deinde de Trinitate. et cetera ut moris est. Et sciendum quia quando in octabis Pentecostes euen[er]it dedicatio Sancte Trinitatis. uel in subsequente dominica Natiuitas sancti Iohannis: quia tunc non potuit. In dominica que precedit aduentum domini: festiuitas sancte Trinitatis sollenniter in cappis celebrabitur. ordine supra in proxima pagina et in huc eodem distinctum est.

Ad primam. a'[3] *Gloria laudis.*

[4]<Dominica prima post octabas pentecostes missa matutinalis et per totam sequentem ebdomada ad maiorem missam. Offic. *Domine in tua misericordia.*>
Ad aquam benedicta aspergendam: a' *Asperges me.*

---

[1] De sacramento: add.A, O (both marg., l.h.)
[2] Missa ma[tutinalis] de Sacram[ento]: add.O, marg., l.h.
[3] *Nunc sancto sacramento*: add.A, interlined by l.h.
[4] (from M)

Ad terciam. [1] a' *Laus Deo patri.* Cap. *Gracia domini nostri Ihesu Christi.* V' *Verbo domini celi firmati.* or' *Omnipotens sempiterne Deus.*

Ad processionem. R' *Benedicat nos Deus.* et versus. Item. R' *Benedictus* Deus. Ad introitum. *Honor uirtus.*

Missa [maior.] *Benedicta sit sancta. Kyrieleyson.* prout uolueris. *Gloria. Quem cuncta laudant.* Responsorium a tribus. et *Alleluia* similiter a tribus cantabunt. Seq. *Benedicta:* in organis modulabitur. in his solummodo Octabis: <Euang. *Cum uenerit paraclitus.*> Prefacio dicatur. <*Qui cum unigenito.*> *Sanctus* et *Agnus Dei:* ad libitum cantoris. <Cetera ut in die.>

Ad sextam. a' *Ex quo omnia.* Cap. *Quatuor animalia.* V' *Sit nomen domini benedictum.* or' *Deus qui* [[fol.83r]] *per coeternam.* vel alia qualibet de supranotatis.

Ad nonam. a' *Libera nos.* Cap. *Cum darent animalia.* V' *Benedicamus patrem et filium.*

Ad vesperas. a'[1] *Gloria et honor.* Ps. *Dixit dominus.* a'[2] *In patre manet.* Ps. *Confitebor.* a'[3] *Sanctus sanctus.* Ps. *Beatus uir.* a'[4] *Gloria et honor.* Ps. *Laudate pueri.*[2] Cap. *Gratia domini nostri.* R' *Magnus dominus noster.* ym' *Adesto sancta trinitas.* V' *Benedictus es domine in firmamento.* a' *Te Deum patrem ingenitum.* Non dicetur *Kyrieleyson.* or' *Omnipotens sempiterne Deus qui dedisti.* Commemoratio de cruce. a' *Crux*[3] *alma fulget.* Item. a' *Fons hortorum.* Item. a' *Laudem dicite Deo.*[4]

[LXXIX. Dominica prima post octabas.]

Hystorie[5] que dicuntur a kalendis Augusti. vsque ad aduentum domini. hoc ordine inchoabuntur. Si terminata fuerit kalenda prima uel secunda. aut tercia. uel etiam quarta feria: incipietur ipsa dominica hystoria. Si

---

[1] [ym'] *Nunc sancte.* solummodo: add.A, interlined by l.h.
[2] a' *Gloria . . . pueri*] Hec sola a' *Gloria et honor.* Ps. *Dixit dominus:* B1
[3] *Crus* (†): O
[4] Require seruicium de eucharistia immediate ante missale: add.B2, marg., l.h. (For this service, see Appendix 6.)
[5] (with large undecorated initial in green: O)

uero transierit Quartam feriam: ad inchoandum reseruabitur sequente Dominica. Et in omni Dominica si euenerit festiuitas trium lectionum: erit tercius nocturnus sancti. excepto aduentu et quadragesime. Ne dimittetur quod taliter non fiat nisi ita euenerit: quod hystoria non possit recuperari.

Hystoria[1] Regum in mense Iunii canenda post Octabas sancte Trinitatis. [R'] *Preparate corda uestra.*

Ad vesperas super psalmos. a' *Regnum tuum.* <Ps. *Confiteantur.*> et cetera. Cap. *Benedictus Deus.* [R'] *Domine si conuersus fuerit.* <V' *Si peccauerit. Tu exaudies. Gloria.*> Et in aliis dominicis. R' *Magnus dominus.* ym' *O lux beata trinitas.* V' *Vespertina oratio.* In euang. [[**fol.83v**]] [a'] *Loquere domine.* Ps. *Magnificat.* <or' [2]*Deus in te sperantium.*>
<Antiphone dicende sabbato et super ebdomadam ab octauis Trinitatis usque ad kalendas augusti.[3] a'[1] [4]*Loquere domine.* Ps. *Magnificat.* a'[2] *Cognouerunt omnes.* Ps. *Magnificat.* a'[3] *Dixitque uniuersus.* Ps. *Magnificat.* a'[4] *Et ait dominus.* Ps. *Magnificat.* a'[5] *Quis enim in omnibus.* Ps. *Magnificat.*[5] a'[6] *Preualuit Dauid.* Ps. *Magnificat.* a'[7] *Nonne iste est Dauid.* Ps. *Magnificat.* a'[8] *Iratus rex Saul.* Ps. *Magnificat.*[6] a'[9] *Planxit autem Dauid.* Ps. *Magnificat.* a'[10] *Montes Gelboe.* Ps. *Magnificat.* a'[11] *Saul et Ionathas.* Ps. *Magnificat.* a'[12] *Doleo super te.* Ps. *Magnificat.*[7] a'[13] [8] *Letatus est rex Dauid.* Ps. *Magnificat.* a'[14] [9]*Laudansque Dauid.* Ps. *Magnificat.* a'[15] *Rex autem Dauid.* Ps. *Magnificat.* a' *Incedens rex.* Ps. *Magnificat.* a' *Obsecro domine aufer.* Ps. *Magnificat.* a'[16] *Dixit autem Dauid.* Ps. *Magnificat.* a'[17] *Unxerunt Salomonem.* Ps. *Magnificat.*[10] a'[18] *Quid agis hic*[11] *Helye.* Ps. *Magnificat.* a'[19] *Dum dominus tolleret*[12] *Helyam.* Ps. *Magnificat.* a'[20] *Clamabat Helyseus.* Ps. *Magnificat.* a'[21] *Requieuit spiritus Helye.* Ps. *Magnificat.*[13]>

---

[1] (with large undecorated initial in red: O)
[2] *Sancti nominis tui*: B2
[3] Antiphone ... augusti] In feriis ad uesperas a': B1 (transmitting only nos.2, 3, 9, 10, 11, 12 of the following series)
[4] om.B1
[5] a'[2] *Cognouerunt ... Magnificat*] cancelled: A
[6] a'[4] *Et ait ... Magnificat*] om.B1
[7] a'[9] *Planxit ... Magnificat*] cancelled: A
[8] om.B2
[9] marg., contemporary hand: A
[10] a'[15] *Rex autem Dauid ... Magnificat*] cancelled: A
[11] *agis hic*] tr.A
[12] *dominus tolleret*] tr.A
[13] a'[13] *Letatus ... Magnificat*] om.B1

[Ad matutinas.] Inuit. *Iubilemus Deo.* [Ps.] *Venite.* ym' *Nocte surgentes.*
In primo nocturno. a' *Domine in uirtute tua.* et cetera. <V' *Memor fui nocte.*> Lectiones de libro Regum. *Fuit uir unus de Ramathaim.* Et notandum quod prima pars eiusdem hystorie nouem uidelicet Responsoria ita discerni et cantari uno mense debent. R'[1] *Preparate corda uestra.* <V' *Auferte deos. Et liberauit.*> R'[2] *Dominus qui eripuit me.* <V' *Misit Deus. Ipse me.*> R'[3] *Preualuit Dauid.* <V' *Abstulit ergo. Infunda.*> R'[4] *Domini est terra.* <V' *Orbis terrarum. Gloria.*>
<In secundo nocturno. a' *Illuminatio mea.* Ps. *Dominus illuminatio.* V' *Media nocte.*> R'[5] *Nonne iste est.* <V' *Quia manus. Saul.*> R'[6] *Percussit Saul mille.* <V' *Nonne iste est. Percussit Philisteum.*> R'[7] *Planxit autem Dauid.* <V' *Montes Gelboe. Et interierunt.*> R'[8] *Ad te domine leuaui.* <V' *Deus meus. Gloria.*>
<Ad cantica. a' *Alleluia.*iv. *De Syon exibit lex.* Cant. *Domino miserere nostri.* [et cetera.] V' *Exaltare domine.* Euang. *Homo quidam erat Diues.* Hom. *Quem fratres karissimi quem Diues.*> R'[9] *Montes Gelboe.* <V' *Omnes montes. Ubi ceciderunt.*> R'[10] *Doleo super te.* <V' *Non declinauit. Sagitta.*> R'[11] *Deus omnium.* <V' *Dominus qui. Et unxit.*> R'[12] *In te domine speraui.* <V' *In iusticia. Gloria.* a' [1] *Te decet ymnus.* or' *Deus qui sperantium.*>

<Ad laudes. a'[1] *Alleluia.*vij. *Dico uobis.* Ps. *Miserere.* Ps. *Confitemini.* Ps. *Deus Deus meus.* a'[2] *Ymnum dicamus.* Ps. *Benedicite.* a'[3] *Tres qui ex uno.* Ps. *Benedicite.*[2] a'[4] *Tres in fornace.* Ps. *Benedicite.* a'[5] *Alleluia.*v. *In domino laudabitur.* Ps. *Laudate.* Cap. *Benedictio et claritas.* R. *Hec*[3] *dies.* V' *Exultemus. Gloria.* ym' *Ecce iam noctis.* V' *Dominus regnauit.* a' [4] *Homo quidam erat Diues.* Ps. *Benedictus.* or' *Deus in te sperantium.*>

[5]<Ad primam. a' *Ortus. Alleluia alleluia.*>

<[Super ebdomadam] In euangelio a' *Factum est autem ut moreretur.* a' *Pater Abraham.* a' *Fili recordare.* a' *Rogo te pater.* a' [6]*Diues ille.*[7] Ps. *Benedictus.*[8]>

---

[1] om.B1
[2] a'[2] *Ymnum . . . Benedicite*] cancelled: A / om.B1, B2
[3] *est*: add.B1, A
[4] *Homo quidam fecit cenam*: A / *Homo quidam erat Diues* add.A, marg.
[5] (from B1 fol.121r)
[6] add.B1, marg.
[7] Super ebdomadam . . . *ille*] a' *Quis ex uobis homo*: A
[8] Ps. *Benedictus*] M[*agnificat*]: B1

THE FÉCAMP ORDINAL

<[Ad processionem.] Ab octauis sancte Trinitatis usque ad aduentum dominicis diebus extra octauas[1] ad processionem ante terciam. una dominica a' *Domino Deus omnipotens.* Ad introitum responsorium de Trinitate ad placitum. Alia dominica a' *Ecce karissimi dies.* Ad introitum responsorium de Trinitate ad placitum. Alia dominica a' *Cum uenerimus ante conspectum.* Ad introitum responsorium de Trinitate ad placitum.>

[2]<Ad terciam. ym' *Nunc sancte nobis.* a' *Alleluia.*v. Ps. *Legem pone.* Cap. *Deus caritas est.* V' *Ego dixi domine.* or' *Deus in te sperantium.*>

<Missa *Domine in tua misericordia.* Ps. *Usquequo domine.* Gloria. or' *Deus in te sperantium.* Ep. *Deus caritas est.* R' *Ego dixi domine.* V' *Beatus qui intelligit. Alleluia* V' *Verba mea auribus.* Euang. *Homo quidam erat Diues.* Offert. *Intende uoci orationis.* Secr. *Hostias nostras domine.* [3] Comm. *Narrabo omnia.* Postcomm. *Tantis domine repleti muneribus.*>

<Ad sextam. ym' *Rector potens uerax.* a' *Alleluia.*v. *Inter natos.* Ps. *Porcio mea.* Cap. *Alter alterius.* V' *Dominus regit me.* or' [4]*Deus qui conspicis.*>

<Ad nonam. ym' *Rerum Deus tenax.* a' *Alleluia.*vij. *Innuebant.* Ps. *Deficit.* Cap. *Empti enim estis.* V' *Ab occultis meis.* or' [5]*Subueniat nobis quesumus.*>

<Ad vesperas. a' *Dixit dominus.* Psalmus ipsum. a' *Fidelia.* Ps. *Confitebor.* a' *In mandatis.* Ps. *Beatus uir.* a' *Sit nomen domini.* Ps. *Laudate pueri.* Cap. *Benedictus Deus.* R' *Quam magnificati sunt.* V' *Omnia in sapientia.* Gloria. ym' *Lucis creator optime.* V' *Dirigatur domine.* a' *Dico autem uobis quid.* Ps. *Magnificat.*[6] Alia a' [7]*Exi cito in plateas.* a' [8]*Domine factum est ut impetrasti.* or' *Deus qui in te sperantium.*>

<[LXXX.] Dominica secunda post octabas pentecosten.>

<[Ad vesperas. Antiphona una post *Loquere.* ut supra. Ps. *Magnificat.*] or' *Sancti nominis tui.*>

---

[1] extra octauas] marg., contemporary hand: P
[2] (B1 transmits no material for the Hours or second vespers of this day)
[3] Pref. *Cuius est operis quod conditi*: add.S
[4] *Fideles tuos domine benedictio*: C
[5] *Adesto nobis misericors Deus*: C
[6] a' *Dico autem uobis quid. Ps. Magnificat*] cancelled: A / om.B2
[7] om.B2
[8] om.B2

THE TEMPORAL

<[Ad matutinas.] Inuit. *Iubilemus Deo*. Ps. *Venite*.
In primo nocturno. a' *Domine in uirtute*. [et cetera] ut supra. Euang. *Homo quidam fecit cena*. Hom. *Quis est iste homo*. R' *Montes Gelboe*. R' *Doleo super*. R' *Deus omnium*. R' *In te domine*. or' *Sancti nominis tui.*>

<[In laudibus.] a' *Homo quidam fecit cena*. Ps. *Benedictus*. a' *Exi cito in plateis*. a' *Domine factum est ut*. or' *Sancti nominis tui.*>

<Missa. *Factus est dominus*. Ps. *Diligam te*. Gloria. or' *Sancti nominis tui domine timorem*. Ep. *Nolite mirari: si odit uos*. R' *Ad dominum cum*. V' *Domine libera*. Alleluia V' *Laudate dominum*. Euang. *Homo quidam fecit cenam*. Offert. *Domine conuertere*. Secr. *Oblatio nos domine*.[1] Comm. *Cantabo domino*. Postcomm. *Sumptis muneribus domine*.[2]>

<Ad vesperas. a' *Dico autem uobis quia nemo*. Ps. *Magnificat*. or' *Sancti nominis tui.*>

<[LXXXI.] Dominica tercia post octabas pentecosten.>

<[Ad vesperas. Antiphona una post *Loquere*. ut supra. Ps. *Magnificat*.] or' *Deprecationem nostram.*>

<[Ad matutinas.] Euang. *Accesserunt ad Ihesum publicani*. Hom. *Audistis in lectione euangelica*. or' *Deprecationem nostram.*>

<[In laudibus.] In euangelio a' *Quis ex uobis homo*. Ps. *Benedictus*. or' *Deprecationem nostram.*>

<Missa *Respice in me*. Ps. *Ad te domine leuaui*. Gloria. or' *Deprecationem nostram quesumus domine benignus*. Ep. *Humiliamini sub potenti manu Dei*. R' *Iacta cogitatum tuum*. V' *Dum clamarem*. Alleluia V' *Dextera Dei*. Euang. *Erant appropinquantes ad Ihesus publicani*. Offert. *Sperent in te*. Secr. *Munera domine oblata*.[3] Comm. *Ego clamaui quoniam*. Postcomm. *Hec nos communio domine*[4] *purget*.[5]>

[1] Pref. *Qui ecclesie tue filios*: add.S
[2] alia *Deus qui te in rectis*: add.S / Ad sextam or' *Deus qui in te rectis*. Ad nonam or' *Exaudi nos miserator et misericors*. Feria quarta or' *Omnipotens et misericors Deus apta nos*. Feria sexta or' *Da quesumus ecclesie tue misericors*. Sabbato or' *Presta domine quesumus tales nos fieri*: add.C
[3] Pref. *Cuius hoc mirificum opus*: add.S
[4] *communio domine*] tr.S
[5] alia *Sacris muneribus domine preceptis*: add.S / Ad sextam or' *Quesumus omnipotens Deus ut plebs tua*: add.C (with a note, marg., l.h., 'Ad nonam de communibus orationibus')

<Ad vesperas. a' *Que mulier habens.* Ps. *Magnificat.* [or' *Deprecationem nostram.*]>

<[Super ebdomadam.] a' *Gaudent angeli.* Ps. *Benedictus.* a' *Congratulamini michi.* [Ps. *Benedictus.*] a' *Dico uobis gaudium.*[1] Ps. [2]*Benedictus.*>

<[LXXXII.] Dominica quarta post octabas pentecosten.>

<[Ad vesperas. Antiphona una post *Loquere.* ut supra. Ps. *Magnificat.*] or' *Protector in te.*>

<[Ad matutinas.] Euang. *Estote misericordes sicut et pater.* Hom. *Inter ceteras uirtutes.* or' *Protector in te sperantium.*>

<[In laudibus.] a' *Estote ergo misericordes.* Ps. *Benedictus.* or' *Protector in te sperantium.*>

<Missa. *Dominus illuminatio mea.* V' *Si consistant. Gloria.* or' *Protector in te sperantium.* Ep. *Existimo quod non sunt.* R' *Propicius esto.* V' *Adiuua nos Deus. Alleluia* V' *Lauda anima.* Euang. *Estote misericordes sicut et pater.* Offert. *Illumina oculos.* Secr. *Respice domine munera.*[3] Comm. *Dominus firmamentum.* Postcomm. *Sancta tua nos domine.*[4]>

<Ad vesperas. a' *Nunquid potest cecus.* Ps. *Magnificat.* or' *Protector in te sperantium.*>

<Super ebdomadam a' *Nolite iudicare.* Ps. *Benedictus.* a' *Date et dabitur.* Ps. *Benedictus.* a' *Mensuram bonam.* Ps. *Benedictus.* a' *Eice primum trabem.* Ps. *Benedictus.*[5]>

<[LXXXIII.] Dominica quinta post octabas pentecosten.>

Alia uero mense scilicet a kalendis Iulii usque ad kalendas Augusti pars secunda decantetur.

---

[1] a' *Gaudent ... gaudium*] cancelled: A / a' *Congratulamini ... gaudium*] add.B1, marg.
[2] *Magnificat*: B2
[3] Pref. *Quoniam illa festa remeant*: add.S
[4] Ad sextam or' *Propiciare domine humilitati nostre.* Ad nonam or' *Exaudi nos Deus salutaris noster et dies*: add.C
[5] Super ebdomadam ... *Benedictus*] cancelled: A

THE TEMPORAL

Ad vesperas. R' *Magnus dominus.* <[Antiphona una post *Loquere.* ut supra. Ps. *Magnificat.*] or' *Da nobis domine quesumus.*>

Ad matutinas <Inuit. *Iubilemus Deo.* Ps. *Venite.* et cetera ut supra.>
[In primo nocturno.] lectiones de libro Regum <*Factum est postquam mortuus est Saul.*> R'[1] *Deus omnium.* R'[2] *Ego te tuli.* <V' *Fecique tibi. Firmans.*> R'[3] *Dixit autem Dauid.* <V' *Cumque extendisset. Multe.*> R'[4] [1]*Domini est terra.*
[In secundo nocturno.] R'[5] *Recordare domine.* <V' *Quiescat domine. Ut non.*> R'[6] *Peccaui super numerum.* <V' *Quoniam iniquitatem. Et malum.*> R'[7] *Exaudisti domine.* <V' *Domine qui. Benedic.*> R'[8] *Ad te domine leuaui.*
[Ad cantica.] <Euang. *Cum turbe irruerent.* Hom. *Dominus secus stagnum stetit.*> R'[9] *Domine si conuersus.* <V' *Si peccauerit. Tu exaudies.*> R'[10] *Audi domine ymnum.* <V' *Respice domine. Super.*> R'[11] *Factum est.* <V' *Cumque pergerent. Helyseus.*> R'[12] *In te domine speraui.* <or' *Da nobis domine.*>

<In laudibus. a' *Ascendit Ihesus in nauim.* Ps. *Benedictus.* or' *Da nobis domine.*>

<Missa. *Exaudi domine uocem.* Ps. *Dominus illuminatio. Gloria.* or' *Da nobis domine quesumus ut et mundi.* Ep. *Omnes unanimes in oratione.* R' *Protector noster aspice.* V' *Domine Deus uirtutum. Alleluia* V' *In te domine speraui.* Euang. *Cum turbe irruerent ad Ihesum.* Offert. *Benedicam dominum.* Secr. *Ascendant quesumus domine preces.*
[2] Comm. *Unam pecii a domino.* Postcomm. *Misteria nos domine.*[3]>

<Ad vesperas. a' *Cum uideret Petrus.* Ps. *Magnificat.* [or' *Da nobis domine.*]>

<Super ebdomadam ad *Benedictus.* a' *Preceptor per totam.* a' *Ait ad Symonem.* a' *Dixit autem dominus Symoni.* a' *Subductis ad terram.* Ps. *Benedictus.*[4]>

---

[1] om.A
[2] Pref. *Et omnipotentiam tuam iugiter*: add.S
[3] Ad sextam or' *Propiciare domine populo tuo*: add.C / Ad nonam oratio de communibus: add.C, marg., l.h.
[4] a' *Preceptor . . . Benedictus*] cancelled: A

<[LXXXIV.] Dominica sexta post octabas pentecosten.>

<Ad vesperas. a' *Regnum tuum*. et alie. Cap. *Benedictus Deus*. R' *Magnus dominus*. ym' *O lux beata trinitas*. V' *Vespertina oratio*. [Antiphona una post *Loquere*. ut supra. Ps. *Magnificat*.] or' *Deus qui diligentibus te bona*.>

<[Ad matutinas.] Inuit. *Iubilemus Deo*. Ps. *Venite*. Lectiones *Addidit furor domini irasci*. R' *Deus omnium*. R' *Ego te tuli*. R' *Dixit autem Dauid*. R' *Recordare domine*. R' *Peccaui*. R' *Exaudisti*. R' *Ad te domine*. Euang. *Amen dico uobis nisi habundauerit iusticia*. Hom. *Iusticia Scribarum et Phariseorum*. or' *Deus qui diligentibus*.>

[1]<[In laudibus.] a' *Amen dico uobis*. Ps. *Benedictus*.>
<Hore dicantur ut superius habentur in dominica prima post epiphaniam.[2]>

<Missa. *Dominus fortitudo*. Ps. *Ad te domine clamabo*. Gloria. or' *Deus qui diligentibus te bona*. Ep. *Quicumque baptizati sumus*. R' *Conuertere domine*. V' *Domine refugium*. Alleluia V' *Confitemini domino*. Euang. *Amen dico uobis: quia nisi habundauerit iusticia*. Offert. *Perfice gressus*. Secr. *Propiciare domine supplicationibus nostris et has oblationes*.[3] Comm. *Circuibo et immolabo*. Postcomm. *Quos celesti domine dono*.>

<Ad vesperas. a' *Si offers munus tuum*. Ps. *Magnificat*. [or' *Deus qui diligentibus*.]>

<Super ebdomadam. a' *Nisi habundauerit iusticia*. Ps. *Benedictus*. a' *Audistis quia dictum*. Ps. *Benedictus*.>

<[LXXXV.] Dominica septima post octabas pentecosten.>

<Sabbato ad vesperas. a' *Regnum tuum*. Cap. *Benedictus Deus*. R' *Magnus dominus*. ym' *O lux beata*. V' *Vespertina oratio*. Antiphona una de suprascriptis post *Loquere*. or' *Deus uirtutum cuius est totum*.>

<[Ad matutinas.] Vitatorium. ymnus. antiphone. versiculi ut supra in dominica secunda. Euang. *Cum turba multa*[4] *esset*. Hom. *Pulchre dominus turbam*. or' *Deus uirtutum*.>

[1] (from B1 fol.126)
[2] Ad sextam or' *Deus qui sanctis habitas*: add.C / Ad nonam de communibus: add.C, marg., l.h.
[3] Pref. *Maiestatem tuam suppliciter*: add.S
[4] *turba multa*] tr.B1

<In laudibus. a' *Alleluia.* Ps. *Miserere.* et alie ut supra in dominica secunda. In euangelio a' *Cum multa turba.* Ps. *Benedictus.* or' *Deus uirtutum.*>

<Hore dicantur sicut habentur in dominica prima post octabas epiphanie.[1]>

<Missa. *Omnes gentes plaudite.* V' *Subiecit populos. Gloria.* or' *Deus uirtutum cuius est.* Ep. *Humanum dico propter.* R' *Venite filii audite.* V' *Accedite ad eum. Alleluia* V' *Te decet hymnus.* V' *Replebimur in bonis.* Euang. *Cum turba multa esset.* Offert. *Sicut in holocaustum.* Secr. *Propiciare domine supplicationibus nostris: et has populi.* [2] Comm. *Inclina aurem tuam.* Postcomm. *Repleti domine muneribus.*>

<Ad vesperas. a' *Misereor super turbam quia iam triduo.* Ps. *Magnificat.* [or' *Deus uirtutum.*]>

<Super ebdomadam. a' *Misereor super turbam quia ecce iam.* Ps. *Benedictus.* a' *Si dimisero eos.* [Ps. *Benedictus.*] a' *Dimittere eos ieiunos.* [Ps. *Benedictus.*] a' *Precepit turbe discumbere super.* Ps. *Benedictus.* a' *Et accipiens Ihesus septem panes.* Ps. *Benedictus.* a' *Erant autem qui manducauerant.* Ps. *Benedictus.*[3]>

<[LXXXVI.] Dominica octava post octabas pentecosten.>

<Sabbato ad vesperas. [a'] *Regnum tuum.* Ps. *Confiteantur.* et alii. Cap. *Benedictus Deus.* R' *Magnus dominus.* ym' *O lux beata trinitas.* V' *Vespertina oratio.* Antiphona de suprascriptis post *Loquere.* Ps. *Magnificat.* or' *Deus cuius providentia.*>

<[Ad matutinas.] Vitatorium. ymnus. antiphone. psalmi. versiculi ut supra dominica secunda. Lectiones *Stetit rex Salomon prima ante altare.* R' *Deus omnium.* Euang. *Attendite a falsis prophetis.* Hom. *Preuidens dominus doctrinam.* or' *Deus cuius prouidentia.*>

<In laudibus. a' *Alleluia.* Ps. *Miserere.* et alii ut supra in dominica secunda. a' *Attendite a falsis prophetis.* Ps. *Benedictus.* or' *Deus cuius prouidentia.*>

---

[1] Ad sextam or' *Absolue quesumus domine delicta*: add.C / Ad nonam [or'] *Deus qui conspicis*: add.C, marg., l.h., subsequently cancelled
[2] Pref. *Verum eternum pontificum*: add.S
[3] Super ebdomadam ... *Benedictus*] cancelled: A

THE FÉCAMP ORDINAL

<Hore diurne dicuntur ut super habentur dominica prima post octabas epiphanie.[1]>

<Missa. *Suscepimus Deus*. Ps. *Magnus dominus. Gloria.* or' *Deus cuius prouidentia.* Ep. *Debitores sumus non carni.* R' *Esto michi in Deum.* V' *Deus in te speraui. Alleluia* V' *Venite exultemus.* V' *Preoccupemus faciem.* Euang. *Attendite a falsis prophetis.* Offert. *Populum humilem.* Secr. *Deus quia legalium.* [2] Comm. *Gustate et uidete.* Postcomm. *Tua nos domine medicinalis . . . perducat.*>

<Ad vesperas. a' *Non potest arbor . . . mittetur.* Ps. *Magnificat.* [or' *Deus cuius prouidentia.*]>

<Super ebdomadam a' *Non potest arbor . . . facere.* a' *Non omnis qui michi dicit*[3]. Ps. *Benedictus.* a' *Si quis fecerit uoluntatem.* Ps. *Benedictus.*>

<[LXXXVII.] Dominica nona post octabas pentecosten.>

Hystoria[4] de Sapientia a kalendis Augusti usque ad kalendas Septembris. *In principio*. Duabus primis Dominicis cantanda ita distinguatur.

¶ Sabbato ad vesperas. <a' *Regnum tuum.* Ps. *Confiteantur.* et alii. Cap. *Benedictus Deus.*> R' *Initium sapientie.* V' *Dilectio. Gloria.* <ym' *O lux beata trinitas.* V' *Vespertina oratio.*> In euangelio [a'] *Omnis sapientia.* Ps. *Magnificat.* <or' *Largire nobis domine.*>

[Ad matutinas.] Inuit. *In manu tua domine.* Ps. *Venite.* <ym' *Nocte surgentes.*>
<In primo nocturno. a' *Domino in uirtute.* et alie. ut supra habentur dominica secunda.>
Lectiones de prouerbis Salomonis. *Parabole Salomonis.* R'[1] *In principio.* <V' *Ego in altissimis. Ante omnes.*> R'[2] *Girum celi.* <V' *Ego in altissimis. Superborum.*> R'[3] *Emitte domine.* <V' *Da michi domine. Ut mecum.*> R'[4] *Domini est terra.* <V' *Orbis terrarum.*>
<In secundo nocturno. a' *Illuminatio.* et cetere.> R'[5] *Da michi domine.* <V' *Domine pater. Quoniam.*> R'[6] *Super salutem.* <V' *Dixi sapientie. Venerunt.*>

---

[1] Ad sextam a' *Adesto domine populis tuis*: add.C / Ad nonam or' *Subueniat nobis quesumus domine*: add.C, marg., l.h., subsequently cancelled
[2] Pref. *Et tibi uouere contriti*: add.S
[3] *michi dicit*] tr.B1
[4] (with large undecorated initial in green: O)

THE TEMPORAL

R'[7] *Inicium sapientie.* <V' *Dilectio illius. Laudatio.*> R'[8] *Ad te domine leuaui.*
<Ad cantica. Euang. *Homo quidam erat Diues qui habet uillicum.* Hom. *Si preualiter homo iste.*> R'[9] *Domine pater.* <V' *Duo rogaui. Et animo.*> R'[10] *Verbum* [[**fol.84r**]] *iniquum.* <V' *Ne forte. Sed tantum.*> R'[11] *Ne derelinquas me.* <V' *Apprehende arma. Ne gaudeat.*> R'[12] *In te domine speraui.* <or' *Largire nobis.*>

<In laudibus. a' *Alleluia.* Ps. *Miserere.* et cetera ut supra. In euangelio a' *Dixit dominus uillico.* Ps. *Benedictus.* or' *Largire nobis.*>

<Hore diurne dicantur ut supra habentur dominica prima post octabas epiphanie.[1]>

<Missa. *Ecce Deus adiuuat.* Ps. *Deus in nomine tuo. Gloria.* or' *Largire nobis domine quesumus semper.* Ep. *Non simus concupiscentes malorum.* R' *Domine dominus noster.* V' *Quoniam eleuata. Alleluia* V' *Diligam te.* Euang. *Homo quidam erat Diues qui habebat uillicum.* Offert. *Iusticie domini.* Secr. *Suscipe munera domine.* [2] Comm. *Primum uerite.* Postcomm. *Sit nobis domine reperatio.*>

<Ad vesperas. a' *Facite uobis amicos.* Ps. *Magnificat.* or' *Largire nobis.*>

<Super ebdomadam. a' *Ait autem uillicus.* Ps. *Benedictus.* a' *Quid faciam quia.* Ps. *Benedictus.* a' *Laudauit dominus uillicum.* Ps. *Benedictus.*[3]>

<Antiphone dicende ad uesperas a kalendis augusti usque kalendas septembris. a'[1] *Omnis sapientia.* ut supra. a'[2] *Ego in altissimis.* Ps. *Magnificat.* a'[3] *Dixi sapientie soror mea.* Ps. *Magnificat.* a'[4] *Sapientia edificauit sibi domum.* Ps. *Magnificat.* a'[5] *Sapientia clamitat in plateis.* a'[6] *Dominus possedit me.* Ps. *Magnificat.* a'[7] *Attingit autem sapientia.* Ps. *Magnificat.*[4] a'[8] *Ne derelinquas me domine.* Ps. *Magnificat.* a'[9] [5]*Salomon fili mi.* a'[10] *Obserua fili precepta.* Ps. *Magnificat.* a'[11] *Attende fili mi.* Ps. *Magnificat.* a'[12] *Fili a iuuentute tua.* Ps. *Magnificat.* a'[13] *Prebe fili cor.* Ps. *Magnificat.* a'[14] *Ferculum fecit sibi.* Ps. *Magnificat.*[6]>

---

[1] Ad sextam or' *Concede quesumus omnipotens Deus ut uiam.* Ad nonam or' *Benedictionem tuam domine*: add.C
[2] Pref. *Et tuam misericordiam totis*: add.S
[3] *Super ebdomadam ... Benedictus*] cancelled: A
[4] a'[4] *Sapientia edificauit ... Magnificat*] cancelled: A
[5] cancelled: A
[6] a'[11] *Attende fili ... Magnificat*] cancelled: A

<[LXXXVIII.] Dominica decima post octabas pentecosten.>

Aliis autem duabus Dominicis ultimis hec eadem hystoria sumatur.

<Sabbato ad vesperas. a' *Regnum tuum*. Ps. *Confiteantur*. et alii. Cap. *Benedictus Deus*. R' *Magnus dominus*. ym' *O lux beata*. V' *Vespertina oratio*. Antiphona una de suprascriptis. Ps. *Magnificat*. or' *Pateant aures misericordie tue*.>

[Ad matutinas.] <Inuit. *In manu tua*. Lectiones *Verba ecclesiastes filii Dauid*.>
[In primo nocturno.] R'[1] *In principio*. R'[2] *Girum celi*. R' [3] *Emitte domine*. R'[4] *Domini est terra*. <V' *Orbis terrarum*.>
[In secundo nocturno.] R'[5] *Verbum iniquum*. R'[6] *Ne derelinquas me*. R'[7] *Magna enim sunt*. <V' *Deduxisti sicut. Magnificasti*.> R'[8] *Ad te domine leuaui*. <Euang. *Cum appropinquaret dominus Ihesus Ierosolimam*. Hom. *Fleuit pius redemptor*.>
[Ad cantica.] R'[9] *Que sunt in corde hominum*. <V' *Omnia enim. Homo*.> R'[10] *Prebe fili cor tuum*. <V' *Attende fili. Ut addatur*.> R'[11] *Aduersio paruulorum*. <V' *O uiri. Qui autem*.> R'[12] *In te domine speraui*. <or' *Pateant aures misericordie tue*.>

<In laudibus. a' *Alleluia*. Ps. *Miserere*. et cetera. In euangelio a' *Cum appropinquaret dominus*. Ps. *Benedictus*. or' *Pateant aures misericordie tue*.>

<Hore dicantur ut supra.[1]>

<Missa. *Dum clamarem*. Ps. *Exaudi Deus. Gloria*. or' *Pateant aures misericordie tue*. Ep. *Scitis quoniam cum gentes*. R' *Custodi me*. V' *De uultu. Alleluia* V' *Domine in uirtute*. Euang. *Appropinquante dominus Ihesus Ierusalem*. Offert. *Ad te domine leuaui*. Secr. *Concede nobis hoc quesumus*.[2] Comm. *Acceptabis sacrificium*. Postcomm. *Tui nobis domine communio*.>

<Ad vesperas. a' *Videns dominus ciuitatem*. Ps. *Magnificat*.>

<Super ebdomadam a' *Ingressus in templum*. Ps. *Benedictus*.[3]>

---

[1] Ad sextam or' *Presta quesumus omnipotens Deus ut inter*. Ad nonam or' *Respice domine propicius plebem*: add.C
[2] Pref. *Et tuam misericordiam exorare*: add.S
[3] Super ebdomadam . . . *Benedictus*] cancelled: A

<[LXXXIX.] Dominica undecima post octabas pentecosten.>

<Sabbato ad vesperas. a' *Regnum tuum*. Ps. *Confiteantur*. [et alii.] Cap. *Benedictus Deus*. R' *Magnus dominus*. ym' *O lux beata trinitas*. V' *Vespertina oratio*. Antiphona una de suprascriptis. [Ps. *Magnificat*.] or' *Deus qui omnipotentiam tuam*.>

<[Ad matutinas.] Vitatorium. ymnus. antiphone. psalmi. versiculi. lectiones. responsoria *In principio*. et cetera ut supra alia dominica. Euang. *Dixit dominus Ihesus ad quosdam qui in se confidebant*. Hom. *In multis locis sacra scriptura*. or' *Deus qui omnipotentiam*.>

<In laudibus. a' *Alleluia*. Ps. *Miserere*. et cetera ut supra dominica secunda. In euangelio a' *Duo homines ascenderunt*. Ps. *Benedictus*. or' *Deus qui omnipotentiam*.[1]>

<Missa. *Deus in loco*. Ps. *Exurgat Deus*. Gloria. or' *Deus qui omnipotentiam tuam parcendo*. Ep. *Notum uobis facio*. *In Deo sperauit*. V' *Ad te domine clamaui*. Alleluia V' *Qui sanat contritos*. Euang. *Dixit dominus Ihesus ad quosdam qui se confidebant*. Offert. *Exaltabo te domine*. Secr. *Tibi domine sacrificia*.[2] Comm. *Honora dominum*. Postcomm. *Quesumus domine Deus noster. ut quos diuinis*.>

<Ad vesperas. a'[3] *Stans a longe publicanus*. a' *Magnificat*. or' *Deus qui omnipotentiam*.>

<[Super ebdomadam] a'[4] *Deus propicius esto*. a' *Descendit hic iustificatus*. Ps. *Benedictus*. a'[5] *Omnis qui se exaltat*. Ps. *Benedictus*.>

<[XC.] Dominica duodecima post octabas pentecosten.>

<Sabbato ad vesperas. a' *Regnum tuum*. Ps. *Confiteantur*. et alii. et cetera ut supra. or' *Omnipotens sempiterne Deus qui habundantia*.>

---

[1] Ad sextam or' *Fideles tuos domine quesumus corpore*: add.C / or' *Deus qui conspicis nos*: add.C, marg., l.h.
[2] Pref. *Et tibi debitam seruitutem*: add.S
[3] cancelled: A
[4] cancelled: A / om.B2
[5] cancelled: A

<[Ad matutinas.] Vitatorium. hymnus. psalmi. antiphone. versiculi. lectiones. responsoria ut supra dominica tercia precedente. Euang. *Exiens dominus Ihesus de finibus Tyri.* Hom. *Surdus ille et mutus.* or' *Omnipotens sempiterne.*>

<Hore diei dicantur ut supra habetur dominica prima post octabas epiphanie.[1]>

<Missa. *Deus in adiutorium.* Ps. *Aduertantur retrorsum. Gloria.* or' *Omnipotens sempiterne Deus qui habundantiam.* Ep. *Fiduciam talem habemus.* R' *Benedicam dominum.* V' *In domino laudabitur. Alleluia* V' *Qui timent dominum.* Euang. *Exiens dominus Ihesus de finibus Tyri.* Offert. *Precatus est Moyses.* Secr. *Respice domine quesumus nostram.* Comm. *De fructu operum.* Postcomm. *Sentiamus domine quesumus tui perceptione.*>

<Ad vesperas. a' *Quanto autem eis.* Ps. *Magnificat.* or' *Omnipotens sempiterne.*>

<Super ebdomadam. a'[2] *Dum transiret dominus.* Ps. *Benedictus.* a'[3] *Bene omnia fecit.* Ps. *Benedictus.*>

¶ Si inventio sancti Stephani et sociorum eius quod est in tercia die Augusti euenerit in Dominica.· tunc erit festum sancti Laurentii secunda Dominica. Tercia.· Octaue ipsius. quarta.· festum sancti Bartholomei et sancti Audoeni. et ita in unaquaque Dominica illius mensis.· erit festum. Tunc prouideat cantor quod in Dominica octauarum sancti Laurentii cantetur hystoria De Dominica. *In principio.* Octo responsoria. Cantica et deinceps.· erit de gloriosa virgine Maria. Octaue habebunt memoriam Ad vesperas. Ad Matutinas. et ad Missam matutinalem que erit de sancta Maria. *Gaudeamus.* et ad alias vesperas et non amplius. Alia festa habebunt suum seruicium.

<[XCI.] Dominica terciadecima post octabas pentecosten.>

Hystoria[4] de Iob canenda est in Mense Septembris. duabus tantum Dominicis. *Si bona suscepimus.* Tunc cessabunt breuia Responsoria. que a pueris solent dici.· pro breuitate noctium. diceturque duodecimum

---

[1] Ad sextam or' *Tuere domine populum tuum*: add.C / Ad nonam or' *Subueniat nobis quesumus domine*: add.C, marg., l.h., cancelled
[2] cancelled: A
[3] cancelled: A / om.B2
[4] (with undecorated initial in green: O)

Responsorium de Trinitate unaquaque Dominica usque ad aduentum domini. nisi sit tercius nocturnus alicuius sancti. Ab eodem die incipientur legi hystorie per totum tempus ad matutinas nec in aliqua die legi cessabunt. nisi in festiuitate duodecim lectionum.

¶ Sabbato ad vesperas. a' *Regnum tuum.* et alie. Cap. *Benedictus Deus.* R' *Nunquid dominus.* ym' *O lux*[1] *beata trinitas.* <V' *Vespertina oratio.*> a' *Cum audisset Iob.* <Ps. *Magnificat.* or' *Omnipotens et misericors Deus.*>

[Ad matutinas.] Inuit. *Adoremus dominum.* Ps. *Venite.* ymn' [[**fol.84v**]] *Nocte surgentes.*
In primo nocturno. a' *Domine in uirtute.* et alie. Lectiones *Vir erat in terra* [H]us: *nomine Iob.* Et ita in prima Dominica Responsoria disponenda dicentur. R'[1] *Si bona suscepimus.* <V' *In omnibus hiis. Dominus.*> R'[2] *Antequam comedam.* <V' *Nolo multa. Nonne.*> R'[3] *Utinam appenderentur.* <V' *Quasi harena. Et calamitas.*> R'[4] *Quare detraxistis.* <V' *Malicia est. Verumptamen.*>
[In secundo nocturno.] R'[5] *Induta est.* <*Dies mei. Memento.*> R'[6] *Paucitas dierum.* <V' *Ecce in puluere. Antequam.*> R'[7] *Ne abscondas me.* <V' *Voca me. Et formido.*> R'[8] *Quis michi tribuat.* <V' *Nunquid sicut. Et constituas.*> Post Gloriam repetetur. *Qui solus.*[2]
[Ad cantica.] <Euang. *Beati oculi qui uident.* Hom. *Beatos dicit dominus oculos.*> R'[9] *Nunquid dominus.* <V' *Apprehende arma. Et cuius.*> R'[10] *Nocte os meum* <*perforatur.*[3] V' *O custos. Comparatus.*> R'[11] *Scio domine.* <V' *Tu quidem. Et si in.*> De Trinitate. R'[12] [4]*Benedicat nos Deus.* <or' *Omnipotens et misericors Deus.*>

<In laudibus. Psalmi. capitulum. responsorium. ymnus. versiculus. ut supra habentur dominica prima post octabas epiphanie. a' *Beati oculi qui uident.* Ps. *Benedictus.* or' *Omnipotens et misericors Deus.*>

<Hore diei dicantur ut supra habentur dominica prima post octabas epiphanie.[5]>

---

[1] *lus* (†): O
[2] Post Gloriam ... *solus*] placed in error after incipit of R'9 below: O (this repetition is not indicated in B1 or A)
[3] *os meum perforatur*] tr.3,1,2: B2
[4] R' *Versa est in luctum.* V' *O custos. Parce.* R' *Adesto dolori.* V' *Versa est. Implorationem*: B1, A (cancelled), B2 (adding *Gloria.* [r'] *Et cecidit* to R' *Adesto*)
[5] Ad sextam or' *Respice propicius domine*: add.C / Ad nonam or' *Deus qui conspicis*: add.C, marg., l.h., subsequently cancelled

<Missa. *Respice domine in testamentum.* Ps. *Ut quid Deus. Gloria.* or' *Omnipotens et misericors Deus de cuius.* Ep. *Abrahe dicte sunt promissiones: et semini eius.* R' *Respice domine in testamentum.* V' *Exurge domine et iudica. Alleluia* V' *Timebunt gentes.* Euang. *Beati oculi qui uident.* Offert. *In te speraui domine.* Secr. *Hostias quesumus domine propicius.* [1] Comm. *Panem de celo dedisti.* Postcomm. *Viuificet nos quesumus domine.*>

<Ad vesperas. a' *Homo quidam descendebat.* Ps. *Magnificat.* or' *Omnipotens et misericors Deus.*>

<Super ebdomadam. a' *Magister quid faciendo.* Ps. *Benedictus.* a' *Samaritanus quidam.* Ps. *Benedictus.* a' *Quodcumque supererogaueris.* Ps. *Benedictus.* a' *Quis tibi uidetur.* Ps. *Benedictus.*[2]>

<Antiphone dicende ad uesperas de hystoria Iob.[3] a' *Cum audisset Iob. ut supra.* a' *Dominus dedit dominus abstulit.* Ps. [4]*Magnificat.* a' *In omnibus hiis.* Ps. [5]*Magnificat.* a' *Cum egrotasset Iob.* Ps. *Magnificat.* a' *Noctem illam tenebrosus.* Ps. *Magnificat.* a' *Quare detraxistis.* Ps. *Magnificat.* a' *Ciues mei uermes.* Ps. *Magnificat.*[6]>

<[XCII.] Dominica quartadecima[7] post octabas pentecosten.>

Dominica sequente hec eadem hystoria ita sic superius disposita sunt reponsoria octo prima dicantur. et duobus pretermissis: [R'] *Scio domine.* [R'] *Versa est in luctum.* et [R'] *Adesto*[8] *dolori meo.* cum R' de Trinitate assumuntur.

<Sabbato ad vesperas. a' *Regnum tuum.* Ps. *Confiteantur.* [et cetera.] Cap. *Benedictus Deus.* R' *Magnus dominus.* ym' *O lux beata.* Antiphona una de suprascriptis in isto folio. [Ps. *Magnificat.*] or' *Omnipotens sempiterne Deus da nobis fidei.*>

<Ad matutinas. Vitatorium. ymnus. antiphone. psalmi et cetera ut supra dominica precedenti. Lectiones *Factum est quadam die.* [In primo nocturno. R' *Si bona*

---

[1] Pref. *Qui nos castigando sanas*: add.S
[2] Super ebdomadam ... *Benedictus*] cancelled: A
[3] Antiphone ... Iob] De historia Iob: B1, A
[4] om.B1
[5] om.B1
[6] a' *Cum egrotasset* ... *Magnificat*] cancelled: A
[7] quintadecima (†): B2
[8] *ad Esto* (†): O

suscepimus. et cetera. In secundo nocturno. R' *Induta est.* et cetera. Ad cantica] Euang. *Cum iret dominus Ihesus in Ierusalem.* Hom. *Quia dominus propter nos.* R'[9] *Scio domine.* R'[10] *Versa est in luctum.* [V' *O custos. Parce.*] R'[11] *Adesto dolori.* [V' *Versa est. Implorationem.*] R'[12] *Honor uirtus.* or' *Omnipotens sempiterne Deus.*>

<[In laudibus.] In euangelio a' *Dum ingrederetur Ihesus.* Ps.*Benedictus.* or' *Omnipotens sempiterne Deus.*[1]>

<Missa. *Protector noster aspice.* Ps. *Quam dilecta. Gloria.* or' *Omnipotens sempiterne Deus da nobis.* Ep. *Spiritu ambulate: et desideria.* R' *Bonus est confidere in domino.* V' *Bonum est sperare.* Alleluia V' *Exultate Deo adiutori.* Euang. *Cum iret dominus Ihesus in Ierusalem.* Offert. *Inmittit angelus domini.* Secr. *Propiciare domine populo tuo.*[2] Comm. *Panis quem dedero.* Postcomm. *Sumptis domine celestibus.*>

<Ad vesperas. a' *Nonne decem mundati.* Ps. *Magnificat.* or' *Omnipotens sempiterne Deus.*>

<[Super ebdomadam.] a' *Unus autem ex illis.* Ps. *Benedictus.*[3]

<[XCIII.] Dominica quintadecima post octabas pentecosten.>

¶ In tercio Sabbato ad vesperas. R' *Benedicite Deum celi.* <V' *Ipsum benedicite.*> Post gloriam repetetur *Quia fecit.* <ym' *O lux beata.* V' *Vespertina oratio.*> In euangelio a' *Ne reminiscaris.* Ps. *Magnificat.* <or' *Custodi domine quesumus ecclesiam.*>

[Ad matutinas.] Inuit. *Adoremus dominum.*
[In primo nocturno.] Lectiones de libro Tobie <*Thobias ex tribu et ciuitate Neptalim.*> R'[1] *Peto domine.* <V' *Omnia iudicia. Ne reminiscaris.*> R'[2] *Omni tempore.* <V' *Memor esto. Et omni.*> R'[3] *Memor esto fili.* <V' *Fiducia magna. Habebis.*> R'[4] *Sufficiebat nobis paupertas.* <V' *Heu me fili. Baculum.*> Post gloriam repetetur *Nunquam fuisset.*[4]
[In secundo nocturno.] R'[5] *Benedicite Deum.* <V' *Ipsum benedicite. Quia fecit.*> R'[6] *Tempus est.* <V' *Benedicite Deum. Et enarrate.*> R'[7]

---

[1] Ad sextam or' *Tuere quesumus domine familiam tuam*: add.C / Ad nonam or' *Subueniat nobis quesumus domine*: add.C, marg., l.h., subsequently cancelled
[2] Pref. *Quia tu in nostra semper*: add.S
[3] a' *Unus . . . Benedictus*] cancelled: A
[4] *Post gloriam . . . fuisset*] (not indicated in B1)

THE FÉCAMP ORDINAL

Tribulationes ciuitatum. <V' *Peccauimus impie. Domine.*> R'[8] *Nos alium Deum.* <V' *Indulgentiam. Qui non.*> Post gloriam. *Qui non despiciet.*[1]
[Ad cantica.] <Euang. *Nemo potest duobus dominis seruire.* Hom. *Duo domine Deus et diabolus.*> R'[9] *Domine Deus.* <V' *Deus celorum. Et dextera.*> R'[10] *Dominator domine.* <V' *Tu domine. Exaudi.*> R'[11] *Vos qui in turribus.*
<V' *Laudate dominum. Et uictoriam.* R'[12] *Honor uirtus.* Post gloriam. *In perhennis.*[2]
<or' *Custodi domine.*>

<[In laudibus.] Antiphone. psalmi. capitulum. responsorium. ymnus. versiculus ut supra habuntur dominica secunda post octabas sancte Trinitatis. In euangelio a' *Dico uobis ne solliciti.* Ps. *Benedictus.* or' *Custodi domine.*>

<Hore diei dicantur ut supra habuntur dominica prima post octabas epiphanie.>[3]

<Missa. *Inclina domine aurem.* Ps. *Letifica animam. Gloria.* or' *Custodi domine quesumus ecclesiam.* Ep. *Si uiuimus spiritu.* R' *Bonum est confiteri domino.* V' *Ad annunciandum mane.* Alleluia V' *Quoniam Deus magnus.* Euang. *Nemo potest duobus dominis seruire.* Offert. *Expectans expectaui dominum.* Secr. *Concede nobis domine quesumus.*[4] Comm. *Qui manducat carnem meam.* Postcomm. *Purificent semper et muniant.*>

<Ad vesperas. a' *Considerate lilia agri.* Ps. *Magnificat.* or' *Custodi domine.*>

<Super ebdomadam.[5] a' *Si autem fenum agri.* Ps. *Benedictus.* a' *Nolite ergo solliciti esse...dicit dominus.* Ps. *Benedictus.*[6] a' *Querite primum regnum.* Ps. *Benedictus.*>

<De hystoria Thobie super ebdomadam ad *Magnificat.*[7] a' *Ne reminiscaris.* ut supra. a'[8] *Omni tempore benedic.* Ps. *Magnificat.* a' *Memor esto fili.* Ps. *Magnificat.*>

---

[1] Post gloriam ... despiciet] *Gloria* indicated, but not regressio: B1
[2] Aliud R' *Adonai domine Deus.* V' *Benedictus* es. *Exaudi preces*: add.B1, A, B2
[3] Ad sextam or' *Presta nobis misericors Deus ut placationem.* Ad nonam or' *Plebis tue Deus ad te corda*: add.C
[4] Pref. *Qui nos de donis bonorum*: add.S
[5] Super ebdomadam] om.B1
[6] a' *Si autem ... Benedictus*] cancelled: A / a' *Nolite solliciti esse ... necesse sit alleluia*: add.A, marg., subsequently cancelled
[7] super ebdomadam ad *Magnificat*] Ad uesperas: B1
[8] alia a': B1

<[XCIV.] Dominica sextadecima post octabas pentecosten.>

¶ Sabbato quarto ad vesperas. <a' *Regnum tuum*. Ps. *Confiteantur.* et alii. Cap. *Benedictus Deus.*> R' *Magnus dominus*. <Ymnus et versiculus. ut supra.> a' *Dominator domine.* Ps. *Magnificat.* <or' *Ecclesiam tuam domine miseratio.*>

[Ad matutinas.] Inuit. *Adoremus dominum.* ym' *Nocte surgentes.* et cetera. Lectiones de libro Iudith. <*Arfasat rex Medorum.*> R'[1] *Tribulationes.* R'[2] *Nos alium Deum.* R'[3] *Domine Deus.* R'[4] *Benedicite Deum.* Post gloriam. *Quia fecit.*[1]
[In secundo nocturno.] R'[5] *Dominator domine.* R'[6] *Vos qui in turribus estis.* R'[7] *Adonay domine Deus.* <V' *Benedictus es. Exaudi.*> R'[8] *Domine rex* [[**fol.85r**]] *omnipotens.* <V' *Exaudi orationem. Propter.*> Post gloriam. *Libera nos.*
[Ad cantica.] <Euang. *Ibat dominus Ihesus in ciuitatem.* Hom. *Naym ciuitas est Galilee.*> R'[9] *Da nobis domine.* <*Ne tradas. Et ne claudes.*> R'[10] *Conforta me.* <V' *Domine rex. Et da sermonem.*> R'[11] *Spem in alium.* <V' *Domine Deus. Qui irasceris.*> De trinitate. R'[12] *Gloria patri.*[2] <or' *Ecclesiam tuam.*>

<In laudibus. antiphone. psalmi. capitulum. responsorium. hymnus. versiculus. ut supra habentur dominica secunda post octabas Trinitatis. In euangelio a' *Ibat Ihesus in ciuitatem.* Ps. *Benedictus.* Oratio ut supra.>

<Hore diei dicantur ut supra habuntur dominica prima post octabas epiphanie.[3]>

<Missa. *Miserere michi domine.* V' *Inclina domine aurem. Gloria.* or' *Ecclesiam tuam domine miseratio.* Ep. *Obsecro uos ne deficiatis.* R' *Timebunt gentes nomen.* V' *Quoniam edificauit.* Alleluia V' *Qui posuit fines.* Euang. *Ibat dominus Ihesus in ciuitatem.* Offert. *Domine in auxilium.* Secr. *Tua nos domine sacramenta.*[4] Comm. *Domine memorabor.* Postcomm. *Mentes nostras et corpora.*>

<Ad vesperas. a' *Adolescens tibi dico.* Ps. *Magnificat.* or' *Ecclesiam tuam.*>

<[Super ebdomadam.] a' *Accepit autem omnes.* Ps. *Benedictus.*>

---

[1] Post gloriam. *Quia fecit*] (not indicated: B1)
[2] *Gloria patri*] om.B1
[3] Ad sextam or' *Da quesumus domine hanc mentem.* Ad nonam de communibus: add.C (with 'de communibus' cancelled and *Deus qui conspicis* added by l.h.)
[4] Pref. *Qui eternitate sacerdotii*: add.S

<Sabbato uel¹ supra ebdomadam ad *Magnificat* antiphone si opus fuerit² *Adonay domine Deus.* Ps. *Magnificat.* a' *Domine rex omnipotens.* Ps. *Magnificat.* a' *Domine Deus rex.* Ps. *Magnificat.*>

¶ Si forte prima dies Septembris euenerit in Dominica: tunc unaquaque dies Dominica illius mensis impedietur. quia in prima Dominica erit festum sancti Egydii abbatis. In secunda: Natiuitas beate Marie. In tercia: Octaue ipsius. In quarta: festum sancti Mauricii cum sociis suis. Tunc oportet quod in prima dominica illius mensis quod est prima die. cantetur hystoria de Dominica. *Si bona suscepimus.* et sanctus Egydius habeat memoriam [et] missam matutinalem³ [et] in crastino duodecim lectiones. ⁴ Alie uero festiuitates quas prenotauimus non possunt pretermitti. quia sunt in capis vel in albis uel [habent] proprias hystorias. Preterea si contigerit quod in eodem mense in quatuor Dominicis non sit aliqua impeditio: in duabus primis Dominicis cantabunt hystoria. *Si bona suscepimus.* cum suis lectionibus. In tercia Dominica: *Peto domine.* In quarta Dominica: *Tribulationes.* et si forte contigerit quod in eodem mense sint quinque dies Dominicis: tunc cantabitur tribus Dominicis *Si bona suscepimus.* cum sua legenda. In quarta⁵: *Peto domine.* In quinta: *Tribulationes.*

<[XCV.] Dominica septimadecima post octabas pentecosten.>

Hystoria⁶ de Machabeis. *Adaperiat dominus.* A kalendis Octobris⁷ vsque ad kalendas⁸ Nouembris: hoc ordine cantabitur. Duabus primis Dominicis pars prima hystorie cum primo libro. Et aliis duabus Dominicis subsequentibus pars residua cum secundo libro discernitur.⁹

---

¹ et: B1, A
² si opus fuerit] om.A
³ missam matutinalem] altered by interlining, l.h., to 'missa erit matutinalis de sancto Prisco': O
⁴ Nota in sabbato ad uesperas de dominica commemoratio de apostolo de sancto Egidio et de sancto Prisco: add.O, marg., l.h.
⁵ quatuor (†): O
⁶ (with large undecorated initial in red: O)
⁷ a kalendis Octobris] a kalendis Nouembris (†), subsequently cancelled, and 'in mense octobris' interlined by l.h.: O
⁸ Cancelled: O / mensem: add.O, interlined by l.h.
⁹ de Machabeis... discernitur] dicenda a kalendis octobris usque ad kalendas nouembris: B2

Sabbato ad vesperas. <a' *Regnum tuum domine.* Ps. *Confiteantur.* et alii. Cap. *Benedictus Deus.*> R' *Exaudiat dominus.* Post gloriam. *Et reconcilietur.*[1] <ym' *O lux beata trinitas.* V' *Vespertina oratio.*> a' *Adaperiat dominus.* Ps. *Magnificat.* <or' *Tua nos domine quesumus gratia.*>

[Ad matutinas.] Inuit. *Dominum qui fecit nos.* Ps. *Venite.* Hic incipit [[**fol.85v**]] ymnum *Primo dierum omnium.* Et in laudibus. [ym'] *Eterne rerum conditor.*

<In primo nocturno. a' *Domine in uirtute.* ut supra dominica prima post octabas epiphanie. V' *Memor fui.* Lectio prima. *Et factum est postquam percussit Alexander.*> R'[1] *Adaperiat dominus.* <V' *Exaudiat dominus. Concedat.*> R'[2] *Exaudiat dominus.* <V' *Adaperiat dominus. Dominus.*> R'[3] *Impetum inimicorum.* <V' *Mementote. Et nunc.*> R'[4] *Ornauerunt faciem.* <V' *In ymnis. Et facta est.*> Post gloriam r' *Et facta est.*
[In secundo nocturno.] R'[5] *In hymnis et confessionibus.* <V' *Ornauerunt. Qui magna.*> R'[6] *Congregate sunt* <gentes. V' *Tu scis que. Domine.*> R'[7] *Congregati sunt* <inimici. V' *Disperge illos. Ut cognoscant.*> R'[8] *Dixit Iudas.* <V' *Accingimini. Sicut.*> Post gloriam *Sicut fuerit.* <Alius[2] V' *Et nunc clamemus. Sicut.*>
[Ad cantica.] <Euang. *Cum intraret dominus Ihesus in domum.* Hom. *Quociens legimus dominum.*> R'[9] *Tua est potentia.* <V' *Creator omnium. Da pacem.*> R'[10] *Refulsit sol.* <V' *Erat enim. Et fortitudo.*> R'[11] *Disrumpam uincula.* <V' *Reuertar ad.*[3] *Et auferam.*> R'[12] *Tibi laus.* Post gloriam *In secula.* <ut supra de Trinitate.[4] or' *Tua nos domine.*>

<In laudibus. Ut suprahabentur dominica prima post octabas epiphanie. ym' *Eterne rerum conditor.* V' *Dominus regnauit.* In euangelio a' *Erat autem quidam ydropicus.* Ps. *Benedictus.* or' *Tua nos quesumus domine*[5].>

<Hore diei dicantur ut supra habentur dominica prima post octabas epiphanie.[6]>

---

[1] Post gloriam. *Et reconcilietur*] (not indicated: B1)
[2] om.B1
[3] *Et dispergam*: B2
[4] R' *Aperi celos.* V' *Afflige opprimentes. Sed tu.* R' *Tu domine uniuersorum.* V' *Tu domine cui. Conserua.* R' *Hec est fratrum.* V' *Vir iste. Hic est*: add.B1, A, B2 / Dominica secunda hec eadem responsoria. duodecimum R' *Summe trinitati.* Dominica tercia hec eadem cum sequentibus et R' *Benedicamus*: add.A2, marg., l.h. (see Dominica octavadecima and Dominica nonadecima below)
[5] *quesumus domine*] tr.B2
[6] Ad sextam or' *Fac nos domine quesumus prompta.* Ad nonam or' *Rege nostras domine propicius*: add.C

THE FÉCAMP ORDINAL

<Missa. *Iustus es domine*. Ps. *Beati immaculati*. Gloria. or' *Tua nos domine quesumus gracia*. Ep. *Obsecro uos ego uinctus*. R' *Beata gens*. V' *Verbo domini*. Alleluia V' *Paratum cor*. Euang. *Cum intraret dominus Ihesus in domum*. Offert. *Oraui Deum meum*. Secr. *Munda nos domine sacraficii*.[1] Comm. *Vouete et reddite*. Postcomm. *Purifica domine quesumus mentes*.>

<Ad vesperas. a' *Dixit Ihesus ad legisperitos*. Ps. *Magnificat*. or' *Tua nos domine*.>

<Super ebdomadam. a' *Cuius uestrum asinus*. Ps. *Benedictus*. a' *Cum uocatus fueris*. Ps. *Benedictus*.[2]>

<Antiphone a kalendis octobris usque ad kalendas nouembris ad uesperas. a' *Adaperiat*. ut supra. a' *Exaudiat dominus orationes*. Ps. *Magnificat*. a' *Tua est potentia*. Ps. *Magnificat*. a' *Da pacem domine*. Ps. *Magnificat*. a' *Extende domine brachium*. Ps. *Magnificat*. a' [3]*Iudas Machabeus*. Ps. *Magnificat*. a' *Refulsit sol in clipeos*. Ps. *Magnificat*. a' *Tu domine uniuersorum*. Ps. *Magnificat*. a' *Lugebat autem Iudam*. Ps. *Magnificat*. a' *Elige tibi uiros*. Ps. *Magnificat*. a' *Hic est fratrum amator*. Ps. *Magnificat*.[4]>

<[i.] Feria quarta Quatuor Temporum Septembris.>

<Missa. *Exultate Deo*. Ps. *Audi populus*. Gloria. or'[5] *Misericordie tue remediis*. Lect. *Ecce dies ueniunt*. R' *Propicius esto domine*. V' *Adiuua nos Deus*. *Dominus uobiscum*. or' *Presta quesumus domine familie*. Lect. *Congregatus est omni populus*. R' *Quis sicut dominus*. V' *Suscitans a terra*. Euang. *Respondens unus de turba dixit ad Ihesum magister*. Offert. *Meditabor in mandatis*. Secr. *Deus qui de hiis terra*.[6] Comm. *Comedite pingua*. Postcomm.[7] *Sumentes domine dona celestia*.>

<[ii.] Feria sexta Quatuor Temporum Septembris.>

<Missa. *Letetur cor*. Ps. *Confitemini domino*. Gloria. or'[8] *Presta quesumus omnipotens Deus: ut obseruationes*. Lect. *Conuertere Israel ad dominum*. R' *Conuertere domine*. V'

---

[1] Pref. *Et te incessanter precari*: add.S
[2] *Super ebdomadam . . . Benedictus*] cancelled: A / Si in hac ebdomada fuerit feria secunda u[el] tercia uel [***] feriales ad *Benedictus* antiphone de kalendis octobris accipien[da] sunt. scilicet *Cuius uestrum*. et *Cum uocatus* non est consuetudo illas dic[ere]: add.A2, marg., l.h. (and by another l.h. 'similiter et in aliis ebd[omadis]')
[3] cancelled: A
[4] a' *Tu domine . . . Magnificat*] cancelled: A
[5] (in C, but without rubric, and cancelled)
[6] Pref. *Qui nos ideo collectis*: S
[7] (in C, but without rubric and cancelled)
[8] (in C, but without rubric and cancelled)

Domine refugium. Euang. *Rogabat Ihesum quidam Phariseus.* Offert. *Benedic anima mea.* Secr. *Accepta tibi sint.* [1] Comm. *Aufer a me obprobrium.* Postcomm. *Quesumus omnipotens Deus ut de preceptis.*>

<[iii.] Sabbato Quatuor Temporum Septembris.>

<Missa. *Venite adoremus.* Ps. *Venite exultemus. Gloria.* or' [2]*Omnipotens sempiterne Deus qui per continentiam.* Lect. *Locutus est dominus ad Moysen dicens. Decimo die.* R' *Protector noster.* V' *Domine Deus uirtutum.* or' *Da nobis quesumus omnipotens Deus: ut ieiunando.* Lect. *Locutus est dominus ad Moysen dicens. Quintodecimo die.* R' *Domine refugium.* V' *Priusquam montes. Alleluia* V' *Deus iudex iustus.*[3] or' *Tuere quesumus domine familiam.* Lect. *Domine Deus noster pasce.* R' *Ab occultis meis.* V' *Si mei non.* or' *Presta quesumus domine sic nos ab epulis.* Lect. *Factum est uerbum domini ad me.* R' *Conuertere domine.* V' *Domine refugium.* or' *Ut nos domine tribuis.* Lect. *Angelus domini descendit cum Azaria.* Tr. *Omnipotentem semper adorant. Et benedicunt.* V' *Astra polorum. Et benedicunt.* V' *Sic quoque limphe. Et benedicunt.* V' *Ignus et estus. Et benedicunt.* V' *Nix glacies. Et benedicunt.* V' *Arida montes. Et benedicunt.* V' *Omnis uiua. Et benedicunt.* V' *Cuncta hominum. Et benedicunt.* V' *Sancti humilesque. Et benedicunt.* V' *Rite canum. Et benedicunt.* V' *Sit genitori. Et benedicunt.* Repetatur *Omnipotentem. Dominus uobiscum.* or' *Deus qui tribus pueris.* Ep. *Tabernaculum factum est primum.* R' *Laudate dominum omnes.* V' *Quoniam confirmata.* Euang. *Arborem fici habebat quidam plantatam.* Offert. *Domine Deus salutis mee.* Secr. *Concede queumus omnipotens Deus ut oculis.* [4] Comm. *Mense septimo festa.* Postcomm. *Perficiant in nobis.*>

<[XCVI.] Dominica octavadecima post octabas pentecosten.>

<Ad vesperas. [Antiphona una de illis post *Adaperiat.* ut supra. Ps. *Magnificat.*] or' *Da quesumus domine populo tuo.*>

[Ad matutinas.] ¶ Dominica secunda eadem Responsoria. <Euang. *Accesserunt ad Ihesum Pharisei.* Hom. *Interrogauit Phariseus dominum.*>
Duodecimum [R'] *Summe trinitati.* Post gloriam *Qui totum.* <or' *Da quesumus domine.*>

---

[1] Pref. *Qui iusto pioque moderamine*: add.S
[2] (in C, but without rubric and cancelled)
[3] *Alleluia* V' *Deus iudex iustus*] cancelled: M
[4] Pref. *Et tibi sanctificare ieiunium*: add.S

<[In laudibus.] In euangelio a' *Magister quod est mandatum*. Ps. *Benedictus*. or' *Da quesumus domine*.>

<Hore diei dicantur ut supra habentur dominica prima post octauas epiphanie.[1]>

<Missa. *Da pacem domine*. Ps. *Ut sciant omnes*. Gloria. or' *Da quesumus domine populo tuo*. Ep. *Gracias ago Deo meo*. R' *Letatus sum in his*. V' *Fiat pax in uirtute*. Euang. *Accesserunt ad Ihesum Pharisei*. Offert. *Sanctificauit Moyses altare*. Secr. *Maiestatem tuam domine suppliciter*.[2] Comm. *Tollite hostias et introite*. Postcomm. *Sanctificationibus tuis omnipotens*.>

<Ad vesperas. a' *Quid uobis uidetur*. Ps. *Magnificat*. <or' *Da quesumus domine*.>

<[XCVII.] Dominica nonadecima post octabas pentecosten.>

<Sabbato ad vesperas. [Antiphona una de suprascriptis post *Adaperiat*.] Ps. *Magnificat*. or' *Dirigat corda nostra*.>

[Ad matutinas.] <Lectio prima: *Appropinquauerunt dies Mathathie moriendi*.>
¶ Dominica tercia R'[1] *Adaperiat dominus*. R'[2] *Exaudiat dominus*. R'[3] *Impetum inimicorum*. R'[4] *Ornauerunt*. R'[5] *In hymnis et confessionibus*. R'[6] *Congregate sunt* [*gentes*]. R'[7] *Congregati sunt* [*inimici*]. R'[8] *Dixit Iudas*. <Euang. *Ascendens dominus Ihesus in nauiculam*. Hom. *Spiritualiter dominus nauim ascendit*.> R'[9] *Aperi oculos tuos*. <V' *Affige opprimentes. Sed tu domine*.> R'[10] *Tu domine*. <V' *Tu domine cui. Conserua*.> R'[11] *Hic est fratrum amator*. <V' *Vir iste in populo. Hic est qui*.> R' *Benedicamus patrem*. <or' *Dirigat corda nostra*.>

<In laudibus. In euangelio a' *Dixit dominus paralitico*. Ps.*Benedictus*. [or' *Dirigat corda nostra*.]>

<[Hore diei dicantur ut supra habentur dominica prima post octauas epiphanie.[3]]>

---

[1] Ad sextam or' *Absolue quesumus domine tuorum delicta*. Ad nonam or' *Quesumus omnipotens Deus preces nostras*: add.C
[2] Pref. *Quia cum laude nostra*: add.S
[3] Ad sextam or' *Omnipotens sempiterne Deus misericordiam tuam*. Ad nonam or' *Tempora nostra quesumus domine pio fauore*: add.C

THE TEMPORAL

<Missa. *Salus populi ego sum*. Ps. *Attendite popule*. Gloria. or' *Dirigat corda nostra domine quesumus tua miseratione*. Ep. *Renouamini spiritu mentis*. R' *Dirigatur oratio*. V' *Eleuatio manuum*. Alleluia V' *Attendite popule*. Euang. *Ascendens dominus Ihesus in nauiculam*. Offert. *Si ambulauero in medio*. Secr. *Deus qui nos per huius*.[1] Comm. *Tu mandasti mandata*. Postcomm. *Gracias tibi referimus*.>

<Ad vesperas. a' *Tulit ergo lectum*. Ps. *Magnificat*. [or' *Dirigat corda nostra*.]>

<Super ebdomadam. a' *Dixit dominus Ihesus*[2] *quid est facilius*. Ps. *Benedictus*. a' *Fili remittuntur tibi*. a' *Ait Ihesus paralitico*. Ps. *Benedictus*. a' *Videntes autem turbo*.>

<[XCVIII.] Dominica vicesima post octabas pentecosten>

<Sabbato ad vesperas. a' *Regnum tuum*. Ps. *Confiteantur*. et alii. Cap. *Benedictus Deus*. R' *Magnus dominus*. ym' *O lux beata*. V' *Vespertina oratio*. or' *Omnipotens et misericors Deus uniuersa nobis*.>

<[Ad matutinas.] Euang. *Loquebantur dominus Ihesus cum discipulis suis in parabolis dicens. Simile factum est regnum celorum homini regi*. Hom. *In hoc Deus pater regi*. or' *Omnipotens et misericors Deus*.>

<[In laudibus.] a' *Dicite inuitatis . . . tauri mei*. Ps. *Benedictus*. Oratio ut supra.>

<[Hore diei ut supra.[3]]>

<Missa. *Omnia que fecisti nobis*. Ps. *Peccauimus inique*. Gloria. or' *Omnipotens et misericors Deus*. Ep. *Videte quomodo caute ambulatis*. R' *Oculi omnium*. V' *Aperis tu manuum*. Alleluia V' *Domine Deus salutis*. Euang. *Simile factum est regnum celorum homini regi*. Offert. *Super flumina Babylonis*. Secr. *Hec munera quesumus domine*.[4] Comm. *Memento uerbi tui domine*. Postcomm. *Tua nos domine medicinalis*.>

<Ad vesperas. a' *Nuptie quidem parate sunt*. Ps. *Magnificat*. [or' *Omnipotens et misericors Deus*.]>

---

[1] Pref. *Qui uicit diabolum*: add.S
[2] om.B2
[3] Ad sextam or' Tuis domine quesumus adesto supplicibus. Ad nonam or' Mentes nostras et corpora: add.C
[4] Pref. *Et tuam maiestatem humiliter*: add.S

<Super ebdomadam. a' *Ite ad exitus.* Ps. *Benedictus.* a' *Intrauit autem rex.* Ps. *Benedictus.* a' *Amice quomodo huc.* Ps. *Benedictus.*>

Si festum sancti Leodegarii quod est in secunda Die mensis euenerit [in] prima Dominica Octobris: tunc unaquaque Dominica illius mensis impedietur. In prima enim Dominica illius mensis erit festum sancti Leodegarii: in secunda festum sancti Dionisii et sociorum eius. In Tercia: festum sancti Michaelis. In Quarta: festum sancti Romani. et tunc oportet quod sanctus Leodegarius habeat suum seruicium totum quia in albis est. Sanctus Dionisius suum: quia in cappis est. Sanctus Michael festum in albis et missa in cappis. Quarta Dominica cantetur hystoria. *Adaperiat dominus.* et sanctus Romanus memoriam ad vesperas. et ad matutinas. et ad alias vesperas. et missam matutinalem habebunt. et nichil amplius. Quia in feria secunda celebrabitur festum sancti Frothmundi martiris. et nos non consueuimus quod festiuitas duodecim lectionum postquam diem festum aliqua causa amiserit: et non posse crasti-[[**fol.86r**]]-ne die celebrari. quod in eo aliquid capiat de cetero: in feria tercia. uel in quarta. nisi in albis fuerit uel propriam habuerit hystoriam.

<[XCIX.] Dominica vicesima prima post octabas pentecosten.>

Hystoria[1] de prophetis mense Nouembris canenda. *Vidi dominum.*

Sabbato ad vesperas. <a' *Regnum tuum.* Ps. *Confiteantur.* et alii. Cap. *Benedictus Deus.*> R' *Aspice domine* <*de sede.* V' *Non enim.*> Post gloriam *Inclina Deus.*[2] <ym' *O lux beata.* V' *Vespertina oratio.*> In euang. a' *Vidi dominum sedentem.* Ps. *Magnificat.* <or' *Largire quesumus domine fidelibus.*>

[Ad matutinas.] Inuit. *Ploremus coram domino.* Ps. *Venite.* ym' *Primo dierum omnium.*
[In primo nocturno.] <Psalmi. antiphone. et cetera ut suprahabentur in dominica prima post octabas epiphanie. Lectio prima *Et factum est in tricesimo anno.*> R'[1] *Vidi dominum.* <V' *Seraphin stabant. Et ea.*> R'[2] *Aspice domine* <*de sede.*

---

[1] (with undecorated initial in red: O)
[2] Post gloriam *Inclina Deus*] (not indicated in B1)

V' *Non enim in. Inclina.*> R'[3] *Aspice domine* <*quia facta.* V' *Plorans plorauit. Non est.*> R'[4] *Super muros tuos.* <V' *Qui reminiscimini. Tota die.* ¹*Gloria.*> [In secundo nocturno.] R'[5] *Muro tuo inexpugnabili.* <V' *Erue nos. Libera domine.*> R'[6] *Sustinuimus pacem.* <V' *Peccauimus cum. Non in perpetuum.*> R'[7] *Laudabilis populus.* <V' *Ego sum. Hereditas.*> R'[8] *Redemit dominus.* <V' *A fructu. Et ultra.*> Post gloriam. *Et gaudebunt.* [Ad cantica.] <Euang. *Erat quidam regulus.* Hom. *Lectio sancti euangelii quammodo.*> R'[9] *Docebo te.* <V' *Ego sum angelus. Et nemo.*> R'[10] *Angustie michi sunt.* <V' *Si enim hoc. Melius est.*> R'[10] *Misit dominus.* <V' *Misit Deus.* ²*Quia coram.*> Duodecimum R' ³*Benedictus dominus.*⁴ <or' *Largire quesumus domine.*>

<[In laudibus.] a' *Erat quidam regulus.* Ps. *Benedictus.* or' *Largire quesumus domine.*>

<Hore diurne dicantur ut supra habentur in dominica prima post octabas epiphanie.⁵>

<Missa. *In uoluntate tua.* Ps. *Et nunc domine rex. Gloria.* or' *Largire quesumus domine fidelibus tuis.* Ep. *Confortamini in domino.* R' *Domine refugium factus.* V' *Priusquam montes fierent.* Alleluia V' *Deus iudex iustus.* Euang. *Erat quidam regulus.* Offert. *Vir erat in terra.* Secr. *Celestem nobis prebeant.* ⁶ Comm. *In salutari tuo anima.* Postcomm. *Ut sacris domine reddamur.*>

<Ad vesperas. a' *Cognouit autem pater.* Ps. *Magnificat.* [or' *Largire quesumus domine.*]>

<Super ebdomadam. a' *Domine descende ut sanes.* Ps. *Benedictus.*⁷>

<Antiphone dicende ad uesperas⁸ a kalendis nouembris usque ad aduentum domini. *a' Vidi dominum sedentem.* ut supra [ad primas uesperas]. a' *Aspice domine quia.* Ps.

---

¹ (not indicated in B1)
² *Et non*: B2
³ *O beata trinitas*: A, B1 (with R' *Benedictus* interlined by l.h.), B2
⁴ R'[13] *A facie furoris.* V' *Conuerte nos. Et ne.* R'[14] *Fluctus tui.* V' *Abissus. Putas.* R'[15] *Indicabo tibi.* V' *Spera in domino. Et sollicitum.* R'[16] *Ciuitatem istam.* V' *Auertatur domine. Exaudi.* R'[17] *Genti peccatrici.* V' *Esto placabilis. Domine.* R'[18] *Qui celorum.* V' *Non enim. Exaudi*: add.A, B1, B2
⁵ Ad sextam or' *Delicta nostra domine quibus aduersa.* Ad nonam or' *Ab omnibus nos defende*: add.C
⁶ Pref. *Et te suppliciter exorare*: add.S
⁷ Super ebdomadam . . . *Benedictus*] cancelled: A
⁸ Antiphone . . . uesperas] om.B1

Magnificat. a' *Super muros tuos.* Ps. *Magnificat.* a' *Muro tuo inexpugnabili.* Ps. *Magnificat.* a' *Qui reminiscimini.* Ps. *Magnificat.* a' *Qui celorum contines.* Ps. *Magnificat.* a' *Sustinuimus pacem.* Ps. *Magnificat.*>

Hic incipit ymnus ad completorium post Octauas sancti Benigni: usque ad Natalem[1] domini. nisi festum aliquod uel octaue euenerint *Christe qui lux es et dies.* A Natali uero usque ad Purificationem: non canitur. Iterum a Purificatione usque ad Pascha singulis diebus ferialibus cantandus est.

<[C.] Dominica vicesima secunda post octabas pentecosten.>

<Sabbato ad vesperas. a' *Regnum tuum.* Ps. *Confiteantur.* [et alii.] Cap. *Benedictus Deus.* R' *Magnus dominus.* ym' *O lux beata.* V' *Vespertina oratio.* Antiphona una de suprascriptis *Aspice domine.* Ps. *Magnificat.*[2] or' *Familiam tuam quesumus domine.*>

<Ad matutinas. Inuit. *Ploremus coram domino.* Ps. *Venite.*>
¶ Dominica secunda eadem responsoria. Lectiones de Ezechiele. Duodecimum responsorium *Honor uirtus.*
<[In primo nocturno.] Lect. *Factus est sermo domini ad me.* R'[1] *Vidi dominum.* R'[2] *Aspice domine de sede.* R'[3] *Aspice domine quia.* R'[4] *Super muros.*>
<[In secundo nocturno.] R'[5] *Muro tuo.* R'[6] *A facie furoris.* R'[7] *Fluctus tui.* R'[8] *Indicabo tibi.*>
<[Ad cantica.] Euang. *Simile est regnum celorum homini regi.* Hom. *Spiritualiter homo iste rex dominus Ihesus.* R'[9] *Ciuitatem istam.* R'[10] *Genti peccatrici.* R'[11] *Qui celorum contines.* R'[12] *Honor uirtus.* or' *Familiam tuam domine.*>

<In laudibus ut supra habetur in dominica prima post octabas epiphanie. ym' *Eterne rerum.* In euangelio a' *Dixit autem dominus seruo.* Ps. *Benedictus.* or' *Familiam tuam.*>

<Hore diei dicantur ut supra habentur in dominica prima post octabas epiphanie.[3]>

<Missa. *Si iniquitates obseruaueris.* Ps. *De profundis. Gloria.* or' *Familiam tuam quesumus domine.* Ep. *Confidimus in domino Ihesu.* R' *Ecce quam bonum.* V' *Sicut*

---

[1] Natale (†): O
[2] *Aspice domine.* Ps. *Magnificat*] l.h.: B1
[3] Ad sextam or' *Custodi nos omnipotens Deus.* Ad nonam or' *Respice domine quesumus super famulos*: add.C

THE TEMPORAL

unguentum in capite. V' *Mandauit Deus benedictionem. Alleluia* V' *De profundis clamaui.* Euang. *Assimilatum est regnum celorum homini regi.* Offert. *Recordare mei.* Secr. *Suscipe domine propicius.* [1] Comm. *Dico uobis gaudium.* Postcomm. *Immortalitatis alimoniam.*>

<Ad vesperas. a' *Serue nequaquam omne.* Ps. *Magnificat.* [or' *Familiam tuam quesumus domine.*]>

<Super ebdomadam a' *Pacienciam habe in me.* Ps. *Benedictus.* a' *Misertus autem dominus.* Ps. *Benedictus.* a' *Sic et pater meus.* Ps. *Benedictus.*[2]>

<[CI.] Dominica vicesima tercia post octabas pentecosten.>

<Sabbato ad vesperas. a' *Regnum tuum.* Ps. *Confiteantur.* et alii. Cap. *Benedictus Deus.* R' *Magnus dominus.* ym' *O lux beata.* V' *Vespertina oratio.* Antiphona una de suprascriptis.[3] Ps. *Magnificat.* or' *Deus refugium nostrum et uirtus.*>

¶ Dominica tercia [ad matutinas.]
[In primo nocturno.] Lectiones de Ezechiele. R'[1] *Vidi dominum.* R'[2] *Aspice domine* <de sede.> R'[3] *Aspice domine* <quia.> R'[4] *Super muros tuos.*
[In secundo nocturno.] R'[5] *Misit dominus.* R'[6] *A facie furoris.* R'[7] *Fluctus tui.* R'[8] *Indicabo tibi homo.* Post gloriam. *Facere iudicium.*
[Ad cantica.] <Euang. *Abeuntes Pharisei concilium.* Hom. *Predicante domino et saluatore.*> R'[9] *Ciuitatem istam.* R'[10] *Genti peccatrici.* R'[11] *Qui celorum contines.* Duodecimum R' *Gloria patri.* <or. *Deus refugium nostrum.*>

<Laudes dicantur ut supra habentur dominica prima post octabas epiphanie. In euangelio a' *Magister scimus quia.* Ps. *Benedictus.* or' *Deus refugium.*>

<Hore diei dicantur sicut in dominica prima post octabas epiphanie.[4]>

---

[1] Pref. *Qui propterea iure punis*: add.S
[2] Super ebdomadam . . . *Benedictus*] cancelled: A
[3] *Muro tuo*: add.A, l.h.
[4] Ad sextam or' *Exaudi nos Deus salutaris noster et ecclesiam.* Ad nonam or' de communibus: add.C

337

<Missa. *Dicit dominus ego.* Ps. *Benedixisti domine. Gloria.* or' *Deus refugium nostrum.*
Ep. *Imitatores mei estote.* R' *Liberasti nos domine.* V' *In Deo laudabimur.* Alleluia V'
Domine refugium. Euang. *Abeuntes Pharisei concilium inierunt.* Offert. *De profundis.*
Secr. *Da misericors Deus ut hec salutaris.* [1] Comm. *Amen dico uobis.* Postcomm.
Sumpsimus domine sacri dona.>

<Ad vesperas. a' *Ostendite michi nomisma*[2]. Ps. *Magnificat.* or' *Deus refugium.*>

<Super ebdomadam. a' *Interrogatus a Iudeis.* Ps. *Benedictus.*[3] a' *Reddite ergo que.* Ps. *Benedictus.*>

<[CII.] Dominica vicesima quarta post octabas pentecosten.>

<Sabbato ad vesperas. a' *Regnum tuum.* Ps. *Confiteantur.* et alii. Cap. *Benedictus Deus.*
R' *Magnus dominus.* ym' *O lux beata.* V' *Vespertina oratio.* Antiphona una de suprascriptis.[4] or' *Excita domine quesumus tuorum fidelium.*>

<[Ad matutinas.] Vitatorium. ymnus. antiphone. psalmi. responsoria ut supra dominica precedenti. Euang. *Loquente domino Ihesu ad turbas: ecce princeps.* Hom. *Allegorice princeps iste Moysen significat.* or' *Excita domine.*>

<In laudibus ut supra in dominica prima post octabas epiphanie. ym' *Eterne rerum conditor.* In euangelio a' *Loquente*[5] *Ihesu ad turbas.* Ps. *Benedictus.* or' *Excita domine.*>

<Hore diei dicantur ut supra habentur in dominica prima post octabas epiphanie.[6]>

<Missa. *Sperent in te.* Ps. *Confitebor tibi.* or' *Excita quesumus domine tuorum fidelium.*
Ep. *Non cessamus pro uobis.* R' *Iustus es domine.* V' *Gressus meos dirige.* Alleluia V'
Domino Deus meus. Euang. *Loquente domino Ihesu ad turbas.* Offert. *Domine Deus meus.* Secr. *Propicius esto domine supplicationibus.* [7] Comm. *Custodi me domine.*
Postcomm. *Concede nobis domine quesumus ut per hec.*>

---

[1] Pref. *Et nos clementiam tuam*: add.S
[2] *nummisma*: B2
[3] Super ebdomadam ... *Benedictus*] cancelled: A
[4] *Qui celorum*: add.B1, l.h.
[5] *domino*: add.B2
[6] Ad sextam or' *Tuis quesumus domine adesto.* Ad nonam or' *Tua nos domine protectione defende*: add.C
[7] Pref. *Per quem sanctum et benedictum*: add.S

<Ad vesperas. a' *Dicebat enim intra se*. Ps. *Magnificat*. or' *Excita domine*.>

<Super ebdomadam. a' *Si tetigero fimbriam*. Ps. *Benedictus*.[1]>

<[CIII.] Dominica proxima ante adventum domini.>

In Dominica que Ante domini aduentum ultima habetur. responsoria de Trinitate ad vesperas <a' *Regnum tuum*. Ps. *Confiteantur*. et alii. Cap. *Benedictus Deus*.> dicatur [R'] *Honor uirtus*.[2] <ym' *O lux beata trinitas*. V' *Vespertina oratio*.> Antiphona de ultimis. [3]*Qui* [[**fol.86v**]] *celorum continet*. uel [4]*Sustinuimus pacem*. <uel quedam alia de supradictis. or' *Excita domine potentiam tuam et ueni et quod*.>

[Ad matutinas.] Inuit. *Ploremus coram*. Ps. *Venite*. ym' *Primo dierum*. In primo nocturno. a' *Domine in uirtute tua*. et cetera. Lectiones de Ezechiele. <*In anno tercio regni Ioachim*.> R'[1] *Vidi dominum*. R'[2] *Aspice domine* <*de sede*.> R'[3] *Aspice domine* <*quia*.> R'[3] *Benedicat nos Deus*. [In secundo nocturno.] R'[5] [5]*Angustie michi sunt*. R'[6] [6]*Misit dominus*. R'[7] [7]*A facie furoris*. R'[8] *Honor uirtus*. Ad cantica. [a'] *Alleluia alleluia*. Euang. *Cum sulleuasset*. <Hom. *Quociens legimus dominum*.> R'[9] [8]*Fluctus tui*. R'[10] [9] *Indicabo tibi*. R'[11] [10]*Genti peccatrici*. R'[12] *Summe trinitati*. <or' *Excita domine potentiam*.>

In laudibus <dicantur ut supra habentur dominica prima post octabas epiphanie.> In euang. a' *Cum sulleuasset*. Ps. *Benedictus*. <or' *Excite domine potentiam*.>

<Hore diei dicantur ut supra habentur dominica prima post octabas epiphanie.[11]>

---

[1] Super ebdomadam . . . *Benedictus*] cancelled: A
[2] a duobus monachis: add.O, interlined by l.h.
[3] om.B2
[4] l.h.: A
[5] *A facie furoris*: A, B1, B2
[6] *Fluctus tui*: A, B1 / *Abyssus*: B2
[7] *Indicabo tibi*: A, B1, B2
[8] *Ciuitatem istam*: A, B1, B2
[9] *Genti peccatrici*: A, B1, B2
[10] *Qui celorum*: A, B1, B2
[11] Ad sextam or' *Ecclesiam tuam domine perpetua*: add.C / Ad nonam *Subueniat nobis quesumus domine*: add.C, marg., l.h.

In Die ad processionem per claustrum R' *Benedicat nos Deus.* cum versu. Ad introitum R' *Honor uirtus.*

Si in hac dominica festiuitas alicuius sancti euenerit: Sabbato ad vesperas. et ad matutinas. et ad missam matutinalem. fiat solummodo commemoratio. et in sequenti ebdomada die competenti sollennitas illius sancti celebretur.

Missa maior: *Benedicta sit sancta Trinitas.* <Ps. *Benedicamus patrem. Gloria.* or' *Excita domine potentiam tuam et ueni et quod.* Lect. *Ecce dies ueniunt.* R' *Benedictus es domine.* V' *Benedictus es in.* Alleluia V' *Benedictus es domine.* Euang. *Cum subleuasset oculos.* Offert. *Benedictus sit Deus.*> Et post offerendam primus versus cantetur. Alius uero in ebdomada futura dicendus reseruabitur. Si autem in ebdomada usque ad terciam feriam fuerint festiuitates: in Dominica utrique uersus ad missam dicentur.[1] <Secr. *Sacrificium tibi.* [2] Comm. *Benedicite Deum celi.* Postcomm. *Annue nostre quesumus.*>

Ad vesperas. a' In euang. *Cum uidissent.* Ps. *Magnificat.* <or' *Excita domine potentiam.*>

<Super ebdomadam in euangelio a' *Accepit ergo Ihesus.* Ps. *Benedictus.* a' *De quinque panibus.* Ps. *Benedictus.* a' *Saciauit dominus quinque.* Ps. *Benedictus.* a' *Illi homines cum.* Ps. *Benedictus.*[3]>

---

[1] (no versus given in M)
[2] Pref. *Cuius petimus primi aduentus*: add.S
[3] A series of ferial chapters and prayers follows in C, the following not being found in B2: [A] Orationes ad nocturnos. *Tua nos domine ueritas. Veritas tua quesumus domine.* [B] Ad laudes. *Dies qui diem discernis a nocte. Quesumus domine Deus noster diei. Adesto domine precibus.* [C] Orationes matutinales. *Omnipotens sempiterne Deus apud quem. Exurgentes de cubilibus nostris. Gracias agimus inerrabili pietati. Deus qui tenebras ignorancie. Auribus percipe quesumus domine. Sensibus nostris quesumus domine.* [D] Orationes feriales cotidie ad omnes horas. *Propiciare domini iniquitatibus nostris. Ecclesie tue domine uoces. Nostris domine quesumus propiciare. Adesto domine supplicibus tuis. Quesumus omnipotens Deus ne nos tua. Purifica quesumus domine tuorum corda. Protegat domine quesumus tua dextera. Da salutem domine quesumus populo. Conserua quesumus populum. Assit domine propiciatio tua. Adesto domine populis tuis. Presta quesumus omnipotens Deus ut semper. Porrige dexteram tuam. Conserua domine quesumus tuorum corda. Da populo tuo quesumus domine spiritum. Familiam tuam quesumus domine celesti. Fac nos quesumus domine Deus noster deuotione. Guberna domine quesumus plebem tuam. Percipiat domine quesumus populus tuus misericordiam. Concede quesumus domine populo tuo. Pretende nobis domine misericordiam tuam ut que.* [E] Orationes uespertinales. *Omnipotens sempiterne Deus uespere et mane. Propiciare domine uespertinis.*

[CIV. De festivitatibus per annum.]

Nota quod si festum Omnium sanctorum eueniat die Dominica: tunc habet sanctus Benignus Octauas suas secunda Dominica. tercia Dominica erit festum sancti Macuti et sancti Sydonii. Quarta: festum sancte Cecilie. Et ita in singulis Dominicis diebus illius mensis erit impeditio. Tunc oportet cantor diligenter prouidere: qualiter seruicium illius mensis ordinabit. Oportet siquidem quod sanctus Benignus habeat suas Octa-[[**fol.87r**]]-uas. secundum consuetudinem huius ecclesie Octo Responsoria cum suis antiphonis. Cantica et deinceps: de Quatuor Coronatis. Missam matutinalem habebunt Martyres. et fiet memoria de Dominica. vel aliter. Missa matutinalis sit Dominice. et de Martyribus fiat memoria. Maior missa erit de sancto Benigno et hore diurne. Tercia Dominica intermittetur de sancto Macuto. et erit tota[1] hystoria et seruicium De Dominica[2]. et memoria fiet de sancto Macuto. et de sancto Sydonio.[3] Missam matutinalem habebit sanctus Sidonius. et memoria fiet de sancto Macuto[4]. Feria secunda habebit sanctus Macutus seruicium suum plenarie. Sequenti Dominica pretermittetur festum sancte Cecilie usque ad tercium diem. et fiet seruicium de trinitate. Ad vesperas. R' *Honor uirtus.* Post commemorationem de Trinitate: fiet memoria de sancta Cecilia.[5] Ad matutinas hystoria. *Vidi dominum.* Quartum responsorium. et octauum. et Duodecimum: erunt de Trinitate.[6] Missa matutinalis: de sancta Cecilia.[7] [Missa] Maior: *Benedicta sit sancta Trinitas.* Vespere erunt de sancto Clemente. a capitulo ulterius. In crastinum erunt uespere a capitulo et ultra: de sancta Cecilia.

Nulla Dominica in aduentu uel in quadragesima propria perdet seruicium pro aliqua superueniente festiuitate. sed fiet festiuitas. feria secunda. Et si in illa feria secunda esse debet alia festiuitas: illa que non potest fieri in Dominica: reseruabitur usque in terciam uel quartam

---

[1] cancelled: O.
[2] usque ad cantica: add.O, marg., l.h.
[3] et de sancto Sydonio] cancelled: O (with 'Cantica erunt de sancto Sydonio' added, marg., l.h.)
[4] l.h. over erasure: O
[5] [a'] *Virgo gloriosa semper*: add.O, interlined by l.h.
[6] Commemoratio ad laudes [a'] *Dum aurora*: add.O, interlined by l.h.
[7] Ad processionem *Benedicat. Honor*: add.O, marg., l.h.

feriam. si in albis sit uel propriam hystoriam habuerit. Et sciendum quod si festum duodecim lectionum diem suum aliqua festiuitate superueniente amiserit: et crastina die celebrari non possit: [[**fol.87v**]] nulla mentio de illa feria tercia uel quarta fiet. nisi in albis uel propriam hystoriam habuerit. excepta festiuitate sancti Ambrosii. que si euenerit in secunda Dominica aduentus domini: reseruabitur vsque in terciam diem. quia in secunda feria est conceptio beate Marie que non debet amittere suum diem. Si in alia Dominica quam in supradictis euenerit festiuitas: que propriam habuerit hystoriam. et iterum debeat incipi hystoriam Dominicam que possit differri. erit tota dies festiuitas. Si uero non habuerit festiuitas propriam hystoriam. et dies habuerit: erit capitulum ad vesperas de futura Dominica que propriam habet hystoriam. Si autem nec festiuitas nec Dominica propria habuerit hystoriam: festiuitas habebit proprium seruicium plenarie. siue euenerit in Sabbato siue in Dominica. et similiter Dominica habebit plenum seruicium unaqueque in die sua.

[1] Notandum quod[2] circa Octauas sancti Iohannis baptiste et apostolorum Petri et Pauli debent prouideri. quot Dominice et quot officia sint ab octauis sancte Trinitatis vsque ad aduentum domini. et si superhabundauerint una uel due uel plures. tot reseruabuntur officia in octauis supradictorum. uel aliorum quorum in octauis competentius uidebitur fieri. uidelicet ut reseruentur tot officia quot superhabundauerint dominice. Et illa Dominica que reseruari debet fiet totum seruicium illius sancti cuius tunc celebrantur octaue. nec fiet aliqua mentio de[3] Dominica. neque per totam ebdomadam. sed per totam ebdomadam fiet seruicium de octauis. [[**fol.88r**]] et maior missa. Si uero nulla superhabundauerit dominica. nulla reseruabitur officia. Simili modo prouidendum est diligenter post Epiphaniam quot habentur ebdomade usque ad septuagesimam et numerentur euangelia et epistole et cetera officia que singulis congruant dominicis diebus. ut si dies Dominice superhabundauerint: bis aut ter aut quociens opus fuerit dicatur. *Adorate dominum:* cum reliquo seruicio. et si opus fuerit in extremo Sabbato ad vesperas Antiphona: *Surgens Ihesus.* Ad *Benedictus.* a' *Benedicta sit creatrix.* In die Dominica: a' *Te Deum patrem.* Si uero euangelia et cetera superhabundauerint: in feriis

---

[1] (with space left for heading, not inserted: O)
[2] quod quod (†): O
[3] de de (†): O

congruentur dicantur. et ita diligenter attendatur. ut et dicenda dicantur. et nichil quod ad diuinum attinet seruicium: pretermittatur.

Alio tempore quam in aduentu domini uel in quadragesima. si aliqua festiuitas euenerit in sabbato uel in secunda feria. cuius vespere sabbati debeant esse. uel vespere Dominice diei. cum euenerit secunda feria pro reuerentia sollennitatis cuius seruicium maius esse debeat quam Dominice die. neque in sabbato ad vesperas. nec in dominica fiet aliqua commemoratio ipsius Dominice. Ad matutinas uero Dominice diei. non dimittatur commemoratio presentis diei pro aliqua festiuitate nisi seruicium Dominice debeat differri.

Si plures festiuitates propinque fuerint sine aliquo interuallo alterius diei et pares fuerint. unaqueque in die suo plenum habebit seruicium. Si autem subsequens dignior fuerit: capitulum habebit in vigilia ad vesperas.

Post Pentecosten si aliqua festiuitas duodecim lectionum. uel trium. aut non euenerit aut [[**fol.88v**]] crebro[1] euenerit. in qualibet ebdomada et si non sint octaue alicuius festiuitatis usque ad aduentum domini. maior missa erit in omni ebdomada sexta feria de Cruce. *Nos autem.* nisi fuerit ipso die festiuitas duodecim lectionum. uel trium. uel octaue alicuius sancti. Et notandum quod nonquam missa matutinalis erit de cruce. Et similiter in sabbatis maior missa erit de beatissima virgine Maria. Sin autem: missa matutinalis erit de eadem angelorum regina et mundi domina. et sciendum cum nichil aliud agatur de piissima virgine nisi missa tantum. uel ipsa honorifice et reuerenter celebretur ab omnibus. Allis uero diebus maior missa erit aliquando de Dominica ut supradictum est. Aliquando de Trinitate. Aliquando de spiritu sancto. exceptis festiuitatibus sanctorum. Et notandum quod[2] a Pascha usque ad Pentecosten nunquam dicitur in conuentu missa de sancta Cruce. Ab aduentum domini usque ad Purificationem sancte Marie non fiet commemoratio de sancta Cruce. neque dicetur [missa] *Nos autem.* Sed a Purificatione usque feriam quartam capite Ieiunii: dicetur missa feria sexta semper de sancta Cruce. nisi impediatur aliquomodo. et similiter in Sabbatis de sancta Maria.

---

[1] crebo (†): O
[2] qui (†): O

Festiuitas trium lectionum si propria non habuerit Responsoria: omni sabbato a Pentecosten usque ad aduentum matutinalem missam habebunt. nisi pro aliqua necessitate familiaris uel defuncti. Quod si contigerit: ad maiorem missam fiet eorum commemoratio. Et sciendum est quia si fuerit missa matutinalis alicuius sancti in priuatis diebus omni tempore. post primam orationem sancti: dicetur oratio [[**fol.89r**]] *Omnipotens sempiterne Deus qui facis.* [et] *Deus a quo sancta desideria.* [et] *Omnipotens sempiterne Deus cui nunquam.* [et] *Deus uenie largitor.* [et] *Fidelium.* [et] *Sanctorum tuorum.* Si plures festiuitates fuerint propinque sine aliquo interuallo alterius diei et fuerint pares: unaquaque in die sua plenum suum habebit seruicium. Si autem subsequens dignior fuerit: capitulum habet in vigilia ad vesperas. Si festiuitas euenerit trium lectionum intra octauas alicuius sollennitatis: fiet sicut in alio tempore. exceptis octauis festiuitatum in quibus sonantur omnia signa primum ad matutinas. et octauis Ascensionis. In his enim sanctis cuius aderit festiuitas commemorationem ad vesperas et ad laudes et ad missam tantummodo matutinalis. nisi dies Dominicus interuenerit habebit. Si uero Dominicus affuerit: post primam collectam de sancto commemoratio fiet.

[CV.] Infra octavas ad primam antiphona

Sciendum est quia infra octauas sancte Trinitatis. et Dedicationis ecclesie. et sancti Iohannis baptiste. et Apostolorum Petri et Pauli. et Assumptionis sancte Marie. necnon et Natiuitatis eius. et sanctorum Bartholomei et Audoeni. non dicitur priuatis diebus ad primam. antiphona nisi de eorum hystoriis. In his autem beati scilicet Benedicti. et sancti Taurini. et sancti Dionisii. et sancti Benigni. necnon et sancti Martini. super psalmos prout tempus et locus exigit dicitur ad primam. de his hystoriis. que usitato uocabulo commune sanctorum uocantur. Infra octauas autem Epiphanie dicende sunt antiphone que in suo ibi ordine prenotatur.

[CVI.] De Responsoriis In sabbatis Ad Vesperas.

Nota quod si prima Dominica uel secunda [[**fol.89v**]] qua incipienda est hystoria impediatur aliquo festo intercurrente. et Responsoria hystorie dicantur per ferias: si forte debeat incipi in tercia Dominica uel in Quarta: Sabbato precedente non dicetur proprium Responsorium de hystoria. sed de Trinitate. *Magnus dominus.* et hac de causa quia iam hystoria tota dicta est per ferias.

[CVII.] De antiphonis que dicuntur post Pentecosten in Dominicis.

Ab octauis pentecostes usque ad aduentum domini si in dominico die euenerit festiuitas duodecim lectionum. non mutes antiphonas que debent dici in hoc tempore. *Domine Deus. Cum uenerimus. Ecce karissimi.* Si festiuitas fuerit in cappis uel in albis: uel octaue alicuius sancti euenerint. tunc agatur de sancto.

[CVIII.] Hec sunt festa in quibus cantari debet *Credo in unum Deum.*

In omnibus Dominicis diebus. In die Natalis domini. et subsequentibus tribus diebus. In circumcisione. et In Epiphania. et In octabis Epiphanie. In primis quatuor diebus Pasche. et Pentecosten. In die Ascensionis. et In duabus sollennitatibus sancte Crucis. In die Dedicationis Ecclesie. In Natali sancti Taurini eo quod patronus noster est. et Sancte Marie magalene. In festo omnium sanctorum. In cunctis festiuitatibus beate genitricis Marie. et Sanctorum apostolorum. excepta sancti Petri que uocatur ad vincula. et Commemoratione sancti Pauli. In Conuersione uero eius dicitur. In sanctorum Barnabe. Marci. et Luce festis: uel in sancti Iohannis baptiste: non cantabis nisi die Dominica fuerit.

[CIX.] De Purificatione beate Marie.

[1] Si contigerit quod Purificatio beate Marie in Dominica Septuagesime eueniat: nullomodo pretermittatur. Sed in precedenti sabbato[2] [. . .]

---

[1] De purificatione si in dominica septuagesima: add.O, marg., l.h.
[2] Folio 89v of Ms O ends abruptly at this point, and the folios which originally followed are now missing. The Sanctorale commences on fol.90r.

Appendix 1
The ritual for Ash Wednesday and the following Friday

(Ms P fols.7v–12r)

¶ Die mercurii sacrorum cinerum. Ante missam de ieuiunio pulsantur duo maiora signa simul. et interim uadunt nouicii et conuentus in dormitorium. Inde reuersi per lauatorium in chorum pulsante paruo signo fit oratio. Et inde dicunt prostrati abbas et ministri misse reuestiti in albis et conuentus non reuestitus septem psalmos penitentiales: cum a' *Ne reminiscaris domine delicta.* Et alta uoce *Kyrieleyson. Christeleyson. Kyrieleyson. Pater noster.* Quibus finitis: surgit abbas et in statione sua ibidem ante candelabrum. uersu uultu ad populum. ad ostium uersus altare Magdalene dicit *Et ne nos.* Preces. *Domine ne memineris iniquitatum nostrarum antiquarum. Cito anticipent nos. Adiuua nos Deus salutaris noster. Propter gloriam nominis. Saluos fac seruos tuos et ancillas tuas. Deus meus sperantes in te. Esto eis domine turris fortitudinis. A facie inimici. Mitte eis domine auxilium de sancto. Et de Syon tuere. Domine exaudi orationem meam. Et clamor. Dominus uobiscum. Et cum spiritu.* Plane or' *Exaudi domine preces nostras . . .* alia or' *Preueniat nos famulos tuos . . .* alia or' *Adesto domine supplicationibus nostris nec sit ab hiis . . .* alia or' *Domine Deus noster qui offensione . . .* alia or' *Adesto domine supplicationibus nostris et sicut publicani . . .* Absolutio. *Absolutionem et remissionem . . .* Hiis finitis responso post datum absolutionem. *Amen.* abbas uenit in chorum. Et surgit conuentus. et incipiat cantor a' *Exurge domine . . .* Ps. *Deus auribus nostris.* sine *Gloria.* Iterum cantetur a' *Exurge.* Sonantibus interim duobus primis signis. finita antiphona. abbas et conuentus flectunt genua et procumbent super scanna. Dicitque abbas. V' *Ne reminiscaris domine delicta nostra uel parentum nostrorum.* Chorus. *Neque uindictam sumas de peccatis nostris.* Omnes simul basse. preces. *Kyrieleyson. Christeleyson. Kyrieleyson. Pater noster.* abbas. *Et ne nos.* chorus. *Sed libera nos.* Item abbas Ps. *Deus misereatur.* quem chorus usque in finem prosequatur. Cum *Gloria.* deinde abbas Cap. *Domine non secundum peccata nostra fecit nobis.* chorus *Neque secundum iniquitatem.* abbas premisso *Dominus uobiscum. Et cum spiritu tuo.* Dicit plane or' *Exaudi quesumus domine gemitum populi supplicantis . . .* responsoque a choro *Amen.* Cantor incipit a' *Exaudi nos domine quoniam benigna est . . .* Hinc iterum omnes prostrantur super scanna. Abbate dicente. Cap. *Domine ne memineris iniquitatum nostrarum.* Choroque respondente. *Cito nos anticipent. Kyrieleyson. Christeleyson. Kyrieleyson. Pater noster.* Deinde dicit abbas *Et ne nos.* chorus. *Sed libera.* Abbasque incipit Ps.

Deus in adiutorium. quem chorus finit cum *Gloria patri.* Quo finito: dicit abbas V' *Ostende nobis domine misericordiam tuam.* chorus *Et salutare.* Abbas plane *Dominus uobiscum.* chorus *Et cum spiritu tuo.* Abbas. *Oremus.* or' plane dicenda. *Deus qui iuste irasceris et clementer* ... Dicto a choro *Amen.* Surgunt omnes. et statim uadit abbas ad stationem ubi benedicturus cineres in manu subdiaconi tenentis eas in pelue argentea preparas a clerico ecclesie et a paruis sacristis. uidelicet super gradum iuxta candelabrum. uersoque uultu ad meridem. Conuentuque stante quolibet in stallo suo uerso uultu inclinato ad altare. Dicit abbas plane. *Dominus uobiscum.* chorus. *Et cum spiritu tuo.* Abbas plane leuata manus super cineres. *Oremus.* or' *Omnipotens sempiterne Deus qui misereris omnium et nichil odisti* ... Dictoque a choro *Amen:* aspergit eos aqua benedicta. et primo deposita mitra ipse sibi imponit super caput suum in modum crucis de ipsis cineribus dicens V' *Memento homo quia cinis es* ... Inde reuestitis: et deinde prioribus primis. et aliis per ordinem similiter cuilibet dando et dicendo et postremo secularibus. ¶ Ex quo autem incipit abbas dare cineres ut se[1] prefertur. Incipit cantor a' *Immutemur*[2] *habitu* ... Cantor incipit Ps. *Deus misereatur nostri.* Repetatur a' *Immutemur.* V' *Ut cognoscamus.* Item repetatur a' *Immutemur.* Datis sacris cineribus omnibus tam religiosis quam secularibus. et postremo illis qui sollempni prima propter enormia peccata sibi iniuncta ab ingressu ecclesie sequenti tempore abstinebunt usque ad cenam dominicam subsequentem abbas et conuentus. Et Deinde alii faciunt processionem per claustrum. et inde in nauem ecclesie in hunc modum. Per ostium superius chori exeunt seruientes ecclesie reuestiti portantes aquam benedictam. crucem et cereos deinde abbas reuestitus. Inde seniores primi et alii sicut sunt in ordine. Posteriores ante sollempniter penitentes portantes candelas accensas in manibus per ostium ante ueterem elemosinam usque ad ianuas ecclesie inferiores per quas sunt dicti penitentes de ecclesia expellendi sunt infra. In motione autem processionis incipit cantor percantandam a conuentu antiphonam *Propicius esto domine* ... Item alia a' *Iuxta uestibulum et altare* ... Item alia a' *Iniquitates nostre domine* ... Tunc abbas stando ad ianuam presentibus reuestitis et confessore sollempniter penitentium eo quod noticiam habet de ipsis. accipit primum eorumdem penitentium per manum in qua tenet candelam. et extinguens insufflando eam dicit Ps. *Miserere mei Deus.* Et sic mittit eum foras. Et similiter agit de unoquoque eorumdem. Quibus sic actis descendit abbas inferius in nauem ecclesie et senioribus uersus fores iuxta eum. Deinde aliis uno choro contra alterum. stantibus ordinate dicit V' *Ostende nobis domine misericordiam tuam.* chorus *Et salutare* Item abbas sollempniter. *Dominus uobiscum.* chorus. *Et cum spiritu tuo.* abbas. *Oremus.* or' *Concede nobis domine presidia malicie* ... Responso a choro *Amen.* incipit cantor et chorus percantet de cruce a' *Saluator mundi salua nos.* Qua finita sine neupma dicit abbas V' *Omnis terra adoret te*

---

[1] cancelled: P
[2] *Munitemur* (†): P

Deus et psallat tibi. Chorus *Psalmum dicat nomini tuo.* Abbas sollempniter *Oremus.* Adesto nobis domine *Deus noster et quos sancte crucis.* Responso a choro *Amen* facit abbas signum cum baculo pastorali ad pauimentum uel cum pede et inclinantes orant omnes. Deinde iterum facto ab abbate signo faciunt ante et retro. Et incipiunt duo iuuenes paruam letaniam cotidianam quam conuentus prosequendo usque in chorum percantat qua finita: incipitur officium misse.

Feria sexta post sacros cineres post[3] parliamentum ante missam et qualibet alia quarta uel sexta feria usque ad ramos palmarum. dum tamen non sit festum uel in crastino sit futurum. facit conuentus processionem per claustrum immediate post nonam. ad quam nullus est reuestitus. Et precedentibus duobus seruitoribus ecclesie cum aqua benedicta et cruce per ostium chori inferius. Iuniores et deinde alii sicut sunt in ordine subsecuntur. In motione autem incipit cantor et chorus prosequitur a' *Exaudi nos domine.* ut supra feria quarta cinerum. Item alia a' *Iuxta uestibulum.* Ibidem. Quibus finitis: incipiunt duo iuuenes letaniam paruam cotidianam. quam ipsi et chorus percantant. reuertentes per ostium chori inferius. et interea sacerdos ebdomadarius. et alii ministri altaris se reuestiunt ad missam.

Appendix 2:
The ritual for Palm Sunday

(Ms P fols. 14r–24v)

[4]Eadem dominica in ramis palmarum fiunt due processiones. unam uidelicet ante terciam altera post. Si igitur conuentus debeat ire ad secundam dictarum processionum apud sanctum sepulchrum. tunc ante primam uadunt illuc magister scholarum et duodecim clerici portantes reuestiti sepulchrum dicentes psalmos septem penitentiales. Et expectant illuc donec uenerint conuentus. Similiter autem faciunt de sepulchro ubicunque conuentus ire debuerit ista die.

Ad processionem uero ante terciam per claustrum facta aqua benedicta. R' *Dominus Ihesus.* R' *Cogitauerunt autem.* ad introitum R' *Cum audisset turba.* ante orationem V' *Eripe me de inimicis Deus meus.*

---

[3] interlined by l.h.: P
[4] Dominica in Ramis Processio ad Sanctum Sepulchrum: add.P, marg., l.h.

Eadem dominica ad processionem post terciam discoperiatur crucifixum. Precedunt autem seruientes ecclesie cum aqua benedicta cum uexillis cum binis crucibus candelabris et thuribulis. Post quos subdiaconus ferens textum in quo est Euangelium legendum ad benedictionem ramorum continuo faciendam. ut infra prope. Deinde abbas et alii priores primi. Exeunt autem de choro per inferius ostium. et ascedunt seruitores. subdyaconus. dyaconus. et abbas. statim in maius pulpitum ad benedicendum ramos. Prior autem et conuentus procedunt ordinate priores primi in nauem ecclesie prioribus uersus fores et aliis sicut sunt in ordine uersus altare stationem facturis donec rami benedicti fuerint dispertiti. In motione autem eiusdem processionis incipit cantor et chorum percantat. antiphona. *Fratres hoc enim*... Item alia a'. *In nomine enim Ihesu*... Quibus finitis petat ab abbate dyaconus benedictionem lecturus euangelium. *In illo tempore: Cum appropinquarent Ierosolime*... Quo perlecto: dicit abbas sollempniter benedicturus ramos. *Dominus uobiscum.* Chorus *Et cum spiritu tuo.* Abbas *Oremus. Deus qui dispersa congregas*... Alia or' *Deus cuius filius pro salute generis humani*... Alia *Deus humane fragilitatis*...[5] Quibus dictis thurificat et aspergit idem abbas ramos aqua benedicta. Incipit a' *Pueri Hebreorum*. Qua percantata a conuentu et interim spicis et ramis a sacrista dispertitis. Incipit cantor et chorus percantat a' *Cum appropinquaret dominus*... Interim descendit processio de pulpito et precedunt famuli portantes uexilla. Deinde seruitores ecclesie ferentes[6] alia ut prius. Deinde nouicii et alii iuniores primi. ultimus uero abbas. Et quousque uenerint ad locum propositum[7] ubi stationem facturi sunt ad salutandum Osanna. Cantabunt quantum oportuerit de antiphonis que secuntur inceptis primitus a cantore. a' *Ante sex dies sollempnitatis*... a' [8]*Ante sex dies passionis*... Quando autem eadem processio appropinquare cepit ad locum stationis. tunc magister scolarum cum duodecim clericis qui debuerant eam precessisse cum sepulchro ut superius habetur. et archidyaconus Fiscanni. cum aliis presbiteriis eiusdem uille omnibus reuestiti superliciis uel albis. ita quod idem archidyaconus. ac unus de eisdem presbiteris induti cum his casulis et stolis ferent sepulchrum. obuiabunt eidem maiori processione reuerenter cantantes. a' *Cum appropinquaret*. ut supra. In congressu autem ambarum processionum. incipiet cantor a' *Occurrunt turbe*. Qua percantata ab omnibus abbas et conuentus ordinate cantore facient ex se unam rotunditatem stationis seu rotundam stationem. ita quod abbas sit in medio ipsius stationis. inter chorum dextrum et chorum sinistrum. ex parte uidelicet sua dextra chorus dexter seniores iuxta. et ex sinistra sinister chorus similiter unusquisque in ordine suo stantes. Quam quidem

---

[5] Alia. *Omnipotens sempiterne Deus supplices te.* alia. *Deus qui Ierusalem ueniens.* alia. *Deus qui temporibus Noe:* add.S
[6] fererentes (†): P
[7] over erasure: P
[8] non dicitur. *Dignus es dominus Deus noster*: add.P, marg., two l.h.

rotunditatem stationis prosecuti sunt archidyaconus et[9] seculares alii reuestiti. In medio autem dicte rotunditatis: iam debuerunt sacerdotes supra[10] analogium a sacristis ornatum palliis[11] posuisse sepulchrum. Et sacriste autem ipsum ad terram unam tapetum ita quod sepulchrum sit inter abbatem et ipsum tapetum directe intransuersum extendisse. Tunc cantor elegit tres uel quatuor iuuenes ad salutandum. *Osanna.* Supra dictum tapetum uersis uultibus ad sepulchrum. Ipsi iuuenes flectentes genua cantant a' *Dignus es dominus* . . . Tunc surgant ipsi et cantor subiungit. conuentus [12] percantat V' *Quoniam magnus es tu* . . . Item iuuenes flexis genibus a' *Dignus es.* Item cantor et chorus[13] *Te decet ymnus.* Item cantor et chorus flexis genibus a' *Dignus.* Item iuuenes uero prius flexis genibus a' *Osanna filio Dauid* . . . Item cantor et chorus uersus. [14] *Confitebimur tibi Deus.* Item cantor et chorus flexis genibus. a' *Osanna.* Hiis itaque peractis incipit[15] cantor modernis temporibus. a' *Cum audisset populus* . . . Qua finita ueniunt alii tres iuuenes super tapetum predictum a cantore electi recti[16] cantaturi. [V'] *Hic est qui uenturus* . . . Respondetque cantor et chorus uersum. *Hic est salus nostra* . . . Item iuuenes ipsi V' *Quantus est iste* . . . Item cantor et chorus flexis genibus a' [17]*Salue rex fabricator mundi* . . . Qua autem finita: fit sermo ad populum sedentibus cunctis in ordinibus antedictis et populo circumquaque. Quo finito et ab abbate data benedictione cunctis precedentibus uexilla ferentibus et aliis seruientibus ut prius. deinde clericis. deinde presbiteris deinde conuentu iunioribus primis et postremo abbate. Incipit cantor et chorus percantat a' [18]*Aue rex noster* . . . Item a' [19]*Ceperunt omnes* . . . Item alia a' [20]*Prima autem azimorum* . . . Et finito quanto oportuerit de predictis usque ad portas castri. incipit cantor et chorus percantat [a'] [21]*Appropinquante Ihesu filio Dei* . . . Cum autem peruenerint ad ianuas ecclesie inueniunt eas a sacristis uel clerico ecclesie clausas. Intusque iam sunt ingressi. Magister scolarum et duodecim clerici sui abbate et conuentu [et] populo stationem ibidem extrinsecus fenncis. Cum autem abbas iam per medium conuentus peruenerit ad eiusdem ianuas ecclesie. incipit magister scolarum et clerici duodecim percantant cum eo[22] *Gloria laus et honor*

---

[9] interlined: P
[10] over erasure: P
[11] sacerdotes . . .palliis] predicti: add.P against this line, marg., l.h.
[12] tribus uicibus flexis genibus: add.P, marg., l.h.
[13] prior incipietur *Occurrunt turbe.* deinde Cantor: add.P, marg., l.h.
[14] below blank stave: P
[15] Hiis itaque peractis incipit] underlined: P / *Magnus dominus et laudabilis nimis. Osanna*: add.P, marg., l.h.
[16] over erasure: P
[17] non dicitur: add.P, marg., l.h.
[18] non dicitur: add.P, marg., l.h.
[19] non dicitur: add.P, marg., l.h.
[20] non dicitur: add.P, marg., l.h.
[21] non dicitur: add.P, marg., l.h.
[22] ymnum intus: add.P, marg., l.h.

tibi . . . Cantorque et Chorus foris repetunt. *Gloria laus.* Magister scolarum et alii intus subiungunt. V' *Israel es tu rex* . . . Item cantor et chorus. *Cui puerile.* Item Magister et alii. V' *Cetus in excelsis* . . . Item cantor et chorus. *Cui puerile.* Item magister et alii. V' *Plebs Hebrea tibi cum palmis* . . . Item cantor et chorus *Cui puerile.* Item magister et alii *Hii*[23] *tibi passuro.* Item cantor et alii. *Cui puerile.* Item magister et alii. V' [24]*Hii placuere tibi.* Item cantor et chorus. *Cui puerile.* Item magister et alii. V' [25] *Fecerat Hebreos tunc.* Item cantor et chorus. *Cui puerile.* uel. *Gloria laus.* Et si placet sufficere poterunt tres de prescriptis uersibus. Seculares hiis dictis habent in usu quod presbiter foris stans[26] dicit uersum. *Attolite portas.* tercio deforis. et alii tercio respondent intus. *Quis est iste rex glorie.* Sed de hoc non curamus. Imo statim cum finiuerimus ultimo. *Gloria laus.* incipit abbas percuciens cum baculo pastorale ianuas continuo ab interius existentibus aperiendas percantandum a conuentu. Responsorium. *Ingrediente domino.* Ingrediturque abbas ecclesiam primus quem statim processio subsequitur ut prius ordinata in naui ipsius ecclesie stationem factura iunioribus uersus altare abbate uero cum senioribus uersus fores. finito itaque predicto Responsorio sonantibus duobus maioribus signis solebant antiquitus cantare tres seniores in albis capis in medio nauis stantes uersum Reponsorii quod sequitur incepti primitus ab eisdem. Sed raro fieri uisum sint. R' *Collegerunt pontifices* . . . Quo percantato a choro dicti tres seniores cantabunt[27] R' *Unus autem ex ipsis* . . . Omisso uero dicto Responsorio cum uersu suo si placuerit cantori. fintoque alio R' *Ingrediente.* incipit cantor et chorus percantat. V' *Principes sacerdotum.* Deinde tres electi a cantore incipiunt in rubeis capis in medio nauis percantando a choro Responsoriis. R' *Circumdederunt me.* Quo finito: ipsi tres cantant uersum. V' *Quoniam tribulatio* . . . Choroque finito eo repetit. *Sed tu domine.* ad introitum chori incipit cantor et conuentus percantat. a' *Multa turba Iudeorum* . . . Vel si placet cantori R' *Cum audisset.* vel aliud.

Maior missa sollempniter dicetur et ei debent interesse archidyaconus Fiscanni. et omnes presbiteri curati parochiarum. omni de Fiscanno. medietatem tractus cantaturi. Processio de dominica in ramis ut prefertur ordinata. non fit semper eo modo quo superius continentur. Quando enim periculum guerre imminet. aut pluuiale. aut nimis dies[28] breues uidenter aut[29] frigidum tempus est. uel curte dies nimis[30] tunc processio extra ecclesiam uel claustrum non erit. Imo dispertitis

---

[23] Item magister et alii *Hii*] cancelled: P / non dicitur: add.P, marg., l.h. / *Gloria* in fine. prior *Attolite port[as]. Ingrediente*: add.P, marg., another l.h.
[24] Initial letter cancelled: P
[25] Initial letter cancelled: P.
[26] tans (†): P
[27] cantabant (†): P
[28] add.P, marg., contemporary hand
[29] add.P, marg., contemporary hand
[30] uel curte dies nimis] cancelled: P.

ramis ut superius habentur. uadit processio ordinate per uiam ante capellas ubi sanctuarium ostenditur. in capellam beate Marie de ecclesia stationem ad salutandum. *Osanna.* factura. Canantque de Responsoriis et antiphonis suprascriptis prout placet cantori. Ad stationem quoque ibidem cantantur ea que alibi cantarentur abbate uersus fores capelle iunioribus uersus altare et aliis stantibus ordinate. In medio uero sepulchro supra analogium collocato. Inde post salutationem redit processio per aliam partem circuitus in claustrum usque ad ostium prope ueterem elemosinam. vbi statio fit ad cantandum *Gloria laus.* Deinde fit sermo ad populum in loco consueto in naui. Dataque benedictione ordinatur iterum processio abbate uersus fores. Cantaturque R' *Circumdederunt.* cum suo uersu. ut supra. Et ad introitum chori similiter.

Appendix 3
The ritual for the Triduum Sacrum

(Ms P fols.24v–53v)

¶ De absolutione in cena domini.

Die iouis in sacra cena domini post nonam immediate recedit conuentus de ecclesia iuniores primi. et uadunt in dormitorium. Inde per lauatorium mox lauatis manibus pectinatisque capitibus ad eandem ecclesiam reuersum. Interim autem duo maiora signa ad conuocationem populi sonantur. quibus cesantibus a sonando: primum pulsatur. Deinde[31] facto signo a priore fit oratio a conuentu. et statim uadunt se reuestire ministri ad missam seruituri. Videlicet abbas et baiulus eius seu capellanus. Prior laturus hastam in qua cereus alligatur. Dyaconus. subdyaconus. et alii. Interea thesaurarius extendit unam tapetum cum auriculariis ante candelabrum ubi[32] abbas et reuestiti prostrationem continuo sunt facturi. Cum uero abbas et predicti fuerint reuestiti: statim procedunt ad ianuas ecclesie introducturi sollempniter penitentes. abbas igitur perueniens tunc[33] sumit unumquemque eorum in ingressa per manum in qua idem penitens tenet candelam accensam dicens Ps. *Miserere mei Deus.* quem psalmum idem et alii reuestiti uersiculatim finiant redeundo. Cum igitur abbas per uiam ante sancti Taurini altare peruenerit usque ad predictam tapetum continuo se prostrat ibidem. incipiens septem psalmi penetentiales. Quos idem et conuentus prostrati dicunt

---
[31] over erasure: P
[32] add.P by contemporary hand
[33] interlined: P

cum antiphona *Ne reminiscaris.* Et altisone incipiente cantore et choro respondente. *Kyrieleison. Christeleison. Kyrieleison:* Deinde in silentio. *Pater noster.* Deinde erigit se abbas ibidem et uerso uultu ad ostium uersus altare Magdalene dicit. *Et ne nos.* Idem preces. V' *Domine ne memineris iniquitatum nostrarum antiquarum.* Chorus. *Cito anticipent.* Item abbas. V' *Adiuua nos Deus salutaris noster.* Item chorus. *Et propter gloriam.* Item abbas. V' *Saluos fac seruos tuos et ancillas tuas.* Item chorus. *Deus meus sperantes in te.* Item abbas. V' *Mitte eis domine auxilium de sancto.* Chorus. *Et de Syon tuere.* Item abbas. *Esto eis domine turris fortitudinis.* Item chorus. *A facie inimici.* Item abbas. V' *Domine exaudi orationem meam.* Item chorus. *Et clamor meus.* Item abbas sollempniter. *Dominus uobiscum.* Chorus R' *Et cum spiritu tuo.* Abbas non leuata manu *Oremus.* or' *Adesto domine supplicationibus nostris et me* . . . Item alia mediocriter dicenda. *Presta quesumus domine his famulis* . . . Alia or' *Deus humani generis benignissime conditor* . . . Item cum signo crucis super conuentum et populum absolutio. *Absolutionem et remissionem omnium peccatorum* . . . Respondeatque chorus *Amen.*

[Ad benedicendum ignem.]
Hiis itaque peractis uadit processio in claustrum ad benedicendum ignem reuestitis primis precedentibus ferentibus aquam benedictam candelabra cum cereis sine lumine. thuribulum sine igne. dyacono lanternam sine igne. subdyacono et priore cum hasta cui alligatus est cereus sine igne. abbate et aliis reuestitis sequentibus eos. senioribus et aliis ordinate. In motione autem per ostium ante Magdalenam incipit abbas Ps. *Miserere mei Deus.* quem chorum uersiculatim prosequitur procedendo. Item Ps. *Iudica me domine.* Cum autem peruenerit ad locum ubi benedicendus est ignis finitis dictis psalmis. et cunctis stantibus dicit abbas plane. *Oremus. Domine Deus noster pater omnipotens lumen* . . . *Oremus. Domine sancte pater omnipotens eterne Deus* . . . *Oremus. Celesti lumine quesumus domine semper et ubique* . . . Hiis finitis: aspergit abbas ignem aqua benedicta. Et ponit seruitor ferens thuribulum de ipso igne in illud. et abbas de thure apponito thurificat ignem ipsum. Et statim accendit unus de seruitoribus cereum in manu prioris alligatum in hasta. et inde eum qui in lanterna est in manu subdyaconi et cereos qui sunt in candalabris alii seruientes. Post hec redit inde processio eodem ordine quo processit. reuestiti ad altare. et alii per superius ostium chori: missam celebriter peracturi. abbate incipiente et choro uersiculatim prosequente Ps. *Deus illuminatio.* Item Ps. *Ad te domine clamabo.* Quibus finitis: pulsantur omnia signa. Et ebdomadarius tenens chorum incipit officium misse.

Eodem die post eleuationem sacramenti cantor et de fratribus quot uoluerint lauant altaria de circuitu cantore ipso incipiente ad altare quodlibet et sociis percantantibus R' *Circumdederunt.* cum V' *Quoniam tribulatio.* Deinde premisso uersiculo dicit sollempniter sacrista. uel alius. orationem de sancto in cuius honore altare exstitit execratum. Et similiter ad utrumquodque eorundem. Qui tantum festinare debent quod non ad pacem sicut solebat fieri antiquitus. sed ad communionem corporis dominici quam omnes debent. Hac die et duobus sequentibus suscipe ualeant interesse.

¶ Finita missa abbas lauaturus altaria sancti Saluatoris deinde de Trinitate incipit R' *Circumdederunt.* quod cum suo uersu et repetitione conuentus percantat ante altare sancti Saluatoris. Et similiter ante altare Sancte Trinitatis. Quo ubi finito abbas et chorus precantat a' *Te Deum patrem.* Deinde abbas V' *Benedicamus patrem.* Chorus R' *Laudemus.* abbas sollempniter *Dominus uobiscum.* Chorus *Et cum spiritu tuo.* abbas. *Oremus. Omnipotens sempiterne Deus qui dedisti.* Responsoque a choro.· *Amen.* dicit abbas *Dominus uobiscum.* Chorus. *Et cum spiritu tuo.* Et duo iuuenes subiungent *Benedicamus domino.* Quibus ita peractis.· priore percuciente tabulam uel martellos ligneos ante refectorium uadit conuentus per lauatorium lauatis manibus in refectorium similitudinem cene dominice peracturus. et statim quilibet facto ante et retro in ordine suo uadit sessum quousque abbas deuestitus peruenerit illuc. Quo ingrediente omnes surgunt et ipse facto ante et retro ante mensam continuo uadit ad sedem suam. Stansque percutit mensam cum martello. conuentusque dicit [34] *Benedicite.* Conuentus queque respondet. *dominus.* Et abbas. eleuata sua manu cum signo crucis dicit. *Cibum et potum seruorum benedicat rex angelorum.* Et conuentus respondet. *Amen.* Postquem autem prior gustauerit de appositis.· surgit et facto ante et retro uadit ante lauatorium. et percutit ante tabulam semel. et bis ac tercio. Ad cuius sonitum postquem fratres collectas reliquias cene portauerint ad elemosinam surgunt omnes. Et incipiente abbate conuentusque uersiculatim prosequente psalmo *Miserere mei Deus.* sine *Gloria.* Item Ps. *Deus misereatur nostri.* Similiter procedunt in claustrum abbate et senioribus primis. mandatum trecentorum pauperum peracturi. Cumque dictos psalmos finiuerint abbas ministrata sibi aqua calida et manutergiis per famulos camerarii. et aliis per ordinem de conuentu. flectens genua incipit et cantor deinde conuentus percantant antiphonam *Dominus Ihesus.* ut infra prope in mandato solenni. Et statim lauat pedes unius uel duorum aut trium pauperum et postea aquam in manibus effundit eorumdem. Priore quoque similiter faciente vni et singulis senioribus pauperibus singulis.· cantor et conuentus cantabunt de antiphonis infrascriptis in mandato conuentus sollempni prout idem eas uoluerit inchoare. Et interim camerarius tradet de centum solidis quos idem ad hoc ab abbate percepit ista die.· ipsi abbati et singulis monachis ad distribuendum eisdem pauperibus quantum uiderit expedire. prouiso quod tota dicta summa pecunie eodem die ipsis pauperibus erogetur. Seruientes quoque de panetaria et de coquina una cum illis de camera panem.· unicuique pauperi et fabas semicoctas allati. et eciam pertitur.

---

[34] prior dicit *Benedicite*: add.P, marg., l.h.

Mandato igitur pauperum sic peracto.· flectant genua abbas et conuentus ante pauperes breuem ueniam facientes. dicitque abbas. V' *Suscepimus Deus misericordiam tuam.* conuentusque respondet. *In medio templi tui.* deinde in silentio *Pater noster.* dicto.· dicit abbas. *Et ne nos.* Conuentus. *Sed libera.* abbas V' *Ostende nobis domine misericordiam tuam.* conuentus. *Et salutare tuum.* abbas iterum V' *Tu mandasti.* conuentus. *Mandata tua custodiri nimis.* abbas plane. *Oremus.* or' *Absolue quesumus domine nostrorum uincula peccatorum . . .* alia or' *Adesto domine seruitutis nostre officio . . .* Responsoque a conuentu.· Amen. Subiungit abbas. *Benedicamus domino.* et conuentus respondet *Deo gratias.* Deinde uadunt omnes abbate et senioribus primis in ecclesiam abbate incipiente et conuentu prosequente Ps. *Miserere mei Deus.* Incumbuntque ibi psalmo finito super formas et dicto in silentio. *Pater noster.* dicit abbas. *Et ne nos.* conuentus. *Sed libera.* abbas V' *Et ueniat super nos misericordia tua domine.* conuentus *Salutare.* abbas. *Oremus.* or' *Actiones nostras quesumus domine.* Responsoque post finem a conuentu.· Amen. Subiungit abbas. *Benedicamus domino.* et conuentus respondet. *Deo gratias.* Deinde determinat abbas orationem ad uesperas dicendas sonantibus sacristis martellis ad fores ecclesie. uersus claustrum. Et statim dicunt uesperas. Incipiente ebdomadario altissone a' *Calicem salutaris.* et cetera.

De mandato prebendarium in cena domini.

Dictis in ecclesia graciis post prandium precedente abbate. deinde priore. et bailliuis omnibus decem maioribus seu officiariis exeunt de ecclesia mandatum duodecim prebendariorum peractum. Et in motione incipit abbas Ps. *Miserere mei Deus.* Et alii prosecuntur bini psalmodiantes procedendo. Cumque finiuerunt psalmos incipit ante prebendarios. abbas antiphonam a' *Dominus Ihesus.* ut infra et faciunt mandatum sicut supra de mandato pauperum continentur. Danturque post mandatum singuli panis conuentualis. et alii sicut haberent in conuentu dicente *Benedicite.* Officiariisque respondentibus *dominus.* [***] subiungit *Potum et cibum.* ut supra. Reuersisque ad ecclesiam se processione preter abbatem qui recumbit super formas quousque idem dixerit gracias et orationem superius est in mandato pauperum contentas. Prebendarii predicti uero habebunt de manu camerarii secundum antiquum quibus sex alnas tele linee. et unam lanee. et unum par sotularium ueterum monachorum bene unctum.

De mandato solenni in hac sacra cena
ab abbate conuentui faciendo.

Postquam conuentus redierit de prandio per dormitorium et fecerit quali sibi priuatum mandatum in claustro.· cum hora aud[i]ebitur prior pulsabit tabulam iuxta cimbalum et ibunt potatum sicut est diebus aliis consuetum. Deinde postquam abbas fecerit etiam mandatum suum priuatim in camera sua percutiet prior ante capitulum tabulem. et ingredietur conuentus capitulum. statim prior pergat ad propriam sedem sessum. Abbas igitur interim ingredietur in thesaurum et ibi deponat froccum suum et annulum reponit in saluum donec mandatum compleuerit sicut mos est. Deinde balliuis seu officiariis astantibus et aquam calidam in patellis eneis tenentibus. Seruientibusque camerarii eis ipsas et tersoria[35] preparantibus. Idem abbas ad collum unum tersorum gestans et unam patellam in manibus intrans capitulum deuote facturus mandatum. primitus prioris. deinde omni de choro in quo idem sedet in capitulo et postmodum aliis de alio choro uerso assurgente. Incipit et chorus percantat [a'] *Dominus Ihesus postquam cenauit*... [V'] *Surgit autem a cena*... *Scitis.* Cum autem lauat pedes quilibet dicit *Misereatur nostri omnipotens et misericors Deus.* Et abbas respondet *Amen.* Et cum osculatur dicit quilibet *Et dimissis omnibus peccatis mostris perducat nos ad uitam eternam.* Abbasque respondet *Amen.* Interea incipit cantor sedens et chorus percantat antiphonas et alias[36] que secuntur. a' *Ante diem festum*... alia a' *Venit ad Petrum*... a' *Rogabat Ihesum quidam*... Ps. *Deus stetit*... a' *In diebus illis mulier*... Ps. *Magnus dominus et.* a' *Dixit autem dominus*... Ps. *Dixit insipiens.* Item a' *Sinite mulierem*... V' *Quod habuit hec*... a' *Mittens hec mulier*... V' *Amen dico uobis*... a' *Maria ergo unxit*... V' *Dimissa sunt ei*... ym' *Tellus ac ethra*...

De mandato manuum
Cum autem abbas lauerit pedes omnium et etiam demum officiariorum qui ministrauerant ei aquam ad hoc: mox egressus capitulum deponit tersorium atque peluim. Indutusque froccum suum ingreditur iterum capitulum nichil ferens. Et assurgunt ei omnes. factoque ante sedem suam ante et retro sedet. Prior igitur egressus capitulum accipit ad collum suum tersorium mundum et patellam cum aqua. et sic reuertitur cum aqua[37] continuo ad abbatem. et abluit eidem pedes precedente cum eo subpriore. Abbasque dicit ut supra *Misereatur.* Indeque reuersi ante capitulum ablutis manibus accipit prior in manu dextra unam peluiculam cum[38] aqua calida. et in sinistra peluiculam aliam sine aqua. Subprior[39] uero manutergium bene mundum. et uadunt ad abbatem. Effunditque prior abbati iam surgenti aquam in manibus et subprior una cum uno de senioribus manutergium tenet ei. Interea officiarii egressi capitulum afferunt aquam in bacinulis aliis eam abbati daturo singulis eam continuo et manutergia porrecturi. Abbas autem postquam lauerit et tersit manus suas dicens. *Misereatur nostri.* et cetera. ut supra de manu prioris. accipit peluiculam eandem cum aqua et aliam uacuam. et officiarii manutergia tenent eidem priori atque fundit abbas super manus eius. et deinde omni stantium aliorum: ipsis dicentibus ad aque quidem

---

[35] by l.h. over erasure: P
[36] aliis: P.
[37] cum aqua] cancelled: P
[38] interlined by l.h.: P
[39] Sub] interlined by l.h.: P

receptionem. *Misereatur nostri omnipotens et misericors Deus.* et ad manutergium. *Et dimissis.* et cetera. Interea autem cantor inchoat et chorus percantat unam cum prescriptis eas antiphonas que secuntur. a' *Postquam surrexit dominus a cena* . . . Ps. *Audite hec omnes gentes.* a' *Domine tu michi lauas pedes* . . . V' *Venit Ihesus ad Symonem . . . domine.* V' *Domine non tantum pedes.* a' *Vos uocatis me magister* . . . [V'] *Exemplum enim dedi* . . . a' *Si ego dominus et magister* . . . Ps. *Attendite popule meus.* [a'] *In hoc cognoscent* . . . V' *Pacem meam do uobis* . . . *In hoc cognoscent omnes.* a' *Mandatum nouum do uobis* . . . Ps. *Beati immaculati.* a' *Diligamus nos in inuicem* . . . [a'] *Ubi est caritas* . . . a' *Karitas est summum bonum* . . . V' *Illa namque tenet* . . . V' *In qua qui manet.* Dyaconus et seruitores ecclesie necnon et thesaurius ac sacrista circa finem mandati manuum festinare se debent de recipiendo aquam ab abbate ut mox iidem sacrista et thesaurius uadunt in ecclesiam preparatum eisdem dyacono seruitorum uestes ad induendum se pro euangelio post finem mandati continuo in capitulo legendo. Interim autem peragit abbas mandatum manuum: sicut et prius pedem. et cantor et chorus percantant antiphonas que secuntur. a' *Karitas paciens est* . . . V' *Non irritatur* . . . a' *Maneant in nobis . . . caritas. Nunc autem manent* . . . a' *Ubi fratres in unum* . . . Ps. *Ecce quam bonum. Ubi fratres.* Illam autem antiphonam que sequitur non incipit cantor donec completo mandato. abbas egressus capitulum una cum officiariis reuertatur. Intrant igitur assurgentibus cunctis abbas primus usque ad gradum. ubi expectat aliquantulum donec unus de senioribus ad dexteram suam et aliis ad sinistram potuerint peruenire. post quos alii similiter inferius ordinate. Qui mox facto ante et retro suis sedibus et ordinibus uadunt sessum. Ingredientibus igitur abbate et predictis capitulum. omnes surgunt et incipit altissime cantor. a' *Congregauit nos Christus* . . . V' *A solis ortu.* Mox ut abbas sederit petita licencia sonandi ab eodem sacrista non facta ante et retro exit capitulum et stans ante portas ecclesie de claustro percutit tabulam uel martellum. Ad cuius sonitum exeuntes de ecclesia predicti. sacrista primus ferens analogium. deinde thuribulum. deinde ferentes candelabra. et ultimus dyaconus ferens textum alte in manibus: ueniunt in capitulum assurgentibus eis cunctis. Deponitque sacrista analogium ad gradum. et continuo uadit oblatum thus abbati ponendum in thuribulum in manu seruitoris. Alii uero seruitores stabunt cum candelabris unus ad dexteram et alium analogii uersis uultibus ad ipsum et dyaconus deponet textum super analogium. retroque eum cedente seruitore cum thuribulo. et stantibus cunctis uno choro contra alterum non petita licencia sine pronunciatione euangelii. inclinato primitus capite legit in modum lectionis. euangelium *Ante diem festum pasche.* Cumque incipit uersum eiusdem qui sic incipit. *Venit ergo ad Symonem Petrum.* Innuit abbas priori et statim idem prior facto ante et retro uel saltem inclinato capite ante sedem suam uadit ante refectorium iuxta cimbalum et percutit tabulam ibidem tam fortiter quod audiri ualeat a dyacono et conuentu. Ad cuius primum ictum finita clausula lectionis exeunt de capitulo. sacrista primus cum analogio. deinde seruitores et leuita. deinde abbas et seniores. et alii ordinate. Cumque in refectorium peruenerint sacrista et reuestiti uadunt ad gradum eo modo quo erant in capitulo. et perlegere incipit dyaconus ubi dimiserat lectionem. Abbas uero et officiarii remanent stantes iuxta galetum donec totum conuentus et ultimo prior transierint: et prior quidem ad mensam abbatis. ceteri uero ad sedes suas uadant sessum. Statim autem cum omnes sederint accipit abbas de manu unius de officiariis cyphum cum uino de caritate et duo alii procedunt cum eo similiter cum duobus aliis cyphis uini et sequentibus eos aliis officiariis similiter cum cyphis pergunt ad gradum dicitque cantor. refectatorio pulsante tabulam. finita clausula lectionis. *Benedicite.* conuentusque *dominus.* Et prior surgens. *Potum seruorum.* et cetera. Quo facto: abbas procedit ad priorem et porrigit eidem cyphum ipsum osculando ei manum. Priorque assurgendo recipiens dicit *Misereatur nostri.* et cetera. Indeque descendens abbas ad dextram partem chori accipit cyphum de manu officiarii primi. et dat senioribus prime mense assurgentibus eisdem. Deinde in sinistra et deinde in dextera. et sic de aliis ordinate. Deinde etiam officiariis et postremo etiam dyacono et aliis reuestitis. His itaque peractis abbas et officiarii faciunt ad gradum ut prius et facto ante et retro. Moxque surgunt prior et subprior de sedibus suis et afferunt ei potum: et continuo facto ante et retro uadunt sessum. Cum autem placuerit abbati: idem percutit semel tabulam cum martello ut dyaconus finem faciat lectionis. Quo facto dyaconus inclinato capite ad abbatis dexteram uadit sessum. et ceteri ad sinistram. Et cum placuerit abbati dicto ab abbate. *Adiutorium nostrum.* Et responso a conuentu. *Qui fecit.* Inde redeunt pergentes ad ecclesiam eodem ordine quo uenerunt complectorium dicturi.

Mandatum de cena domini de quo habitum est supra. non fit nisi semel in anno: eo modo quo prefertur[40]. Si preter illud quatuor alia mandata consueuit sacra religio facere in conuentu. vnum[41] uidelicet in qualibet ebdomada semel priuatim in claustro. Aliud uero in capitulo etiam semel in ebdomada sollempniter et cantando. et tercium quod fit quolibet die in elemosina pauperibus tribus sine cantu. quartumque ibidem per abbatem et officiarios hiis tribus diebus ante pascha prebendariis. pauperibus breuigerulis sub quolibet eorum dierum sub numero duodeno. ¶ Quoniam igitur hec quatuor mandate fuerint differenter de eorum quolibet aliquid est dandum. Mandatum primum est tantum ad mundandum exteriora pedum. et preparatio ad secundum mandatum. et duo sequentia secundum representant. hoc quod etiam illud cena domini representat. ¶ Mandatum secundum. fit in die sabbati sero nisi aliud obsistat hoc modo. Cum priuatum mandatum sibi fecerit unusquisque: prior ante collationem stans ante capitulum percutit tabulam quamdiu uiderit expedire. Et cum placuerit intra capitulum. iam introgressu conuentu atque quolibet stando uerso uultu ad maiestatem expectante. Ingredienti autem priori omnes inclinant. qui cum peruenerit ante sedem suam facit ante et retro. et statim residet. discalciatque se de utroque pede. Seruitoresque qui

---

[40] by l.h. over erasure: P
[41] vna (†): P

seruierunt ad coquinam ipsa ebdomada faciunt eidem. deinde omnibus mandatum primo pedes. et deinde manuum consequenter. eodem ordine quo in cena domini continentur. Cum autem prior iam se discalciauerit [se] erigerit. Statim incipit in omni mandato quodcumque tempus fuerit. a' *Mandatum nouum do uobis.* ut supra. quam statim cantor et conuentus percantat. Deinde incipit cantor et chorus percantat. uidelicet a pascha usque ad kalendas nouembris. a' *Diligamus uos.* Postquam finito. V' *Audite hec omnes.* a' *Domine tu.* V' *Venit Ihesus.* a' *Vos uocatis me.* V' *Exemplum.* a' *Si ego dominus.* V' *Attendite popule.* a' *In hoc cognescent.* V' *Pacem meam.* a' *Congregauit nos.* V' *A solis.* A kalendis nouembris usque ad secundam ebdomadam quadragesime. a' *Karitas est summum.* V' *Illa namque manet.* a' *In qua qui manet.* V' *Karitas paciens est.* a' *Non irritatur.* V' *Maneant in uobis.* a' *Nunc autem.* V' *Ubi fratres in unum.* a' *Ecce quam bonum.* V' *Congregauit nos.* V' *A solis.* A secunda ebdomada quadragesime usque ad sabbatum ramis palmarum. a' *In diebus.* V' *Magnus dominus.* a' *Maria ergo.* V' *Dimissa sunt.* a' *Miserator.* V' *Non secundum.* a' *Congregauit nos.* V' *A solis.*

De mandato cotidiano.

Circa finem maioris misse ille sacerdos qui est in tabula ad missam de spiritu sancto. uel si placuerit priori ipse prior uel subprior uocatis per signum ex utraque parte chori duobus fratribus recedit de choro et incipit. *Miserere mei Deus.* quod idem et alii dicunt. precedendo ad ueterem elemosinam. vbi cum peruenerint. Incipit prior. a' *Mandatum nouum.* sine nota. que ipsi similiter dicunt cum uersu. *Exemplum.* Deinde lauatis pedibus et postea manibus trium pauperum. dicit unus. *Benedicite.* Et responso. *dominus.* Benedicit prior panem et uinum. qualia conuentus habiturus est. ea die pro communia. Osculatisque pedibus et manibus dant eisdem. Et hiis factis: flectunt genua ante eos: dicunt et faciunt sicut in cena domini in mandato prebendariorum superius continetur. et similiter reuertendos ad altare sancti Taurini. Prostrando quidem se quando fores sunt in choro. uel stando et inclinando si non fuerint in eodem.

De mandato agendo in ueteri elemosina ab abbate et officiariis tribus diebus immediate pascha precedentibus. Immediate post prandium procedunt ad ueterem elemosinam abbas et officiarii facturo mandatum sicut supra in cena domini continentur. Quod semper peragunt ibidem cantando.

[In die parasceves]

In die parasceues et sabbato sancto pasche precedunt abbas et conuentus ad benedicendum ignem sicut in die sacro cene. Sabbato tamen pasche omnes illuc procedunt in albis.

Die parasceues. Finitis omnibus qua ea die post passionem ab abbate dicuntur. abbas deponita casula uenit in chorum et similiter dyaconus cum eodem. Interim duo fratres in casulis sacerdotes. et duo dyaconi in capis albis accepto crucifixo. sacerdotes quidem per brachia. et dyaconi per pedes ueniunt [de] sepulchro retro altare usque prope ostium iuxta [illud] et cantant sacerdotes stantes. a' *Popule meus*... [V'] *Quia eduxi te*. Proceduntque aliquantulum uersus conuentum et cantant dyaconi stantes a' *Agyos o theos*... Respondetque chorus flectens genua tercio. a' *Sanctus Deus sanctus fortis*... Interim passim aliquantulum appropinquant et cantant sacerdotes a' *Quia eduxi te per desertum*.[42] Dyaconique respondent appropinquando *Agyos* ut supra. Et chorus ut supra. *Sanctus.* Interim procedunt ut priua paululum et cantant iterum sacerdotes a' *Quid ultra debui facere*... Item dyaconi. *Agyos.* Item conuentus. *Sanctus.* ut supra. Interimque iterum appropinquant usque ad locum ubi est lapis cauatus ante candelabrum ubi reponunt crucifixum. et dicto a conuentu *Miserere nobis:* procedit illuc abbas et discooperiens crucifixum cum manu et baculo pastorali altissone incipit conuentu mox genua flectans a choro percantanda a' *Ecce lignum crucis*... Subiungitque cantor et chorus percantat V' *Venite adoremus*... Item cantor repetit et chorus percantat a' *Ecce lignum*. Interim abbas mox ut dictam antiphonam inchouerit depositis mytra et pastorali baculo se prostrat ante crucifixum intra chorum super tapeta ad hoc ab thesaurio preparata. Surgensque procedit genibus flexis ad crucifixum. et adorato eodem surgens resumptis depositis ad stallum suum seu cathedram procedit. Deinde se prostrant primo Reuestiti. deinde alii. seniores primi. et adorant quemadmodum abbas et ultimo seculares. Interim secundo subiungit cantor et chorus percantat ea que secuntur. Ps. *Deus misereatur.* a' *Ecce lignum*. Ps. *Vt cognoscamus*. a' *Ecce lignum*. a' *Tuam crucem adoramus*... V' *Confiteantur*. a' *Tuam crucem*. a' *Crucem tuam adoramus*... a' *Adoremus crucis signaculum*... a' *Dum fabricator mundi*... a' *Aperto ergo militis*... a' *O admirabile precium*... a' *Cum rex glorie*... a' *Crux fidelis inter omnes*... [ym'] *Pange lingua gloriosi*...*Amen.* Postquam omnes adorauerunt cessat chorus a cantando et procedunt abbas et reuestiti ad crucifixum. atque portant illud in sepulchrum retro altare[43]. ad hoc honorifice preparatum precedentibus seruitoribus ecclesie cum thuribulo et candelabris duobus. Et in collocando illum ibi incipit abbas percantanda a choro a' *In pace in idipsum*. Inde recedens apponito incenso primitus. Incipit portandum a choro cum uersu suo. R' *Sepulto domino*. Interim procedit precedentibus seruitoribus ad armarium iuxta altare sancti saluatoris. pro dominico corpore super ipsum altare afferendo. Thurificatque abbas illud: deinde affert ad altare incipiens. Ps. *Miserere mei Deus*. quod chorum psalmus dicat[44] statim flexis inchoatum.

---

[42] Interim passim ... *desertum*] marg., contemporary hand: P
[43] sepulchrum retro altare] also written marg., l.h.: P
[44] diat (†): P

[In Sabbato sancte pasche.]
Sabbato sancto pasche in reditu processionis de igne incipit cantor et chorus percantat. a' *Sicut exaltatus est serpens* . . . et ea finita dyaconus astante fratre cum thuribulo. paschalem cereum benedicit. Benedictio cerei. *Exultet iam angelica turba* . . . Conuentus respondeat. *Amen.* Finitis autem orationibus abbas deponitus casula. stola et manipulo acceptaque capa in chorum ad sedem suam procedit. Et tunc incipiunt duo iuuenes respondendam in choro letaniam septenam. *Kyrie eleison* . . . Qua finita: duo alii de senioribus accedentes ibidem incipiunt letaniam quinam. *Christe audi nos.* Chorus[45] *Christe audi nos.* Item fratres duabus aliis uicibus et chorus similiter. Cumque ceperint cantores ipso V' *Sancta Dei genitrix. ora pro nobis.* Mouebit processio. et ibunt per inferius chori ostium in nauem ecclesie precedentibus seruitoribus ecclesie cum thuribulo et candelabris deinde abbate et senioribus et aliis et cantoribus [46] ante altare. et interim percantabunt letaniam. choro semper versum quelibet repetente. *Sancte Gabriel* . . . finita eadem letania duo ebdomadarii cantores in capis ibidem paulo inferius accedentes incipiunt letaniam ternam. *Agnus Dei* . . . Chorus repetit[47] *Agnus Dei.* Cantores[48] *Suscipe deprecationem* . . . Chorus. *Agnus Dei.* Hinc inclinatione facta a conuentu iunioribus primis redit processio in chorum cantoribus incipientibus. *Gloria patri et filio* . . . Chorus. *Agnus Dei.* Cantores. *Exudi nos.* Chorus. *Preces nostras.* Cantores. *Exaudi Christe.* Chorus. *Orationem populi tui.* Cantores. *Exaudi Deus.* Chorus. *Miserere nobis.* Cantores. *Sancte Raphael.* Chorus. *Intercede pro nobis.* Cantores. *Sancte Iohannes.* Chorus. *Intercede.* Cantores. *Sancte Benedicte.* Chorus. *Intercede.* Cantores. *Omnes sancti.* Chorus. *Interecede pro nobis.* Cantores repondeant[49]. *Exaudi Christe.* Chorus. *Orationem populi tui.* Cantores. *Exaudi Deus.* Chorus. *Miserere nobis.* Percantata uero ante sedem abbatis letania. ebdomadus cantor recedente socio suo excelsa uoce personabit officium. *Accendite. Kyrieleison* . . . flectent omnes genua sacerdote incipiente cum pulsatione omnium signorum. *Gloria in excelsis Deo.*

In ecclesiis baptismalibus seu parochialis fit in hac uigilia pentecostes aqua in baptisteriis earundem. Mirum est autem et absurdum uidetur quod in ecclesia que non solum est exempta sed cum hoc particulare est domina exemptarum: id nequaquam fieri consueuit. Quod quidem si fieret: inter quinam et ternam letanias superscriptas uidetur fieri competenter.

---

[45] similiter: add.P, l.h.
[46] in medio eorum fiet statio abbate et senioribus uersus fores et cantoribus: add.P, marg., contemporary hand
[47] Chorus repetit] add.P, l.h. on music stave
[48] add.P, l.h. on music stave
[49] cancelled: P

Hac die missa et uespere pariter finiuntur. quando autem incipitur Ps. *Magnificat.* prior et unus de senioribus alterius chori in capis thure apponito in thuribulum ab abbate thurificant primo ipsum abbatem. Inde altare Sancti saluatoris et deinde altare sancte Trinitatis. et alii sicut mos est. et seruitores ecclesie conuentum. Dicto a' *Ite missa est.* a dyachono et responso a choro *Deo gratias.* Factaque ab abbate supplicatione solita: abbas deponit casulam et manipulum atque stolam. sumptisque capa et pastorali baculo atque mitra procedit precentibus seruitoribus ecclesie cum candelabris in chorum ad suam sedem superiorem. Interim autem duo cantores ebdomadarii in capis rubeis ante candelabrum cantant R' *Alleluia alleluia alleluia.* chorus repetit R' *Alleluia.* Et statim cantores cantant uersum. *Exurge gloria mea . . .* chorus *Alleluia.* cantores *Gloria patri et filio.* chorus a capite *Alleluia.* quibus finitis: abbas benedicturus incensum dicit sollempniter. *Dominus uobiscum.* deinde finita oratione et dicto iterum *Dominus uobiscum.* deinde ebdomadarii cantores [***] cantant *Benedicamus domino alleluia alleluia alleluia.* Interim duo de senioribus de quibus unus competenter posset esse prior accipientes ab abbate in thuribulis de thure benedicto procedentes cum eodem abbate ad altare thurificant post ipsum. sicut prius altare et alia deinde in chorum reuersi eundem seruitores uero conuentum. Et postea incipit cantor et chorus percantat commemorationes sollennes. Memoria de Trinitate a' *Spes nostra.* et alia. Quibus finitis: dicunt duo iuuenes ordinarii[50]. *Benedicamus domino alleluia alleluia.* chorus subiungit. *Deo gratias alleluia alleluia.*

Appendix 4
The ritual for Easter Day

(Ms P fols.53v–57r)

Die sancto pasche antequam pulsetur ad matutinas leuatur crucifixus ab abbate et officiariis ac seruitoribus et clericis ecclesie excitatus ad hoc a sacristis de sepulchro in locum suum super altare sancte Trinitatis in hunc modum. Abbas reuestitus in capa accedens ad sepulchrum thure primitis apposito incipit et alii percantant cum eo responsorium *Christus resurgens.* Cum V' *Dicant nunc.* ut infra prope. Item ym' *Consurgit Christus tumulo.* usque in finem. Interimque portant crucifixum super altare. et inde leuatur superius per eosdem. et statim interim pulsantibus duobus primis signis determinat abbas orationes et postea dicuntur matutinas usque ad laudes.

[50] cancelled: P

Post tercium responsorium tres fratres in specie mulierum. quorum unus in capa rubea portet thuribulum inter duos alios et ceteri duo ex utroque latere eius in dalmaticis candidis portent uasa in modum pissidarum. stantesque iuxta candelabrum. cantent humiliter ita cum querentes *O Deus quis reuoluet* ... Hinc procedant lente usque ad ostium iuxta altare. et unus frater in albis in specie angeli stans iuxta sepulchrum respondeat *Quem queritis in sepulchro o Christicole.* Mulier ad angelum. *Ihesum Nazarenum crucifixum o celicola.* Angelus. *Non est hic* ... Mulieres. *Alleluia resurrexit dominus.* Angelus. *Alleluia resurrexit dominus.* Mulieres ad populum. *Alleluia surrexit dominus.* Angelus ad mulieres. *Venite et uidete* ... Mulieres ad populum. *Surrexit dominus de sepulchro* ... Incipit abbas et cantor deinde chorus percantent ym' *Te Deum laudamus.*

Si in uigilia fuerit facta aqua benedicta in fontibus seu bautisterio: de illa debuit seruari antequam aliquis baptizaretur in eadem. ad aspergendum hac die altaria et alia. sicut in dominicis consueuit fieri. Sin autem: benedicetur sicut aliis dominicis agitur in hac die. Et ad aspersionem ipsius ista die et omnibus aliis dominicis diebus usque in festo Trinitatis cantabitur Responsorium *Vidi aquam egredientem* ... Ps. *Confitemini domino quoniam. Gloria patri. euouae.*

Ad processionem post terciam sollempniter agendam incipit cantor et chorus percantat procedendo per superior[em] ostium chori et inde per ostium uersus sanctuarium ante candelabrum et per claustrum in nauem ecclesie. R' *Maria Magdalene et alter Maria.* sine suo uersu. Item a' *In die resurrectionis mee* ... Item in statione ante crucifixum incipit cantor et chorus percantat R' *Sedit angelus ad sepulchrum* ... Quatuor fratres quibus iunxerit cantor cante[n]t ante crucifixum V' *Crucifixum in carne* ... Postquam autem abbas benedixerit populo in redeundo incipit cantor et chorus percantat ad introitum R' *Christus resurgens ex mortuis* ... Iste uersus cantetur primis quatuor diebus pasche ad uesperas ante crucifixum in naui ecclesie *Dicant nunc Iudei* ... deinde sacerdos qui dixerit[51] terciam dicit V' *Surrexit dominus de sepulchro.* Chorus. *Qui pro nobis.* et postea ut dominicis consueuit. Ad processionem in nauem ecclesie per totam ebdomadam post uesperas agendam. post orationem sancte Trinitatis. incipit cantor et chorus percantat R' *Sedit angelus.* ut supra. Deinde cantant fratres qui fecerunt officium ebdomadariorum ante crucifixum in medio processionis. eiusdem responsorii. V' *Crucifixum.* et chorus repetit. *Et nolite.* ante orationem. V' *Surrexit dominus de sepulchro.*

[51] over erasure: P

Appendix 5
The ritual for Rogations and Ascension

(Ms P fols.59v–90v)

Feria secunda ante ascensionem in rogationibus
Feria secunda ante ascensionem in rogationibus. Siue sit festum siue non: fit processio post sextam. oratio determinata in hunc modum. cantor incipit et chorus cantat *Exurge domine*. ut supra. feria quarta in capite ieiunii addito *Alleluya*. cantor imponit Ps. *Deus auribus*. Cum *Gloria*. et repetant *Exurge domine*. Sacerdos ebdomadarius subiungat V' *Ostende nobis domine*. chorus *Et salutare*. Item *Kyrieleison. Christeleison. Kyrieleison. Pater noster*. sacerdos *Et ne nos*. Ps. *Deus in adiutorium*. quod chorus psalmodiat cum *Gloria*. vel Si placet Ps. *Deus misereatur*. Item sacerdos V' *Domine non secundum peccata*. chorus *Neque secundum*. Sacerdos plane *Dominus uobiscum*. chorus. *Et cum spiritu tuo*. Sacerdos *Oremus. Parce domine quesumus populo tuo* ... Item alia. *Deus qui culpas delinquentium* ... Item alia. *Deus qui culpas nostras* ... Responso a choro *Amen*. Quam dum cantor inchoat inclinant se omnes et statim exit processio per superiorem[52] chori ostium in nauem ad portam ecclesie que propinquior est loco ad quod procedendum est. uidelicet hac secunda feria ad sanctum Benedictum. Seruientibus precedentibus cum uexillis assistentibus et precedendibus similiter preposito uille et seruientibus precedentibus immediate. sequente fratre non reuestito cum aqua benedicta [et] fratre subdyacono in alba [53] reuestito. deinde iunioribus primis in silentio imo choro in ima parte et alio in alia sequentibus ordinate. finitoque *Gloria patri* cantor repetit. et chorus percantat a' *Propicius*. In processione ubi[54] quoque cantor incipit et chorus percantat eundo antiphone que secuntur. a' *Exurge domine in requiem tuam* ... Item alia antiphona *De Ierusalem exeunt* ... a' *Cum iocunditate* ... a' *Ego sum Deus* ... a' *Populus Syon* ... item alia a' *Domine Deus noster qui cum patribus nostris* ... item alia a' *Confitemini domino filii Israel* ... Item alia a' *Exclamamus omnes* ... Item alia a' *Parce domine parce* ... alia a' *Domine immuniti sumus* ... [a'] *Iniquitates nostre*. alia a' *Domine non est alius* ... alia a' *Exaudi domine deprecationem* ... a' *Deprecamur te domine* ... alia a' *Miserere domine plebi tue* ... Item alia a' *Dimitte domine peccata* ... Item alia a' *Exaudi Deus deprecationem* ... Item alia a' *Inclina domine aurem* ... a' *Multa sunt domine peccata* ... a' *Peccauimus*

---

[52] cancelled, and 'inferius' added marg., l.h.: P.
[53] et capa: add.P, marg., original hand
[54] interlined by contemporary hand: P

domine et tu iratus es . . . a' *Annuciate inter gentes* . . . a' *Ierusalem ciuitas sancta* . . . alia a' *Ecce populus custodiens* . . . alia a' *Custodit dominus animas* . . . alia a' *In sanctis gloriosus es* . . . a' *Inuocantes dominus exclamemus* . . . Antiphona pro poscenda pluuia[55] aeris *Domine rex Deus Abraham* . . . Item pro pluuia a' *Nunquid es in ydolis* . . . Item pro pluuia a' *Si clauso celo* . . . Item pro pluuia [a'] *Exaudi domine populum tuum* . . . Item pro pluuia a' *Respice domine quia aruit terra* . . . Item pro pluuia a' *Domine rigans montes* . . . Ad poscendam aeris serenitatem [a'] *Inundauerunt aque* . . . Item alia a' *Non nos dermeget Deus* . . . Item ad idem a' *Exaudi nos domine qui exaudisti* . . .
Eadem feria secunda si procedatur ad sanctum Benedictum sicut supra tangitur cum processione preteriens illuc eundo transierit pontem uie apprehensis[56]. Incipiet cantor et chorus percantabit. finita aliqua antiphona de prescriptis antiphonis. a' *Copiose caritatis.*[57] qua finita: aggredientur alias antiphonas usquoque exierint de uico archensi. Et tunc incipit cantor et chorus percantat a' *Omnipotens Deus supplices te rogamus* . . . Et cum appropinquarunt ad cimiterium ecclesie sancti Benedicti: alia antiphona *Clementissime exaudi domine* . . . Cumque iam interuenerint ecclesiam sancti Benedicti incipit cantor et chorus percantat sine neupma a' *Gloriosus confessor domini Benedictus.* uel alia a' [58]*Confessor domini Benedicte.* uel responsorium quodlibet. sacerdos dicit V' *Os iusti.* Chorus. *Et lingua.* Sacerdos sollempniter. *Dominus uobiscum.* Chorus. *Et cum spiritu tuo.* Sacerdos. *Oremus.* or' *Intercessio.* Responsoque *Amen.* Determinat prior orationem cantaturque nona. et deinde missa. Offic. *Exaudiuit de templo* . . . Ps. *Diligam te* . . . *Gloria* . . . *Alleluia* V' *Confitemini domino.* Offert. *Confitebor domino* . . . Comm. *Petite et accipietis* . . . Eadem feria secunda finita missa incipit cantor et chorus percantat. de omnibus sanctis a' *Saluator mundi saluua nos* . . . Cantabuntque inceptam ante altare eiusdem ecclesie. repetente choro quodlibet uersi tres fratres letannia. [59] *Kyrieleison. Christeleison. Kyrieleison* . . . Eodem letania finita in naui ecclesie Fiscanni. duo in capis subiungunt letaniam percantandum procedendo in chorum *Agnus Dei.* ut supra in uigilia pasche. Deinde dicuntur psalmi familiares et oratio eorumdem.

Feria tercia ante ascensionem

que est secunda die rogationum uadit processio ad sanctam Mariam de Balduini burgo. Et in motione dicuntur et cantantur eadem que cantantur secunda feria prescripta usquequo transierint portam ballii. Et tunc cantor incipit et chorus percantet de sancto Thoma et Frothmundo. a' *Isti sunt uiri sancti.* Et cum uenerint

---

[55] interlined by contemporary hand: P
[56] Archensis. vulgo. la rue Arcaise: add.P, marg., l.h.
[57] de S.Nicholas: add.P, marg., l.h.
[58] text below blank music stave: P
[59] (The text of this litany in P is collated in the edition of the Fécamp litanies printed in Appendix 7)

ad pontem de pratis incipit cantor et chorus percantat a' *O pastor eterne.* deinde in medio pratorum a' *Timor et tremor* . . . Et iterum sumunt de aliis suprascriptis quousque uenerunt prope ecclesiam. Et inde incipit cantor et chorus percantat R' *Clementissime.* ut supra. deinde intrando ecclesiam R' *Ad nutum.* cum *alleluia.* et uersu. deinde sacerdos dicit V' *Post partum uirgo.* chorus. *Dei genitrix.* Sacerdos sollempniter. *Dominus uobiscum.* or' *Concede nos famulos tuos.* eadem feria tercia que est secundo dies rogationum post explectionem misse. de sancta Maria sollempniter apud dictum locum. Incipit ibidem cantor a' *Saluator mundi.* quem chorum percantat. Eadem antiphona finita sine neupma incipiant ante altare quatuor strenui fratres bene cantantes letaniam: *Humili prece et sincera deuotione ad te clamantes Christe exaudi nos.*[60] Chorus repetit *Humili.* Cantores iterum *Humili.* Chorus iterum *Humili.* deinde cantores V' *Summus et omnipotens* . . . Chorus repetit iterum *Humili.* Deinde mouet ad reditu. Inde processio precedentibus uexillis seruitoribus et textum ferente. deinde iunioribus primis et[61] aliis ordinate. Cantoresque expectant donec transierit medietas processionis. incipientes *Sancta Dei genitrix reparatrix* [et cetera.] Cum autem precessio peruenerit in ecclesiam tunc facit ibidem naui stationem et cantata letania cantor *Agnus Dei.* et cetera sicut die precedenti.

Tercia die rogationum
que est uigilia ascensionis uadit processio ad ecclesiam sancte Crucis. et in motione et processu eundo cantantur et dicantur eadem quo prime die rogationum superius habentur. Cumque transissent portam baillii incipit cantor et chorus percantat de sanctis Thoma et Frothmundo a' *Iste sunt uiri sancti.* ut in die precedenti. deinde a' *Oremus dilectissimi nobis* . . . Cumque appropinquauerint ad cimiterium ecclesie sancte Crucis a' *Clementissime.* ut supra prima die. Item cum peruenerint ad ecclesiam a' *Crucem sanctam.* Sacerdos. V' *Dicite in nationibus.* Chorus. *Quia dominus regnauit.* Item sacerdos sollempniter. *Dominus uobiscum.* Deinde or' *Deus qui pro nobis filium tuum.* Deinde determinata oratione cantatur missa *Omnes gentes plaudite* . . . *Gloria* . . . *Alleluia* V' *Omnes gentes plaudite* . . . Offert. *Portas celi aperuit* . . . [Comm.] *Pater cum essem* . . . Cum autem missa dicta fuerit cantor incipit statim et chorus percantat in motionem processionis ibidem *Saluator mundi.* ut supra: item ibidem de sancta Trinitate R' *Benedicat nos Deus.* Adiungendo huic et sequentibus *Alleluia alleluia.* cum uersibus eorumdem. Item in motione processionis rediturus R' *Felix namque.* In reditu processionis R' *Te sanctum dominum.* Item R' *Inter natos.* Item R' *In omnem [terram].* Item R' *O ueneranda [martirum].* Item R' *Sancte Taurine.* Item R' *Sacerdotes Dei.* Item R' *Sint lumbi.* Item R' *Offerentur [regi].* Item in ingressu ecclesie R' *Laudem dicite.* deinde in choro psalmi familiares cum oratione eorumdem.

[60] *ad te clamantes Christe exaudi nos*] marg., contemporary hand: P
[61] interlined: P

[In die ascensionis domini]
Post primas uesperas de ascensione ad processionem in naui ecclesie R' *Christus resurgens*. sine uersu. Deinde fiunt commemorationes sollempnes. ut paschali tempore. ¶ In dicto festo post laudes. non fit processio. Sed bene mane ante sonitum fit processio circa uillam hoc modo. Duo monachi ibidem profiscicentur ad sanctuarium custodiendum. Magister uero scolarum cum duodecim clericis profiscicetur simul ferentes crucem. textum. reuestitus erit tantum et non alii. Prima ante alios plebs aquam benedictam laternam cum lumine. Sed ille qui feret textum uille sanctuarium deferent. Aurifaber uero profiscicetur simul. ad sanctuarium custodiendum qui ad hoc feodatus est. Exeunte autem processio istam ecclesiam sic ordinata: omnia signa pulsabuntur. ad quamcumque uero ecclesiam peruenient ecclesiam intrantes uel pertranseuntes antiphonam unam de sancto ecclesie cantabunt cum uersiculo et oratione. Cum autem uentum fuerit ad ecclesiam sancti Walarici unus monachorum missam celebrabit ibi[62] et quando ad ecclesiam sancte Crucis peruenerint: sanctuarium in ecclesiam intromittent. uel si magis placuerint secundum modernos in manneria elemosine Fiscanni. et expectabunt usque dum magna processio exeat maiorem ecclesiam.

Cum autem preces tercie dicuntur: preparetur processio festiue in ecclesia a cantore et sacristis. Precedant uexilla deinde aqua benedicta. et cruces inde candelabra. post hec textus. Sic ordinata processio[ne] in choro cantetur a tribus Senioribus ad gradum quibus cantor iniunxerit antiphona. *Salue festa dies* . . . Chorus repetit *Salue*. Item cantores duabus uicibus et chorus similiter. Tunc exeat processio per inferiorem chori aditum preeunte post textum abbate subsequentibus prioribus aliisque in ordine suo. et tribus predictis <fratribus> in medio eorum cantantibus istos uersus. *Ecce renascentis* . . . Chorus *Salue festa*. [et cetera] Cantores *Nobilitas anni* . . . Cum ad locum peruenerint ubi debeat fieri statio. Et cum alia occurrerit processio. intermittantur uersus. et allatis feretris tres incipiat cantor et chorus percantat a' *Isti sunt uiri sancti* . . . qua finita sine neupma abbas dicit V' *Exultabunt*. deinde[63] responsorio sollempniter *Dominus uobiscum. Oremus*. Sequitur oratio *Propiciare quesumus domine nobis famulis* . . . Responsoque a choro *Amen*. Cantores resumunt precedentibus his qui sacratas ferunt reliquias et subsequentibus pueris et nouiciis redibunt ad ecclesiam cantantes de supradictis uersibus. V' *Christe salus mundi* . . . Chorus *Salue*. [et cetera] In reditu processionis uisum fuit aliquando et satis honestum erat quod illi qui ferebant sepulchrum stabant in ianuis ecclesie intransuersum et sic omnes transibant per de subtus ipsum. sed moderni hoc agere non curant. Cum autem processio tota redieret in ecclesie nauem: tunc ibi faciunt stationem: sicut in aliis sollempnioribus et precipuis festiuitatibus exstitit consuetum. Et tunc aliquo de uersibus suprascriptis finito abbas uel cantor incipiat et chorus percantat sine

[62] missam: add.P, interlined by l.h.
[63] interlined: P

THE *SERUICIUM DE EUCHARISTA*

neupma. a' *O rex glorie* . . . Deinde data ab abbate benedictione choro et populo mouet inde processio. et ingreditur chorum. Cantoresque interim mox cantantes resumunt quousque misse introitus inchoetur. *Immaculata tuis plebs* . . . Chorus *Salue festa.* Cantores. *Una corona* . . . Chorus *Salue.* Ipso die ascensionis ad uesperas fient commemorationes et processio sicut ad uesperas precedentes.

Appendix 6
The *Seruicium de Eucharista*

There is no mention of the *Seruicium de Eucharistia* in Mss B1, C or P, or by the original hands of Mss A, B2, O or S. The Office has been added to A and B2, and the Mass to B2 and S, in all cases by later hands. In M the Mass is included in its normal place under the heading of 'Feria quinta post octabas Pentecostes'. The service is mentioned in both A and O, but only in additions by later hands (see the footnotes in the text above, pp.305ff).

The edition given here is based upon these sources, with variants between them indicated in the notes.

Incipit officium Eucharistie.
Ad vesperas primas. a'[1] *Sacerdos in eternum.* Ps. *Dixit dominus.* a'[2] *Miserator dominus escam.* Ps. *Confitebor.* a'[3] *Calicem salutaris.* Ps. *Credidi.* a'[4] *Qui pacem ponit.* Ps. *Lauda Ierusalem.* Cap. *Dominus Ihesus in qua nocte.* R' *Homo quidam fecit.* V' *Venite comedite. Quia parata. Gloria. Quia parata.* ym' *Pange lingua gloriosi.* V' *Panem de celo.* R' *Omne delectamentum.* [In euang.] a' *O quam suauis est.* Ps. *Magnificat.* or' *Deus qui nobis sub sacramento.*[64]

[Ad matutinas.] Inuit. *Christus regem adoremus.* Ps. *Venite.* ym' *Sacris solenniis iuncta.*
In primo nocturno. a'[1] *Fructum salutiferum.* Ps. *Beatus uir.* a'[2] *A fructu frumenti.* Ps. *Cum inuocarem.* a'[3] *Communione calicis.* Ps. *Conserua me.* a'[4] *Memor sit dominus.* Ps. *Exaudi te.* a'[5] *Paratur nobis mensa.* Ps. *Dominus regnauit.* a'[6] *In uoce exultationis.* Ps. *Quemadmodum.* V' *Panem angelorum.* Lect. *Immensa diuine largitatis.* R'[1] *Immolat hedum.* V' *Pascha nostrum. Et edebant.* R'[2] *Comedetis carnes.* V' *Non Moyses. Iste est.* R'[3] *Respexit Helyas.*

---

[64] [de] Trinitate. *Sanctus.* Processionem R' *Diuina.* cum uersu. ac de beata et de omnibus sanctis: add.A, marg., l.h.

V' *Si quis. Et ambulauit.* R'[4] *Panem uite manducemus.* V' *Ut peccatorum. Dietatem.*
In secundo nocturno. a'[7] *Introibo ad altare.* Ps. *Iudica me.* a'[8] *Cibauit nos dominus.* Ps. *Exultate.* a'[9] *Ex altari tuo.* Ps. *Quam dilecta.* a'[10] *Tollite hostias.* Ps. *Cantate.j.* a'[11] *Confundantur in omnibus.* Ps. *Dominus regnauit.j.* a'[12] *Cantate domino.* Ps. *Ipsum.* V' *Cibauit illos ex adipe.* R' *Et de petra.* R'[5] *Panis quem ego. Locutus est. Quomodo.* R'[6] *Cenantibus illis.* V' *Dixerunt uiri. Accepit.* R'[7] *Accepit Ihesus calicem.* V' *Memoria memor. Hoc facite.* R'[8] *Diuina nobis gracia.* V' *Sic nature. Ut in. Gloria. Ut in.*
Ad cantica. a' *Gaude redempta.* Cant. *Domine miserere.* V' *Ego sum panis.* Euang. *Caro mea uere est cibus.* Hom. *Cum enim cibo et potu.* R'[9] *Qui manducat.* V' *Non esto alia. In me.* R'[10] *Misit me pater.* V' *Cibauit illum. Et qui.* R'[11] *Unus panis et unum.* V' *Parasti in. Et de.* R'[12] *O quam dulce.* V' *Noue legis. Virtute. Gloria. O quam.* [or' *Deus qui nobis subsacramento.*]

In laudibus. a'[1] *Sapientia edificauit.* Ps. *Dominus regnauit.* a'[2] *Angelorum esca.* Ps. *Iubilate.* a'[3] *Pinguis est panis.* Ps. *Deus Deus meus.* a'[4] *Sacerdotes Christi.* Ps. *Benedicite.* a'[5] *Vincenti dabo.* Ps. *Laudate.* Cap. *Dominus Ihesus in qua.* R' *Panem angelorum.* V' *Cibaria misit. Alleluia. Gloria.* ym' *Verbum supernum.* V' [65]*Panem de celo.* [In euang.] a' *Ego sum panis uiuus.* Ps. *Benedictus.* or' *Deus qui nobis sub sacramento.*

Ad primam. a' *Sapientia edificauit sibi.*

Ad terciam. ym' *Veni creator.*[66] a' *Angelorum esca.*

Missa. Offic. *Cibauit eis.* Ps. *Exultate Deo. Gloria.* or' *Deus qui nobis sub sacramento.* Ep. *Ego enim*[67] *accepi a domino.* R' *Oculi omnium.* V' [68]*Aperis tu manum. Alleluia* V' *Caro mea.* Seq. [69]*Lauda Syon saluatorem.* Euang. *Caro mea uere est.* Offert. *Sacerdotes incensum.* Secr. *Ecclesie tue quesumus domine.* Comm. *Quocienscunque manducabitis.* Postcomm. *Fac nos quesumus domine.*

Ad sextam. a' *Pinguis est panis.* Cap. *Quociens manducabitis.* or' *Deus qui tui corporis.*

Ad nonam. a' *Vincenti dabo.* Cap. *Quicunque manducauerit.* or' *Deus qui altaris hostiam.*

---

[65] *Posuit fines*: A
[66] ym' *Veni creator*] interlined by l.h.: A
[67] om.M
[68] *Caro mea*: B2
[69] *Gaude Syon et letare*: B2

Ad vesperas. a'[1] *Sacerdotes in eternum.* Ps. *Dixit dominus.* a'[2] *Miserator.* Ps. *Confitebor.* a'[3] *Calicem.* Ps. *Credidi propter.* a'[4] *Qui pacem.*[70] Ps. *Lauda Ierusalem.* Cap. *Dominus Ihesus.* R' *Cibauit illos ex adipe.* V' *Et de petra.* Gloria. ym' *Verbum supernum.* V' *Panem de celo.* [In euang.] a' *O sacrum conuiuium.* Ps. *Magnificat.* [or' *Deus qui nobis sub sacramento.*][71]

Appendix 7
The *Litania Cotidiana*

Ms C gives two forms of this litany, a longer one (fol.165r *et seq.*) and a much shorter one written by a slightly later hand (fol.201v). The longer litany, with some slight variations, is also given in Mss B1 (fol.158r *et seq.*) and B2 (fol.39r *et seq.*). Another version, forming the greater litany for the feast of St Mark and Rogation days, is given in P (fol.57r *et seq.*). These five versions are here denoted by the sigla C, C', B1, B2 and P respectively. The orthography follows that of C, and variants are recorded in the footnotes. In the versions of B1, C and C' some of the names are written in capital letters. These are here designated by the addition of an asterisk to the Ms siglum. In P no collects follow the litany. The version C' is written in two columns on what had previously been a blank page at the end of the manuscript, and is followed by six blank lines. The last text in the manuscript, written at the head of the recto facing the litany, is a single collect, which may have been that said at the end of the litany. It also appears in C as a collect for Our Lady in Advent, but is not found in the other manuscripts collated for this edition.

C	C'	B1	B2		Kyrie eleison.
C	C'	B1	B2		Christe eleison.
C	C'	B1	B2	P	Christe audi nos. ii.[72]
C		B1	B2		Pater de celis Deus miserere nobis.
C		B1	B2		Fili redemptor mundi Deus miserere nobis.
C		B1	B2		Spiritus sancte Deus miserere nobis.
C		B1	B2		Sancta trinitas unus Deus miserere nobis.
C*	C'*	B1	B2	P	Sancta Maria ora [pro nobis.]

---

[70] a' *Sacerdotes . . . pacem*] incipits of antiphons (but not of psalms) cancelled: A

[71] De Trinitate. *Gloria et honor.* Processio R' *O quam dulce.* cum uersu. Commemoratio de cruce. de beata. et de omnibus sanctis: add.A, marg., l.h.

[72] ii.] om.C', P / Chorus repetit et cantor. usque tercio (†) ibidem. deinde mouet processio. cantoribus incipientibus: add.P

C	C'	B1	B2	P	Sancta Dei genitrix ora
C	C'	B1	B2	P	Sancta Uirgo uirginum ora
C	C'	B1	B2	P	Sancte Michael. ii.[73] ora
C	C'	B1	B2	P	Sancte Gabriel ora
C	C'	B1	B2	P	Sancte Raphael ora
C		B1	B2		Omnes sancti angeli et archangeli orate
C		B1	B2		Omnes sancti beatorum spirituum ordines orate
C	C'	B1	B2	P	Sancte Iohannis baptista[74] ora
C		B1	B2		Omnes sancti patriarche et prophete orate
C*	C'	B1*	B2	P	Sancte Petre. ii.[75] ora
C*	C'*	B1*	B2	P	Sancte Paule ora
C	C'	B1*	B2	P	Sancte Andrea ora
C		B1*	B2	P	Sancte Iacobe ora
C	C'	B1	B2	P	Sancte Iohannes ora
C		B1	B2	P	Sancte Thoma ora
C		B1	B2	P	Sancte Iacobe ora
C		B1	B2	P	Sancte Phillipe ora
C		B1	B2	P	Sancte Bartholomee ora
C		B1	B2	P	Sancte Mathee ora
C		B1*	B2	P	Sancte Symon ora
C		B1	B2	P	Sancte Taddee ora
C		B1	B2	P	Sancte Mathia ora
C		B1*	B2	P	Sancte Barnaba ora
C		B1*	B2	P	Sancte Marce ora
C		B1*	B2	P	Sancte Luca ora
C		B1	B2		Sancte Marcialis ora
C		B1	B2		Omnes sancti apostoli et euangeliste orate
C		B1	B2		Omnes sancti discipuli domini orate
C		B1	B2		Omnes sancti innocentes orate
C	C'	B1	B2	P	Sancte Stephane ora
C		B1	B2	P	Sancte Clemens ora
C	C'	B1	B2	P	Sancte Dionisi cum sociis tuis[76] orate
C		B1	B2	P	Sancte Nichasi[77] cum sociis tuis[78] orate
C		B1*	B2	P	Sancte Maurici cum sociis tuis[79] orate
			B2		Sancte Eustachi cum sociis tuis orate

[73] ii.] om.C', P
[74] om.C', P
[75] ii.] om.C', P
[76] cum sociis tuis] om.P
[77] Nigasi: P, and placed after St Maurice / Nichasius placed after Maurice: B1
[78] cum sociis tuis] om.P
[79] cum sociis tuis] om.P

THE *LITANIA COTIDIANA*

C	C'	B1*	B2	P	Sancte Benigne ora[80]
C		B1*	B2	P	Sancte Laurenti ora
C		B1	B2	P	Sancte Romane ora
C		B1	B2	P	Sancte Uincenti ora
C		B1	B2	P	Sancte Sebastiane ora
C		B1*	B2	P	Sancte Geruasi ora
C		B1	B2	P	Sancte Protasi ora
C		B1	B2	P	Sancte Antonine ora
C		B1	B2	P	Sancte Cucuphas ora
C		B1	B2	P	Sancte Christofore ora
C		B1	B2	P	Sancte Georgi ora
		B1		P	Sancte Ianuarii ora
C		B1	B2	P	Sancte Symphoriane ora
C		B1	B2	P	Sancte Leodgarii ora
C		B1	B2	P	Sancte Golgoni ora
C		B1	B2		Sancte Blasi ora
C		B1	B2		Sancte Thoma ora[81]
C		B1	B2	P	Sancte Frotmunde ora
C		B1	B2		Sancte Pantaleon ora
			B2		Sancte Edmunde ora
C		B1	B2	P	Sancti Gemini orate
C		B1	B2		Omnes sancti martyres orate
C	C'*	B1*	B2	P	Sancte Taurine .ii.[82] ora
C		B1	B2		Sancte Silvester ora
C		B1	B2		Sancte Hylari ora
C	C'*	B1*	B2	P	Sancte Martine ora
C		B1	B2		Sancte Mello[83] ora
C		B1*	B2	P	Sancte Gregori ora
C		B1*	B2	P	Sancte Ambrosi ora
C		B1*	B2	P	Sancte Augustine ora
C		B1	B2	P	Sancte Aquiline ora
C		B1	B2		Sancte Brioce ora
C		B1	B2		Sancte Macute ora
C		B1*	B2		Sancte Iuliane ora
C		B1*	B2	P	Sancte Ieronime ora
C		B1*	B2		Sancte Germane ora
C		B1*	B2		Sancte Remigi ora
C		B1	B2	P	Sancte Audoene ora

[80] Sancte Benigne ora] placed between Stephen and Denys above: C'
[81] Sancte Thoma ora] add.C (by l.h.), B1 (by original hand)
[82] ii.] om. C', P
[83] over erasure, but possibly using original initial: B1

C	C'	B1	B2	P	Sancte Nicholae ora
C		B1*	B2	P	Sancte Romane ora
C		B1*	B2		Sancte Vulfranne ora
C		B1*	B2		Sancte Patrici ora
C		B1*	B2		Sancte Laude ora
C		B1*	B2	P	Sancte Flauiane ora
C		B1	B2		Sancte Candide ora
C		B1	B2		Sancte Loddini ora
C		B1	B2		Sancte Eduuarde ora[84]
C	C'*	B1*	B2	P	Sancte Benedicte .ii.[85] ora
C		B1*	B2	P	Sancte Maure ora
C		B1	B2		Sancte Iohannes ora
C		B1	B2		Sancte Philiberte ora
C		B1	B2		Sancte Columbane ora
C		B1	B2		Sancte Vuandregisile ora
C		B1	B2		Sancte Vualarice ora
C		B1*	B2		Sancte Egidi ora
C		B1	B2		Sancte Cuthmanne ora
C		B1*	B2		Sancte Antoni ora
C		B1*	B2		Sancte Sidoni ora
C		B1	B2	P	Sancte Maiole ora
C		B1	B2		Sancte Leonarde ora
C		B1	B2		Omnes sancti confessores orate
C		B1	B2	P	Sancta Maria magdalena ora
C		B1	B2	P	Sancta Felicitas ora
C	C'*	B1*	B2	P	Sancta Susanna ora
C		B1	B2		Sancta Perpetua ora
C		B1	B2		Sancta Petronilla ora
C	C'*	B1*	B2	P	Sancta Agatha ora
C	C'*	B1*	B2	P	Sancta Agnes ora
C		B1	B2	P	Sancta Cecilia ora
C		B1	B2		Sancta Caterina ora
C		B1*	B2	P	Sancta Lucia ora
			B2		Sancta Anastasia ora
C		B1*	B2		Sancta Margarita ora
C		B1	B2		Sancta Scolastica ora
C		B1	B2		Sancta Austreberta ora
C		B1	B2		Sancta Pascasia ora
C		B1	B2		Sancta Genouefa ora

[84] Sancte Candide ora ... Sancte Eduuarde ora] these three invocations by original hand over erasure of two invocations: C

[85] ii.] om.C', P

THE *LITANIA COTIDIANA*

C		B1	B2		Sancta Afra ora
C		B1*	B2	P	Sancta Berta ora
				P	Sancta Caterina ora
C		B1	B2		Sancta Moderana ora
			B2		Sancta Barbara ora
C		B1	B2		Sancta Radegundis ora
			B2		Sancta Apollonia ora
C		B1	B2		Omnes sancte uirgines orate
C	C'	B1	B2	P	Omnes sancti .ii.[86] orate
C	C'	B1	B2	P	Propicius esto parce nobis domine
			B2		Ab omni malo libera nos domine
C	C'	B1	B2	P	Ab insidiis diaboli libera nos domine
C		B1	B2	P	A damnatione perpetua libera
				P	Ab omni malo libera
C		B1	B2		Ab imminentibus peccatorum nostrorum periculis libera
C		B1	B2		Ab infestationibus demonum libera
C		B1	B2		A spiritu fornicationis libera
C		B1	B2		Ab appetitu inanis glorie libera
C		B1	B2		Ab omni immundicia mentis et corporis libera
C		B1	B2	P	Ab ira et odio et omni mala uoluntate libera[87]
C		B1	B2		Ab immundis cogitationibus libera
C		B1	B2		A cecidate cordis libera
C		B1	B2		A fulgure et tempestate libera
C		B1	B2		A subitanea et eterna morte libera
C		B1	B2		Per misterium sancte incarnationis tue libera
				P	Per aduentum tuum libera
C		B1	B2	P	Per passionem et crucem[88] tuam libera
	C'			P	Per crucem tuam libera
C	C'	B1	B2	P	Per gloriosam[89] resurrectionem tuam libera
C		B1	B2		Per ammirabilem ascensionem tuam libera
C		B1	B2		Per graciam sancti spiritus paracliti libera
				P	Per spiritum paraclitum libera
C		B1	B2		In hora mortis succurre nobis domine
C	C'	B1	B2	P	In die iudicii libera
C	C'	B1	B2	P	Peccatores te rogamus audi nos.
C	C'	B1	B2	P	Vt pacem nobis dones TR
				P	Vt nostri misereri digneris TR

---

[86] .ii.] om.C' B2, P
[87] et odio . . . uoluntate] tua: P
[88] et crucem] om.P
[89] sanctam: C', P

THE *LITANIA COTIDIANA*

C		B1	B2		Vt misericordia et pietas tua nos custodiat TR
C	C'	B1	B2		Vt ecclesiam tuam regere et defensare digneris TR
C		B1	B2		Vt domnum apostolicum et omnes gradus ecclesie in sancta religione conseruare digneris TR
C		B1	B2		Vt regibus et principibus nostris pacem et ueram concordiam atque uictoriam donare digneris TR
C		B1	B2		Vt episcopos et abbates nostros et omnes congregationes illis commissas in sancta religione conseruare digneris TR
C		B1	B2		Ut congregationes omnium sanctorum in tuo sancto seruicio conseruare digneris TR
C		B1	B2		Ut cunctum populum christianum precioso sanguine tuo redemptum conseruare digneris TR[90]
C		B1	B2		Ut omnibus benefactoribus nostris sempiterna bona retribuas TR
C		B1	B2		Ut animas nostras et parentum nostrorum ab eterna damnatione eripias TR
C		B1	B2		Vt fructus terre dare et conseruare digneris TR
C			B2		Ut locum istum et omnes habitantes in eo uisitare et consolari digneris TR[91]
C		B1	B2		Ut oculos misericordie tue super nos reducere digneris TR
C		B1	B2		Vt obsequium seruitutis nostre rationabile facias TR
C		B1	B2		Ut mentes nostras ad celestia desideria erigas TR
C		B1	B2		Vt miserias pauperum et captiuorum intueri et releuare digneris TR
C		B1	B2		Ut iter famulorum tuorum in salutis tue prosperitate disponas TR
C		B1	B2		Vt regularibus disciplinis nos instruere digneris TR
C		B1	B2		Ut omnibus fidelibus defunctis requiem eternam dones TR
C			B2		Ut remissionem omnium peccatorum nostrorum[92] nobis donare[93] digneris TR[94]
C	C'	B1	B2	P	Vt nos exaudire digneris TR
C	C'	B1	B2	P	Fili Dei .ii.[95] TR

[90] Ut congregationes . . . digneris TR] These two petitions written in reverse order in C, but marked marginally for transposition to the order shown here.
[91] Ut locum . . . digneris TR] marg., contemporary hand: C
[92] remissionem . . . nostrorum] tr. omnium peccatorum nostrorum remissionem: B2
[93] tribuere: B2
[94] Ut remissionem . . . digneris TR] marg., contemporary hand: C
[95] .ii.] om.C', P

THE *LITANIA COTIDIANA*

C	C'	B1	B2		Agnus Dei qui tollis peccata mundi parce nobis domine.
C		B1	B2		Agnus Dei qui tollis peccata mundi exaudi nos domine.
C	C'	B1	B2	P	Agnus Dei qui tollis peccata mundi miserere nobis.
C	C'	B1	B2		Christe audi nos.
C	C'	B1	B2	P	Kyrie eleison.
C	C'	B1	B2	P	Christe eleison.
C	C'	B1	B2	P	Kyrie eleison.[96]
C		B1	B2		Pater noster. Et ne nos.
C		B1	B2		[Ps.] Deus in adiutorium meum intende.
		B1	B2		[97]In quadragesima Ps. In te domine speraui.ii.
			B2		Preces.
C		B1	B2		Et ueniat super nos misericordia tua domine. Salut[are tuum secundum eloquium tuum.]
C		B1	B2		Esto nobis domine turris fortitudinis. A facie [inimici.]
C		B1	B2		Domine saluos face reges. Et exaudi [nos in die qua inuocauerimus te.]
C		B1	B2		Saluos fac seruos et ancillas tuas. Deus meus [sperantes in te.]
C		B1	B2		Fiat pax in uirtute tua. Et abun[dantia in turribus tuis.]
C		B1	B2		Pro fidelibus defunctis. Requiem [eternam dona eis domine et lux perpetua luceat eis.]
C		B1	B2		Domine exaudi orationem [meam.] [Et clamor meus ad te ueniat.]
C		B1	B2		Dominus uobiscum. [Et cum spiritu tuo.]
C		B1	B2		or' Deus cui proprium est misereri semper et parcere.
C		B1	B2		Alia. Omnipotens sempiterne Deus qui facis mirabilia.
C		B1	B2		Alia. Pretende domine famulis et famulabus tuis dexteram.
C		B1	B2		Alia. Vre igne sancti spiritus renes nostros et cor nostrum.
C		B1	B2		Alia. Actiones nostras quesumus domine et aspirando.
C		B1	B2		Alia. Adesto domine supplicationibus nostris et uiam.

---

[96] The litanies of C' and P end at this point. On the facing recto in C' is or' *Quesumus omnipotens Deus tua nos protectione custodi.*
[97] Addatur: add.B1

C	B1	B2	Alia. A domo tua quesumus domine spirituales nequitie.
C	B1	B2	Alia. Deus a quo sancta desideria. recta consilia iusta sunt opera.
C	B1	B2	Alia. Animabus quesumus domine famulorum famularumque.
C	B1	B2	Alia. Deus qui es sanctorum tuorum splendor mirabilis.

Lightning Source UK Ltd.
Milton Keynes UK
UKHW021826140422
401576UK00005B/320